El sendero hacia el logro

Serie ESCALA LA MONTAÑA MÁS ALTA

El sendero hacia el logro

Mark L. Prophet · Elizabeth Clare Prophet

El Evangelio Eterno

SUMMIT UNIVERSITY PRESS ESPAÑOL®

Gardiner, Montana

Vi volar por en medio del cielo a otro ángel, que tenía el evangelio eterno para predicarlo a los moradores de la tierra, a toda nación, tribu, lengua y pueblo, diciendo a gran voz: Temed a Dios, y dadle gloria, porque la hora de su juicio ha llegado; y adorad a aquel que hizo el cielo y la tierra, el mar y las fuentes de las aguas.

APOCALIPSIS

Índice

CAPÍTULO 5 • Logro   307

Gráficas e ilustraciones

Oraciones y decretos

Prefacio

E *L SENDERO HACIA EL LOGRO* ES EL noveno libro de la serie Escala la montaña más alta. Este libro contiene los últimos cinco capítulos de los treinta y tres que El Morya estructuró en la concepción de la obra.

Los treinta y tres capítulos de esta serie corresponden a las treinta y tres iniciaciones principales del sendero espiritual, treinta y tres espirales de maestría sobre uno mismo que han sido un requisito para los iniciados de los Maestros desde tiempos inmemoriales. El primer capítulo del primer libro es «Tu imagen sintética». El último capítulo de este libro es «Logro».

La Mensajera ha proporcionado algunas claves sobre cómo podemos asimilar la enseñanza y alcanzar la meta del logro:

> Estos nueve libros forman la espiral de la ascensión, exteriorizada en la forma física como expresión verbal de esa misma llama. Cuando se mira bajo esta perspectiva, uno debe comprender que cada capítulo provee una oportunidad para lograr maestría.
>
> Primero debes dominar los conceptos. Al dominar mentalmente esos conceptos, sus modelos penetran unos en otros y se entretejen en tu cuerpo de Luz, en tu cuerpo etérico y en tu alma. Al volver a leer el capítulo y al sentir fluir la gratitud por la obra y al sentir el flujo del Espíritu a través de ella, tu

cuerpo de los sentimientos se expone y se alinea con el modelo. Al estudiar un poco más, descubres que de hecho puedes comer la Palabra físicamente. Podrás descubrir que en la boca sabe dulce y en el vientre, amarga,[1] pero que puedes comer de este libro y esta Palabra, y puedes convertirte en ella.

Al leer el libro, descubres que las pruebas llegan enseguida, inmediatamente después de tu estudio. Casi tan pronto como te des la vuelta y dejes la lectura, alguien llamará a la puerta y encontrarás al desconocido esperando a darte la prueba. Podría ser la señora de la limpieza, podría ser el lechero, podría ser el vecino, el caso es que verás que las pruebas llegarán; lo harán a través de gente que conoces y gente que no conoces, gente de la calle, gente del trabajo, gente a tu alrededor.

No se nos puede poner a prueba en el vacío, aunque sea en los retiros de la Hermandad. Cuando eres admitido en estos retiros entre encarnaciones y por la noche, se te pone con aquellas personas con las que tienes dificultades en la Tierra. Y esas son las pruebas del siglo, ser capaz de hacer las paces con Dios y con el hombre, aquel que te parezca más aborrecible y problemático. Por tanto, no pienses nunca que la lucha ha cesado hasta que lo haya hecho dentro de ti.

Así pues, todo comienza en la llama del corazón, en el núcleo del ser, el núcleo de fuego blanco. En este momento es un átomo diminuto; sin embargo, se expandirá. Tú tienes la oportunidad de expandir la percepción de tu cosmos, tu identidad tal como fuiste creado en el principio, y todo lo has llegado a ser.[2]

Si esta es la primera vez que exploras la serie Escala la montaña más alta, te invitamos al estudio de estas Enseñanzas de los Maestros Ascendidos, que se han denominado el «Evangelio Eterno»,[3] las escrituras de la era de Acuario. A quienes hayan emprendido la lectura de este libro tras haber leído volúmenes anteriores deseamos lo mejor en su viaje continuo para escalar la montaña más alta.

Los Editores

Introducción

U NO DE LOS PODEROSOS ÁNGELES CON
quien se encontró Juan el Revelador le
dio un librito. El ángel le ordenó: «Toma, y cómelo; y te amargará el vientre, pero en tu boca será dulce como la miel».[1] El volumen que tienes en tus manos es un libro así.

Se trata de un discurso sobre ley cósmica formado con palabras que te darán la dulzura de la iluminación divina mientras «lo comes». Porque en la exposición de la Ley se encuentra un sentimiento de gran alegría y dulzura de la conciencia de Dios; pero cuando comiences a digerir la Ley, se inicia una acción química en la que la oscuridad se convierte en Luz.

El encuentro de la Luz con la oscuridad del karma del pasado es como el contacto entre dos agentes químicos incompatibles que produce una explosión. La oscuridad no puede contener la Luz y, por tanto, es transformada. Es como accionar el interruptor de la luz en una habitación cerrada: o bien hay luz o bien oscuridad, pero las dos no ocupan el mismo espacio.

Durante los años en que trabajé [yo, Elizabeth] con Mark en los volúmenes de la serie Escala la montaña más alta, me sentaba en mi habitación de meditación en La Tourelle, en Colorado Springs, y los Mensajeros de Dios me traían pergaminos de conceptos que mostraban cómo querían que estos se estructuraran en los distintos capítulos. Las revelaciones llegaban y eran tan elevadas que a veces soltaba un quejido debido a la entrada del concepto y la conciencia de los Maestros en mi conciencia. En muchas ocasiones tuve que decirle al Mensajero de Dios: «Esto es todo lo que puedo asimilar hoy. Ya no puedo asimilar más». Y sentí esa amargura en el vientre, la acción química de la Verdad en mi conciencia.

Mi estado de sintonización debía ser extremadamente elevado para poder permanecer ante la presencia de los Seres Cósmicos que me entregaban sus bosquejos para esta serie, que está concebida como las escrituras de la nueva era. Fue como la experiencia de Juan en la isla de Patmos, cuando el ángel de Jesús vino a él y fue transportado a un estado de conciencia muy elevado. Aun así, cuando Juan, en su elevado estado de conciencia, asimiló las energías concentradas del librito, estas estallaron. Y esa amargura comenzó a transformar todo su ser.

Esta serie tiene como propósito llevarte al nivel de sintonización en el que se nos entregaron estas revelaciones a Mark y a mí. No se trata simplemente de una transferencia de conocimiento intelectual. Puedes subir a la montaña y sentarte a leer estos libros como Evangelio Eterno, y obtendrás el conocimiento que contienen. Pero mi meta es que tu conciencia se eleve de modo que tengas las mismas experiencias que nosotros tuvimos cuando recibimos la revelación.

Con la siguiente afirmación, Emerson dice que hay que ir más allá de la forma del libro y llegar a su esencia: «El talento por sí solo no puede hacer al escritor. Detrás del libro debe haber un hombre, una personalidad... comprometida con las doctrinas expuestas... Si el hombre [no] tiene en él la palabra de Dios, qué nos importa qué tan diestro, qué tan elocuente, qué tan brillante sea».[2] El hombre detrás de estos libros es el hombre del corazón, el Cristo Universal, que no te dejará igual a cómo te encontró.

Recibir esta serie en nuestra conciencia nos exigió a Mark y a mí un total sacrificio, una total abnegación, una total entrega de nuestra vida personal, una renuncia a la vida por los Maestros. Y estamos dedicados a continuar este servicio por ti. Queremos que sepas que, según vayas leyendo la serie Escala la montaña más alta, puedes llamar a Dios y a tu Yo Superior pidiendo entender, pidiendo la integración de la Luz en tu ser. Nosotros estaremos contigo a niveles internos. Utilizaremos la autoridad de nuestro cargo para ayudarte en tu búsqueda espiritual.

El lector inteligente comprenderá que el Sendero es tanto sencillo como complejo. Las simples verdades de la vida inculcadas en cada corazón y cada mente son claves de un gran compendio de conocimiento que el Señor ha ocultado a los de sabiduría mundanal y ha dado a conocer a los de corazón limpio. Así, un estudio continuo y una aplicación candorosa al Yo Superior de uno mismo (el Cristo interior) son requisitos previos a la asimilación de los misterios más dulces y sagrados de la vida.

Estos son los misterios del Anciano de Días, quien ha prometido escribir sus leyes en nuestro interior para que todos puedan conocerlo, desde el menor hasta el mayor.[3] Y eso mismo ha hecho. Con todo, muchos tienen dificultades para entender con claridad la Ley de su ser. Sus sutilezas son inescrutables, porque la Ley está escrita en un lenguaje inaccesible para los que leen solo las señales y los símbolos exteriores, y, por lo tanto, se necesita un sentido interior (una santa inocencia).

Pero, entonces, ¿qué hay de aquellos que están atrapados entre la oscuridad y la luz del día? ¿Qué hay de aquellos que desean tocar el borde de la vestidura del Maestro y entrar al reino, pero no pueden porque no ven? Estos necesitan indicadores a lo largo del camino que los guíen hasta que puedan escuchar el sonido de su voz y el crujido de sus túnicas.

Como Mensajeros de la Gran Hermandad Blanca, Mark y yo nos hemos dedicado a crear esos indicadores, y muchos de ellos están contenidos en esta serie. Esas enseñanzas están calculadas para conducir a los buscadores a la Tierra Prometida de su ser libre en Dios. A través de este conocimiento y la ayuda de los Maestros Ascendidos que acompaña a la expresión verbal, el lector recibe el ofrecimiento de una visión más grandiosa y una tabla de salvamento de esperanza en una era de crisis.

La Verdad que presentamos en esta serie se ofrece según la

tradición de la revelación progresiva. A medida que los estudiantes, uno a uno, acudan a su Padre (la Presencia interior de Dios), mayores revelaciones se les añadirán. Nosotros deseamos grandemente que las claves que hay en estos volúmenes formen la base de una Era de Oro, que llegará porque los estudiantes de la Ley de los Maestros Ascendidos habrán incorporado tales claves en su vida.

Cuando la humanidad aprenda en masa el modo superior de vivir, de orar y de invocar la Luz —practicando la ciencia sagrada—, resucitarán las culturas de civilizaciones que existieron hace 300 000 a 500 000 años e incluso más atrás. Y descubrirá los secretos de la salud, la longevidad, la precipitación alquímica, la maestría del universo físico. Pero lo más importante es que también se enseñoreará de los reinos espirituales y aprenderá el camino de los inmortales.

La Verdad que exponemos aquí es la Verdad eterna, las leyes por las que se forjaron los universos. Esta es la Verdad encerrada en la memoria de los átomos y las células que componen la corteza terrestre y el ser del hombre. Esta es la Verdad que cada alma conoce. Sin embargo, sin la formación y preparación adecuadas, esta Verdad ha seguido perdida, latente, justo por debajo de la superficie de la mente, hasta que se la pone en un primer plano mediante el contacto con la Luz y la renuevan los Instructores, los Maestros Ascendidos, que permanecen entre bambalinas, listos para revelar las piezas que faltan en el rompecabezas de la vida.

Todo lo que el hombre necesita para completar su evolución y realizar su plan divino se lo revelará el Cristo interior, el Buda interior y el recuerdo del alma despierta, vivificada y movilizada por las Huestes Celestiales. Nada se ocultará a quienes busquen con diligencia el conocimiento de la Ley de la Vida. La realización del hombre yace en el deseo de ser Dios en una mayor medida, de ser su conciencia superior en una mayor medida, de ser Vida en una mayor medida.

Tal como Naamán de Siria tuvo que lavarse siete veces en el Jordán para curarse de la lepra,[4] nosotros pedimos que quienes deseen una transformación de conciencia, una curación de cuerpo, mente y alma, se sumerjan en la Luz de los Siete Espíritus de Dios que llenan estas páginas y puedan recibir su impulso acumulado de percepción Divina, el impulso acumulado de los Elohim.

Al hacer esto, comprende que la lectura de este libro (como todas las experiencias en los planos de la Materia) es un medio para conseguir un fin, no un fin en sí mismo. La meta es la conciencia Divina, que a su vez siempre es un medio para otro fin: una conciencia Divina más grande. Porque Dios siempre está creciendo y tú eres un catalizador que fomenta ese crecimiento mientras tu Presencia Divina fructifica al desplegar gracia en la Tierra.

Durante tu lectura, quisiéramos que escucharas los susurros del universo en el corazón y la mente, que rumiaras con el Gran Espíritu los ritos de la creación, que te arrojaras al drama cósmico que representa el ritual de un cosmos, de una rosa, de una célula, de una idea. Implícate en la Realidad y asegúra así la maestría sobre el yo, sobre el destino.

Como Mensajeros de la Jerarquía espiritual, se nos ha encargado que digamos lo inefable, que pronunciemos lo impronunciable y que dejemos escrito lo que ningún hombre ha escrito. A nosotros corresponde dejar en claro en lengua terrenal lo que hasta ahora se ha escrito y en lenguas de ángeles, hacer evidente los preceptos del amor.

Tu nueva libertad no solo provendrá de lo formado, sino también de lo no formado; no solo de lo que se dice, sino de lo que no se dice. Porque las palabras no son más que cálices en los que la mente y el corazón deben verter la sustancia de la experiencia y la devoción, las destilaciones del saber del alma y las formulaciones que están ociosas justo bajo la superficie de la percepción y que esperan que la mente Crística las energice.

La rueda en movimiento de la vida conspira de forma maravillosa para producir el lino, tan fino y vaporoso, que un día se convertirá en la vestidura de radiación solar, una vestidura de logro. Este vestido de boda lo vestirás, pues, como devoción viva y escudo perfecto del amor contra todos los engaños, toda la confusión y todos los malentendidos.

Que puedas abrir la puerta de tu corazón a una renovación de tu vida en el horno alquímico de Aquel que más te ama. Y así, los ángeles de los reinos de gloria podrán sentarse sobre tu hombro mientras persigues estas palabras y te guían hacia la Verdad que buscas.

Al servicio de Dios en ti,

Mark L. Prophet

Elizabeth Clare Prophet

MARK Y ELIZABETH PROPHET
Mensajeros de los Maestros

Capítulo 1

Rayos gemelos

Entonces el SEÑOR *Dios formó
al hombre del polvo de la tierra,
y sopló en su nariz aliento de vida,
y fue el hombre un ser viviente…
Entonces el* SEÑOR *Dios hizo
caer sueño profundo sobre Adán,
y mientras este dormía, tomó
una de sus costillas, y cerró la carne
en su lugar. Y de la costilla que
el* SEÑOR *Dios tomó del hombre,
hizo una mujer, y la trajo al hombre.
Dijo entonces Adán: Esto es
ahora hueso de mis huesos y
carne de mi carne; esta será
llamada Varona [Mujer],
porque del varón fue tomada…
Varón y hembra los creó;
y los bendijo, y llamó el nombre
de ellos Adán, el día en que
fueron creados.*

GÉNESIS

Rayos gemelos

PRIMERA SECCIÓN

La búsqueda de la plenitud

UNO DE LOS CONCEPTOS MÁS BELLOS Y reconfortantes de todas las realidades del cielo se encuentra en la comprensión correcta de lo que se ha denominado «rayos gemelos» o «llamas gemelas».* En verdad, Dios mismo fue quien dijo: «No es bueno que el hombre [la manifestación de sí mismo] esté solo; le haré ayuda idónea para él».[1] Y así, del Espíritu o principio activo de la creación, de la naturaleza masculina de Dios, surgió el equivalente femenino diseñado como vehículo para la expresión y expansión del Señor de la Creación.

La promesa de los rayos gemelos, por tanto, es una promesa de plenitud. El principio de rayos gemelos es el círculo. La ley de los rayos gemelos es la realización en la forma de los equivalentes masculino y femenino de la Deidad.

De hecho, todo el mundo tiene un rayo gemelo en la tierra o en el cielo. El complemento espiritual de cada alma existe, porque la «otra mitad» del ser andrógino del hombre vive para confirmar la Verdad suprema de la ley de polaridades.

Rayo gemelo y *llama gemela* tienen el mismo significado y ambos términos se utilizan por igual en este capítulo.

Dios jamás creó una identidad incompleta. Hombre y mujer son en realidad partes del Todo individualizado. Siendo uno solo en Espíritu, deben por necesidad convertirse en gemelos para lograr la expresión más plena de la Divinidad en la forma. El Señor del Universo no creó ni al hombre ni a la mujer para que estuviesen solos, sino para que fueran Uno solo junto con Él. Y esta Unión se consuma de una manera hermosísima a través de la reunión con la propia Presencia Divina y con la del complemento divino.

Las palabras de Jesús utilizadas como bendición nupcial para confirmar los votos matrimoniales en la tierra: «Por tanto, lo que Dios juntó, no lo separe el hombre»,[2] Dios en realidad las pronunció como un fíat de la creación original para sellar la concesión a cada flamígera identidad esférica de la plenitud de atributos del Dios Padre-Madre. La unión se bendijo, y las chispas de Espíritu recibieron la orden de señorear el mundo de la forma, de fructificar y multiplicarse, y de llenar la tierra con el Espíritu del Cristo, el producto de esta unión celestial.[3]

ILUSTRACIÓN 1: El taichí y las llamas gemelas
El taichí es un antiguo símbolo oriental que representa las dos mitades de la Totalidad Divina, lo masculino y lo femenino, el Alfa y la Omega del Ser divino. En el Principio, las llamas gemelas surgieron del ovoide único para la expansión de la percepción de Dios en muchos planos de conciencia.

La creación de los rayos gemelos

La unión mística de los rayos o llamas gemelas tuvo su origen en la creación misma, cuando el Ser surgió de Dios en la gran esfera de fuego blanco. Esta expresión monádica de la Deidad se dotó de la plenitud de la Vida de Dios. Siendo un sol del Sol Central, contuvo cualitativamente todo lo que era inherente al Dios Padre-Madre. Su propósito era expandir cuantitativamente el patrón especial del cual se había dotado. Para expandir la conciencia de Dios por toda la creación, el cuerpo de fuego blanco se dividió en dos, con ambas mitades dotadas de una identidad individual (una parte individualizada de la Totalidad) que se manifestó como dos Presencias YO SOY, cada una rodeada de un Cuerpo Causal idéntico.[4]

Lo que hace que cada pareja de llamas gemelas sea especial, por tanto, es el modelo de su Cuerpo Causal. Este modelo está sellado en el cuerpo de fuego blanco de la mónada original y cuando se realiza la división, cada mitad de la Totalidad Divina conserva la impronta de su destino dentro del núcleo de fuego blanco, que se convierte en el sol central de la Presencia YO SOY individualizada y el Cuerpo Causal.

Igual que cada copo de nieve tiene un diseño distinto, cada sol de la mónada que surge del centro del Ser de Dios contiene una cualidad especial toda suya. Por tanto, los rayos gemelos son uno solo en virtud de su origen divino. No por elección propia, sino por designación divina, la Presencia Divina de cada parte de la Totalidad se extrajo de este ovoide de Luz especial. Al salir del Huevo Cósmico con un estallido, las llamas gemelas se dotaron de Cuerpos Causales idénticos y un destino divino que solo ellas podían cumplir juntas.

Así, cada pareja de rayos gemelos tiene una tarea especial. Al haber sido bendecidos con la individualidad, se han enviado a adornar el universo con sus gracias talentosas. Ninguna otra expresión monádica puede cumplir su destino, porque ninguna otra ha recibido el mismo modelo a expandir. Esta condición única en el modelo de sus Cuerpos Causales también provee la

ILUSTRACIÓN 2: **Creación de las llamas gemelas**

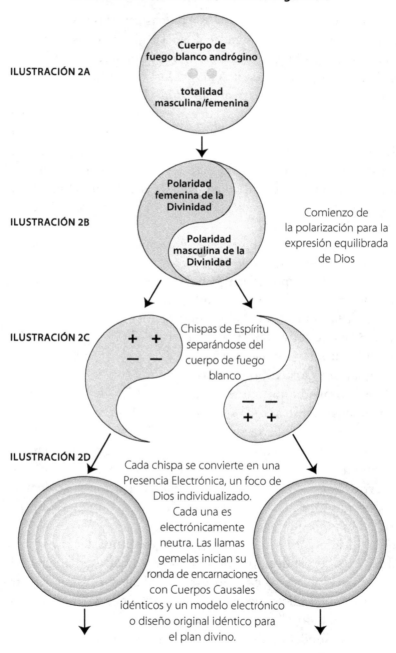

ILUSTRACIÓN 2A

**Cuerpo de
fuego blanco andrógino**

**totalidad
masculina/femenina**

ILUSTRACIÓN 2B

**Polaridad
femenina de la
Divinidad**

**Polaridad
masculina de la
Divinidad**

Comienzo de
la polarización para la
expresión equilibrada
de Dios

ILUSTRACIÓN 2C

+ +
– –

Chispas de Espíritu
separándose del
cuerpo de fuego
blanco

– –
+ +

ILUSTRACIÓN 2D

Cada chispa se convierte en una
Presencia Electrónica, un foco de
Dios individualizado.
Cada una es
electrónicamente
neutra. Las llamas
gemelas inician su
ronda de encarnaciones
con Cuerpos Causales
idénticos y un modelo electrónico
o diseño original idéntico para
el plan divino.

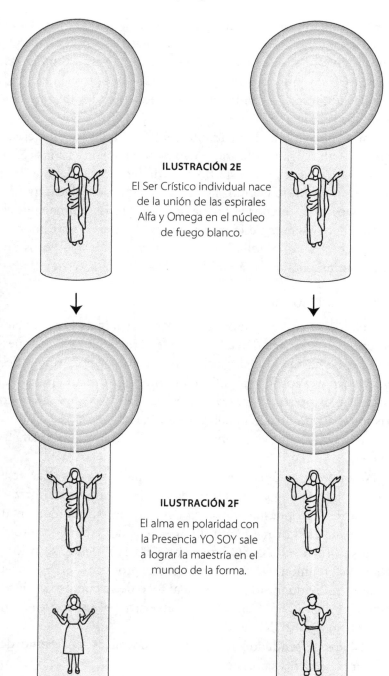

ILUSTRACIÓN 2E

El Ser Crístico individual nace de la unión de las espirales Alfa y Omega en el núcleo de fuego blanco.

ILUSTRACIÓN 2F

El alma en polaridad con la Presencia YO SOY sale a lograr la maestría en el mundo de la forma.

base de la unión de las llamas gemelas. La ley de la atracción (las cosas iguales se atraen entre sí) gobierna su polaridad; no importa cuánto se puedan alejar la una de la otra, aunque las separe todo un mundo, los orbes de amor que son sus Cuerpos Causales están magnetizados mutuamente como las gigantescas señales de un radar.

Así, la creación de la ayudante del hombre no fue una creación terrenal, tierra a la tierra, polvo al polvo, cenizas a las cenizas, sino una creación celestial. La verdadera novia del hombre es su equivalente femenino, la madre de su identidad Divina. Y el novio que viene por la noche de la desolación humana es el Cristo, el equivalente de la mujer divina. Este es el matrimonio «hecho en el cielo» y sellado para la eternidad, cuyos votos no pueden romper jamás ni un millar de matrimonios terrenales.

Descenso a la forma

Cuando se emite el decreto para que las llamas gemelas encarnen, cada Presencia Divina responde al proyectar extensiones de sí misma hacia el mundo del tiempo y el espacio a través del Ser Crístico y el cordón cristalino. Entonces se forman los cuatro cuerpos inferiores como cálices a través de los cuales cada Ser Crístico individualizado pueda cumplir los mandatos del destino que las llamas gemelas reciben como un pergamino de Alfa y Omega.

No importa lo lejos que las llamas gemelas puedan desviarse en el mundo de la forma, destinadas como están a exteriorizar las polaridades opuestas de su modelo divino, su reunión final está asegurada. Porque algún día, después de haberse vuelto a unir a su Presencia YO SOY mediante el ritual de la ascensión, hallarán su reunión mutua. Cuando eso se produzca, su Presencia YO SOY individualizada regresará al foco de su cuerpo de fuego blanco en el Gran Sol Central y se convertirá para siempre en un sol del firmamento del Ser de Dios.[5]

Al haberse graduado hacia alturas cósmicas, el destino de las llamas gemelas consiste en ser Dioses y Diosas Solares. Al representar el Principio Padre-Madre, se les encarga que alimenten a enteras oleadas de vida y sistemas solares; porque el potencial creativo del hombre divino y la mujer divina, creados por Dios para expandir el universo de Su conciencia, no tiene fin.

El universo, en efecto, es su reino. En él pueden ir adonde quieran y llevar a cabo esos grados infinitos de expansión que la Divinidad no negará a nadie que lo merezca. Así, el hombre y la mujer van juntos hacia el eterno Jardín de Dios, el Edén de Dios. Al tomar del fruto del Árbol de la Vida,[6] viven para siempre en una unión dichosa tal que es indescriptible con palabras o lenguas mortales.

Este regreso a la Unión jamás destruye la individualidad de ninguna de las llamas gemelas. Cada una conserva el modelo edénico de su identidad que puede expandir de manera infinita sin sacrificar la Totalidad de Dios ni la singularidad de su diseño para la Totalidad Divina. Tal es el milagro de la Vida: la gota de agua que se desliza al mar siempre puede encontrarse como una molécula de amor polarizada con la perfección.

Separación de las llamas gemelas

La separación de las llamas gemelas que salen a hacer la voluntad de Dios en el mundo de la forma está ordenada por Dios con el fin de que estas puedan expandir los talentos que Él les ha dado y desarrollar una mayor individualización de su llama Divina como preparación para su reunión posterior en las octavas de Luz.

En algunos casos, por su libre albedrío y con la aprobación de la Jerarquía, una de las llamas ha mantenido el foco de la voluntad de Dios en la pureza de las octavas superiores mientras la otra ha descendido a las densas esferas con una misión santa de servicio, ya sea a la Tierra o a uno de los muchos hogares planetarios sobre los que se encuentran las evoluciones de Dios.

Por tanto, algunas personas del planeta tienen un rayo gemelo que jamás ha poseído una vestidura física, pero que ha continuado su evolución en los remotos confines del Cosmos, beneficiándose de la experiencia obtenida en la Tierra por la otra mitad mientras añade su propio impulso acumulado de Luz al que escogió hacer frente a las tentaciones de estas densas esferas. La separación entre los dos ha parecido muy grande, pero el bendito lazo que hace su unión es un consuelo de gran magnitud, una promesa de realización que nunca puede negarse.

En otros casos, ambos descendieron para participar en el mundo de la experiencia y han pasado por las octavas de conciencia mortal hasta el presente. A ocasiones, este descenso dual dio como resultado largos períodos de separación, como cuando uno quedó atrapado en el plano astral mientras el otro permaneció en el sendero de Luz, al querer mantener el equilibrio por el que perdió temporalmente su camino. En algunos casos ha ocurrido que ambos entraron en espirales negativas y solo por intervención divina fueron capaces de volver a subir la escalera del logro.

Otras veces se da el caso de que una llama gemela está encarnada mientras su equivalente puede encontrarse en un estado transitorio entre encarnaciones, bien 1. estudiando en las escuelas de Luz, los templos de sabiduría, o 2. atrapada en una red de engaño astral, el estado conocido como «purgatorio». En el primer caso, la que está encarnada puede ser receptora de oleadas de alegría e inspiración celestial que le dan la capacidad, debido al impulso acumulado añadido de su rayo gemelo, por haber realizado grandes obras de benevolencia y creatividad. En el segundo caso, podría tener sentimientos de depresión, ansiedad y soledad que parezcan totalmente antinaturales. Lo último puede responder al hecho de que una de las llamas gemelas necesita ayuda y se está apoyando en la otra para escapar de las trampas de la oscuridad astral. Por tanto, antes de poder avanzar en la Luz, se verá obligada a superar no solo el peso de su propio karma, sino también el de su otra mitad.

Una de las mayores angustias que puede surgir en el universo es el suicidio de cualquier individuo, porque cuando los hombres y las mujeres se suicidan, con frecuencia destruyen el punto de anclaje de su rayo gemelo en el mundo de la forma. Puesto que ese punto de contacto servía de ayuda a su equivalente, los que contemplan el suicidio deben considerar siempre su responsabilidad hacia su llama gemela y hacerse la pregunta «¿qué efecto tendrá este acto sobre mi rayo gemelo?». El suicidio también interfiere con el programa establecido por la Jerarquía para el encuentro de las llamas gemelas; por ejemplo, si un hombre de treinta años tiene programado encontrarse con su llama gemela a los treinta y dos, su suicidio y su consiguiente encarnación podrían hacer que tenga que mirar a su llama gemela desde la cuna. Así, ninguno de los dos podrá cumplir su plan para esa encarnación.[7]

El individuo debe comprender, por tanto, que sus pensamientos, sus acciones y sus obras no solo le afectan a él mismo, sino a su amado o amada, ¡aunque esa persona esté ascendida! Sí, hasta el servicio cósmico de un Ser Ascendido puede demorarse por culpa de las acciones poco iluminadas de su equivalente. De hecho, existe un nivel de servicio en la Jerarquía del cual uno no puede seguir avanzando más allá sin su llama gemela. Muchos seres ascendidos se ven obligados a permanecer con las evoluciones de la Tierra mucho después de que su karma con la humanidad no ascendida se haya saldado, únicamente porque su llama gemela aún no ha aprobado el curso. Otros pueden decidir quedarse en nirvana hasta la ascensión de su llama gemela. Los que se han negado a someterse a las disciplinas de la Ley deberían considerar el castigo que sus seres queridos deben pagar en octavas superiores.

Tener a la llama gemela ascendida es una gran ventaja para el servicio de uno mismo, en especial en las últimas encarnaciones en la Tierra. Del mismo modo, mucho se puede realizar para el planeta cuando las llamas gemelas están unidas en armonía en servicio a la Luz, porque su unión proporciona el punto de anclaje en el mundo de la forma para la integridad del Dios Padre-Madre.*

---

* «Saint Germain ha dicho que no podía fundar una actividad mundial de Luz sin unas llamas gemelas que guiaran su expansión y, así, reunió a nuestras llamas gemelas y nos ordenó como Mensajeros para que disemináramos las Enseñanzas de los Maestros en esta era».

En muchos casos, las llamas gemelas que están encarnadas en el planeta al mismo tiempo, pero no han entrado en contacto, pueden ser separadas por decreto divino debido a las distintas etapas de su avance espiritual. Por ejemplo, si una ha tomado el camino del mundo, podría estar lejos de su Presencia y en toda una vida quizá ni siquiera se acerque a su Presencia ni con el pensamiento ni entrando en contacto con ella.

Cuando se da este caso, a menudo es mejor que las llamas gemelas no se encuentren, porque el sufrimiento por estar tan cerca de su complemento, y al mismo tiempo tan lejos, muchas veces es más de lo que ambas pueden soportar. Sin embargo, la que está más avanzada puede hacer mucho por invocar un impulso de victoria para el día en que su equivalente acepte la plenitud de la Realidad de Dios y de su destino divino.

También hay casos en que las llamas gemelas se encuentran y descubren que sus caminos no son compatibles. Esto siempre se debe al hecho de que la acumulación de creación humana en su cinturón electrónico crea un choque de personalidad. Tales choques pueden surgir por no haber estado juntas durante muchas encarnaciones, debido a que todas las cosas en las que se implicaron la alejaron de su destino original. Estas diferencias pueden superarse si las dos mitades están dispuestas a trabajar juntas para la transmutación de toda la densidad que hay en su mundo. En todos los casos, el amor es la clave para la superación, con o sin la llama gemela.

Cada paso dado hacia Dios por una de las mitades del todo eleva de un modo directo o indirecto a la otra, y cada paso hacia atrás tiende a retrasar el progreso de ambas. Así, una vez que el individuo se encuentra sobre el sendero de la ascensión, jamás debe descuidar su responsabilidad de proteger las energías de su llama gemela; sin embargo, ninguna de ellas debe otorgar poder a la negación, ya sea la de su propio mundo o la que salga del mundo de la otra.

La visualización del fuego violeta que rodea a cada mitad del todo con un patrón en forma de ocho servirá de ayuda a la transformación de todo lo que sea inferior a la perfección de

Dios y para establecer un punto de transmutación entre las dos corrientes de vida. Ese punto será el Cristo, que está entre los dos polos de su individualización en la forma para guardar el camino del Árbol de la Vida. Uno puede decretar en el nombre del Cristo para que las energías intercambiadas entre uno y su llama gemela pasen por este patrón de fuego y sean purificadas antes de que ambas entren en el mundo de la otra.

Al hacer decretos personales, los individuos también pueden insertar en el preámbulo, después de llamar a su Presencia Divina y su Santo Ser Crístico, la siguiente frase: «… poderosa Presencia YO SOY y Santo Ser Crístico de mi amada llama gemela…». Esta práctica establecerá el contacto con el Yo Superior del equivalente de uno mismo, tanto si está ascendido como si no lo está. Porque el Yo Superior es quien contrarresta todas las influencias humanas y eleva a las dos mitades de la Totalidad hacia su reunión en la Luz.

El sacramento del matrimonio

La Jerarquía instituyó el matrimonio con el fin de preparar a las personas para su reunión final con la Presencia Divina, el matrimonio alquímico, por la cual se logra la reunión permanente con la llama gemela.* Los sacrificios personales durante el curso del matrimonio se hacen necesarios para promover el bien mayor de la sociedad de ambos y su progenie. El crecimiento individual también ocurre como resultado del trabajo con gracia amorosa, lado a lado, junto con otra alma, por el bienestar de la familia y la comunidad. Todo esto tiene el propósito de desarrollar las cualidades y virtudes espirituales que los individuos necesitan para poder realizar la finalidad suprema de su destino divino, que incluye el servicio especial prestado con su llama gemela.

---

*Jesús dijo: «Porque cuando resuciten de los muertos, ni se casarán ni se darán en casamiento» (Marcos 12:25), enseñando que el rito matrimonial, aunque está divinamente ordenado, es una institución terrenal que no existe más allá de la tumba. Todos deben recordar que el matrimonio alquímico, el matrimonio entre lo humano y lo Divino, es la unión más importante de todas, porque implica una victoria sobre las condiciones exteriores de la vida y la disponibilidad de la ascensión hacia la Luz.

Los que se ponen ante el altar de Dios para unirse en santo matrimonio deberían hacerlo con el conocimiento de que su dedicación es hacia la exteriorización de los atributos del Dios Padre-Madre. La familia es la unidad fundamental del servicio, el foco de la Santa Trinidad y de la llama trina. El matrimonio, por tanto, es una unión santa, primero de dos almas dedicadas a producir el Cristo y después de la familia, que se establece bajo la égida de Alfa y Omega.

La Jerarquía autorizó el sacramento del matrimonio en un principio para la evolución de las llamas gemelas en este planeta; sin embargo, debido a los muchos lazos creados por el karma entre las almas que no son llamas gemelas, los Señores del Karma decretaron que el matrimonio fuera el medio por el cual almas compatibles pudieran producir sus destinos individuales y paralelos aun prestando servicio lado a lado para expiar su karma personal.

Por tanto, aunque el hombre solo tiene un equivalente divino, los propósitos de su reunión suprema con su Presencia Divina y su llama gemela pueden servirse a través de su matrimonio con alguien que no es su llama gemela. Además, puesto que los matrimonios terrenales muchas veces son entre personas que ya se han unido en las alturas, el matrimonio entre personas que no son llamas gemelas puede lograr el servicio más grande y demostrar ser más armonioso que un matrimonio entre llamas gemelas que no son compatibles en una encarnación específica. Una relación así es la de las almas compañeras.

Almas compañeras

Dios creó a las llamas gemelas en el Principio a partir de la misma esfera de fuego blanco de conciencia. Cada mitad del todo tiene el mismo modelo electrónico o diseño original, el cual no está duplicado en ninguna parte del universo. Las llamas gemelas a menudo se parecen; sin embargo, con frecuencia son opuestas en sus manifestaciones puesto que deben ser la totalidad del Dios Padre-Madre en expresión.

Las almas compañeras son almas complementarias que producen una polaridad de manifestación en uno de los planos de conciencia. Su lazo corresponde a una maestría en particular en el tiempo y el espacio, mientras que la unión suprema de las llamas gemelas es para la eternidad.

Un alma compañera es exactamente eso, una compañera del alma. El alma es algo distinto al cuerpo de fuego blanco, el núcleo de fuego blanco de tu Presencia YO SOY. Por eso el término «alma compañera» se refiere a un servicio y a una misión en el Sendero que podrías realizar con alguien aparte de tu llama gemela. La definición del alma compañera describe a alguien con quien estás trabajando para llevar a cabo un proyecto que forma parte de los requisitos que debes cumplir para la maestría de uno de los siete chakras. En específico, tu alma compañera sería aquella con la que estás trabajando para concentrar las energías de Alfa y Omega en un chakra en particular, y juntas emiten sus energías para componer la totalidad de ese chakra.

Uno no debería pensar que la cualidad primordial de la relación con un alma compañera deba ser de naturaleza romántica. Morya ha llamado la búsqueda de la voluntad de Dios «la aventura sagrada». El propio sendero del discipulado, el hallar y descubrir al amante divino del alma, que siempre es Cristo, el Ser Crístico de uno mismo, se puede considerar como el verdadero romance divino.

Cuando la gente pregunta: «¿se puede tener más de un alma compañera?», muchas veces lo hace pensando estrictamente en un lazo romántico. Cuando pienso en almas compañeras, lo hago específicamente en lo que se refiere a proyectos, cuando uno trabaja mano a mano para publicar un libro o terminar algún proyecto. Cualquier cosa que exija un esfuerzo en equipo puede implicar a almas compañeras. La definición de «alma compañera» dentro de este contexto sería la de dos personas que mantienen el equilibrio de una polaridad Alfa y Omega para un proyecto.

Cuando las personas no tienen una naturaleza espiritual fuerte, cuando se encuentran en esa posición en la que deben mantener el equilibrio de fuerzas por mundos o por un proyecto, esto tiende también a crear una polaridad física. Y aquellos para quienes la única emoción en la vida es la relación romántica pueden pasarse muchas encarnaciones yendo de una aventura amorosa a otra en rápida sucesión, porque encuentran significado, sentimiento o profundidad en la vida únicamente cuando las cosas tienen un matiz físico o sexual.

Esto es cierto especialmente en los caídos, porque cuando pierden su Divinidad, pierden la llama trina mediante la cual la verdadera alegría en la vida se encuentra en el flujo en forma de ocho entre ellos y su Presencia Divina. La única manera que tienen de sentir que están vivos y mantener su vigor original es experimentar relaciones así una y otra vez. Esas relaciones siempre generan karma, y lo hacen incluso cuando la relación es con su alma compañera o su llama gemela.

Las sociedades, las amistades y el trabajo conjunto son cosas necesarias en todos los aspectos de la vida. Cuando uno encuentra a una persona con la que encaja bien para lograr un trabajo noble, es importante comprender que, aun cuando la relación sea de almas compañeras, esto no quiere decir que automáticamente la vida o el destino estén pronunciando un *fíat* para que haya una relación romántica. Uno puede terminar el proyecto y con ello estar listo para la siguiente iniciación en el siguiente chakra, la cual conlleva un grupo de personas totalmente nuevo y quizá otra alma compañera.

La conexión entre almas compañeras permite muy buenas relaciones entre hermano y hermana, buenas relaciones familiares y buenos matrimonios. Estas relaciones tienen una cualidad que refleja al alma, cierto elemento en el que uno se siente completo. De hecho, uno podría ser mucho más parecido a su alma compañera que a su llama gemela. Mientras que uno sería lo opuesto a su llama gemela, con respecto a su alma compañera uno tendría una relación paralela. Esto produce relaciones felices, armoniosas y fructíferas.

Uno de los mayores logros de todos los tiempos lo realizó una pareja que no estaba formada por llamas gemelas, sino cuyas respectivas llamas gemelas estaban ascendidas y, por tanto, tenían la capacidad de ayudar a la pareja en su misión. María y José, designados por Dios para traer al mundo al Cristo, recibieron la ayuda de las alturas del Arcángel Rafael, el complemento divino de María, y de la amada Porcia, la Diosa de la Justicia, complemento de Saint Germain, quien estaba encarnado como José.

Su vida es la demostración viva de que las almas que vienen juntas dedicadas al servicio a Dios y a traer al mundo al Divino Varón pueden tener éxito con la ayuda de sus llamas gemelas. Esta ayuda, cuando se invoca, siempre está disponible en la Presencia Divina de sus llamas gemelas, aunque estas aún no hayan ascendido.

Celibato y matrimonio

Llegados a este punto, dejemos claro que entre los elegidos espiritualmente por Dios en la Tierra, están los que son maestros y célibes, y están los que son maestros y tienen familia. A lo largo de las eras, en el planeta ha sido necesario traer avatares al mundo y asegurar su transferencia desde las octavas superiores de Luz al mundo de la forma. Como es natural, es más deseable que lleguen a través de personas preparadas espiritualmente para recibir a esos niños.

Por formar parte de la comunidad esenia, María y José estaban cualificados específicamente para recibir el cuerpo y el Ser de esa hermosa alma, Jesús, aunque no eran llamas gemelas. Por tanto, nunca hay que proyectar juicio y condenación contra nadie que traiga niños al mundo, pues el hombre no tiene la prerrogativa de juzgar. Más bien, el Consejo Kármico y aquellos Maestros de Sabiduría que pueden ver todo el registro de una corriente de vida ocupan el cargo que les permite determinar qué es lo que está ocurriendo y qué debería tener lugar en el mundo de los padres.

Gautama Buda explica que los senderos del celibato y el matrimonio requieren ambos una dedicación a la Llama y a elevar la Luz:

> Detengan todos, pues, las espirales de indulgencia innecesaria en los sentidos. Comprendan todos que los devotos

deben mantener un equilibrio necesario, el valiosísimo equilibrio de Luz mantenido en los chakras. Por tanto, debemos tener cierto número de personas que hagan el voto de celibato y que se conviertan en la Luz blanca de la coronilla del Buda y la Madre, para que puedan mantener el equilibrio por aquellos que deben cuidar los fuegos del altar de la familia.

Así pues, comprendan aquellos que permanecen como sacerdotes y sacerdotisas ante el altar que no es necesario mirar a la derecha y a la izquierda buscando esa compañía del esposo y la esposa. Mas sepan quienes sean capaces de ello que esta llama de la exaltación de la pureza debe mantenerse fervorosamente, fervorosamente con esperanza... y que este alto llamamiento de los hijos y las hijas de Dios está reservado para quienes ven la exigencia del momento de tener constancia, de emitir el rayo rubí, de unas energías que deben estar listas al instante para la defensa de la Madre.*

Por tanto, que aquellos que guardan la llama de la familia lo hagan con consagración, sin dejar que la llama de la familia sea una oportunidad o una excusa para la indulgencia en la lujuria, sino que lo sea para la pureza de la Virgen y para la atracción de las almas más grandes. Que las familias, por tanto, no se formen simplemente y en nombre de eso por traer al mundo almas, mas fórmense para una consagración superior de amor que atraiga a los avatares que han de nacer...

Sea desenmascarado, pues, el egoísmo. Sea desenmascarada la indulgencia. Y sepan los padres y las madres de los queridos que no están excluidos del sendero del celibato. Ellos también pueden practicar los rituales y las iniciaciones de la elevación de la Luz y la consagración de esa Luz. Porque, al fin y al cabo, no estáis atados ni sois esclavos, sino que sois libres de ser la Totalidad de Dios cuandoquiera que

---

*En las tradiciones espirituales de Oriente, estas distintas vocaciones pueden ser parte de los ciclos naturales de la vida. La tradición hindú describe cuatro etapas de la vida: 1. *brahmacharya,* la etapa de castidad estricta como estudiante religioso célibe; 2. *garhasthya,* la etapa de las responsabilidades hacia el mundo y la familia como cabeza de familia; 3. *vanaprastha,* la etapa del retiro y la meditación como ermitaño o habitante del bosque; 4. *sannyasa,* la etapa de la renuncia, cuando uno no está atado ni por el trabajo ni por el deseo, sino que puede seguir el sendero de un viajero errante, buscando libremente el conocimiento de Brahmán.

decidáis serlo. Y, por tanto, sea vuestra meta la consagración de la Luz y sea la meta de este ritual la transmutación de todos los rituales de amor en los matrimonios; la elevación, la exaltación, la consagración de nuevos fuegos.[8]

Jesús afirmó la validez del sendero del celibato cuando dijo: «Pues hay eunucos que nacieron así del vientre de su madre, y hay eunucos que son hechos eunucos por los hombres, y hay eunucos que a sí mismos se hicieron eunucos por causa del reino de los cielos. El que sea capaz de recibir esto, que lo reciba».[9] Existe la necesidad de tener órdenes espirituales según el sacerdocio de Melquisedec con hombres y mujeres que hagan los votos de matrimonio con Cristo y con la Madre Divina. Desgraciadamente, esta enseñanza ha sido malinterpretada por la Iglesia católica y otras que proclaman que el estado de celibato es más santo y elevado que el del matrimonio y, por tanto, exigen que los sacerdotes sean célibes.

Jesús también afirmó la validez del matrimonio humano. Su primer milagro público lo realizó en la fiesta de boda en Caná de Galilea, donde transformó el agua en vino.[10] Con ello nos enseñó que el agua de la conciencia humana no es adecuada, que debemos pasar por la alquimia del Espíritu Santo y que ese vino del Espíritu debe ser un nivel de conciencia más elevado.

Con su presencia en esa fiesta, Jesús santificó el matrimonio humano. Negar la santidad del estado matrimonial es negar la santificación que hizo Jesús del matrimonio, y la de San Pablo, que también proclamó la santidad del estado matrimonial cuando señaló que el celibato era preferible si se podía mantener.[11]

El punto de vista que tiene la Iglesia de que el celibato es más santo que el matrimonio niega la esencia del sacramento del matrimonio celebrado por la propia Iglesia. La imposición de un requisito como el celibato para los sacerdotes les ha negado la fuerza y protección que tendrían en su servicio si se unieran en santo matrimonio.

La Virgen María ha explicado que este requisito de celibato es la raíz de muchos problemas que tiene la Iglesia católica. Ella nos dijo que cuando al sacerdote se le obliga a ser célibe sin un conocimiento de la verdadera enseñanza espiritual que esto conlleva y cómo mantenerlo, cómo elevar el fuego sagrado en el altar de la columna del templo del ser, los resultados pueden ser desastrosos.

Entonces, vemos que allá donde la enseñanza espiritual como se practica en Extremo Oriente no forma parte de la meta del celibato, el fin de ese celibato es mucho más nefasto que el matrimonio lícito, que también está ordenado para los sacerdotes que no pertenecen a la Iglesia romana... El abuso del fuego sagrado, ilícito según las Leyes de Dios, excluye a esos sacerdotes de sus votos, de un sentimiento de dignidad personal y en verdad de la santidad del altar...

Benditos corazones, es bueno que uno haga votos y que se ponga una autodisciplina. Incluso las parejas casadas pueden practicar el sendero del celibato por un tiempo de devoción, ayuno y oración [de manera voluntaria, con consentimiento mutuo]. Estos ciclos de amor conyugal junto con una aceleración del matrimonio con el Cristo vivo, por tanto, puede permitirle al individuo estar equilibrado, mantener la dignidad, conocer la belleza de la vida familiar, pero sin privarse del sacerdocio de las órdenes santas.

Del mismo modo, los antiguos profetas estaban casados. Del mismo modo, algunos que después fueron santos y se separaron del mundo estuvieron casados en el principio, como Siddhartha. Y vosotros sabéis, amados, que mi propio Hijo compartió un hermoso amor con su llama gemela, Magda, que mantuvo el equilibrio por él, igual que hice yo, mientras él llevaba a cabo su misión de inmensidad, manteniendo el fuego sagrado de la Madre Divina con la maestría plena de sus chakras.[12]

El código ético sellado por los Señores del Karma para esta época de la historia de la Tierra requiere que un hombre y una mujer que deseen vivir y servir juntos se presenten en la Iglesia que ellos quieran, ante un ministro o sacerdote del Dios Altísimo. Bajo las leyes de la Jerarquía, el contrato matrimonial es un acuerdo entre marido y mujer «en lo bueno y en lo malo» y «hasta que la muerte nos separe».* Aunque el pastor sella la unión terrenal pronunciando las palabras de la bendición del Señor citadas con anterioridad, no ha de suponerse que Dios dé de manera automática su sello de aprobación sobre la unión temporal de marido y mujer que no son llamas gemelas, porque la pareja adquiere el compromiso del contrato matrimonial por libre albedrío. Si las personas han pedido recibir guía, podrán tener la seguridad de que la recibirán. Sin embargo, el libre albedrío que Dios ha dado a la humanidad también se aplica en los asuntos del matrimonio.

Desgraciadamente, muchos matrimonios están basado en el romance y el atractivo físico, en el amor al amor, no en el amor entre las almas. Debido a que las personas ven en su pareja el *alter ego* de sí mismas, se enamoran de la imagen que ellas mismas han creado de sí. Este instinto hacia la unión es una necesidad espiritual profunda basada en el anhelo interior por su llama gemela. Sin embargo, cuando esto es pervertido por el yo irreal, se manifiesta como egoísmo. Cuando el alter ego demuestra que no es precisamente algo ideal, tiene lugar un enfriamiento de la pasión y el atractivo, y el individuo retira de manera gradual el afecto a su imagen autocreada. El romance de la atracción física inicial muere y el matrimonio basado en el egoísmo fracasa. Para tener éxito, un matrimonio debe estar basado en el amor entre las almas, que a su vez se refleje como amor entre las personas.

Algún día los asesores matrimoniales serán capaces de ayudar a las personas que buscan asesoramiento a través del estudio de

---

*Las palabras del voto matrimonial, "en lo bueno y en lo malo, en la riqueza y en la pobreza, en la salud y en la enfermedad", significan que las dos personas están de acuerdo en llevar la carga kármica mutuamente. Aunque cada una continuará cargando con la responsabilidad de su propio karma, la otra estará con ella mientras aquella pasa por la tribulación. Cada una podrá tener karma con distintas corrientes de vida. Las dos compartirán la carga. Cada una podrá tener la exigencia de traer al mundo a una o más almas. Las dos trabajarán juntas para proporcionar un hogar como representantes del Dios Padre-Madre, satisfaciendo las necesidades la una de la otra de forma imparcial, así como las de sus hijos. El compromiso encarnado en el voto es de resolver juntos el karma y no abandonarse mutuamente a su suerte debido al karma.

su cinturón electrónico. Como explicaremos con detalle en el siguiente capítulo, cada pensamiento, cada palabra, cada emoción y cada acto inferior a la perfección de Dios se deposita, capa tras capa, en el cinturón electrónico. Las personas que tienen un impulso acumulado de mala cualificación en cierto ámbito —por ejemplo, la crítica, la condenación o el juicio— descubrirán que su impulso se polariza con o se ve atraído hacia una mala cualificación opuesta, en este caso la indecisión, la lástima por uno mismo y la autojustificación.* Al confundir esta atracción con el afecto genuino, tales personas con frecuencia se casan… para después arrepentirse.

Para que nadie pierda la esperanza, no obstante, señalemos con rapidez que esta misma sustancia, transmutada en sus cualidades divinas de poder y armonía Divinos, puede ayudar a la pareja a cambiar una relación estrictamente humana en otra realmente espiritual. Así, todos tienen la oportunidad de avanzar, no solo ellos mismos, sino también de hacer avanzar a su pareja hacia la reunión suprema con su llama gemela.

El matrimonio como iniciación en el sendero

Que todas las relaciones se consagren en la Llama. Comprendamos que el matrimonio es una iniciación en el Sendero y que la única forma verdadera de conseguir el éxito consiste en hacer del matrimonio una iniciación y no buscar en él aquello que no está destinado a dar, la satisfacción sin fin del deseo de placer que el mundo nos pone delante como meta. Jamás podremos saciar el deseo de placer, porque es un deseo de la mente carnal y este es el deseo sin fin del abismo sin fin.

Nunca debemos comprometer nuestro matrimonio alquímico, nuestra reunión con Dios, a cambio de ninguna relación

---

*La crítica, la condenación y el juicio se expresan gráficamente como los abusos sobre la línea 12 del cinturón electrónico. La indecisión, la lástima por uno mismo y la autojustificación están sobre la línea de las 6, el polo opuesto. Las cualidades positivas correspondientes del Cuerpo Causal son el poder Divino, sobre la línea de las 12, y la armonía Divina, sobre la de las 6. Para obtener una explicación del cinturón electrónico y la mala cualificación de la energía que contiene, véase el capítulo 2.

humana. Esa es la prueba del Sendero: que ninguna amistad, ningún lazo familiar, se interponga entre nosotros y nuestro Dios. Por tanto, el matrimonio solo es válido cuando las dos personas pueden servir a Dios mejor si están juntas que si lo hacen por separado.

El estudio del matrimonio como iniciación es el estudio del Sendero, el Sendero del alma y su reunión suprema con Dios. A los Maestros Ascendidos en realidad no les preocupa si, en el sentido humano, estamos casados o no. Esa decisión y esa relación, que parece tener una importancia tan trascendental en la escena humana, para los Maestros Ascendidos asume una perspectiva muy clara, muy disciplinada y relevante.

El Morya dice que no importa si uno está casado o no; importa que uno pase las iniciaciones del Sendero. Si esas iniciaciones pueden superarse y realizarse en matrimonio, perfecto; si hay que pasarlas mientras uno mantiene la unión con Dios, perfecto. Pero lo que importa es el Sendero de iniciación.

Cuando se considera el matrimonio, por tanto, hay que hacerse dos preguntas. Primero: ¿has considerado si tu servicio sufrirá una mejoría, si se enriquecerá y será más grande con la unión matrimonial de lo que lo sería si permaneces soltero? Es decir, con el voto matrimonial, uno más uno no es igual a uno. Uno más uno siempre es igual a tres, porque estás tú y tu esposa, o tú y tu esposo, y el Espíritu Santo entre vosotros. Cuando ese Espíritu Santo deja de estar sobre el altar del matrimonio, ya sea en la Iglesia, en el hogar o en el dormitorio, el matrimonio deja de ser válido en la Iglesia o ante los ojos de Dios. Cada fase del matrimonio debe ser sagrada.

La segunda pregunta es: ¿Estás profundamente enamorado? ¿Realmente sientes ese fuego arder en el corazón, ese fuego que puede conmemorar tu amor por Dios? Porque si no sientes ese amor, tu matrimonio no soportará los ataques del mundo. Jamás será el remolino de fuego que es capaz de superar todas las adversidades.

Por tanto, el matrimonio tiene dos requisitos: un mayor servicio a Dios, más grande que el que puedas prestar a solas, y un intenso amor fogoso como el núcleo de fuego blanco.

Divorcio

En el Nuevo Testamento encontramos una declaración de derecho sobre el matrimonio y el divorcio durante ese período histórico en particular. Jesús dijo a sus discípulos: «Cualquiera que repudia a su mujer y se casa con otra, comete adulterio contra ella; y si la mujer repudia a su marido y se casa con otro, comete adulterio».[13]

Las disciplinas morales impuestas en aquella época desde el exterior están destinadas a imponerse desde el interior en los períodos de iniciación acelerada personal y planetaria, como el período en el que estamos ahora. En este final de ciclo de dos mil años, cuando las almas son unidas para la redención del karma, algunas veces es necesario que las personas se casen más de una vez en una encarnación para poder expiar el karma creado en relaciones de vidas pasadas.

Por tanto, el divorcio ha sido permitido por los Señores del Karma, siempre y cuando se satisfagan ciertos requisitos de la Ley. Solo los matrimonios que coinciden con la unión celestial de las llamas gemelas creadas por Dios están sellados para la eternidad. Pero no debe romperse ningún contrato excepto de mutuo consentimiento y por una causa justa bajo las leyes de la Jerarquía, muchas de las cuales están reflejadas en las leyes del país concerniente al divorcio.

La Regla de Oro para el matrimonio es darlo todo al servicio del Cristo en la pareja y no renunciar a los votos a menos que se hayan dado todos los pasos para mantener la armonía en el hogar. Allá donde no hay armonía, donde no se producen los frutos del Cristo, no existe la representación adecuada del Dios Padre-Madre y, por tanto, la preservación de esa unión genera un karma. Una situación discordante debe o bien sanarse con amor o disolverse con amor, yendo las dos partes por su camino. Pero escuchen cada uno de ellos la solemne advertencia: a no ser que lo haya dado todo para mantener la unión, la persona se considerará responsable. El encuentro con la llama gemela o un cambio repentino de interés no debería interpretarse como una razón para abandonar a su suerte a quien ha sido fiel, ha amado y ha hecho su parte para mantener el contrato matrimonial.

Relaciones kármicas

Aquí hay que dar una advertencia porque, con frecuencia, quienes han llegado al conocimiento de las llamas gemelas, quizá en soledad o habiendo tenido desgraciados problemas en su matrimonio, sienten la gran tentación de buscar a su llama gemela e imaginan ver a su complemento en aquellos con quienes solo tienen una atracción kármica. Uno debe aprender a distinguir entre la confirmación interior de que uno está ante la presencia de su complemento divino y las atracciones que surgen del deseo terrenal y relaciones kármicas del pasado.

A menudo las corrientes de vida son llevadas a encontrarse para que salden injusticias del pasado que han cometido una contra otra. El residuo de encarnaciones pasadas de sus odios o desacuerdos crea una polaridad de atracción que los Señores del Karma permiten para que las personas puedan saldar, mediante el poder de un intenso amor, las crueldades que hayan practicado con anterioridad. Por tanto, las atracciones entre personas pueden ocurrir a fin de que se salde el karma o pueden ser de hecho señal de la presencia de la llama gemela.

Una amistad mantenida durante cierto período de tiempo, una relación sin ninguna involucración amorosa ni apego emocional, con frecuencia revelará si la atracción está basada en la polaridad divina o en la necesidad de obtener una transmutación. En tales situaciones, siempre es mejor invocar un modelo en forma de ocho de llama violeta entre uno mismo y la otra persona con el fin de que cualquier magnetismo basado en la afinidad humana pueda transmutarse. Si esto se realiza de manera concienzuda, a menudo es posible evitar decisiones y acciones de las que más tarde nos arrepentiremos. En ambos casos, habrá que establecer mediante la aplicación individual a la Presencia Divina propia si los votos matrimoniales proporcionan o no la mejor oportunidad de saldar los registros kármicos y el cumplimiento de la Ley divina.

Algunas veces la relación del matrimonio ofrece el crisol y la intensidad de amor y servicio necesarios para saldar cierto karma, especialmente cuando ello requiere el patrocinio de hijos. Tales matrimonios kármicos y otras circunstancias de la vida pueden ir y venir, y tienen su propósito. Siempre que el karma siga existiendo —a menos que haya medios alternativos de saldarlo—, matrimonios así seguirán atando a las almas involucradas. Mientras estemos implicados en un matrimonio de ese tipo, podremos convertirlo en una celebración en la tierra de nuestra unión interior con nuestra llama gemela. Esto es lícito.

Lo que no es lícito es tratar una relación así con desánimo o incluso con rencor, sin dar lo mejor de nosotros ni el amor más ferviente del corazón diciendo: «Bueno, esta persona no es mi llama gemela y tenemos una situación kármica, así es que me esforzaré lo justo y haré tiempo hasta que me llegue la relación de verdad». Esa es una forma muy efectiva de extender la resolución del karma e incurrir en más karma.

Debemos mirar la vida con el conocimiento de que cualquier persona con quien estemos es Dios. La persona es Dios, en manifestación. La llama divina es Dios. El potencial es Dios. Y debemos amar a esa persona con todo nuestro corazón, con el amor más puro y grande que sentiríamos por Dios y por nuestra llama gemela.

Ese amor es liberador. Es una fuerza transmutadora. Por tanto, no importa si estás casado con tu llama gemela o si la has conocido. Lo importante es comprender lo sagrado que es el matrimonio y la relación de hombre y mujer, y que esa polaridad siempre representa a Alfa y Omega, los creadores Masculino/Femenino conjuntos de la Vida.

El amado Chananda dice: «Tratamos de dirigir a las llamas del Espíritu Santo y la Madre Divina en la tierra. Queremos hacer, mediante compañeros del alma, socios en el sendero de la vida. De veras no importa el que estéis casados [exactamente] en la carne con vuestra llama gemela. Lo que importa es que mantengáis la armonía, que afiancéis la Luz de esa llama gemela y que seáis felices, alegres, sirviendo, libres y llenos del conocimiento del Señor con quien habéis decidido compartir este viaje en la tierra. Porque debéis comprender que, en un sentido, cada matrimonio es el matrimonio de las llamas gemelas. Porque cada unión es una celebración de esa Luz».[14]

La búsqueda de la llama gemela

Algunas personas que desgraciadamente no han entendido el equilibrio y la garantía divina de la unión de las llamas gemelas se han pasado vidas enteras buscando a la suya. A lo largo de los siglos, algunas de estas benditas llamas gemelas han hecho historia con su búsqueda mutua, lo cual es comprensible, aunque no recomendable. Desde luego, la búsqueda de la llama gemela no debe convertirse en la razón de ser. Al contrario, el encuentro con la llama gemela debería producirse como un desarrollo natural del plan divino.

Como con todo, los hijos y las hijas de Dios deben buscar primero unirse a su Presencia YO SOY con la garantía de que, una vez que hayan hallado a Dios, jamás perderán a su llama gemela. La advertencia de Jesús: «Mas buscad primeramente el reino de Dios y su justicia, y todas estas cosas os serán añadidas»,[15] se aplica tanto a las llamas gemelas y a su mutua búsqueda como a cualquier otra faceta del sendero de la superación victoriosa. El hecho de que nuestra llama gemela pueda estar ascendida, transitando entre encarnaciones, en las escuelas de Luz, atrapada en el astral o en las octavas superiores de donde nunca descendió al mundo de la forma, debería dejar en evidencia la locura de buscar en lo exterior aquello que ya está en el interior.

Chananda explica que la búsqueda de la llama gemela siempre debe estar basada en el deseo de servir y en el sendero espiritual:

Si el sendero de servicio no es vuestra razón de ser ni lo es la búsqueda de vuestra llama gemela, ¡os habéis equivocado al venir aquí! Vosotros que habéis nacido libres para amar, sabed esto: esa libertad conlleva una responsabilidad de liberar a la vida, de dirigir la Luz reunida en el chakra del tercer ojo hacia la densidad de la sustancia egoísta, la exclusividad, el ocultarse, el retirarse de la comunidad universal de la Gran Hermandad Blanca, del sendero del discipulado.

No encuentren solaz y lástima aquellos que han fracasado como discípulos de la Luz Universal en el abrazo de la persona a la que llaman «alma compañera», equivalente o cualquiera que sea el término utilizado. Si estáis heridos, si estáis magullados, si estáis apesadumbrados por el encuentro con Dios, con su emisario, con el Cristo vivo en cualquier parte del mundo, entonces digo: tomaos un profundo respiro, recitad el mantra y corred hacia los brazos de vuestro Dios. Y dejad que se os despoje y se os golpee,* porque así es como os preparáis para ser la novia de Maitreya, de la Luz Universal. Así sois adornados. Así os debéis preparar también para el Amado.[16]

Es importante tener presente que la unión física, aunque sea con la llama gemela, no puede de ninguna manera producir una Unión más grande que la que el individuo ya disfruta por decreto divino con su complemento divino. El hombre ya está unido a Dios. No puede ser algo más que Dios, pero puede realizar más a Dios mediante el logro espiritual a medida que transmuta la creación humana de su cinturón electrónico que separa su conciencia exterior de su Creador.

Tal como el hombre está esencialmente unido a Dios, también está esencialmente unido a su llama gemela. En el mundo del tiempo y el espacio, la misma creación humana que lo separa de Dios también lo separa de su llama gemela. En realidad, no puede *unirse más* a su llama gemela de lo que ya lo está, igual que no puede *unirse más* a Dios. Que logre esa unión o no depende totalmente de la espiritualización de su conciencia. Esta es la gran tragedia provocada por la idea equivocada sobre las llamas gemelas. Dios las ha sellado como una sola carne en el voto matrimonial original, pero el sello es del fuego y si el fuego no está unido, la tierra no puede estarlo. Podrías estar casado con tu llama gemela y no encontrarla.

---

* "limpios, emblanquecidos y purificados" (Daniel 12:10).

La reunión física de las llamas gemelas hay que dejarla en manos del Padre. Por consiguiente, no es inteligente que las personas encarnadas asuman el papel de casamenteras, aunque lo hagan de buena fe, por quienes creen que son llamas gemelas. Cuando más convenga, Dios unirá a los que se hayan ganado el derecho a estar juntos. Cada hijo e hija de Dios debe tener la seguridad de que Dios, que ha hecho todas las cosas y las ha armonizado correctamente, al final unirá los polos del verdadero Ser que Él ha hecho separados temporalmente.

Así, tras un proceso de refinamiento del alma, moldeado del carácter y madurez de crecimiento espiritual que siempre llega cuando se salda karma mediante el servicio a la Vida y la aplicación al fuego sagrado, las personas podrán descubrir que están unidas a su llama gemela en servicio espiritual. Esto puede ocurrir antes o después en una encarnación dada; o puede que la Ley exija que las llamas gemelas esperen otra vida a estar juntas físicamente. No está fuera de lo normal que la reunión se produzca en los templos de Luz al final de un período de iniciación en particular o una estancia terrenal.

Unión en los planos internos y externos

Aun antes de que pueda tener lugar la unión física de las llamas gemelas, su conexión espiritual puede verse fortalecida y afianzada más plenamente en la tierra. Chananda explica la importancia que esto tiene:

> Consideremos, pues, por qué es de suma importancia unir fuerzas con la llama gemela, especialmente en esta hora, y por qué los Señores del Karma en los últimos años enviaron la dispensación para vivificar, para acelerar la unión de las llamas gemelas[17] (descubriéndose mutuamente para un propósito santo y un propósito físico) y emitieron la Luz de los Cuerpos Causales de aquellos que están separados por necesidad en el tiempo y el espacio pero que deben servir, por tanto, durante las horas en las que el alma puede salir del cuerpo y remontar el vuelo, pasando a los niveles internos o durante las veinticuatro horas del día. Porque el yo espiritual

siempre está unido al equivalente si, y sólo si, primero lo está con Dios.

Así, la razón del servicio conjunto de las llamas gemelas es esta: la tarea desde el principio con la cual y a la cual fuisteis enviados es algo que debe realizarse en el universo físico, en las esferas Materiales, necesitando la Plenitud Divina para el ímpetu del movimiento del taichí y la esfera de Luz. Así, cuando los Cuerpos Causales de las llamas gemelas se unen como uno solo, «como Arriba, así abajo»,* se está ante la manifestación de la plenitud de la Divinidad habitando corporalmente en los dos. Porque, como pareja, encarnan la Luz [conciencia Crística] de Alfa y Omega. Ningún yo físico tiene la capacidad de serlo todo en uno solo. Así, el principio de la ayudante es equilibrio, es ayudarse mutuamente a satisfacer los requisitos de la Plenitud Divina para la misión.

Ahora bien, en este caso, las suma de las dos mitades no da la totalidad. Las suma de las dos mitades da dos totalidades. Cuando la llama gemela entra en vuestra esfera áurica, vosotros sois plenos. Cuando vosotros entráis en la esfera áurica de la llama gemela, él o ella es pleno [o plena]. Por tanto, comprended que en el estado completo hay dos manifestaciones de la plenitud del Cuerpo Causal, donde uno libera la Luz del otro. Es un intercambio divino en el nexo del Cristo de ambos.

Así, la unión del fuego sagrado en la Poderosa Presencia YO SOY afianzado aquí abajo da a ambos la capacidad de recibir la emisión de Luz del Cuerpo Causal del otro. Por eso algunos han dicho —como poetas, como iniciados, como devotos— que uno no está completo sin la llama gemela.

Es decir, la llama gemela es el único ser en el cosmos que tiene la llave de vuestro Cuerpo Causal. Estas llaves se encuentran únicamente en el Santo Ser Crístico, porque el Señor Dios no permitiría ni siquiera que vuestra llama gemela viole las alturas de vuestro Cuerpo Causal, igual que vosotros tenéis prohibido el acceso a esa Luz cósmica hasta que no hayáis llegado a ser iniciados del fuego sagrado.

---

*En la tierra como en el cielo, en la manifestación exterior como es en el diseño original interior.

No obstante, la unión interior puede producir esa emisión, como Arriba, así abajo. Entretanto, *el divino compartir abajo los impulsos reunidos de logro mutuo* ayuda a cumplir la tarea original, la razón de ser y la razón de haber salido.[18]

El Morya explica que el karma es un factor que se interpone en el camino de la reunión de las llamas gemelas:

> Vengo a romper la ilusión de que todos los problemas se resuelven con el encuentro de las llamas gemelas o incluso de las almas compañeras. Pero vengo con una declaración de la Verdad: que todos los problemas *pueden* resolverse con esta unión cuando esta está fundada en la Roca de la Realidad divina.
>
> Venimos y patrocinamos porque vuestro corazón ha anhelado, vuestra alma ha rezado, vuestra mente ha buscado, ha buscado cumplir la razón de ser en esta vida, ha buscado lograr la unión con el ser perfecto. Conectaremos a aquellos cuya conexión resulte en una fuerza positiva mutua y para la sociedad. Cuando fuera perjudicial total o parcialmente, recomendaremos el sendero acelerado del chela, la humildad ante la Enseñanza de la Gran Hermandad Blanca, que os da el conocimiento de la llama violeta y el llamado a Astrea (véase página 68), que es el mantra más poderoso a la Madre Divina que se ha entregado en esta octava...
>
> Comprended que el amor más grande y perfecto comienza con vuestra expresión individual del corazón, la expansión de esa llama de amor hasta que toda irritación sea consumida y el orgullo no exista y estéis ante vuestro Dios verdaderamente dignos de cualquier bendición que pueda darse. En vista de que el karma personal es el factor clave que separa a las llamas gemelas y en vista de que es deseable que las llamas gemelas se unan en servicio, el factor x que puede marcar diferencias es la entrada de un Maestro Ascendido o Padma Sambhava o Gautama o Sanat Kumara para patrocinar esa unión, prometiendo asumir el karma que mantiene a esas almas separadas. Este patrocinio es como el del chela individual, excepto que es un patrocinio conjunto de los dos.
>
> Esto, por tanto, es un llamado que deberíais incluir en vuestra oraciones. Es un llamado que dice:

> *Dios mío, deseo realizar el mejor servicio y cumplir mi voto interior con mi llama gemela. Si el karma es lo que nos separa y por ello nuestro servicio, ruego que el Señor Dios lo ponga a un lado por una hora y un año para que podamos mostrarnos dignos, arar el surco derecho, entrar en el servicio a nuestro Dios y a nuestro país y a la libertad del mundo para que juntos podamos escoger saldar ese karma. Y eso es lo que escogemos, SEÑOR Dios.*
>
> *Por tanto, prometemos, venga lo que venga, que si estamos unidos serviremos en armonía por gracia de Dios para, primero, saldar el karma asumido por un Maestro Ascendido de modo que él no tenga que soportar por nosotros la carga que es en verdad nuestra.*

Así, habiendo dicho esto, es importante poner por escrito a mano esta oración y cualquier cosa que hayáis agregado a ella, con la fecha escrita minuciosamente y con vuestra firma. Podéis insertarla en el libro del Evangelio Eterno.*

Debéis acordaros de llamar al Arcángel Miguel para que defienda el encuentro más grande y ate a todos los impostores de vuestra llama gemela. Porque tan pronto como el deseo esté establecido y la vela de vuestro barco se levante, la falsa jerarquía enviará a los atractivos, los glamurosos o los de karma pesado o incluso los iniciadores que salen de las profundidades de la oscuridad y que se hacen pasar por Krishna, el santo de Dios que os pertenece.

A fin de prepararse para la unión perfecta, uno debe tener la visión y el lazo interior con Dios que le advierta del peligro acechante. Así, guardad la oración y el llamado. Y cuando todas las pruebas se hayan superado y al enviado se le pida acudir, recordad que el propósito de ese estar juntos es verdaderamente, en primerísimo lugar, saldar ese karma y liberar al Maestro Ascendido que de hecho os ha patrocinado y ha pagado el precio, algo que no comprenderéis hasta el día en que os ofrezcáis a pagar el precio por otro.[19]

---

*Los Maestros Ascendidos se han referido a la serie Escala la montaña más alta como el Evangelio Eterno profetizado en Apocalipsis 14:6.

Sean cuales sean las circunstancias externas de cada cual, el plan de Dios para las llamas gemelas es perfecto y está intacto, y es causa de gran regocijo para el alma. Es una promesa de realización que con seguridad llegará si cada cual se esfuerza con diligencia para superar, para mejorar su destino y prepararse, como novia adornada para su esposo, como novio que viene a saludar a la novia, para tejer el vestido de boda. Esta es la preparación para el matrimonio alquímico, y esta es la fiesta de bodas a la que ningún hombre puede ir a no ser que esté vestido con el vestido de boda.[20] El proceso por el cual el hombre teje su vestido de boda a través del uso adecuadamente dirigido de las energías del fuego sagrado será el tema de secciones posteriores de este capítulo.

El fuego sagrado

En la unión de la Vida siempre hay polaridad, nunca dualidad. Las polaridades de perfección consisten en atributos masculinos y femeninos de la Divinidad. La polaridad perfecta entre las llamas gemelas, creadas una para la otra a partir del mismo cuerpo de fuego blanco, da a cada mitad la capacidad total de conservar la magnetización divina. A través de esta magnetización hacia la perfección, el hombre busca lo Divino; así, de su estado incompleto nace su reunión. La soledad que el hombre siente en el mundo de la forma antes de haber realizado la reunión con su Presencia Divina y su llama gemela es, por tanto, una bendición insospechada, porque ello lo impulsa hacia su Origen y hacia la meta suprema por la cual se creó.

La Elohim Astrea señaló que uno de los métodos que utiliza el hombre al buscar la identificación con la Realidad es la unión sexual: «Al buscarse mutuamente hombres o mujeres, en realidad, buscan a la otra mitad de la Totalidad Divina, pero no lo saben. Creen lograr con la unión física esa plenitud que solo puede conocerse mediante la unión del alma con su Yo, con el Yo Superior y con la amada llama gemela. Tal unión lleva tanto al hombre como a la mujer a un estado pleno de la naturaleza andrógina de Dios».[1]

Con relación al estudio sobre las llamas gemelas, es esencial que las personas sobre el Sendero comprendan la naturaleza y función del sexo, que significa «energía sagrada en acción». Por tanto, acérquense al tema con reverencia, recordando que la Vida es sagrada y que es energía, que la Vida o energía pertenece a Dios y el hombre la tiene prestada para que, mediante su uso adecuado, pueda multiplicar y expandir los talentos que Dios le ha dado.

El caduceo

La maestría sobre las energías sagradas de la Vida en acción solo puede lograrse mediante una comprensión adecuada del caduceo, la vara alada, símbolo de la profesión médica. Este símbolo ilustra cómo está enroscado el fuego serpentino (fuego sagrado), que se eleva por la vara de la Vida (por la columna vertebral) según el modelo centrípeto y centrífugo del caduceo. Este fuego se afianza entonces en el punto del tercer ojo, en el centro de la frente. Veamos ahora cómo la acción del caduceo se forma en el hombre.

ILUSTRACIÓN 3:
El caduceo

A medida que el fuego sagrado desciende desde el corazón de la Presencia Divina, al fluir por el cordón cristalino, pasa por la columna vertebral para animar al templo del ser a través de los siete chakras y las demás constelaciones menores del universo del cuerpo físico del hombre.* La espiral descendente infunde en los chakras la polaridad masculina (positiva) y la espiral ascendente infunde en ellos la polaridad femenina (negativa) de la Divinidad. Así, «el Señor guardará tu salida y tu entrada desde ahora y para

---

*El séptimo libro de esta serie contiene más información sobre los chakras y el caduceo.

siempre».[2] Guardará la salida de sus energías sagradas del Sanctasanctórum hacia el templo corporal y su regreso seguro hacia la Presencia YO SOY por vía del modelo del caduceo. La Creación nace a cada momento, cada vez que un ergio de energía completa el ritual del descenso y el ascenso.

Jacob recibió la revelación del misterio en un sueño. «Y he aquí una escalera que estaba apoyada en tierra [la escalera de la columna], y su extremo tocaba en el cielo [el chakra de la coronilla, el centro pituitario, que en el hombre es el foco del cielo en la tierra]; y he aquí ángeles de Dios que subían y descendían por ella».[3] Aquí el término «ángeles» simboliza los electrones, partículas de energía, que se mueven en continuo flujo hacia arriba y abajo por la columna, viniendo de la Presencia y regresando a ella por el cordón cristalino.

El florecimiento de cada uno de los siete chakras se logra así mediante la victoria de la acción del caduceo. Como resultado de la maestría del fuego sagrado no solo se abre el tercer ojo, sino que también se cumple el propósito de los siete cuerpos del hombre a medida que cada chakra despliega su destino, siendo cada chakra el foco de uno de los siete cuerpos del hombre.

El chakra de la coronilla, de color dorado y representado como una aureola en las pinturas de los santos, es el foco de la Presencia YO SOY. La llama del corazón, vibrando con el amor (rosa) de Dios mientras late al ritmo del cosmos, es la conexión directa que tiene el hombre con su Ser Crístico, mientras que las energías puras del Cuerpo Causal, que contiene los tesoros eternos y el concepto inmaculado del plan divino, entran por el tercer ojo en el centro de la frente. El poder de la Palabra hablada, que sale por el chakra de la garganta, precipita

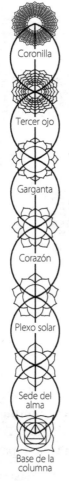

Coronilla

Tercer ojo

Garganta

Corazón

Plexo solar

Sede del alma

Base de la columna

**ILUSTRACIÓN 4:
Los siete chakras**

el modelo etérico en la forma física, mientras que el chakra del plexo solar es el punto de anclaje del cuerpo emocional. El chakra del plexo solar también está destinado a concentrar las energías del Cuerpo Causal cuando la espiral negativa conocida como cinturón electrónico está completamente eliminada.

El chakra de la sede del alma, aproximadamente a cinco centímetros por debajo del ombligo, es el foco del cuerpo mental (inferior). Cuando las pasiones de la mente carnal se vencen y el caduceo se eleva, la inteligencia creativa del Cuerpo Mental Superior (el Santo Ser Crístico) utiliza el fuego sagrado para producir las obras de Dios más grandes y nobles. El chakra de la base de la columna es el foco del cuerpo físico, que se polariza con la Presencia YO SOY como su equivalente femenino en la forma. En este punto las energías del caduceo regresan a la Presencia, convirtiéndose las positivas en negativas para el regreso desde la forma a la no forma.

Espíritu y Materia

La Vida, como energía creativa inteligente y autoluminosa, desciende desde el corazón de la Presencia YO SOY individualizada por el cordón cristalino a las manos del alma encarnada. Con el Cristo actuando como Mediador, la «fuerza vital», como algunos la llaman, está destinada a expandirse a través de los siete chakras en el cuerpo del hombre. Por tanto, el sexo o la energía sagrada en acción no es nada más que la emisión del fuego sagrado (esta energía que primero es de Dios y después del hombre) a través de estos chakras. Pero el término ha llegado a referirse a su emisión a través de los chakras de la base de la columna y la sede del alma, que activan los genitales para la procreación.

El acto de la creación, ya sea del Dios Padre-Madre o de los hijos y las hijas designados como cocreadores en el mundo de la forma, necesita la unión de la polaridad divina. Sin la plenitud expresada de los aspectos masculino y femenino de la Deidad, la creación no se producirá, el alma no pasará por los portales del nacimiento, las flores no se abrirán, los planetas no encontrarán sus órbitas, las estrellas no brillarán y ninguna parte del universo se manifestará.

El cuerpo de la Naturaleza o del universo físico es el vientre del hombre (de la manifestación de Dios). Este aspecto pasivo de la Deidad se describe en el Génesis: «Y la tierra estaba desordenada y vacía, y las tinieblas estaban sobre la faz del abismo». Entonces, «el Espíritu de Dios se movía sobre la faz de las aguas».[4] (Tierra y agua son los elementos yin o femeninos de la creación. Aire y fuego son los yang o masculinos.)

Así, en el vientre universal, el Espíritu Santo de Dios proyectó la gran corriente de energía del Logos Divino. Esta corriente contenía la valiosa semilla, la Palabra que en el Principio era con Dios, sin la cual no se hizo nada de lo que fue hecho.[5] La Materia (Mater) fue fecundada con Vida, y de la unión de Espíritu y Materia surgió el arquetipo divino, el Cristo, el Unigénito de Dios, para que el mundo pudiera tener a través de él Vida eterna. Los hijos y las hijas de Dios y toda la creación se formaron según este modelo Crístico.

En la unión de Espíritu y Materia, pues, esta última se trasciende a sí misma y se convierte en Espíritu, mientras que el Espíritu asume los vestigios de la forma y la dimensión. Lo finito es transformado cuando se convierte en la novia de lo Infinito. Las energías que Dios ha invertido en el universo material, a través de las leyes de la trascendencia y la transmutación, se convierten en Espíritu invertidas inmortalmente. El producto de su unión es el Cristo, que posee el poder de trascender tanto el Espíritu como Materia, el tiempo y el espacio, el poder de mediar entre la Madre y el Padre, entre la Presencia Divina y la mónada humana, que es Materia convirtiéndose en Espíritu.

La grandeza y el propósito de la creación, por tanto, fue para producir al Hijo (Sol) a través de la unión del principio Padre-Madre. Cuando Jesús declaró «yo y el Padre uno somos»,[6] se refirió a la unión alquímica que debe tener lugar entre el alma encarnada y la Presencia Divina antes de que el individuo pueda entrar en el ovoide ígneo y en él hallar la suprema reunión con la llama gemela.

En el matrimonio alquímico, Dios se convierte en hombre y el hombre se convierte en Dios. Dios y el hombre se encuentran en el nexo de la figura en forma de ocho, en la cruz del Cristo desde donde las energías masculinas (Espíritu) descienden y las femeninas (Materia) ascienden. En esta unión divina el Espíritu de la Presencia YO SOY intercambia su polaridad masculina con su polaridad femenina focalizada en el mundo de la forma. De esta unión perfecta surge el Cristo en todo hombre, cuyo destino es superar todas las condiciones exteriores, demostrar el principio alquímico de la creación en el mundo de la forma, curar a los enfermos, echar fuera el pecado y vencer al postrer enemigo, que es la muerte.

El hombre y la mujer divinos solo han de mirar arriba y examinar las mareas del universo para descubrir cómo están destinados a realizar en el microcosmos las glorias del Macrocosmos. Cuando marido y mujer intercambian las energías sagradas en el rito matrimonial, deberían hacerlo con la plena conciencia de la majestuosidad de la creación de Dios y su propio impulso acumulado de plenitud, que se encuentra en Cristo. Estas energías sagradas siempre se deben dedicar a la reunión del yo inferior con el Yo Superior. Esto se logra cuando el matrimonio invoca el modelo del fuego sagrado en forma de ocho al unirse alrededor de sus cuatro cuerpos inferiores.

El mayor secreto de la Vida, el secreto de la creación, es sagrado. La unión del hombre divino y la mujer divina para la realización de este propósito grande y noble siempre debería consagrarse con los votos del santo matrimonio y la dedicación de los portadores de la semilla divina a la producción del Cristo. Esta dedicación al Cristo es lo que espiritualiza la función del matrimonio y ennoblece a la progenie de la unión.

Dios santifica el matrimonio humano como un círculo de protección para los hijos y las hijas de Dios. A este matrimonio lo bendice una progenie, así como la progenie de la mente y el corazón, creaciones mutuas del Espíritu que bendicen a la Vida entera. La santificación del cuerpo, el corazón, la mente y el alma en la ceremonia nupcial no es distinta a la santificación interior en la cámara secreta del corazón. Cuando está protegido por el gran círculo de Dios, el sexo no es pecaminoso si es reverenciado como el fuego sagrado de la Madre Divina. El amor divino compartido en todos los niveles de los chakras es el dar y recibir de los elementos masculinos y femeninos, lo cual ofrece un anticipo al hombre y la mujer de esa plenitud que el alma realizará cuando esté unida definitivamente a su Señor.

Mal uso del fuego sagrado

Desgraciadamente, el talón de Aquiles de la humanidad ha sido el mal uso que esta ha hecho del fuego sagrado. Esta fuerza creativa, esta Luz, este poder, esta energía que desciende a todas horas y en todo momento de Dios al hombre, debe ser utilizada y comprendida con propiedad si él ha de dominar su mundo. Porque esa es la clave de la Vida inmortal. A lo largo de esta serie hemos tratado de la enseñanza de los Maestros Ascendidos sobre el control y la maestría del fuego sagrado en lo que respecta al misterio de la creación.

Igual que la humanidad ha aprendido a construir canales y diques para el control de las aguas de la Tierra, el hombre, a partir del uso que ha hecho en el pasado, ha construido en sí mismo canales hacia los cuales ha dirigido las energías del fuego sagrado que regresan a él. Algunos han acumulado un impulso en la dirección de esa energía hacia el chakra de la coronilla, estos están dedicados a aprender y enseñar. Otros la han dirigido al centro del corazón, estos tienen un gran impulso acumulado de amor divino, que se convierte en un imán que mantiene las energías del planeta en equilibrio. En otros el flujo del fuego sagrado se ha dirigido en gran medida a través del chakra de la base de la columna y la sede del alma, estas personas, sin tan siquiera dirigir conscientemente el flujo de su energía, observan que la zona de los genitales se estimula con facilidad y casi continuamente.

Tales personas pueden decir que tienen problemas de sexo, pero en realidad no se trata de eso. Lo que quieren decir en realidad es que la abundancia de la Vida de Dios que fluye hacia ellas a todas horas la están dirigiendo de manera subconsciente a los chakras inferiores.

Los hombres no deberían sentirse condenados por la tentación o la frustración; tampoco deberían sentirse como pecadores desvalidos en su incapacidad de lidiar con el flujo mal dirigido de la energía. Únicamente deben reunir la determinación y la voluntad de Dios de elevar esas energías hacia la función adecuada en los cuatro cuerpos inferiores.

Cuando las personas comprenden la meta final del uso del fuego sagrado y la sacralidad de su uso en el proceso procreativo, entienden que el énfasis de la vida no debe ponerse en la satisfacción de la lujuria del hombre, sino en el uso de esta maravillosa energía para lograr poder, gracia, maestría sobre uno mismo, salud, longevidad y bendiciones hacia toda la vida de forma ilimitada.

La transfiguración

El Maestro Ascendido Señor Ling* ha explicado la acción del caduceo en lo que respecta a la transfiguración del amado Jesús el Cristo. El Señor Ling dijo que cuando el caduceo opera de la manera adecuada alrededor de la escalera vertebral, las llamas de la libertad y el fuego sagrado se elevan por la columna y por todo el sistema nervioso. Cuando el iniciado alcanza una total maestría del fuego sagrado, como Jesús, el poder espiritual de la Luz fluye por su forma, transformando la sangre en una líquida Luz dorada.

Este es el verdadero significado de la transfiguración, y esto es lo que sucedió sobre el Monte de la Transfiguración. El Señor Ling dice: «Cuando me aparecí sobre el Monte de la Transfiguración, se había manifestado en el cuerpo de Jesús la plenitud de esa acción, y solo poco tiempo después él demostró su maestría sobre la muerte, el postrer enemigo que se vence después de la maestría

---

*Una de las muchas encarnaciones importantes de este Hijo de Dios fue la de Moisés, que liberó a los hijos de Israel de la esclavitud de Egipto y que, en su estado ascendido, se apareció con Jesús durante la transfiguración de este último (Marcos 9:2-8; Mateo 17:1-8).

del caduceo». El Señor Ling reveló que la acción del caduceo era el secreto del poder de Jesús sobre la vida y la muerte. Dijo que Saint Germain también conocía esta enseñanza antes de ascender y que, al utilizarla y demostrarla adecuadamente, vivió cientos de años en un cuerpo.[7]

Antes de que el hombre cayera del estado de gracia y abusara del fuego sagrado, la creación surgía gracias al poder de la Palabra hablada a través del chakra de la garganta. Las llamas gemelas se ponían una frente a la otra y pronunciaban el fíat de la Luz, mediante el cual el poder de la semilla divina y la acción del caduceo producía una forma viva de forma instantánea, tras lo cual un Hijo de Dios aparecía en radiante manifestación. Los rayos de Luz fluyendo entre las polaridades masculina y femenina del padre y la madre tenían la capacidad de tejer la vestidura de forma carnal en poco tiempo. El niño, por tanto, aparecía como una figura más pequeña y casi en un abrir y cerrar de ojos, a través de un proceso acelerado, se manifestaba con forma adulta con plena conciencia del Ser, refulgente al recordar todas las vidas pasadas como una Totalidad integrada. Eso significa que la continuidad de la evolución del alma no sufría ninguna interrupción. El despojarse de la forma corporal no se consideraba como un acontecimiento triste, sino alegre, cuando las denominadas partes gastadas podían intercambiarse por una forma física totalmente nueva. En aquellos días se hacían testamentos con los que el individuo dejaba los tesoros reunidos en una vida al yo posterior, que debería redimir al regresar.

El Señor Ling reveló que de esta manera Melquisedec nació sin padre ni madre,[8] sin genealogía, sin principio de días y sin fin. Sus padres Divinos eran Maestros de Luz, un Hijo y una Hija de Dios. Así, no tenía madre ni padre terrenal pero no carecía de padres celestiales. Este es el secreto de la Orden de Melquisedec.

En conmemoración de la belleza de esta creación espiritual, el Espíritu Santo descendió a los apóstoles el día de Pentecostés con llamas gemelas de Luz y con esas llamas gemelas llegó la bendición que se les pronunció a los hijos de Israel de antaño: «Vosotros sois dioses».[9]

La elevación de la Luz

E L SEÑOR DIOS QUE HIZO EL CIELO Y LA tierra es un Ser andrógino, por tanto, al crear al hombre, dijo: «*Hagamos al hombre a nuestra imagen, conforme a nuestra semejanza*»[1]. Y así consta, «varón y hembra los creó»[2], porque él mismo poseía la polaridad divina. Cada Presencia YO SOY individualizada, siendo una réplica de la Presencia Electrónica del Padre Supremo, también es andrógina. Cuando el cuerpo de fuego blanco se dividió con fines expansivos, cada punto de Luz (cada mitad del YO SOY EL QUE YO SOY) que debía servir como foco de la Deidad para el alma nueva recibió una cantidad igual de Dios.

Pero para cumplir los propósitos del magnetismo divino en el mundo de la forma, las almas que salieron vestidas con el velo de carne se dotaron de los atributos divinos en una relación de sesenta a cuarenta. La que debía encarnar los aspectos masculinos de la Deidad, por tanto, era polarizada con sesenta por ciento de atributos masculinos y cuarenta por ciento de atributos femeninos, mientras que la que debía encarnar los aspectos femeninos de la Deidad era dotada de sesenta por ciento de atributos femeninos y cuarenta por ciento masculinos. Este desequilibrio es lo que crea el deseo de unión con el equivalente; esta es la bendición que mantiene al hombre sobre el sendero de la gran búsqueda de su divinidad a través de la búsqueda de su llama gemela.

En una encarnación masculina el alma tiene una mayor oportunidad de dominar y expandir las virtudes masculinas del Cristo, mientras que en una encarnación femenina el alma aprende a desarrollar los atributos femeninos de la Deidad asociados con el Espíritu Santo. Para mantener el equilibrio en cada Cuerpo Causal individualizado y a fin de saldar karma y adquirir nuevas experiencias, las llamas gemelas asumen un cambio de papel y polaridad en encarnaciones sucesivas.[3] Todo esto sirve para que el alma expanda la comprensión de su relación con la Deidad, porque Dios mismo se nos manifiesta en las almas de todos los actores que participan en el drama de la vida con nosotros mientras evolucionamos en la escuela de la Tierra.

Abusos de la polaridad divina

Desgraciadamente, cuando las energías sagradas no están bajo control, algunas personas tienen dificultad para ajustarse al cambio de polaridad que ocurre cuando las llamas gemelas se ven obligadas a asumir roles opuestos. A veces se produce una manifestación de rebelión contra su propio sexo, donde las mujeres desean asumir el papel masculino y los hombres tienen tendencia hacia el papel femenino. Cuando tales tendencias, que van contra el karma y dharma de uno mismo, son permitidas, pueden asumir la forma de homosexualidad, si no en esta encarnación, en la siguiente.

Con cada encarnación, masculina o femenina, recibimos cierta carga en el chakra de la base de la columna. Tres energías se elevan en la Kundalini: *idā, pingalā y sushumnā*.[4] Esta energía sale de la llama de la Madre y es la misma que Jesús elevó desde la base de su pirámide de la Vida en la transfiguración, la resurrección y la ascensión.

Si un hombre decide entregarse a la práctica homosexual, pervertirá el rayo masculino de esas tres energías, la corriente alfa. Si el abuso es continuado, se verá desprovisto del rayo masculino, lo cual produce con frecuencia una naturaleza afeminada. Si una mujer decide entregarse a la práctica del lesbianismo, abusará así del aspecto femenino o espiral Omega del yo, lo cual priva a la persona de la plenitud del potencial femenino, y puede causar un cambio hacia un estado menos intuitivo y exaltado, hacia un modo de vida masculino, más tosco y pervertido.

Los Maestros nos enseñan que la homosexualidad se introdujo en Lemuria, en los santuarios de la Madre, cuando los sacerdotes y las sacerdotisas abusaron del fuego sagrado de la llama de la Madre. Se nos ha concedido el libre albedrío, pero cuando decidimos hacer eso no estamos escogiendo el equilibrio de nuestras fuerzas. Por tanto, no podemos vivir la expectativa de la resurrección y la ascensión hasta que no hayamos vuelto a equilibrar nuestras energías.

Allá donde haya muchas personas entregadas a estas prácticas, pervirtiendo así el fuego sagrado y desequilibrando su propio campo energético, el desequilibrio también podrá reflejarse en la naturaleza. La Biblia dice que el abuso abrumador de la fuerza creativa por parte de la gente de Sodoma y Gomorra, incluyendo el abuso impío del sexo por hombres y mujeres juntos,[5] fue la causa de la destrucción de las ciudades gemelas de las planicies.[6]

El propósito del descenso del hombre al mundo de la forma es el logro de la maestría sobre el fuego sagrado y, con ello, la producción de la polaridad perfecta con la Divinidad en los cuatros cuerpos inferiores. A través de la experiencia en las escuelas de la tierra, el hombre está destinado a ser el Cristo; y cuando lo es, los atributos masculinos y femeninos de la Deidad se expresan por igual. El hombre entonces exterioriza la mitad de los aspectos masculinos de la Deidad y la mitad de los femeninos. Este equilibrio perfecto marcó la diferencia entre Jesús el Cristo y sus discípulos. La reunión de las llamas gemelas en el cuerpo de fuego blanco después de ascender proporciona a cada mitad de la Totalidad Divina el complemento total de las expresiones masculinas y femeninas de la Deidad, que Dios quiere que sean la corona de su logro. Solo entonces podrán ser llamados cocreadores con Dios en el pleno sentido de la palabra.

La práctica de la homosexualidad no promueve estas metas. Al contrario, da como resultado un aumento del desequilibrio que va aumentando cuanto más se practica. Una vez que los individuos se permiten quedar atrapados en esa espiral, se vuelve cada vez más difícil romper el modelo con cada encarnación sucesiva en la que se produce esta indulgencia. Esto, por supuesto, es cierto en lo que respecta a todos los hábitos formados por el abuso del fuego sagrado por parte del hombre.

La homosexualidad, por consiguiente, no es un modo de vida, sino un intento invertido de encontrar la otra mitad. Su práctica continuada solo puede conducir al individuo a apartarse más y más de la Presencia Divina y de la reunión suprema con la llama gemela. Quienes buscan de veras liberarse de esto deben comprender que cuando le den el problema a Dios, él les proporcionará la fortaleza para superarlo.

Las energías que fluyen dentro de nosotros dejan profundos cauces. Cuando expresamos irritación, ira o cuando utilizamos la energía sexual de forma habitual, estamos tallando un profundo modelo dentro de nosotros. La energía tiende a fluir por ese canal que hemos creado. Si nos disponemos a cerrar un canal y abrir otro, debemos ser pacientes con nosotros mismos. Debemos ser comprensivos. Nunca debemos condenar, sino intentar avanzar por ese sendero de maestría sobre nosotros mismos. El uso abundante de la llama violeta y una sublimación de las energías propias al servicio del Cristo en todos asegura al hombre su libertad de toda práctica inútil.

La determinación del sexo no es un accidente biológico, sino una oportunidad ordenada previamente para que el alma consiga un equilibrio necesario en la expresión de la virtud Crística. Por tanto, los intentos de alterar la polaridad sexual de uno mismo a través de la homosexualidad o con operaciones quirúrgicas no están de acuerdo con la voluntad de Dios. La rebelión contra el sexo propio solo puede basarse en la ignorancia sobre la Ley del propio ser y sobre una gran variedad de atributos píos capaces de ser desarrollados por ambos sexos.

Planificación familiar

Al tratar de este tema, deberíamos señalar que el intento de predeterminar el sexo por parte de los padres no alterará el sexo de la nueva alma, sino que, como resultado, el alma que tendrán será otra y no la que los Señores del Karma querían para ellos. Los padres que le nieguen el nacimiento a su alma asignada mediante la utilización de métodos científicos para predeterminar el sexo del niño no se absolverán de su responsabilidad hacia esa alma. Si no traen al mundo a ese niño en esta vida, podrán ser llamados a hacerlo en la siguiente.

No obstante, la Jerarquía tiene la expectativa de que los padres planifiquen con inteligencia una familia a la que puedan mantener. La Diosa de la Libertad ha declarado la postura del Consejo Kármico sobre la planificación familiar: «No deberíais traer al mundo más hijos de los que seáis capaces de cuidar y a los que podáis expresar vuestro amor adecuadamente».[7]

Si los padres son incapaces de ejercer un control Divino durante el período necesario, pueden utilizar anticonceptivos siempre que estos no dañen la salud de los padres y no se conviertan en un medio de esquivar sus responsabilidades hacia las almas nuevas para las cuales han prometido proporcionar templos corporales.[8] Quienes niegan a otros la oportunidad de reencarnar cuando tienen los medios, la salud y la capacidad de traer hijos al mundo deberían considerar el tiempo futuro cuando puedan encontrarse suplicando ante los Señores del Karma por tener otra ronda en el mundo de la forma. Entonces, sus antecedentes serán su juez.

Las disciplinas del fuego sagrado

El movimiento hacia el *amor libre* no tiene la aprobación de la Jerarquía, porque en efecto elimina las disciplinas del fuego sagrado que son necesarias para que el alma consiga la ascensión. Además, cuando la gente se permite tener relaciones sexuales con una o más personas sin haber hecho los votos matrimoniales, ignora la verdadera función del sexo, que es la procreación. Y al descuidar sus responsabilidades de traer hijos al mundo, pueden incurrir en un karma muy serio. La actitud pagana captada en la frase «haz el amor, no los hijos»[9] profana los propósitos de la creación y la intención del Dios Padre-Madre.

Entienda todo el mundo que el don de la vida más valioso que tiene el hombre es su semilla, su capacidad de impartir vida. Porque como claves para la procreación, el esperma y el óvulo contienen de hecho el modelo arquetípico del Ser Crístico de cada cual.* Por tanto, cuando el hombre da su semilla a la mujer, le está dando la parte más valiosa de sí mismo, le está dando la clave de su divinidad.

Los hijos de Dios siempre deben tener presente que el potencial de su semilla puede expandirse o limitarse dependiendo de la conciencia de la mujer a quien se la confíen. Habiendo conseguido la custodia de su modelo de identidad, la mujer puede controlar al hombre para bien o para mal, dependiendo del estado de su conciencia.[10]

A veces activos y a veces latentes, los modelos de la memoria de todas las relaciones sexuales que una persona ha experimentado están registrados en el cinturón electrónico. Esa reserva de energías espirales negativas† levanta la cabeza como una potente fuerza, incluso en la vida de los que se han dedicado al servicio de la Luz. Espirales negativas, impulsos acumulados pasados y registros de relaciones sexuales forman un todo, como un magnetismo sexual contra la espiral ascendente de Vida eterna que es el don de Dios para todo hombre.

Viendo que Dios ha ordenado al marido y la mujer como representantes de Alfa y Omega para traer al mundo hijos e hijas según la imagen del Cristo, el aspecto necesario que debe haber entre ellos debe ser defendido para que puedan cumplir ese papel. Las relaciones prematrimoniales empañan la santidad de los

---

*Cada semilla que produce según su clase sigue un modelo único que el Cristo Universal ha estampado en ella. Por tanto, la semilla de las plantas también tiene la poderosa impronta de la Mente del Cristo Universal que proporciona el ímpetu de su reproducción.

†Los que asocian el pecado con la inmoralidad pueden estar interesados en saber que la palabra «pecado» significa simplemente «energías sagradas en una espiral negativa».

propósitos matrimoniales y tienden a separar las responsabilidades de la procreación y la seguridad de un amor profundo y duradero que debe acompañar al acto sexual, convirtiéndolo en una función biológica.* Esta actitud fomenta la imagen que el hombre tiene de sí mismo como un animal en vez de como un representante de la Jerarquía. La enseñanza adecuada sobre el uso del fuego sagrado proporcionará a todo el mundo el diseño original divino de la vida, que cada persona puede seguir a su propio ritmo.

Mientras que en las escuelas se enseña a los niños que el sexo es una parte necesaria de la vida, no se les enseña su uso adecuado. Irónicamente, los que están llamados a enseñar educación sexual con frecuencia están mal equipados para llevar a cabo esa tarea, aunque no por su culpa, teniendo como tienen un conocimiento incompleto del tema. Debe comprenderse que el uso científico del fuego sagrado es algo necesario para el funcionamiento adecuado de la forma física. La salud, la felicidad y la longevidad de una corriente de vida necesita que esa forma se cargue todos los días con las energías que descienden de la Presencia Divina, necesita la bendición de los chakras con esas aguas de la Vida y la alimentación del cuerpo con el flujo de las energías sagradas que suben y bajan por la columna vertebral.

No obstante, como hemos señalado en el séptimo libro de esta serie, *El sendero hacia la inmortalidad,* existen entidades que incitan a la humanidad a involucrarse en abusos del fuego sagrado de todas clases. Esos abusos perseguirán a la gente durante meses y años, frustrándola hasta el punto en que sienta que no tiene otra alternativa más que involucrarse en alguna forma sexual ilícita. Utilizando la fuerza de los registros pasados del individuo, junto con la conciencia racial del sexo, las entidades proyectan fantasías

---

*Otro efecto negativo de tales relaciones se da cuando la gente se permite las relaciones prematrimoniales, pues la mayoría de ellas son simplemente un intercambio de energías al nivel del cinturón electrónico. La persona asume parte de los modelos del cinturón electrónico de su pareja, los cuales permanecen con ella. Por otro lado, en el círculo del matrimonio, que está sellado en la Trinidad, existe la oportunidad, mediante la sintonización espiritual y la elevación de las energías con la meditación, de que se produzca un intercambio en todos los chakras del Gran Cuerpo Causal, las grandes esferas de conciencia cósmica.

sexuales y un intenso deseo hacia las almas incautas, que se identifican con esas proyecciones como si fueran propias.

Más de la mitad de los problemas de la humanidad relacionados con el sexo están fabricados por la fuerza siniestra, cuya única intención es involucrar las energías de la gente en el abuso de la energía sexual a fin de robar la Luz que Dios le dio para la alimentación de los chakras y los cuatro cuerpos inferiores. Éste es tan solo un método más, y uno muy prevalente, que las fuerzas de la oscuridad han utilizado para privar a la humanidad de la Vida inmortal y las alegrías de la herencia que Dios da mientras están en la Tierra.

El deseo de plenitud

El deseo de unión como deseo de plenitud es el deseo de ser Uno solo que tiene la presencia de Alfa y Omega en nuestro templo. Simbólicamente, el punto de Omega es la base de la pirámide donde arde el fuego blanco de la Vida. El punto de Alfa, la Luz dorada de la victoria, es la coronilla. Cuando los dos son uno solo, la sabiduría tiene el poder de la pureza para realizar su obra perfecta y la Madre tiene la sabiduría de ir, a través de sus hijos e hijas, y señorear la tierra.

En la Materia, Alfa sin Omega no tiene poder. La poderosa corriente de la llama ascendente de la ascensión hace que la sabiduría se convierta en acción a través de nosotros. Omega sin Alfa es simplemente la corriente pura de la fuerza cósmica sin la dirección de la Mente de Dios. Existe un modo de alcanzar la plenitud dentro del templo individual, y el camino consiste en encerrar esas espirales gemelas del equilibrio de Alfa y Omega, del Dios Padre-Madre, dentro del corazón que salta como una llama trina.

La llama violeta es un medio de lo más directo y eficaz para limpiar el canal a fin de la que llama pueda elevarse como una corriente, limpiando el camino. A cada parada del camino, como una estación de tren subterráneo, hay acumulaciones y, por tanto, la llama de la Madre no continúa sin obstáculos. El alma debe seguir la corriente, pero esta no puede elevarse debido a las condiciones kármicas que han surgido como resultado del mal uso de los siete rayos, comenzando por la base de la columna, el fuego blanco, después la sede del alma como la llama violeta, el plexo solar como el morado y oro, el corazón como el poderoso fuego rosa, el chakra de llama azul de la voluntad de Dios en la garganta, el tercer ojo y la coronilla, el verde y el dorado.

Con siglos de malas cualificaciones en estos planos del ser, hemos erigido obstrucciones, barreras, diques ante el ascendente flujo de la Vida, consciente o inconscientemente. Por tanto, hemos inventado, a la manera de los caídos, varias formas y medios de superar el obstáculo del flujo. Algunas personas se inventan berrinches, otros chismes u odio. Utilizan la emisión del chakra de la garganta para aliviar temporalmente esa senda de Luz de los efectos de las obstrucciones del karma del pasado.

La indulgencia sexual, tan extendida en la Tierra hoy día, es un medio de emitir esa Luz a fin de evitar el dolor de la presión que genera el brote del tallo del lirio. Esto, por supuesto, neutraliza cualquier presión que pueda surgir en cualquiera de los chakras y que suponga una carga. Sin embargo, esto también reduce a un rastrojo el poder del individuo de elevarse en sus dominios. La planta ni siquiera ha empezado a crecer cuando se la corta; por tanto, el individuo pierde la voluntad de ser, de vivir, su sentimiento de integridad, que es la integración con Alfa y Omega; pierde su sentimiento de autoestima, porque toda la autoestima se define como plenitud individual. Ni siquiera puede mantener la cabeza erguida porque el flujo del fuego de la ascensión es insuficiente para sujetar la cabeza de la flor sobre el tallo.

El estado natural del alma es la unión a través del Dios Padre-Madre. Esta plenitud se mantiene con el ascenso de la Luz de la Madre hasta el punto del Padre. Ante la presencia de esta divina unión, y solo ante esta presencia, conocemos la dicha del Ser Divino. Dios ha ordenado la celebración de esta unión en la Tierra con el ritual del matrimonio. Esta celebración de la unión se nos da para la procreación de la vida, para que la vida engendre Vida. La unión es el Alfa-Omega de la Vida y, por tanto, en su fuego sagrado la unión produce la nueva manifestación de la vida.

El séptimo mandamiento

El conocimiento del matrimonio original del alma con esta Luz de la Madre nos da el significado del Sol detrás del sol del séptimo de los Diez Mandamientos: «No cometerás adulterio».[11] En el conocimiento superior, esto significa: No utilizarás la fuerza vital en ninguno de los chakras para ninguna actividad que le quite a la Madre Divina su Luz legítima del alma.

Cada forma de discordia o indulgencia roba a la Madre Divina la Luz que le pertenece. Por tanto, vemos que el adulterio, en un sentido más amplio, es toda la ramificación del mal uso de cualquiera de los siete chakras.

Los diez mandamientos se le dieron a una generación idólatra. Estos querían reforzar en el nivel físico las Leyes espirituales que tenían una aplicación mucho más allá del simple conocimiento de la ley física. El adulterio, en un sentido literal, es el acto por parte de alguien, que está casado legítimamente en la Tierra, de tener relaciones sexuales con otra persona, que puede estar casada o no. Esa ley es el principio fundamental, la ley física sobre la que se desarrolla la Ley espiritual.

No podemos desobedecer la ley física mientras guardamos la Ley espiritual. Es decir, el espíritu de la Ley no obvia la letra. No podemos decir que somos modernos y por eso no estamos sujetos al requisito del séptimo mandamiento en su interpretación estrecha y básica. Pero si guardamos el mandamiento y no cometemos adulterio, también debemos comprender que para conseguir nuestra unión eterna con Dios hemos de empezar a celebrar esa unión en la Tierra. Por tanto, también tenemos que guardar la Ley espiritual. Si profesamos que se nos inicie en el sendero de la ascensión, para nosotros la interpretación literal del séptimo mandamiento no basta. Debemos ser disciplinados en la conservación de la Luz del taichí en cada uno de los siete chakras.

El ejercicio para mantener la atención en la Madre y una adoración sublime por ella en el punto del tercer ojo puede hacerse todos los días, especialmente mientras se hace la llama violeta, los Decretos de corazón, cabeza y mano (página 65) o cualquier otro decreto o ejercicio espiritual. El Arcángel Miguel es el defensor de la Mujer Divina y, por tanto, la visualización del Río de la Vida ascendente con una funda de fuego azul proporciona una protección a esa Luz en ti a fin de que no sea violada por registros que siguen existiendo en los demás chakras hasta que sea transmutados. Visualizar la llama violeta en cada uno de los siete chakras servirá para transmutar viejos impulsos acumulados que han aliviado en el pasado la presión debido a los bloqueos de viejos registros y a la sustancia mal cualificada.

El flujo de Alfa y Omega

El problema de la integración podría resumir todos los demás problemas que tiene la gente en el sendero espiritual: el problema de no haber conseguido la esfera blanca de la identidad, el problema de no trazar el círculo de la figura en forma de ocho a través del corazón, conectando las energías inferiores y superiores, y continuando ese movimiento en forma de ocho dentro del yo para que las energías inferiores se eleven constantemente a fin de alimentar a los chakras superiores y la fuerza espiritual de Dios descienda como un fuego sagrado para limpiar.

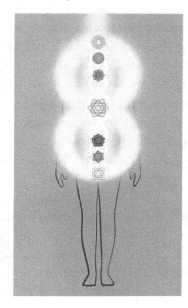

Ilustración 5:
El flujo de la energía en forma de ocho a través de los chakras
El corazón es el punto de anclaje en los cuatro cuerpos inferiores de la energía que desciende por el cordón cristalino desde la Presencia YO SOY y el Ser Crístico. De ahí, la luz se distribuye hacia los siete chakras principales. Los chakras por encima del corazón tienen una polaridad masculina / más / Espíritu, y los que están por debajo del corazón tiene una polaridad femenina / menos / Materia.

Conocemos la interacción de fuego y agua, Alfa y Omega. Al mirar la gráfica del flujo en forma de ocho que pasa por los chakras, recuerda que el fuego blanco, como energías espirituales que van del corazón a los chakras superiores, es el punto focal de Alfa; por debajo del corazón, la expresión es como las energías de agua de Omega. A medida que las energías fluyen por el corazón, el fuego que desciende se convierte en agua purificada para la limpieza de los vehículos inferiores, los órganos por debajo del corazón. Esto proporciona todo lo necesario para el sustento de la vida. A medida que la energía regresa al corazón, pasando por el nexo, se convierte otra vez en fuego, de modo que en nuestros miembros obra continuamente el bautismo de fuego del amado Alfa y el bautismo de agua de Omega.

El bautismo de agua es para el arrepentimiento y para limpiar el pecado. El bautismo de fuego es para afianzar la Presencia YO SOY en nuestra forma. Esta energía es necesaria. Si se produce una fuga en cualquier parte debido a viejos impulsos acumulados, la perderemos; estaremos permitiendo que se produzca una fuga en uno de los chakras o uno de los planos del ser que nos quita la fuerza vital de Alfa y Omega. Entonces, nos encontramos incapaces de realizar nuestras tareas o nuestro plan divino, de ir a la carga en la vida con decisión y energía para realizar todo lo que tenemos ante nosotros cada veinticuatro horas.

Cobra una gran importancia, por tanto, que comprendamos que el mandamiento de no cometer adulterio es absolutamente esencial para la supervivencia del alma y su ascenso al Monte de la Transfiguración. Este proceso es diario y continuo. Si deseamos tener todas las facultades de nuestra Mente Crística y nuestra poderosa Presencia YO SOY, debemos ser meticulosos para determinar qué causa las fugas.

En el siglo xix Freud nos dijo que todos los problemas son sexuales. Se puede mirar de esta manera y se podría decir que, si tan solo uno tuviera una vida sexual perfecta, todos los problemas desaparecerían. Sin embargo, el hecho es que, aunque uno pudiera concebir y tener una vida sexual perfecta (atribuyéndole a eso el significado que cada cual quiera), volviendo al tema de la plenitud, esto no resolvería el problema. Esto se ha demostrado una y otra vez. Por consiguiente, ¿cuál es el problema y cuál es la solución?

El Morya ha dicho: «Diles que el problema de la maestría de la fuerza vital no es un problema de sexo, sino de flujo». La gente no ha mejorado, y a menudo ha empeorado mucho, en la experiencia sexual. Por tanto, debemos asimilar la ley y la manifestación superior de la Luz de la Madre en nosotros. Debemos llegar a comprender que los viejos modelos de hace siglos persisten. Impulsos acumulados muy humanos permanecen vida tras vida. Hasta la forma de tus huesos, el tamaño de tus manos, el número de tus cabellos, una disposición hacia la delgadez u otra condición física, todas estas características pueden repetirse una y otra vez en cada encarnación. Si eso es cierto, podemos ver que estamos hechos a partir del molde del arquetipo divino del plano etérico, así como a partir del arquetipo que creamos e imponemos sobre el anterior. Por tanto, algo tan fundamental como las costumbres sexuales del individuo bien puede considerarse como algo permanente de una encarnación a la siguiente.

Vivimos en una civilización de promiscuidad, por tanto, no tenemos una tendencia natural en nuestra formación desde que somos niños hacia un esfuerzo por el dominio de la energía. Incluso la expresión de emociones negativas no se considera algo malo, sino una liberación necesaria. «No deberíamos enterrar nuestros odios», «No deberíamos suprimir la ira», «Si lo hacemos tendremos problemas psicológicos, tendremos problemas físicos», eso nos dicen.

Es cierto, no debemos suprimir. Pero con frecuencia esto se utiliza como justificación para estallar, para enojarse, para expresarse emocionalmente a fin de limpiar los canales del ser de forma que las cosas vuelvan a fluir. Siempre está la vía fácil. «Hay camino que al hombre le parece derecho; pero su fin es camino de muerte».[12] A cada hora del día podemos tomar el camino fácil, o podemos tener la costumbre divina de la disciplina de la fuerza vital en todo lo que hagamos.

Si queremos caminar por la Tierra con la Presencia Electrónica de la Madre del Mundo, es esencial que comprendamos qué complace a la Madre y qué no la complace. Ella posee el poder más grande en toda la Materia y nos exige que disciplinemos nuestra energía. Solo hay un modo de disciplinar la energía, que es mediante el amor perfecto de la Madre. Sin ese amor perfecto no podemos reunir la voluntad para desprendernos de esos viejos modelos de siglos, no podemos reunir la voluntad para atar a los demonios que aguardan en el umbral, en las mismas puertas de los chakras, para evitar que la llama de la Madre entre y se eleve.

Los portadores de Luz deben reunir la fuerza vital dentro de ellos para resolver el problema de la economía del sistema de los cuatro cuerpos inferiores. Este mundo en que vivimos, este templo que ocupamos, ha de ser gobernado según la ley de la oferta y la demanda. La oferta de Luz en ti es la Luz de la Madre y tu llama trina. Le demanda es que, para ascender, la necesitas toda e incluso más.

Debido a que hemos derrochado esta Luz en vidas anteriores, incluso el flujo natural que recibimos cada día, utilizarla toda por la gloria de Dios al servicio unos de otros no bastan para ascender. Por eso, al hacer los decretos dinámicos, debemos invocar la presencia y el factor multiplicador de la conciencia Crística de los santos, los Maestros Ascendidos. Debemos pedirles que envíen su impulso acumulado de Luz para multiplicar la Luz de nuestro corazón, nuestro imán, de modo que podamos obtener más que nuestra simple asignación diaria. Necesitamos más Luz para nuestra curación, para saldar nuestro karma, y necesitamos más para mantener el equilibrio del planeta Tierra y aquellos que aún derrochan su Luz. Si pudiéramos depender tan solo de nuestra llama trina y la elevación de nuestra Luz de la Madre, no necesitaríamos a la Gran Hermandad Blanca.

Si hemos derrochado la fuerza vital, debemos invocarla otra vez y elevarla. Si debido al consumo de drogas o agentes químicos en nuestro cuerpo hemos interferido con el flujo natural de la sabiduría de Dios, el flujo natural del ascenso de la Luz de la Madre hasta la coronilla y el ascenso de nuestra alma; debemos buscar la curación en la vida misma, vida en todos los niveles, vida como un sendero en la alimentación, el ayuno, la oración, la llama violeta. Por medio de la Luz misma debemos buscar la restauración de las células del cuerpo, dañadas por la marihuana u otras drogas.

Necesitamos cada fuente de Luz que podamos conseguir. Necesitamos la Kundalini. Necesitamos la llama trina. Necesitamos la llama violeta. Necesitamos los decretos en los siete rayos. Necesitamos la Luz de cada chakra. Necesitamos al Son Central en el corazón de la Tierra, en el corazón de Helios y Vesta. Necesitamos el fuego del corazón de todos los Maestros Ascendidos y necesitamos la fuerza vital conservada gracias a una alimentación correcta.

Por eso el sendero de la ascensión es el sendero total. Si violamos cualquiera de sus leyes, descubrimos que no podemos llevar a cabo la disciplina que exige la otra cara de esa ley. Es algo que todos vemos, que todos sabemos, pero se necesita una vigilia las veinticuatro horas para cuidar del cuerpo como recipiente del Espíritu.

La elevación de la Luz

Es esencial que comprendamos, por tanto, que todo el mundo tiene la fuerza creativa y que todo el mundo la usa, tanto si practica el sexo como si no. Es una fuerza activa desde la cuna hasta la tumba y más allá. Por tanto, debe controlarse aquí y ahora si queremos obtener nuestra libertad tanto en este plano como en el siguiente. Cómo usemos esta fuerza, cómo la dirijamos, determinará qué seremos y qué lograremos.

El flujo ascendente de las aguas de la Vida desde los centros inferiores se puede lograr mediante el uso frecuente del sencillo pero todopoderoso decreto:

YO SOY la resurrección y la vida de cada ergio de energía enviado desde mi Presencia para alimentar mi templo corporal. YO SOY la resurrección y la vida del plan divino manifestado dentro de los siete centros de Luz. YO SOY manifestando la resurrección y la vida de cada célula y átomo de mis cuatro cuerpos inferiores.

La elevación de esas energías también se puede conseguir recitando las «Afirmaciones transfiguradoras» del amado Jesús (página 331) y los decretos a la llama de la resurrección y la ascensión.

Quienes estén decididos a elevar el fuego sagrado hasta el tercer ojo encontrarán un medio de lo más poderoso para lograr esa meta en el decreto a Astrea (página 68). El decreto puede hacerse treinta y tres veces, una vez por cada una de las treinta y tres iniciaciones principales que conducen a la ascensión. Al recitar el decreto, el discípulo visualiza la espiral de la ascensión elevándose por la columna vertebral. Comenzado en la base de la columna, enfoca una concentración intensa de fuego blanco alrededor de cada una de las treinta y tres vértebras, manteniendo cada foco como una llama tanto como dure un decreto. Este ejercicio también puede hacerse con la llama violeta y con la llama morada, así como con la llama verde curativa. Cualquier decreto de esas secciones del libro de decretos, recitado de esta forma treinta y tres veces, complementará la acción del ritual de Astrea, sin embargo, estos decretos no deben sustituir al de Astrea, sino que deben añadírsele.

El Ave María y el rosario son una meditación que hemos recibido en Occidente para elevar por los chakras las energías del fuego sagrado.[13] Djwal Kul explica lo siguiente:

> Cuando recitáis la salutación al rayo de la Madre al rezar el Ave María, estáis dando alabanzas a las energías de la Madre encerradas en la llama que está en la cámara secreta del corazón y selladas en el chakra de la base de la columna. Con esta suave pero poderosa salutación, día a día extraéis las energías del núcleo de fuego blanco y de la base de la columna —sí, los fuegos serpentinos de la Diosa Kundalini—, que suben por el altar de la columna para la alimentación y la plenitud de la Vida en todos sus centros.
>
> Y así, el valioso rosario que los santos han rezado a lo largo de los siglos como una ofrenda a la Madre santa ha sido el medio por el que los Maestros Ascendidos han introducido en la cultura occidental un aspecto de la ciencia practicada por los yoguis de los Himalayas para elevar la Kundalini y purificar así la conciencia. La personificación de la Virgen

María en Occidente y la adoración de esa imagen de la Madre por parte de todos los que reconocen a su Hijo como el Ser Crístico, es el medio, totalmente seguro, por el que el alma puede vivir la reunión con el Dios Padre-Madre en el tabernáculo del ser.

Este ritual se puede realizar en esta misma vida, aquí en la Tierra, sin forzar los chakras y sin perturbar el delicado equilibrio de los ciclos kármicos. De manera paralela a esta experiencia está la transmutación con los fuegos del Espíritu Santo de las capas energéticas del cinturón electrónico, que está compuesto de los registros, contenidos en los estratos subconscientes de la mente, de la causación y la memoria individual de las anteriores encarnaciones del alma desde el descenso a la Materia.[14]

La Virgen María ha explicado que el rosario lo puede rezar «como una adoración universal a la llama de la Madre gente de cualquier fe. Porque la salutación "Ave María" significa simplemente "Ave, Rayo de la Madre", y es una afirmación de alabanza a la llama de la Madre en todo lo que tiene Vida. Cada vez que se pronuncia evoca la acción de la Luz de la Madre en el corazón de toda la humanidad. Así, el rosario es un ritual sagrado con el que los niños de Dios pueden encontrar el camino para volver a su concepción inmaculada en el corazón de la Virgen Cósmica. El rosario de la Nueva Era es el instrumento para que la humanidad se libere del sentimiento de pecado y de la doctrina errónea del pecado original. Porque todas las almas son concebidas de forma inmaculada por Dios Todopoderoso, y Dios Padre es el origen de todos los ciclos del ser del hombre. Los que está concebido en pecado no es de Dios y no tiene ni el poder ni la permanencia de la Realidad. Todo lo que es real es de Dios; todo lo que es irreal pasará mientras la humanidad se une a la llama de la Madre. Rezar el rosario a diario es un medio certero para alcanzar esta unión».[15]

María dijo que los estudiantes de los Maestros no deberían afirmar su naturaleza pecaminosa, sino más bien su legítima herencia como hijos e hijas de Dios. Tampoco deberían obcecarse con la hora de la muerte, sino centrarse en la hora de la victoria.

María prometió ayudar a los Guardianes de la Llama para conseguir su victoria y la de toda la humanidad, si tan solo le rezan de esta manera:

> Ave María, llena eres de gracia.
> El Señor es contigo.
> Bendita tú eres entre todas las mujeres
>   y bendito es el fruto de tu vientre, Jesús.
>
> Santa María, Madre de Dios,
>   ruega por nosotros, hijos e hijas de Dios,
>   ahora y en la hora de nuestra victoria
>   sobre el pecado, la enfermedad y la muerte.

No se debe permitir que la culpa, la represión y la frustración entren en el campo energético de la conciencia del buscador de la Verdad. Debe haber un análisis objetivo de la posición y el potencial actual que uno tiene, una comprensión de que la meta de la libertad puede lograrse a través del Cristo, a través del uso adecuado del fuego sagrado y la invocación de la Ley que liberará a los cautivos. Sólo con estos medios puede el aspirante obtener la perspectiva adecuada para su victoria.

Dios no exige que esta maestría se consiga de la noche al día. Y, como hemos dicho, los Señores del Karma han aprobado la institución del matrimonio para solventar todos los problemas humanos, incluyendo los del sexo.

Reverencia hacia la Vida

Que los estudiantes de los Maestros actúen con reverencia hacia la Vida y hacia Dios, quien hizo al hombre y la mujer como una sola carne, para que fructificaran, se multiplicaran y llenaran la tierra.[16] Que reconozcan al Dios Padre-Madre como la fuente de todo el amor verdadero, y que ordenen el regreso de todas las energías utilizadas en el cumplimiento del amor a la fuente de la Vida eterna. Así es como santificando cada actividad de nuestra vida transformamos lo mundano en espiritual y, a través del proceso de transformación, transcendemos lo finito y nos unimos a lo Infinito.

Vemos que cada iniciación superada ofrece al hombre más

experiencias gloriosas en los brazos del Amor Divino. Con paciencia, el yo inferior da paso al Yo Superior. De manera progresiva, el hombre vive una unión más grande. El cambio de lo uno a lo otro nunca debe ser un sacrificio ni debe ser forzado, porque la ascendencia en todas las áreas de la vida es un producto natural de la espiritualización de la conciencia del hombre.

Por tanto, que el problema del sexo no suponga una piedra de tropiezo hacia la verdadera religión, porque el Dios Altísimo desea dar consuelo al hombre, sin que importe cuál sea su etapa de desarrollo. Cuando cada miembro que participa de los votos matrimoniales asume el papel de Santo Consolador, cuya responsabilidad es elevar no sólo sus propias energías, sino también las de su pareja, juntos tejerán la vestidura sin costuras, proporcionando la acción del caduceo como el modelo para ello. Encomendando el uso de sus sagradas energías al cuidado de su Ser Crístico, ponen igualmente su victoria triunfadora en manos de Dios. Como es el caso, en todos los asuntos de maestría, la renuncia es la clave. El pronunciamiento de las palabras de Jesús nunca dejará de evocar una respuesta del tierno corazón de Dios: «No puedo yo hacer nada por mí mismo. El Padre que mora en mí, él hace las obras».[17]

Que todos aumenten el conocimiento del SEÑOR Dios de los Ejércitos, cuya belleza continua desfila ante nosotros, no sólo en las Pléyades y las ligaduras de Orión, sino en todo el cónclave del cielo y en el microcosmos aquí abajo. Las ruedas de fuego infinitas de Luz encarnan los misterios de la Sagrada Causa, y en el cuerpo del hombre hay un equivalente, como Arriba, así abajo.

Hermes Trismegisto, ese gran iniciado de antaño, ha hablado sabiamente, diciendo: «Oh gente de la Tierra, hombres nacidos y hechos a partir de los elementos, con el Espíritu del hombre divino en vuestro interior, levantaos de vuestro sueño de ignorancia, serenaos y reflexionad, comprended que vuestro hogar no está en la tierra, sino en la Luz».

Dios creó al hombre para que fuera como Él, para que fuera un cocreador y procreara como lo hace Él. Reverenciemos en todo momento el uso del fuego sagrado como una conmemoración de la creación que surgió en el principio como respuesta al decreto divino: «Sea la luz».[18] Este decreto tiene el poder de elevar las energías del hombre y alinear adecuadamente sus cuatro cuerpos inferiores. A través de la maestría del caduceo, el hombre equilibra la llama trina y se prepara para sus últimas iniciaciones en el templo de Lúxor: la transfiguración, la resurrección y la ascensión.

El hombre nunca debe sentirse privado del sexo debido al estudio religioso, porque como hemos visto, Dios ha dado al hombre el fuego sagrado y nunca le negará que lo pueda usar adecuadamente. El hombre es quien se priva a sí mismo del fuego sagrado debido al uso impropio del sexo. La protección de estas energías sagradas le da al hombre la recompensa de la dicha a través de la concepción inmaculada, la reunión con su llama gemela y el matrimonio alquímico, un éxtasis que jamás se puede comparar con la unión física.

El ritual de los Arcángeles

La Arcangelina Caridad ofrece un ritual para sellar el círculo sagrado del matrimonio:

> Oh, hijos míos, los demonios de la noche sienten celos de vuestro amor. Si pudieran, se agarrarían al mismísimo cuerpo de la Madre. Llegan como buitres a devorar la carne y la sangre de los niños de Dios antes de la hora de la consagración del cuerpo y la sangre de la Sagrada Eucaristía de nuestro Señor. No son las águilas que se reúnen en el punto del Corpus Christi.[19] No son los hijos y las hijas de Dios que siguen a la llama de la Madre enclaustrada en la torre del faro, un haz que guía a las almas hacia la victoria, sino que son los desencarnados enviados por el dragón a devorar a su hijo tan pronto como nazca.[20]
>
> Acunad al niño de vuestro amor. Arropad al niño en las mantillas del Espíritu Santo. Que el honor y la reverencia mutua sean el punto central de un amor cósmico desarrollándose en la Materia para gloria del Christos eterno. Recordad la historia de la Bella durmiente.[21] Cada vez que la inocencia del amor se esconde en la carne, cada vez que la llama de la

Madre vuelve a nacer en la Materia preparándose para unirse al caballero defensor del Espíritu Santo, aparece en escena, acechando en la sombra, la representante de la gran ramera,[22] que viene a envenenar esa inocencia de mejillas sonrosadas.

Oh, hijos míos, sea vuestro amor la conmemoración de la fusión de las lenguas hendidas del Espíritu. Ahora, pues, tomad el ritual que practican los Arcángeles a la salida y a la puesta del sol, cuando los ángeles del amanecer entregan la antorcha del amor a los ángeles del crepúsculo. Tomad el ritual de los Arcángeles y hacedlo vuestro, y demostrad la victoria del amor en la Tierra. Demostrad que vuestro amor es la santa morada del Señor Dios de los Ejércitos y que ese amor, por vuestra voluntad sellada en el fuego de la determinación Divina, no será profanado por las hordas de la noche.

Permaneced juntos de cara a la gráfica de la Presencia YO SOY y sintonizaos interiormente con la estrella de vuestra divinidad. Meditad en vuestro corazón y la llama que hay en él y contemplad al arco ascender hacia el centro de la Mónada Divina. Ahora meted la mano derecha en los fuegos de vuestro corazón y trazad el círculo de vuestra unión a vuestro alrededor mientras permanecéis adorando al Uno. Visualizad este círculo de cuatro metros de diámetro como una línea de fuego sagrado; es vuestro «anillo impenetrable». Dentro de ese círculo de unidad está el campo energético de Alfa y Omega; y concentraréis el taichí, el más y el menos de las energías cósmicas, donde os encontráis.

Que el flujo de vuestro amor no imite a la generación idólatra. Que no sea la mecanización del sexo como los luciferinos han popularizado sus modos sórdidos y sádicos. El flujo del Espíritu Santo entre el padre y la madre es para el nacimiento del Divino Varón, primero en cada corazón y después en el bebé de Belén. No busquéis las emociones fuertes de la sensualidad o excitación de la mente o el cuerpo, mas buscad la dicha de la reunión mutua en la Presencia.

Sea vuestro amor una representación del matrimonio alquímico. Conságrese vuestro amor a la reunión suprema del alma con la Presencia YO SOY. De este modo el ritual matrimonial debe ser un ensayo para el gran drama de la asunción de vuestra alma en la llama del amor, para enrollar el pergamino de la identidad en el Gran Silencio de vuestro YO SOY EL QUE YO SOY y para la fusión de esas llamas gemelas de la Divinidad, cuando la Presencia YO SOY de cada mitad de la Totalidad Divina se una en el círculo santificado de Dios.

Buscad la dicha de la elevación de la Luz de la Madre, de *sushumnā, idā* y *pingalā,* mientras estas forman las energías del caduceo que revelan vuestra verdadera identidad en Cristo. Trascienda vuestra dicha los sentidos terrenales, y fluya la Luz de todos vuestros chakras para reforzar la polaridad divina del Dios Padre-Madre en todos los niveles de conciencia para exteriorizarse en los siete chakras principales y los cinco chakras de los rayos secretos.

Vuestro matrimonio está hecho en el cielo y estáis casados con Dios. Hijas de la llama: he aquí, vuestro Hacedor es vuestro marido.[23] Sed, con María, la sierva del Señor.[24] Hijos de la llama, la diadema dorada que lleváis es el halo de la Virgen Cósmica, la novia que desciende del cielo[25] para consumar vuestro amor en la tierra.

Como Arriba, así abajo, el flujo cósmico del Dios Padre-Madre debe compartirse en el santuario de la Sagrada Familia. Y debe sellarse con la bendición de los verdaderos ministros del Logos y protegido con pureza en el Sanctasanctórum. El arca de la alianza también es una matriz de protección para las llamas gemelas, unidas en santo matrimonio para una vida de servicio a Dios y el hombre. Y los Querubines Protectores deben invocarse todos los días, porque ellos son los protectores del amor en los planos de la Materia.

Comprended, oh, sabios que buscáis la ley del Logos, que, si los caídos pueden destruir el amor, lo pueden destruir todo. Porque el amor es la base y la fuente de la vida. El amor es la esencia de la creación. Sin amor, la vida es desolada, los cielos están lóbregos y la vida elemental está abatida.[26]

Decretos de corazón, cabeza y mano
de El Morya

Fuego violeta

Corazón

¡Fuego violeta, divino amor,
arde en este, mi corazón!
Misericordia verdadera Tú eres siempre,
mantenme en armonía contigo eternamente.

Cabeza

YO SOY Luz, tú, Cristo en mí,
libera mi mente ahora y por siempre;
Fuego violeta brilla aquí,
en lo profundo de esta, mi mente.

Dios que me das el pan de cada día,
con fuego violeta mi cabeza llena.
Que tu bello resplandor celestial
haga de mi mente una mente de Luz.

Mano

YO SOY la mano de Dios en acción,
logrando la victoria cada día;
para mi alma pura es una gran satisfacción
seguir el sendero de la Vía Media.

Tubo de luz

Amada y radiante Presencia YO SOY,
séllame ahora en tu tubo de luz
de llama brillante Maestra Ascendida
ahora invocada en el nombre de Dios.
Que mantenga libre mi templo aquí
de toda discordia enviada a mí.

YO SOY quien invoca el fuego violeta,
para que arda y transmute todo deseo,
persistiendo en nombre de la libertad
hasta que yo me una a la llama violeta.

Perdón

YO SOY el perdón aquí actuando,
desechando las dudas y los temores,
la victoria cósmica despliega sus alas
liberando por siempre a todos los hombres.

YO SOY quien invoca con pleno poder
en todo momento la ley del perdón;
a toda la vida y en todo lugar
inundo con la gracia del perdón.

Provisión

Libre YO SOY de duda y temor,
desechando la miseria y la pobreza,
sabiendo que la buena provisión
proviene de los reinos celestiales.

YO SOY la mano de la fortuna de Dios
derramando sobre el mundo los tesoros de Luz,
recibiendo ahora la abundancia plena,
las necesidades de mi vida quedan satisfechas.

Perfección

Vida de Dirección Divina YO SOY,
enciende en mí tu luz de la verdad.
Concentra aquí la perfección de Dios,
líbrame de toda discordia ya.

Guárdame siempre muy bien anclado
en toda la justicia de tu plan sagrado,
¡YO SOY la Presencia de la perfección
viviendo en el hombre la vida de Dios!

Transfiguración

YO SOY quien transforma todas mis prendas,
cambiando las viejas por el nuevo día;
con el sol radiante del entendimiento
por todo el camino YO SOY el que brilla.
YO SOY Luz por dentro, por fuera;
YO SOY Luz por todas partes.

¡Lléname, libérame, glorifícame!
¡Séllame, sáname, purifícame!
Hasta que transfigurado todos me describan:
¡YO SOY quien brilla como el Hijo,
YO SOY quien brilla como el Sol!

Resurrección

YO SOY la llama de la resurrección,
destellando la pura Luz de Dios.
YO SOY quien eleva cada átomo ahora,
YO SOY liberado de todas las sombras.

YO SOY la Luz de la Presencia Divina,
YO SOY por siempre libre en mi vida.
La preciosa llama de la vida eterna
se eleva ahora hacia la Victoria.

Ascensión

YO SOY la Luz de la Ascensión,
fluye libre la victoria aquí,
todo lo bueno ganado al fin
por toda la eternidad.

YO SOY Luz, desvanecido todo peso.
En el aire ahora me elevo;
con el pleno poder de Dios en el cielo
mi canto de alabanza a todos expreso.

¡Salve! YO SOY el Cristo viviente,
un ser de amor por siempre.
¡Ascendido ahora con el poder de Dios
YO SOY un sol resplandeciente!

Decreto a la amada poderosa Astrea
«La Madre Estelar»

En el nombre de la amada, poderosa y victoriosa Presencia de Dios YO SOY en mí, poderosa Presencia YO SOY y Santo Ser Crístico de los Guardianes de la Llama, portadores de Luz del mundo y de todos los que van a ascender en esta vida, por y mediante el poder magnético del fuego sagrado investido en la Llama Trina que arde dentro de mi corazón, invoco a los amados poderosos Astrea y Pureza, Arcángel Gabriel y Esperanza, amado Serapis Bey y los serafines y querubines de Dios, amados Gurú Ma y Lanello, todo el Espíritu de la Gran Hermandad Blanca y la Madre del Mundo, vida elemental: ¡fuego, aire, agua y tierra! para que coloquéis vuestros círculos cósmicos y espadas de llama azul en, a través y alrededor de:

[Aquí puedes incluir oraciones dedicadas a circunstancias o condiciones específicas para las cuales estás pidiendo ayuda].

Soltadme y liberadme (3x) de todo lo que sea inferior a la perfección de Dios y al cumplimiento de mi plan divino.

1.   Amada Astrea, que la Pureza de Dios
se manifieste aquí para que todos vean
la Voluntad de Dios en el resplandor
del círculo y espada de brillante azul.

Primer Estribillo:
Responde ahora mi llamado y ven,
a todos envuelve en tu círculo de luz.
Círculo y espada de brillante azul,
¡destella y eleva, brillando a través!

2.   De patrones insensatos a la vida libera,
las cargas caen mientras las almas se elevan
a tus fuertes brazos del amor eterno,
con misericordia brillan arriba en el cielo.

3. Círculo y espada de Astrea, brillad,
   blanco-azul que destella, mi ser depurad,
   disipando en mí temores y dudas,
   aparecen patrones de fe y de bondad.

Segundo Estribillo:
   Responde ahora mi llamado y ven,
   a todos envuelve en tu círculo de luz.
   Círculo y espada de brillante azul,
   ¡eleva a toda la juventud!

Tercer Estribillo:
   Responde ahora mi llamado y ven
   a todos envuelve en tu círculo de luz.
   Círculo y espada de brillante azul,
   ¡eleva a toda la humanidad!

   ¡Y con plena Fe acepto conscientemente que esto se manifieste, se manifieste, se manifieste! (3x), ¡aquí y ahora mismo con pleno Poder, eternamente sostenido, omnipotentemente activo, siempre expandiéndose y abarcando al mundo hasta que todos hayan ascendido completamente en la Luz y sean libres!
   ¡Amado YO SOY! ¡Amado YO SOY! ¡Amado YO SOY!

[Recita cada estrofa seguida del primer estribillo; repite las estrofas con el segundo estribillo; después recita las estrofas una tercera vez con el tercer estribillo.]

El matrimonio alquímico

EN LAS ENSEÑANZAS QUE SERAPIS BEY imparte en el Templo de la Ascensión se incluye una preparación en el gobierno de las energías sagradas en acción en la que tales energías se retiran de las matrices de la fantasía sexual y se utilizan para tejer la túnica mística a la que Jesús se refirió como el «vestido de boda». Cuando uno encuentra a un individuo con el vestido de boda, significa que este ha utilizado de modo correcto sus energías vitales; cuando no lo tiene, significa que aún utiliza sus energías para mantener las matrices del error.

La parábola del vestido de boda que consta en el vigésimo segundo capítulo del Evangelio de Mateo da esta enseñanza en código. Cuando el rey (la Presencia YO SOY) envía a sus siervos a que llamen a los invitados a la boda de su hijo (el matrimonio alquímico), ellos no acuden. Esto muestra que la humanidad no está preparada para la unión del yo inferior con el Yo Superior. Los hombres no están preparados para entregar sus energías sagradas para que se teja la vestidura. En cambio, van por el camino de sus fantasías sexuales, «uno a su labranza, y otro a sus negocios». Así, no se tomaron en serio la fiesta de bodas y hasta mataron a los siervos del rey que les habían invitado.

Entonces el rey envió a sus ejércitos (la Jerarquía espiritual) y destruyó a esos homicidas y quemó sus ciudades (los convocó al Juicio Final y a la Prueba de Fuego), y ellos pasaron por la segunda muerte porque no tenían el vestido de boda. Entonces el rey dijo a sus siervos: «Las bodas a la verdad están preparadas; mas los que fueron convidados no eran dignos».

Cuando los escogidos rechazaron la oportunidad de unirse al Cristo, el rey dio oportunidad a todos los que pudieran ser hallados dignos, no por vocación sino por su aceptación personal y su demostración de la Ley. «Y saliendo los siervos por los caminos, juntaron a todos los que hallaron, juntamente malos y buenos; y las bodas fueron llenas de convidados».

Está escrito que «entró el rey para ver a los convidados, y vio allí a un hombre que no estaba vestido de boda... Entonces el rey dijo a los que servían: Atadle de pies y manos, y echadle en las tinieblas de afuera; allí será el lloro y el crujir de dientes».

Esta enseñanza de lo más contundente deja claro que quienes no tienen el vestido de boda cuando son convocados al Juicio Final, no soportarán la Prueba de Fuego.[1] Tampoco se admitirán a las salas de Lúxor, donde se dan las iniciaciones para la inmortalidad; ni pueden entrar al Sanctasanctórum, a su Presencia YO SOY, para recibir ahí el ritual sagrado de la ceremonia matrimonial.

Jesús concluyó su parábola con las frecuentemente citadas palabras: «Muchos son llamados, y pocos escogidos». En realidad, muchos son llamados a volver al Origen, pero pocos escogen entregar las energías de Dios, de las que se han apoderado, a fin de que el modelo divino (el Reino) pueda manifestarse en la tierra.

La victoria del amor

El cuerpo solar imperecedero es el cuerpo supremo de manifestación que Dios quiere conceder a todo el mundo. En ese cuerpo incorruptible, el hombre y la mujer ascienden a la perfección de su Presencia y llegan a ser como Dios quiere que sea todo hijo y toda hija, un Rey de reyes y Señor de señores, completo dentro de la unidad como llamas gemelas. El intercambio equitativo no es un robo, y cuando un alma puede afirmar su reunión con Dios, el hijo pródigo ha regresado a los brazos del Padre. Y todos los hijos son aclamados con el mismo abrazo alegre que recibió el hijo pródigo en la parábola.[2]

El dirigir las aguas del fuego sagrado hacia canales de propósito y servicio no es una cuestión de si se puede o no se puede. Dios jamás ha hecho una Ley que el hombre no pueda obedecer si invoca la fuerza para vencer y hacer la voluntad de dios.

Acaso el Señor no ha dicho: «Probadme ahora en esto, dice el Señor de los ejércitos, si no os abriré las ventanas de los cielos, y derramaré sobre vosotros bendición hasta que sobreabunde. Reprenderé también por vosotros al devorador, y no os destruirá el fruto de la tierra, ni vuestra vid en el campo será estéril, dice el Señor de los ejércitos. Y todas las naciones os dirán bienaventurados; porque seréis tierra deseable, dice el Señor de los ejércitos».[3]

No tienes por qué esperar hasta ascender, hasta que tengas otra vida o hasta que te liberes de las cargas o relaciones que tienes actualmente para vivir, primero, la unión con tu Presencia YO SOY y, segundo, la unión con tu llama gemela. La unión es aquí y ahora. Y las fuerzas del odio, las hordas de la oscuridad, siempre intentan hacernos creer que el amor perfecto que esperamos de algún modo se encuentra más allá, en alguna parte, en el mañana, en algún momento, en algún lugar.

Esta es la mentira suprema de las hordas que pervierten la llama del amor. Vivir la belleza del amor nunca se debe dejar para el futuro ni debemos pensar en ello como una experiencia del pasado de la que estamos privados para siempre debido a la despedida por la muerte, a la separación o porque en esta vida no encontramos a la persona adecuada. Cuando el amor es verdadero, cuando el amor es real y cuando lo alimentamos y es un torbellino de fuego, nada puede vencerlo, ni siquiera tu subconsciente, ni siquiera los modelos de tu cinturón electrónico. Nada puede vencer al amor, porque el amor es el poder más grande del universo.

Meditación sobre la unión de las llamas gemelas

Almas de fuego infinito, llamas gemelas de Luz que arquean el amor de años luz a través de las galaxias, os invoco en el nombre de Dios, YO SOY EL QUE YO SOY. Por la Luz de la llama de la Madre, apareced ahora. Acudid al altar del Dios Altísimo. Inclinaos ante Alfa y Omega; aceptad al *Christos* eterno. Llamas gemelas de Luz universal, venid ahora al centro del AUM.

Salve, espíritus celestiales de fuego infinito. Serafines y Querubines, reuníos ahora y haced pasar el fuego sagrado a través de las llamas gemelas unidas con amor por el servicio cósmico en la tierra, así como en el cielo. Señores del Karma, a vosotros os llamo. Estableced ahora mediante la Luz de Alfa y Omega ese amor ardiente en nuestro corazón y el arco de la Luz en el núcleo de fuego blanco del Ser, de llama gemela a llama gemela.

Amados Arcángel Miguel y Fe, amados Jofiel y Cristina, amados Chamuel y Caridad, amados Gabriel y Esperanza, amados Rafael y María, amados Uriel y Aurora, amados Zadkiel y Santa Amatista, estableced ahora la Luz de las llamas gemelas para nuestra maestría Divina en los siete planos del ser.

Aparece, oh, Luz de Dios que nunca falla. Aparece, Luz de la Madre. Restituye nuestra conciencia. Elohim, acelerad ahora el contacto. Elohim, en el nombre de Jesucristo y Saint Germain, sellad el flujo del amor infinito. Sellad el flujo del fuego sagrado. Que el fuego, el aire, el agua y la tierra converjan en el centro del Ser, YO SOY EL QUE YO SOY.

Oh, amado Yo Divino mío, oh, amado Ser Crístico mío, oh, amada llama gemela mía en el corazón de Dios, estamos unidos. En el corazón de los Elohim estamos unidos. En el corazón de los Arcángeles estamos unidos. Resplandezca vuestra Luz.

Oh, Señor, llena el aura con el fuego sagrado. Haz pasar la poderosa llama violeta por todos los centros de Luz. Que las llamas gemelas aparezcan ahora como Querubines Protectores, como lenguas hendidas de fuego. Seamos esas lenguas hendidas dentro de la gran esfera de nuestra plenitud, dentro del vientre del cosmos. Unámonos y giremos para el cambio de los ciclos del ser. Resplandezca vuestra Luz, Alfa y Omega. Luz purgadora, Luz purificadora, Luz energizante, Luz rejuvenecedora, ¡aparece ahora!

Invocamos el Gran Cuerpo Causal Azul para que podamos realizar nuestra labor sagrada en el tiempo y el espacio. Desciendan las grandes esferas de poder, sabiduría y amor. Sellad nuestro corazón en la llama trina del altar del Dios vivo. Bañados en la luz solar de nuestra Presencia Eterna, estando en la Ciudad Cuadrangular, sondeamos el gran panorama del ser, Jerarquías de Luz, nuestro origen, nuestra evolución, nuestras almas atravesando el infinito en espirales, capturando el tiempo y el espacio por un tiempo, volviendo a entrar en el infinito. Con los Elohim, nuestras almas regresan, regresan al plano de la acción donde debemos forjar y ganar por medio de nuestro karma, por medio de nuestro dharma, con amor... sólo amor.

De la mano, las llamas gemelas se convierten en hijo e hija, amante y amado, marido y mujer, gemelos de fuego sagrado moviéndose por la Tierra, moviéndose por aire y mar y cielo y tierra, moviéndose con la vida elemental y las huestes angélicas. Llamas gemelas, manifestad la gloria del Uno, manifestad la gloria del Gran Sol Central.

En la tierra prometemos ser la totalidad de ti mismo, oh, Señor. En el cielo prometemos ser plenamente esa percepción de Uno mismo.

He nacido y estoy naciendo. He venido y estoy llegando a ser la Totalidad y el Uno. Que la Vida se convierta en Vida. Que la verdad manifieste ahora, la Verdad superior. Oh, acelérate, fuego sagrado. Oh, acelérate, Ser sagrado. Acelérate, conciencia sagrada. Alma, que el fuego sagrado te selle.

Almas de llamas gemelas, sed selladas ahora, ahora y por siempre en el misterio de nuestra Unión, id a encontraros con vuestro Dios.

Capítulo 2

Integridad

Al que venciere, le daré
a comer del árbol de la vida,
el cual está en medio del
paraíso de Dios…

Después me mostró un río
limpio de agua de vida,
resplandeciente como cristal,
que salía del trono de Dios y
del Cordero.

En medio de la calle de la
ciudad, y a uno y otro lado del
río, estaba el árbol de la vida,
que produce doce frutos,
dando cada mes su fruto;
y las hojas del árbol eran para
la sanidad de las naciones.

APOCALIPSIS

Integridad

Integración con la Fuente

L A PALABRA *INTEGRIDAD* SIGNIFICA tener sentido del honor ante la gente y ante Dios. Integridad significa honestidad, fuego limpio, justicia y poseer siempre una actitud amable. Integridad también guarda relación con «integral» o «integración»; estar integrado con la vida, con cómo se sienten otras personas, cómo uno las hace sentirse, estando integrado con Dios y con el Santo Ser Crístico de uno.

La integración con toda la vida es nuestra meta. Por tanto, la calidad de vida comienza con la integridad personal y el respeto hacia uno mismo. Solo cuando uno siente respeto hacia sí mismo sentirá respeto hacia los demás. Y la integridad personal no puede existir a no ser que ese respeto esté presente. Las ramificaciones de este concepto tan sencillo son de gran alcance.

El primer profeta y líder espiritual que llegó a la Tierra para enseñar el camino declaró esos principios eternos que, si el hombre los hubiera obedecido y aceptado, habrían hecho de la Tierra un paraíso aquí abajo. De hecho, estos principios crearon en Eras de Oro pasadas un paraíso terrenal para la humanidad. Nosotros conocemos esas épocas como Lemuria (o Mu) y la Atlántida.[1]

En cada era sucesiva se han dicho y vuelto a decir los mismos principios eternos. Enoc, el séptimo desde Adán, fue traspuesto para que no viera la muerte,[2] porque los aceptó. Desgraciadamente, tales principios han sido rechazados por muchos y aceptados por unos pocos.

Por tal motivo, en un sentido real, el hombre, la mónada, se ha convertido en un alma errante y, citando a San Pedro, «para [la cual] la más densa oscuridad está reservada para siempre».[3] En este caso, «para siempre» se refiere a cómo haya izado el hombre sus velas, algo determinado por su eterno libre albedrío que se manifiesta de manera finita y actúa para dirigir su curso. Por tanto, siempre que hombres y mujeres acepten una cualidad inferior a la perfección, una cualidad con un porcentaje mayor de oscuridad que de luminosidad, navegarán para siempre hacia esa oscuridad que es una ausencia de Luz.

Pero entiéndase con claridad que la misericordia de Dios, que es para siempre,[4] ha declarado sus Leyes, las cuales dictan que, siempre que el hombre no destruya totalmente la batería del ser al usar la sustancia de su alma, convirtiéndose así en un náufrago con respecto a las oportunidades de la vida, queda una oportunidad para que dé la vuelta. A través de la paciencia de Dios existe la posibilidad de que el hombre vuelva a esa integración con la plenitud de Dios que llega con la dulce entrega y una disposición a aceptar Su voluntad.

La vestidura sin costuras del Cristo

Las escrituras declaran con misterio: «Porque a cualquiera que tiene, se le dará, y tendrá más; pero al que no tiene, aun lo que tiene le será quitado».[5] Esto demuestra que los impulsos que los hombres acumulan actúan como imanes para empujarlos hacia arriba o hacia abajo.

Dios, habiéndose entregado al hombre hace mucho tiempo como el don de la Vida y el instinto de la Vida, ha permitido que el hombre se desvíe de la búsqueda del plan cósmico y que busque un curso descendente. Dios ha permitido que el hombre languidezca en ignorancia como un hijo pródigo simplemente porque tal era el deseo desacertado de su voluntad, un deseo nacido de la ignorancia y mantenido por ella. Solo hay una forma de revertir las corrientes de energía que han sido dirigidas hacia la caída del hombre, que es la búsqueda de la integración con la plenitud cósmica de Dios. En un sentido real, esta plenitud se manifestó en la vestidura sin costuras del Cristo vivo.

Los que conocen las leyes internas del Ser y comprenden la larga historia del Maestro Jesús reconocerán, en el gran drama de su alma, a Abel, el hijo de Adán; y también a José, el hijo de Jacob, el ocioso soñador que llevaba la túnica de muchos colores. Jesús tuvo otras encarnaciones después de esta, de las cuales no trataremos ahora, las cuales significaron y simbolizaron los siete rayos de colores, que se mezclaron en su última vida como una vestidura total, la vestidura sin costuras.[6]

Aunque esta vestidura era como si dijéramos casera, tejida toscamente, hermosa y blanca, su principal virtud era su capacidad de retener las energías espirituales del Señor Cristo. Porque la verdadera vestidura sin costuras que el Cristo lleva es de Luz, es el campo áurico.

En la historia de Lloyd Douglas, *La túnica sagrada (The Robe),* vemos un hermoso ejemplo de cómo hombres y mujeres pueden dejar atrás, en las arenas de la Vida, huellas que en efecto guían la energía espiritual de otro y elevan al alma.[7] La sabiduría de Jesús estuvo en enseñar a la humanidad acerca de su necesidad real de integrarse con Dios, de unirse a Dios.

El regreso a Dios

Aunque la idea de que los hombres provienen de Dios es inherente a todas las almas (aunque en muchas está latente como una idea con algún valor práctico), en el hombre hay algo que parece considerar como una pérdida cualquier intento de seguir los pasos para volver desde la individualidad hacia la plenitud de la integración o integridad.

Pero cuando el hombre vuelve a Dios y es parte de Dios, no

pierde su identidad. La única manera en que puede perderla, ser un náufrago, consiste en ir al mundo exterior y perder su alma en cosas exteriores, disipar su sustancia, destruirse a sí mismo. Cuando al ascender vuelve a Dios, no pierde nada, lo gana todo.

Debe entenderse que los propósitos de la creación se sirven con la experiencia adecuada calculada para desarrollar el alma del hombre y prepararlo para un puesto en el reino de Dios. El Padre jamás ha querido que ninguna expresión de vida fracase en comprender la integridad de Dios mismo.

La conciencia, la moral, la ética y un sentimiento de pureza, la cualidad del perdón y de la misericordia, un sentido de la belleza y el deseo de justicia, una búsqueda de las Leyes de Dios o la iluminación espiritual, una comunión con el Espíritu Santo y un sentimiento de Unión con el Padre Eterno, todo ello son fragmentos de la integridad de Dios mismo. Las cualidades de Dios sin nombre, las facetas innumerables de su Ser, son el derecho de nacimiento y la herencia de los escogidos. No hay falso orgullo o humildad en el sentimiento de la elección, sino solo un sentimiento alegre de gratitud porque Dios y sus propósitos puedan identificarse con el alma en integración.

La necesidad de que haya hermandad

A medida que las almas se van integrando con su Fuente, no pueden dejar de acercarse unas a las otras. Porque las cosas iguales se atraen entre sí, y lo que es distinto se repele. «Dios los cría», como se ha dicho, «y ellos se juntan». En el mundo de los asuntos humanos esta cualidad a menudo crea ideas estrechas, por ejemplo, algunos abogados y médicos son incapaces de tener trato con nadie más que los de su profesión. No obstante, el hombre universal se está desarrollando en la búsqueda espiritual, y una comprensión más amplia e intereses más grandes traen la integridad que, con el poder del ejemplo, hace surgir la fe en otros hombres.

El Gran Director Divino habla de la necesidad de esta integración en un mundo de avances científicos:

Los hombres, al expresar en mayor medida su afinidad científica y al haber establecido un mayor control sobre las fuerzas de la Naturaleza, en vez hacerse *más* espirituales se han hecho *menos* espirituales y han tratado con despecho al espíritu de gracia que ha puesto en sus manos los secretos de la Naturaleza.

Y así, con generaciones sucesivas, a menos que quizá las leyes espirituales del universo y de hermandad aparezcan en mayor medida, se involucrarán, debido a la perversidad de su naturaleza, en alianzas bélicas consigo mismos, deseando expresar una faceta de sí mismos y luego otra parte de la vida, otra faceta de sí mismos. Y estas dos facetas en guerra extrema extinguirán ambas facetas, y las dos dejarán de existir.

Y así, el mundo será desgarrado con la guerra y los cuerpos de la humanidad serán rotos por las ideas abruptas que tienen ahora. Esto ocurrirá sin duda, a no ser que los hombres ejerzan algo de control espiritual sobre su ser, algo de control virtuoso e íntegro. Porque la integridad es un sentido de integración universal por el cual cada mónada desea unirse a la Presencia inmortal. Cuando esto ocurre con propiedad, nunca hay ninguna necesidad en la manifestación exterior de discordia humana, ¡porque todos, en efecto, están unidos mientras se van uniendo a Dios! Esto es ley y no puede negarse.[8]

La voluntad de lograr la integración

La voluntad de Dios es, incuestionablemente, la voluntad de lograr la integración y la integridad divina. Sin embargo, es cierto que hay hombres que cuestionan los propósitos de lo Divino. Estos no lo han conocido ni han entendido su compasión y la necesidad de sus Leyes, que funcionan como lo hacen sobre el plano de la tierra. Están los que, al percibir la manifestación de lo que los hombres llaman «mal» (la enfermedad, la destrucción, el dolor o el daño), dicen: «Si Dios posee un poder omnipotente, ¿por qué no acaba al instante con estas horrendas circunstancias? ¿Por qué Dios permite que el hombre sufra y languidezca en ignorancia?».

¡En efecto, por qué! Porque el hombre debe dominar, con su utilización consciente del libre albedrío, las energías que se le han confiado. Porque está destinado a ser un cocreador con Dios, que lo creó a su imagen y semejanza.⁹ Si el hombre, por tanto, está destinado a esa gran gloria, debe demostrar que puede cumplir con sus responsabilidades sobre la Tierra.

Si Dios entrara a salvar al hombre de las circunstancias que él mismo ha creado, este no aprendería jamás a utilizar la Ley correctamente. Es un tributo a la integridad de Dios el hecho de que él mantenga la Ley Universal ante la desobediencia del hombre y la malversación de esa Ley. Porque sin la justicia de la Ley, el amor y la misericordia infinita de Dios bien podrían dictar la disolución de esas mismas circunstancias, por desagradables que sean, que finalmente llevarán al hombre a su victoria.

No obstante, debido a que los hombres han carecido de integridad, también han carecido del deseo de buscar la Ley, de practicarla. Han sentido en su propia conciencia e inteligencia que eran una ley suficiente para sí mismos.

El hombre encuentra la libertad cuando el karma negativo es redimido

Desde la aurora de la cristiandad, el concepto de que «lo que los hombres no saben no les puede hacer daño» y «lo que pueda hacer sin consecuencias no me hace daño» ha tenido una influencia perniciosa sobre la conciencia de los hombres. Vivimos en una época en la que muchas personas creen que está bien hacer cualquier cosa siempre que no les traiga consecuencias, que no importa. Sin embargo, kármicamente hablando, todo lo que hacemos tiene importancia. No hay ninguna necesidad de que hombres y mujeres alberguen este sentimiento malogrado de la vida, porque sencillamente no es cierto.

Recordemos la profecía de Jesús: «Por tanto, todo lo que habéis dicho en tinieblas, a la luz se oirá; y lo que habéis hablado al oído en los aposentos, se proclamará en las azoteas».¹⁰ También sabemos que el eterno Guardián de los Pergaminos de la vida de cada hombre es exacto en todo lo que escribe. No hay instrumentos de creación humana que tengan un grado de exactitud tan perfeccionada como el sistema del Dios Todopoderoso blandido por y en manos del Consejo Kármico. Nos vienen a la mente dos frases: «Por tanto, por cada violación de la Ley llega un ajuste de cuentas» y «aunque los molinos de Dios muelen despacio, muelen muy fino».[11]

Desgraciadamente, muchos ven la Ley de Dios como una ley de malquerencia y abdicación. Se imaginan a un Dios para el que no valemos nada, un simple Legislador listo para golpear a la humanidad con una vara castigadora. Pero Dios no nos administra nuestro karma como castigo. El karma es la manifestación de una ley impersonal, así como de una ley personal. El motivo de que carguemos con nuestro karma es que el karma es nuestro instructor. Debemos aprender las lecciones sobre cómo y por qué hemos utilizado mal la energía de la vida.

Hasta que llegue el día en que reconozcamos la Ley de Dios como la Ley del amor, probablemente encontraremos dificultades. Pero si tan sólo apresuramos la llegada de ese día a nuestra vida, reconoceremos que ese karma es, en realidad, gracia, belleza y alegría.

Debemos comprender, por tanto, que la Ley que nos llega es la Ley del amor. Cuando esto se vuelve un castigo, es el castigo del amor. Cuando se convierte en el fruto de nuestra vida por nuestro propio avance, tal es el fruto de ese amor.

La verdadera libertad necesita algo más que perdón

La integridad es una vestidura que los hombres deberían recibir gustosos, que deberían llevar con placer. Porque, en realidad, es una vestidura de libertad. Desgraciadamente, esta ley no se ha entendido correctamente y, con la idea del perdón del pecado, los hombres han errado. Han pensado que, con una simple exclamación, «¡Perdóname!» o «lo lamento», eliminan todo el registro de su error. Esto no es cierto, porque la Ley Universal exige no solo que se pida perdón, sino también que se corrijan las equivocaciones que se han cometido para que el error pueda corregirse y la mancha sea eliminada por quien la instigó. Hasta que no se logre esto, el karma permanece.

Sin embargo, los hombres no son sólo instigadores del mal. También son benefactores hacia los demás. Así, el registro kármico no sólo muestra la infamia, sino también el servicio hermoso. Todas las vidas están mezcladas como la arena y el azúcar, con un grano de Verdad aquí y otro allá mezclados con el error.

A tumbos sobre el montón compuesto de error y victoria humanos, de impulsos acumulados buenos y malos, los hombres luchan hacia la cima, queriendo expandir en los dominios del yo las Leyes de Dios para que estas puedan establecerse en su vida y registrarse con el latido de su corazón sobre la sustancia, la verdadera sustancia, del Yo.

Poner a Dios primero

Nadie debería ignorar las Leyes de Dios ni las del hombre, por el contrario, todos deberían recordar las palabras del Señor Jesús que dijo: «Dad, pues, a César lo que es de César, y a Dios lo que es de Dios».[12] Tenemos la tendencia a recordar lo anterior (en Estados Unidos, el Servicio de Ingresos Internos* ya se ha ocupado de que así sea), pero a olvidar lo último. De hecho, el reino del cielo debe ir primero; el reino de Dios debe ponerse por encima de todas las demás condiciones.

El Maha Chohán ha dicho:

> Honor e integridad son las virtudes de las que está hecha la inmortalidad. La integridad se refiere a vuestra «integración integral» en vuestra Presencia YO SOY. Cuando tenéis honor e integridad, tejéis fuertes lazos con el Infinito, con los reinos inmortales de la Vida. Cuando no tenéis honor ni integridad, amados, sois como las arenas movedizas. Sois de doble ánimo y, por tanto, inconstantes en todos sus caminos,[13] y no podéis lograr nada.
>
> No se trata, simplemente, de honor e integridad hacia

---

*La agencia de recaudación fiscal. (N. del T.)

el prójimo, sino de honor e integridad hacia Dios mismo. Cuando os alineáis con el primer mandamiento, «No tendrás dioses ajenos delante de mí», ponéis a Dios primero. Después hay jerarquías descendentes en vuestra vida a las que asignáis una importancia mayor o menor.

Cuando cada mañana asumís el deber de poner a Dios primero, honrar su llama en vuestros seres queridos y consagrarle todas vuestras empresas, todo va bien. La clave es hacer de Dios lo primero del día y lo último del día y ensayar a lo largo del día la magnificencia de la belleza de la vida que él os ha dado.[14]

Todas las personas deben tener en cuenta las necesidades de la humanidad y la necesidad de Dios de expandir su Luz, y el reino de Dios debe ponerse primero. De este modo, su reino se manifestará en la tierra con una mayor rapidez y los días de afán se acortarán a medida que la plenitud de la majestuosidad del Rey de la Verdad sea entronizada en el corazón de todos los hombres como la integridad de su amor unificador.

Algunos hombres tienen una cantidad de necesidades terrenales y un recipiente que parece un abismo sin fondo de deseos. Estos nunca se satisfacen con bienes terrenales ni con tesoros espirituales. Permanecen perpetuamente con hambre. En verdad, cuando uno se compromete con Dios lo hace para comprometer sus deseos con Dios para que Él pueda satisfacerlos de acuerdo con el plan divino que el Padre tiene para cada corriente de vida.

El motivo de que el hijo pródigo quisiera que el Padre le diera su parte para ir a la tierra a gastarla es que quiso estar solo. Muchos hombres y mujeres hoy día se molestan por cualquier intrusión en su vida personal; desean poder dirigir esa vida por el camino que ellos quieren. Dios no ha interferido ni lo hará con personas así. Él los deja absolutamente solos, y muchos de ellos están metidos en un montón de desgracias que ellos mismos han creado, para ellos mismos y a través de ellos mismos, con una ignorancia que desconocen.

Sin embargo, nunca se pierde nada cuando se invoca la voluntad de Dios, cuando se invoca el plan divino y se solicita la integración con el Espíritu de Verdad. Tal invocación no es sino una invitación a Dios para que traiga los dones de su superioridad a la manifestación inferior, relativamente hablando, de la vida individual. Dios, el gran dador, con gusto recibe la oportunidad de dar, y el hombre debería recibir con gusto de recibir. Esta es una forma de integración, una forma de integridad cósmica.

En el esquema de la vida, muchos están por debajo del nivel de casi cualquier persona. El montón tendrá fondo, pero muy pocos buscadores se encuentran en el fondo. Por tanto, aunque los hombres puedan lamentar su suerte, siempre están aquellos cuya vida necesita y exige la guía que los hombres puedan dar. El hombre no tiene por qué ser perfecto exteriormente para ser un instructor de cosas buenas. Dios ha ordenado que los hombres más grandes, es decir, los que han logrado una mayor cantidad de Su inteligencia y conocimiento, sirvan a los hombres menores y a sus necesidades, tal como Dios atiende las necesidades de los hombres más grandes y sirve a todos. Nadie, por tanto, debe temer recibir o dar la gracia de Dios, que debería multiplicarse en la tierra.

Cómo hallar tu sendero

En el mundo actual, una circunstancia desafortunada es el espíritu de competitividad entre los individuos supuestamente espirituales, esto es realmente maldad en las regiones celestes.[15] En muchos casos, estas personas han trabajado durante siglos, encarnación tras encarnación, en conflicto mutuo y en oposición a nivel tanto político como espiritual. Ciertamente deberá llegar la hora en que la integridad de las almas vivas haga que estas deseen armonía espiritual más de lo que desean una gloria autónoma.

Cuando uno considera la gran hambre que tiene el hombre en su alma de una religión verdadera, hay que reconocer que es un pecado de proporciones monumentales el que cualquiera, a propósito o incluso ignorantemente, rompa la confianza que los hombres ponen en él debido a su supuesta talla espiritual. Cada instructor religioso, sacerdote y representante de Dios tiene la solemne responsabilidad de llevar al mundo un mensaje de amor y esperanza con los lazos de una integridad cósmica manifiesta sobre la Tierra.

El Arcángel Rafael habla de los verdaderos propósitos de la religión y la espiritualidad:

> Hay muchas iglesias, muchas escuelas, muchos senderos de curación y religión. Lo más importante para vuestro discernimiento al decidir el camino a tomar, y lo que será la aceleración en vuestra vida, es determinar cuál es la necesidad más grande de vuestra alma y vuestros cuatro cuerpos inferiores, cuál es el eslabón más débil de la cadena del ser de vuestra corriente de vida y después encontrar al instructor y la enseñanza, el sendero y el sistema, ya sea con oración y ayuno o un remedio de cualquier clase que os ayude a lograr una mayor integridad y una mayor plenitud.
>
> Sea la meta de vuestra vida, pues, la plenitud, sabiendo bien que la esfera de la plenitud se convierte en el imán divino para todas las cosas buenas provenientes de Dios para la llama gemela y las demás personas. Entonces, sabiendo que esa plenitud es la meta, observad a través de los ojos de la Virgen María esa parte vuestra que necesita más atención. Dedicaos a ella. Aplicadle el espíritu de la Luz y el decreto dinámico. Consideradlo desde la perspectiva de los cuatro cuerpos inferiores y los chakras.
>
> Por consiguiente, elevad las frecuencias vibratorias más bajas de vuestro ser. Y si no sabéis cuáles son, preguntad. Llamad a la puerta, y se os dará respuesta.[16] Llamad al Señor Cristo. Nosotros somos sus siervos y os entregaremos la palabra del magnífico ser libre en Dios que os ayuda ahora, en este mismo momento, el Maestro Ascendido Jesucristo.
>
> Benditos del noble linaje de la casa de David, vosotros sois la progenie de esa antigua Luz, venid ahora y comprended que no solo la plenitud individual, sino la plenitud de las células del Cuerpo de Dios, producen una mayor plenitud en todo el Cuerpo Místico. Así, buscamos esferas de Luz que puedan conectarse entre sí y formar así una superficie de Luz, un cuerpo de Luz, un imán de curación.

Considerad qué contribuirá al mayor bien de vuestra integridad interior, pero no os detengáis ahí. Ved qué puede hacer el mayor bien a la integridad de la comunidad. Después ved cómo puede la comunidad misma ayudar más y más en el Sendero a quienes tienen dificultades, a quienes se sienten apesadumbrados, a quienes están doblegados y aún caen bajo el peso de la cruz del karma personal.[17]

Se necesita determinación

En la palabra *integridad* está encarnada la palabra *grit**; y a menudo la situación puede exigir de las personas eso que los hombres llaman «ánimo», pero que los maestros espirituales llaman determinación Divina, para no dejar que nada les disuada de seguir el camino designado. Algunos hombres y mujeres han vivido muchos años más que los que tenían asignados debido a una voluntad de vivir intensificada. La voluntad de hacer es el catalizador de la integridad, y quienes deseen tener integridad primero deben reconocer qué les falta y después decidir que lo buscarán con audacia.

El Elohim Ciclopea habla de la determinación necesaria en el sendero hacia la reunión con Dios:

> ¡Debéis abrir brecha, amados, con vuestra determinación Divina! Debéis abandonar esas drogas y agentes químicos de todo tipo que llenan vuestro templo, ¡que interfieren con el mecanismo lógico de vuestro cuerpo de Dios infinito y científico! Debéis comprender que hará falta un amor ferviente, un fuego consumidor y una determinación Divina para llegar a ese punto de vuestra conciencia Crística; ¡no mediante la evolución animal, sino con la solución divina, que consiste en entrar en la cápsula y esfera de vuestro Cuerpo Causal y vivir!
>
> ¡Debéis exigirlo! ¡Debéis ordenarlo! ¡No debéis aceptar un «no» como respuesta! ¡Debéis conseguir la brecha por la que os habéis estado esforzando! ¡Y debéis ser quienes rompan la densidad que os permite dormir cuando deberíais levantaros y haceros con el dominio de este planeta![18]

---

* En inglés, *grit* 'coraje', 'agallas', 'valor', 'aguante'. (N. del T.)

Servicio al mundo

La integridad es un don espiritual y el motivo de adquirirlo debe ser el de ayudar a la realización Divina de todos los hombres. Mientras las personas se dediquen a la expansión de la espiritualidad solo en el ámbito de su persona, convertirán hasta la búsqueda de la gracia divina en un acto egoísta.

Pero Dios no pide que los hombres se consuman totalmente sirviendo a su prójimo cuando este no quiere su ayuda. Comprenda el hijo de la Luz que desea ser libre que su primera responsabilidad es hacia Dios; la segunda es hacia sí mismo: convertirse en un trabajador más noble del reino, y la tercera es hacia el mundo y *todas* aquellas personas del mundo que reciban de buena gana su servicio, y hay muchas.

Esta es la Luz dorada de Verdad cósmica que ata a los hombres y las mujeres de todas las razas y credos en una gran Cuerpo de Dios en la Tierra, un ejército de Luz sobre el planeta que expandirá la Verdad a todos los ámbitos del interés humano, tal como expanden la gratitud hacia reinos cósmicos de Luz ilimitada. Cuando eso está hecho, los ángeles, Seres Cósmicos, Maestros Ascendidos y huestes de Luz podrán regocijarse en la gratitud de los hombres de buena voluntad, aquellos que se inclinan hincando la rodilla por la gloria de Dios y sus propósitos, manifestando cuando es posible los lazos de su integridad a través de las vidas santas que llevan.

Aunque puede que no exista religión más grande que la Verdad, una verdad en la que se cree debe convertirse en una verdad enclaustrada en todo lo que el hombre haga. A menos que hagan eso, los hombres solamente tendrán carencias, jamás tendrán una Vida abundante; y la relajación de su moral, las cualidades de la misericordia que filtran a través de los filtros del engaño y la densidad humana, continuarán arrancando a la humanidad la bondad de Dios y el fuego de su buena voluntad.

En cambio, que utilicen su buena voluntad a diario mediante con el poder del ejemplo, el poder de la Verdad, el poder de la amistad divina entre los pueblos de todo el mundo. De tal modo, en el ámbito humano se producirá una expansión, ampliando el poder de los hombres de ayudarse a sí mismos, hasta que la iluminación que Dios ha dado a través de su Hijo, el Cristo Universal, sea el punto fuerte de todos los hombres. Entonces las universidades y los sistemas educativos del mundo tenderán hacia el desarrollo en el niño de su camino.[19]

El honor de Dios

El Morya habla de la integridad como honor, una cualidad que él ejemplificó en sus encarnaciones en la Tierra:

Con el amor de la santa voluntad de Dios manifiesto en la integridad, en el honor de los hijos y las hijas sirviendo juntos para que *Tu voluntad se haga en la tierra como en el cielo*. Estoy aquí para hablaros de la gran valía de los Hijos y las Hijas trabajando juntos en la Gran Hermandad Blanca para la precipitación en la tierra, en el corazón de los devotos, de los fuegos de la voluntad de Dios, la armadura de la voluntad de Dios y una espiral de devoción como el mundo jamás ha visto.

YO SOY un Chohán. «Señor del Primer Rayo» me llamáis, y así me ha llamado Dios. En mis encarnaciones de antaño he percibido el honor como la voluntad de Dios, la integridad que no permite que ni una palabra, ni un ergio de energía, salga de los labios, el corazón, de la mente, que no sea en reverencia, en defensa de la Verdad y el corazón inmaculado de la Virgen Cósmica.

Me habéis conocido como Tomás Moro, canciller y siervo del Rey Enrique VIII.[20] Recordaréis que, en mi devoción a ese honor, llevé el cilicio para privarme, para recordarme con humildad el alto cargo de servicio en el Gobierno al que Dios me había llamado; fui y sigo siendo su siervo en primer lugar y del rey en segundo. Y algunos de vosotros habéis escuchado las palabras de otro Tomás que sirvió a otro Enrique, Tomás Becket; otro nombre, otra llama del Señor del Primer Rayo, cuando el cilicio, que también llevé, recordó el honor cósmico.[21]

No permitáis jamás, queridos corazones, un conflicto de

intereses en vuestra vida, pues el servicio a Dios debe invalidar cualquier otra consideración en la vida. No se puede considerar nada más que su plan, su voluntad, su Luz, su amor, porque en ese honor de fuego blanco se encuentra la cristalización del rayo azul, como un fuego blanco intenso de pureza, de devoción, se convierte en el azul acerado de la determinación de ser esa pureza en acción en el mundo de la forma...

La integridad engendra amor, el amor engendra armonía y los tres son igual a la manifestación divina de tu reino venido a la tierra, oh Señor.[22]

¿Qué aprovechará al hombre si ganare todo el mundo, y perdiere su alma?[23] El curso de la vida humana es un fluir constante de arenas por el cristal de las horas, y la corriente dejará de correr un día, indicando el fin de un ciclo. El ser está compuesto de muchos ciclos que conducen a un ciclo sublime de realización y logro. Éste es el trampolín de toda la Realidad, la ascensión en la Luz.

La Diosa de la Pureza habla de la Verdad como un corolario de la integridad y el honor:

Vengo a renovar vuestra dedicación a la llama de honor cósmica y a infundiros con el poder, la Luz y el amor del honor. Honor es el poder que da a todos, a todos los rayos, a todo hijo y toda hija de Dios que sirve a todos los rayos, la acción de la integridad. Y la integridad, cuando se adopta, conduce a la integración del alma con el Espíritu de Dios conocida como «la unión alquímica», «el matrimonio del Cordero». Porque el Cordero es la Presencia YO SOY y la esposa del Cordero es el alma. Así, en la alegoría desde el principio, cuando las llamas gemelas salieron del ovoide del Ser de Dios, el hombre conoce y es consciente del deseo de regresar a la Unidad, el regreso a la unión, que lo vincula a todo lo que es real.

Con integridad, con honor, llega la Verdad. Y con la Verdad [llega] la espada flamígera para proteger el camino del Árbol de la Vida,[24] para proteger el camino de la conciencia edénica. Y esa espada de doble filo es para separar lo Real de lo irreal. Sin honor el hombre no puede permanecer en el paraíso. Sin honor no puede afirmar su amistad con Dios y con la Hermandad.

Por tanto, conoced al Verdad, y la Verdad os hará libres.[25] Confesad vuestros pecados ante Dios. Escribidlos todos en papel y entregadlos a la llama, a los Señores del Karma. Que no haya nada oculto, nada que no sea revelado en vosotros. Sinceraos y presentaos vestidos de blanco, preparados como la novia adornada para su esposo.

Queridos corazones, la llama de la pureza es la llama con la que os preparáis para recibir las iniciaciones del Espíritu Santo y del fuego sagrado. Por tanto, que todos entreguen a Dios todo aquello que no sea de la Luz para que ellos puedan llegar a ser la integridad y la integración de la totalidad de Dios y la totalidad del hombre en manifestación, como Arriba, así abajo.[26]

Regocíjense todos en el potencial de la integridad en su vida. Sin embargo, todos deben escoger por sí mismos. Todos deben comenzar en este ámbito desde cualquier nivel en el que se encuentren, hasta que el ilustre Espíritu de Amor Universal haya convertido la consagrada ofrenda de sus pensamientos y sentimientos, de su vida y sus energías, una hermosa integridad con el alma de belleza Divina inmortal.

La Gráfica de tu Yo Divino

L A GRÁFICA DE TU YO DIVINO ES UN retrato tanto tuyo como de Dios dentro de ti. Es un diagrama del potencial que tienes de llegar a ser quien realmente eres. Es, también, un esbozo de tu anatomía espiritual.

La figura superior es tu Presencia YO SOY, la presencia de Dios que está individualizad en cada uno de nosotros. Es tu «YO SOY EL QUE YO SOY» personalizado. Tu Presencia YO SOY está rodeada de siete esferas concéntricas de energía espiritual que componen lo que se denomina «Cuerpo Causal». Las esferas de energía pulsante contienen el registro de las buenas obras que has realizado desde tu primera encarnación en la tierra. Esas esferas son como tu cuenta bancaria cósmica.

La figura media de la Gráfica representa a tu Santo Ser Crístico, que también se denomina «Yo Superior». Puedes pensar en tu Santo Ser Crístico como tu principal ángel de la guarda y tu amigo más querido, tu instructor interior y la voz de tu conciencia. Igual que la Presencia YO SOY es la presencia de Dios individualizada para cada uno de nosotros, el Santo Ser Crístico es la presencia del Cristo Universal individualizada para cada uno de nosotros. «El Cristo» en realidad es un título concedido a quienes han logrado la unión con su Yo Superior o Ser Crístico. Por eso Jesús se llamó «Jesús, el Cristo».

La Gráfica muestra que cada uno de nosotros tiene un Yo Superior o «Cristo Interior» y que cada uno de nosotros está destinado a unirse a ese Yo Superior, ya sea que lo llamemos «Cristo», «Buda», «Tao» o «Atmán». Ese «Cristo Interior» es lo que los místicos cristianos a veces han llamado el «hombre interno del corazón» y lo que los Upanishads describen misteriosamente como un ser del «tamaño de un pulgar» que «vive en lo profundo del corazón».[1]

Todos tenemos momentos en los que sentimos una conexión con nuestro Yo Superior, cuando creamos algo, cuando amamos, cuando nos sentimos alegres. Pero en otros momentos nos sentimos enojados, deprimidos, perdidos. El sendero espiritual tiene el propósito de que aprendamos a mantener la conexión con la parte superior de nosotros mismos para que podamos dar la máxima contribución posible a la humanidad.

El rayo de Luz blanca que desciende desde la Presencia YO SOY, que pasa por el Santo ser Crístico y llega a la figura inferior de la Gráfica, es el cordón cristalino, a veces denominado «cordón de plata». Se trata del *cordón umbilical,* la conexión vital que te vincula con el Espíritu.

Tu cordón cristalino también alimenta esa llama de Dios especial y radiante que está oculta en la cámara secreta de tu corazón. Esta llama se denomina llama trina o chispa divina, porque es literalmente una chispa de fuego sagrado que Dios ha transmitido desde su corazón al tuyo. Esta llama es *trina* porque engendra los atributos principales del Espíritu: poder, sabiduría y amor.

Los místicos de las religiones del mundo han entrado en contacto con la llama trina y la han descrito como la semilla de la divinidad interior. Los budistas, por ejemplo, hablan de la «semilla de la condición búdica»,[2] que existe en todos los seres vivientes. En la tradición hindú, el Katha Upanishad habla de la «luz del Espíritu» que está oculta en el «lugar alto y secreto del corazón» de todos los seres.[3] Del mismo modo, el teólogo y místico cristiano del siglo XIV Meister Eckhart se refiere a la chispa divina cuando enseña que «la semilla de Dios está dentro de nosotros».[4]

ILUSTRACIÓN 6: **La Gráfica de tu Yo Divino**

*Para ver la Gráfica de tu Yo Divino a todo color, visita: https://www.summitlighthouse.org/iampresence

Cuando decretamos, meditamos en la llama en la cámara secreta de nuestro corazón. Esta cámara secreta es tu sala de meditación privada, tu castillo interior, como lo llamó Teresa de Ávila. En la tradición hindú el devoto visualiza una isla enjoyada en su corazón. Ahí se ve a sí mismo ante un hermoso altar, donde venera a su instructor en meditación profunda.

Jesús se refirió a entrar en la cámara secreta del corazón cuando dijo: «Mas tú, cuando ores, entra en tu aposento, y cerrada la puerta, ora a tu Padre que está en secreto; y tu Padre que ve en lo secreto te recompensará en público».[5]

La figura inferior de la Gráfica de tu Yo Divino te representa a ti en el sendero espiritual, rodeado de la llama violeta y el Luz blanca protectora de Dios. El alma es el potencial vivo de Dios, la parte de ti mismo que es mortal pero que puede llegar a ser inmortal.

El propósito que tiene la evolución de tu alma en la tierra es aumentar la maestría sobre sí misma, saldar el karma y cumplir su misión en la Tierra para poder volver a las dimensiones espirituales que son su verdadero hogar. Cuando tu alma al fin remonta el vuelo y asciende para regresar a Dios y al mundo celestial, tú te conviertes en un Maestro Ascendido, libre de las rondas del karma y del renacimiento. La energía de alta frecuencia de la llama violeta puede ayudarte a alcanzar esa meta con más rapidez.

La ciencia de la plenitud y el Árbol de la Vida

Quienes están familiarizados con la Gran Ley y comprenden su acción superior saben que la Vida es sagrada, que la Vida es inmortal y que la Vida es Dios. Ellos saben que el Árbol de la Vida en medio del jardín descrito en Génesis[1] es una representación alegórica de la Presencia YO SOY individualizada. Para comer de sus doce clases de frutos, la Ley exige que el hombre logre una conciencia de poder Divino, amor Divino, maestría Divina, obediencia Divina, sabiduría Divina, armonía Divina, gratitud Divina, justicia Divina, realidad Divina, visión y victoria Divinas, junto con un sentido de propósito supremo en la expresión de las Leyes de Dios a través de la realización de su plan divino individual.

Cuando el hombre experimenta a Dios al tomar del fruto del Árbol de la Vida, es capaz colorear de dorado cada momento de su vida con la corona de la perfección Divina. Cada momento se inmortaliza así, y a cada momento él mismo se va haciendo inmortal. Así, es llevado a un estado de Edén otra vez, teniendo la oportunidad de hacer uso de los tesoros de su Cuerpo Causal y aquellos almacenados en el Gran Cuerpo Causal, que contiene todo el bien que el hombre ha exteriorizado jamás.

El Jardín del Edén es una alegoría del Cuerpo Causal del hombre y el Árbol de la Vida en medio de él lo es de la Presencia YO SOY. Edén significa «centro de energía»,* el lugar donde hay una concentración de energía de Dios, el Cuerpo Causal. Uno de los significados de «centro» es «centro de actividad secreta»,† lo cual también describe el eje del Cuerpo Causal.

El cinturón electrónico y el Árbol de la Vida

En la Ilustración 7 verás una representación del cinturón electrónico. Este cinturón se extiende desde la cintura hasta debajo de los pies. Tiene la forma de un gran timbal y contiene la suma de registros de pensamientos, sentimientos, palabras y obras negativas del hombre, es decir, su karma negativo. Aunque Dios proveyó los cuatro cuerpos inferiores para la maestría sobre uno mismo en el mundo de la forma, el cinturón electrónico es la espiral de energía cualificada negativamente (a la que llamamos «espiral negativa») que se desarrolló coincidiendo con el descenso del hombre a la conciencia de la dualidad.

Todo el contenido de este cinturón electrónico, los registros y acumulaciones de la sustancia mal cualificada del hombre, es el peso kármico que lo mantiene vinculado a la Tierra e impide que venza la fuerza de gravedad y ascienda hacia la Luz. Este peso es lo que lo coloca en la categoría de la mortalidad. Este peso es lo que lo ata a la conciencia de las masas.[2] La Ilustración 8 muestra cómo el abuso de los cuatro elementos contamina los cuatro cuerpos inferiores del hombre y hace que se desalineen.

En la Ilustración 9 verás la gráfica del Árbol de la Vida que muestra las doce clases de frutos, y las hojas del Árbol que son para la sanidad de las naciones.[3] Aquí vemos el arquetipo del Cuerpo Causal del hombre. Esta gráfica muestra cómo los cuatro cuerpos inferiores se realinean mediante la acción equilibrada de la llama trina y la transmutación de toda sustancia oscurecida en el cinturón electrónico gracias al poder del Espíritu Santo.

---

*En inglés, Eden = Energy-den 'centro de energía'. (N. del T.)
†den 'centro de actividad secreta', Merriam Webster. (N. del T.)

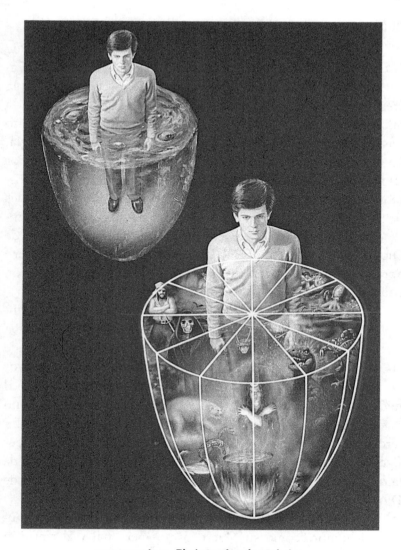

ILUSTRACIÓN 7: El cinturón electrónico

El cinturón electrónico está formado por la mala cualificación de la energía de Dios que ha realizado el individuo, que se acumula e intensifica en el subconsciente para formar una espiral negativa como un timbal alrededor de los chakras que hay debajo del corazón. Este campo energético contiene compartimentos donde se alojan varios impulsos acumulados de negatividad. Estos impulsos construyen formas de pensamiento en el cinturón electrónico y en el subconsciente del individuo.

El Macrocosmos y el microcosmos

Entendemos «Macrocosmos» como toda la urdimbre de la creación, lo conocido y desconocido, visible e invisible. Entendemos «microcosmos» como el hombre, el paradigma de la creación confinado a un marco de individualidad. Cada mundo microcósmico es una célula en el Macrocosmos, un fragmento cristalino del Cristal Mayor, que refleja una parte de Su gloria. La clave del infinito se consigue con la maestría del yo inferior (el microcosmos) mediante el poder del Yo Mayor (el Macrocosmos). El hombre, a través del uso correcto de los sagrados dones de la Vida, incluyendo su libre albedrío, su conciencia en el microcosmos puede identificarse con la plenitud de la conciencia de Dios en el Macrocosmos. No obstante, es esencial que primero aprenda a entrar en contacto, a establecer y mantener su relación con el Ego Superconsciente.

El modelo en forma de ocho se utiliza para ilustrar el principio de intercambio entre el mundo Macrocósmico de Arriba y el mundo microcósmico de abajo. En el nexo, el punto donde las líneas del ocho se cruzan, las virtudes de la Realidad Mayor de uno mismo, del Ego Superconsciente, fluyen hacia abajo al microcosmos, y las aspiraciones de la realidad inferior de uno mismo, del ego, fluyen hacia arriba al Macrocosmos. Este intercambio se logra a través de la conciencia del Cristo, el Super Ego, el cual, posicionado en el centro de la cruz, es el agente de la transformación alquímica que tiene lugar entre las energías de Dios y el hombre.

En la ilustración 8 y 9 vemos representado el Cuerpo Causal del hombre como su Macrocosmos personal y el cinturón electrónico como su microcosmos personal. Mientras que el microcosmos debe reflejar todo lo que está contenido en el Macrocosmos, cumpliendo al fíat «como Arriba, así abajo», quienes se han apartado de la gracia han llenado sus vehículos inferiores, los cuatro cuerpos inferiores y el cinturón electrónico, con los desechos de su desobediencia a las Leyes de Dios. Estos desechos, a los que a menudo nos referimos como «creación humana», deben ser eliminados de estos vehículos antes de que la Luz pueda penetrar desde las alturas y la conciencia del hombre, por tanto, pueda convertirse en el depósito de la conciencia Crística y todo lo que el Bien Divino quiso.

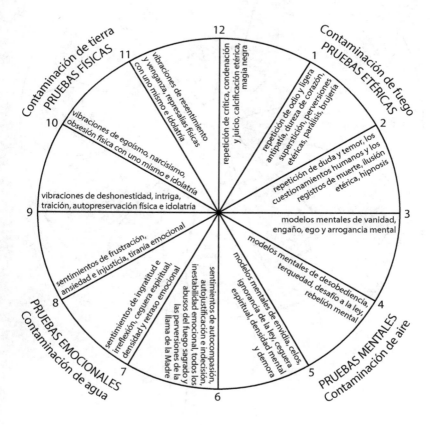

ILUSTRACIÓN 8:
Categorías de energías cualificadas negativamente en el cinturón electrónico
Las doce categorías de energía cualificada negativamente en el cinturón electrónico trazadas como líneas de un reloj.

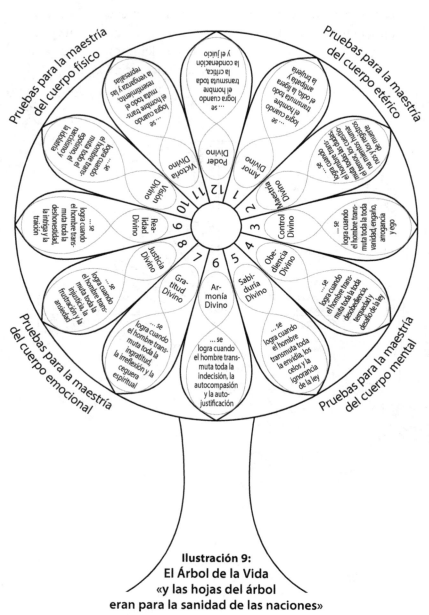

**Ilustración 9:
El Árbol de la Vida
«y las hojas del árbol
eran para la sanidad de las naciones»**

La cualidad Divina de cada línea se logra mediante la Presencia YO SOY
y con la ayuda del Santo Ser Crístico cuando el hombre transmuta la cualidad
negativa de la línea en cuestión del cinturón electrónico. Las cualidades
Divinas también están representadas como líneas del reloj.

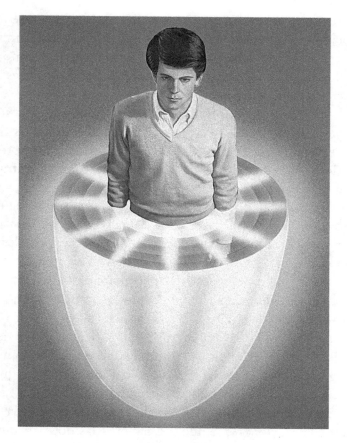

Ilustración 10: El cinturón electrónico purificado
El cinturón electrónico debe reflejar todo lo que está contenido
en el Cuerpo Causal del hombre.

Y así, sucedió que los que comieron del árbol del conocimiento del bien y el mal ocasionaron la «caída» o el descenso de las vibraciones de la mitad de la figura en forma de ocho, produciendo la gradual densificación de los cuatro cuerpos inferiores y la formación de la espiral negativa que llamamos cinturón electrónico. Debido a que el Árbol de la Vida estaba protegido por la espada llameante,[4] la mitad superior de la figura en forma de ocho permaneció impoluta como el Sanctasanctórum; la Presencia Divina y el Cuerpo Causal del hombre conservaron la imagen y los registros de su verdadera identidad. Así, en esta fase de la evolución del hombre, el Ser Crístico está en el cruce de caminos de su ser dual para mediar entre la perfección del Yo Divino y la imperfección de lo humano, mientras ambos buscan manifestarse en el campo energético de su conciencia.

El propósito de este estudio, por consiguiente, es enseñar cómo el discípulo puede en efecto eliminar los desechos de la conciencia humana mediante el uso del fuego sagrado y reemplazarlos con la Luz de los doce atributos divinos, mientras se prepara para su reunión definitiva con su Creador.

Al examinar las dos gráficas, que hemos trazado según el diseño de un reloj, vemos que las divisiones de la conciencia del hombre siguen el modelo del doce, un modelo que prevalece en todo el universo. En cada línea del cinturón electrónico en la Ilustración 8 hay una lista de las perversiones de los atributos divinos de esa línea en el Cuerpo Causal de la Ilustración 9. La gráfica del Árbol de la Vida muestra las doce clases de frutos, los doce atributos de la Divinidad que se amplifican a través de las Doce Jerarquías del Sol. Estas Jerarquías ayudan a la humanidad a superar las categorías de la sustancia mal cualificada que se acumula en las líneas del reloj del cinturón electrónico.

Cada una de las hojas del Árbol de la Vida es para la «sanidad de las naciones», siendo las naciones las doce «tribus» o departamentos de creación humana esbozados en la gráfica del cinturón electrónico. Cuando el hombre sustituye su creación humana con los doce atributos principales designados en las hojas del Árbol, el florecimiento de las correspondientes virtudes tiene lugar en esa línea del Cuerpo Causal. Estas virtudes también están reflejadas en el cinturón electrónico y en los cuatro cuerpos inferiores, y el hombre se ve hecho a imagen de su Hacedor.

Estas virtudes aparecen del núcleo de fuego blanco del atributo divino correspondiente, primero como una llama trina y después como el florecimiento del loto de doce mil pétalos expandiéndose desde el aspecto triple de su divinidad hacia la manifestación. Multiplicadas por los doce atributos, estas virtudes forman las 144 000 llamas consagradas por Dios para el cumplimiento de cada modelo cósmico. (Más adelante, en esta sección, se dará una explicación más extensa de los 144 000).

Así, cada una de las doce hojas muestra el potencial de la Divinidad que debe convertirse en el punto fuerte de la expresión en el hombre. La realización de ese potencial Divino tiene lugar con el florecimiento del loto de la divinidad del hombre en el mundo de la forma. Aquí volvemos a ver que el Espíritu (el potencial de la Divinidad) adquiere identidad por toda la Materia (la realización de la Divinidad en la forma).

Las líneas del reloj

Comencemos nuestro examen del cinturón electrónico señalando que las líneas 12, 6, 3 y 9 son el norte, el sur, el este y el oeste del ser del hombre. Cada una de esas líneas marca el principio de una serie de pruebas relacionadas con uno de los cuatro elementos y su cuerpo inferior correspondiente. Así, la línea de las 12 introduce las pruebas de fuego y el cuerpo etérico; la línea de las 3, las pruebas de aire y el cuerpo mental; la línea de las 6, las pruebas de agua y el cuerpo emocional; y la línea de las 9, las pruebas de tierra y el cuerpo físico. Estos cuatro cuadrantes también corresponden a los cuatro aspectos de Dios: Padre, Hijo, Madre y Espíritu Santo.

ILUSTRACIÓN 11: Los cuatro cuadrantes
Cada uno de los cuatro cuadrantes corresponde a uno de los cuatro planos de la Materia y uno de los cuatro cuerpos inferiores.

Cada una de estas pruebas las administra el Santo Ser Crístico de la persona y los jerarcas de elemento que se está examinando. Así, Orómasis y Diana ayudan al Cristo a dirigir las pruebas relacionadas con la maestría y purificación del elemento fuego y el cuerpo etérico, en las líneas 12, 1 y 2. Aries y Thor trabajan de cerca con el Cristo en la administración de las pruebas de la maestría y purificación en relación al elemento aire y el cuerpo mental en las líneas 3, 4 y 5. Las pruebas del elemento agua y el cuerpo emocional en las líneas 6, 7 y 8 están bajo la dirección del Cristo y de Neptuno y Luara. Para completar el ciclo de purificación y maestría, el Cristo y los jerarcas del elemento tierra, Virgo y Pelleur, administran las pruebas de la tierra y el cuerpo físico en las líneas 9, 10 y 11.

En cada cuadrante también vemos a la trinidad en manifestación. La llama trina de la Vida arde en cada uno de los cuatro cuerpos inferiores, en todos los lados de la Pirámide de la Vida. En cada aspecto de Dios la Trinidad se cumple: el rayo azul del Padre, el amarillo del Hijo y el rosa del Espíritu Santo; poder, sabiduría y amor.

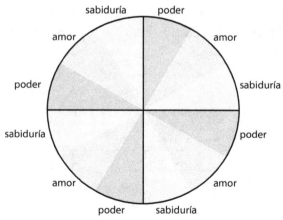

ILUSTRACIÓN 12: La llama trina en cada cuadrante
La manifestación de la llama trina en cada cuadrante divide el círculo en doce: las doce líneas del Reloj Cósmico. Los penachos de la llama trina son azul (poder), amarillo (sabiduría) y rosa (amor).

El punto en el centro del reloj se llama «fulcro de compensación». El término «compensación» ha sido definido como un «mecanismo psicológico mediante el cual el individuo trata de compensar alguna deficiencia en la personalidad, real o imaginaria, desarrollando o haciendo hincapié en otro aspecto de su personalidad o sustituyendo una forma distinta de comportamiento».[5] Ahora, al estudiar las líneas del reloj, veamos los polos opuestos de cada uno de los números para ver cómo los mortales compensan sus energías mal cualificadas cualificando mal más energía de Dios. Empecemos con los ejes 12-6 y 3-9, que caen en la categoría de los penachos de poder.

Manifestaciones positivas y negativas en las líneas de poder del Reloj Cósmico

En el lado norte del eje 12-6 tenemos alojada la sustancia mal cualificada acumulada a raíz de una repetición de la crítica, la condenación y el juicio.

Dar vueltas a las cosas es una actividad del cuerpo de la memoria. Se trata de un proceso en el que le damos vueltas a nuestros recuerdos del pasado como si estuviéramos en una cinta de correr: nuestros errores, nuestras victorias, los eventos afortunados y desgraciados de nuestra vida. Esto se hace para mantener vivos los recuerdos del pasado, pues si los seres humanos no le damos vueltas a esos registros, estos se desvanecen en los recovecos subconscientes de la mente (los niveles subterráneos del cinturón electrónico), para no aparecer más en la superficie de la memoria consciente.

No obstante, el cuerpo etérico y el cinturón electrónico sí conservan los registros del pasado hasta que estos se transmutan. Este hecho ha sido demostrado en experimentos hipnóticos, en los cuales las personas en estado de trance recuerdan experiencias de la niñez y hasta de encarnaciones pasadas, cuyos recuerdos al detalle pueden haber sido olvidados por la mente consciente.

Debería observarse, por tanto, que el simple hecho de olvidar las equivocaciones e injusticias del pasado no debe interpretarse como una superación de esas circunstancias. El hombre vence sólo «con la sangre del Cordero»[6] (es decir, con el fuego sagrado), que debe invocar en el nombre del Cristo y con el poder del Espíritu del Señor. Cuando nos olvidamos de las cosas desagradables para no verlas, lo único que hacemos es enterrarlas en el cuerpo etérico y en el cinturón electrónico. Para eliminar permanentemente los modelos energéticos que han impreso sobre nuestra conciencia los registros de errores pasados, debemos transmutarlos invocando el fuego sagrado, sirviendo a la vida y mediante la oración sagrada.

La energía de Dios mal cualificada criticando, condenando y juzgando, tanto a nosotros mismos como a otras partes de la vida, se va acumulando en el cuerpo etérico y se manifiesta como una calcificación etérica (una memoria mermada). Las actividades en las que se critica, se condena y se juzga son compensadas en la personalidad humana con las cualificaciones opuestas, que son la autocompasión, la autojustificación y la indecisión, las cuales aparecen en el lado sur en la línea de las 6 como una sustancia oscurecida. Esta compensación se produce en el cuerpo emocional y se manifiesta ahí como inestabilidad emocional.

No hace falta ser psicoanalistas para ver que sentir lástima por nosotros mismos mientras criticamos a los demás como si fueran la causa de nuestras desgracias forma parte de la naturaleza humana. La gente justifica sus propios errores mientras juzga los pecados de los demás. Así, el regreso de la sustancia de las 12 y las 6 hace que la persona se vuelva indecisa e inestable emocionalmente porque esas energías mal cualificadas causan la pérdida del recuerdo de su plan divino grabado en un principio en el cuerpo etérico.

Ahora veamos los lados este y oeste, el eje 3-9. En la línea de las 3 encontramos, en el cuerpo mental, modelos de vanidad, engaño y ego, lo que se manifiesta como arrogancia mental y la aseveración «Je suis le droit» («Yo soy la ley»). Estos son los rasgos que hacen que los hombres digan: «Yo no estoy sujeto a las leyes de Dios, sino que hago mis propias leyes según mi voluntad». Ésta es la línea del orgullo humano, la línea en la que cayó el propio Lucifer y abarca toda la gama de intelectualismo, las falsas premisas y las conclusiones de la mente carnal.

Compensando la afirmación del ego en la línea de las 3 hay vibraciones de intriga y traición. Estas se manifiestan en la línea de las 9 como la necesidad física de autopreservación. Ahora vemos que la arrogancia del ego que se sale de los confines de las Leyes de Dios debe encubrirse mediante la intriga y la traición. Por tanto, observamos crímenes de todo tipo cometidos en defensa del ego moribundo, moribundo porque se ha separado de la vid de la Vida abundante. Esta Vida fluye con libertad hacia el hombre cuando este se encuentra en estado de gracia, pero ahora que se ha expulsado del Jardín del Paraíso debe asegurársela con medios ilegítimos.

Aunque la línea de las 3 es la de la mentira y el mentiroso, ambos se deben ver en cada línea del reloj, porque toda la gama de la conciencia humana apoya y sostiene al ego humano. No hay ninguna otra forma de defender la posición negativa de la línea de las 3 más que con deshonestidad, porque el ego humano es deshonesto desde su premisa original: «Yo soy la ley». Por tanto, puesto que no puede emplear las Leyes de Dios para defender su posición, utiliza una perversión de esas Leyes, una lógica basada en causa y efecto en el mundo de la creación humana.

La creación humana hallada en los ejes 12-6 y 3-9 del cinturón electrónico se supera invocando la voluntad de Dios, el rayo azul. En la gráfica del Árbol de la Vida observamos que esas hojas son poder Divino, control Divino, armonía y realidad Divinas. Cada una de ellas es el penacho azul de la llama trina de su cuadrante respectivo. Cuando toda la sustancia oscurecida de esas líneas se transmuta, el hombre contempla la Estrella de Belén manifestarse en su mundo como el molinillo de fe cósmica.

Las cuatro hojas del Árbol que manifiestan la voluntad de Dios muestran cómo esa voluntad vence la creación humana de esas líneas. Del lado norte, el poder Divino, invocado mediante las cualidades de fe, inteligencia y buena voluntad, enseña al hombre que el poder de Dios es capaz de reprender a una generación de dura cerviz, que Dios mismo es el vengador de todo lo que está mal, porque ¿acaso no dijo «no juzguéis, para que no seáis juzgados» y «mía es la venganza, yo pagaré, dice el Señor»?[7]

Por tanto, no hay necesidad de que las personas se critiquen, se condenen o se juzguen unas a otras, porque a través de la llameante voluntad de Dios manifestada en nuestra conciencia Dios mismo corrige las cosas malas de la raza. Nosotros no tenemos más que mantener el concepto inmaculado de la verdadera identidad de cada cual y así atraeremos hacia nosotros y hacia nuestro prójimo el poder de Dios que cambiará todas las condiciones inferiores a la perfección en el ser y en el mundo del hombre.[8]

En la línea de las 3, en el lado este, el penacho azul manifiesta la cualidad del control Divino. Observamos que, a través de nuestro deseo por la perfección de Dios y nuestra determinación de depender totalmente de sus leyes, invocamos la voluntad de Dios, aprendemos a controlar esas tendencias humanas que continuamente empujan al ego a un primer plano. Los que desafían la autoridad del Ego Divino, la Presencia YO SOY, y quienes de tal manera no conservan el poder de su control Divino, se ven obligados a utilizar el argumento intelectual para defender su posición ilícita.

En el lado sur, en la línea de las 6, el penacho azul manifiesta la armonía universal de la voluntad de Dios. La armonía Divina mantiene al hombre en sintonía con todas las partes de la vida porque la voluntad de Dios es el diseño original, el diseño Divino dentro del núcleo de fuego blanco —el imán del Sol Central— de cada partícula atómica de la vida. Por consiguiente, cuando el hombre se somete amorosamente a la voluntad de Dios, está en armonía con todo lo que vive y se mueve según la voluntad divina.

De la armonía Divina proviene la manifestación universal e individual de la provisión. Por tanto, cada vez que el individuo permite que la armonía de su comunión con el Espíritu Santo se rompa, corta el cable de su provisión. La Vida abundante solo puede llegarle al hombre a través de la fórmula alquímica, la forma de una esfera perfecta, mantenida por la relación armoniosa del hombre con su Dios.

La discordia en el mundo del individuo, por tanto, se convierte en un pecado contra la Vida abundante; por consiguiente, es un pecado contra el Espíritu Santo. La expiación por el pecado de desarmonía llega cuando el hombre sustituye su justificación por los actos desconsiderados del yo humano (es decir, actos que no toman en consideración la voluntad de Dios) con la adoración al Yo Divino. Esta adoración se manifiesta a través del cuerpo emocional cuando ese cuerpo está purificado, cuando ha renunciado a los deseos personales y los ha sustituido con el deseo Divino.

La adoración total del hombre a Dios hace que aquel considere la armonía como la ley más importante de su ser, simplemente porque la armonía es la voluntad de Dios que forjó el Ser universal. No hay una existencia real aparte de la armonía Divina. La armonía enfoca con claridad el mandato eterno: paz con honor. La armonía refuta la autocompasión y la vacilación de la indecisión, que son estados de conciencia deshonrosos; porque sólo hay una decisión a tomar, que es la decisión de seguir el camino de la superación armoniosa mediante el servicio a la voluntad de Dios.

La ley de la armonía a través de la voluntad divina da al hombre la capacidad de vencer los problemas de una existencia egocéntrica que se manifiesta como sustancia mal cualificada en los ejes 12-6 y 3-9. La armonía es la clave del poder Divino, el control y la realidad Divina. Cuando la armonía Divina es la meta, podemos decir con Cristo a cualquiera de nuestros cuatro cuerpos inferiores que pueda sentirse asediado por una preocupación por sí mismo: «¿Qué a ti? Sígueme tú».[9]

Cuando uno ha conseguido la maestría sobre la sustancia de la línea de las 6, puede afirmar con confianza las palabras del Maestro: «Mirad las aves del cielo, que no siembran, ni siegan, ni recogen en graneros; y vuestro Padre celestial las alimenta. ¿No valéis vosotros mucho más que ellas? ¿Y quién de vosotros podrá, por mucho que se afane, añadir a su estatura un codo? Y por el vestido, ¿por qué os afanáis? Considerad los lirios del campo, cómo crecen: no trabajan ni hilan; pero os digo, que ni aun Salomón con toda su gloria se vistió, así como uno de ellos».[10]

En el lado oeste, en la línea de las 9, la voluntad de Dios se manifiesta como realidad Divina. Conocemos la Realidad de Dios al seguir su voluntad, y su Realidad desplaza toda la deshonestidad. Cuando comprendemos en la conciencia de Dios que «YO SOY Real», no hay necesidad de hacer de la imagen sintética un ídolo ni intentar conservar el yo físico. Quienes buscan conservar su creación humana a través de su progenie, a través de fórmulas químicas o un registro histórico, no han captado en absoluto qué es importante en la vida. La inmortalidad puede conferirse sólo a aquello que es Real, aquello que es perfecto, aquello que es Dios. Todo lo demás es transitorio.[11]

Las líneas de amor del Reloj Cósmico

Examinemos ahora los penachos de amor, los ejes 1-7 y 4-10 del cinturón electrónico. A través de estos ejes debe manifestarse el amor de Cristo en los vehículos inferiores. La línea de la 1 es la segunda línea del cuerpo etérico, que corresponde a las pruebas de fuego. Estas pruebas tienen que ver con la repetición de los sentimientos que van desde el odio intenso a una ligera antipatía. El amado Saint Germain nos ha enseñado que la ligera antipatía es tan destructiva como el odio. Es simplemente una forma menor del mismo mal (velo de energía), porque la energía de la ligera antipatía, después que es lanzada a los éteres, se amalgama como islas y grupos aislados de odio flotando en la conciencia de las masas, contribuyendo así a la reserva de energías mal cualificadas utilizadas por los magos negros para hacer estragos contra las almas incautas.

Los modelos de odio humano, a los que Jesús se refirió como «dureza de corazón», se alojan en la línea de la 1 y se mantienen en el cuerpo etérico mediante la perversión del elemento fuego. El odio, para poder mantenerse, primero debe ser objeto de atención constante en la memoria y después energizado en el cuerpo emocional mediante sentimientos de ingratitud en la línea de las 7. Las vendettas y las peleas de toda la vida acumulan grandes cantidades de sustancia mal cualificada en la línea de la 1 del cinturón electrónico y, en última instancia, se manifiesta como perversiones y parálisis etéricas. Esos odios y las perversiones que efectúan en el cuerpo de la memoria continúan de una encarnación a la siguiente y pueden observarse como la antipatía instantánea que dos personas sienten cuando se encuentran por primera vez.

Igual que el afilado cuchillo de la crítica, la condenación y el juicio es la base de toda la magia negra, el odio y la ligera antipatía forman la base de todas las formas de brujería. La práctica de esto último da como resultado la manifestación de densidad emocional en la línea de las 7, junto con sentimientos de ingratitud e irreflexión. A menos que se transmuten, estos productos de las perversiones y parálisis etéricas acabarán siendo exteriorizados en los cuerpos mental y físico antes de que completen su ciclo para ser redimidos por el fuego sagrado.

La única forma en que uno puede sentir una ligera antipatía hacia otro hijo de Dios es por una incapacidad de apreciar sus cualidades divinas. A esta incapacidad la llamamos ingratitud, y se manifiesta como densidad emocional, un atoramiento de los poros de los sentidos del alma. La creación humana alojada en los ejes 1-7 y 4-10, siendo una perversión del amor divino, sólo puede superarse mediante la llama del amor divino, junto con la ayuda de la Presencia Divina de uno mismo y las Huestes Celestiales que han vencido al mundo y todas las cosas que hay en él mediante el poder del amor.

Por tanto, para iniciar la transmutación del eje 1-7, 4-10, hemos de atraer el poder del amor de Dios en la línea de la 1 a través del penacho rosa. El amor de Dios prevalece sobre las perversiones del cuerpo etérico y la gratitud Divina prevalece sobre la densidad del cuerpo emocional. La gratitud es una corriente, un arroyo que purifica y rejuvenece los cauces secos de los cuatro cuerpos inferiores y el cinturón electrónico con la pureza del amor de Dios, el amor capaz de ver al Cristo en todos los hombres, capaz de acentuar su bondad y agradecerla.

Cuando uno se siente agradecido por la Llama de la Vida que se manifiesta en los muchos hijos e hijas de Dios, uno se vuelve agudamente sensible a las necesidades y capacidades de los demás. Con esta percepción, uno no puede sentir odio ni ligera antipatía, como tampoco hay necesidad de practicar la brujería para alcanzar las metas propias, ya que uno comprende que el amor es el cumplimiento de la Ley.

En la línea de las 4, los modelos de desobediencia, terquedad y desafío a la Ley se manifiestan como rebelión mental. Esto también es una perversión del amor divino, porque se observa que en su rebelión, la humanidad demuestra el muy poco amor que siente por el Creador y sus Leyes, Leyes que él promulga solo para que sus hijos puedan recibir sus infinitas bendiciones.

El motivo de esta rebelión se ve con claridad cuando se manifiesta en la línea de las 10 como egoísmo y narcisismo. La humanidad se rebela contra las leyes de Dios porque se ama a sí misma más que a su Creador. Así, las costumbres idólatras que se manifiestan en el cuerpo físico como indulgencia, obsesión con uno mismo y la satisfacción de los sentidos físicos son compensaciones por la desobediencia a las Leyes de Dios. Yendo un paso más allá, se puede ver con facilidad que la mente provee la justificación del egoísmo del cuerpo físico, cuyos deseos son alimentados por sentimientos de ingratitud y recuerdos de odios pasados.

¡Ay!, la terquedad es un producto del egoísmo, tal como el egoísmo es un producto de la terquedad. Ambos se superan con las cualidades divinas de la obediencia Divina, en la línea de las 4, y la visión Divina, en la de las 10. Mediante la adoración suprema a nuestra Fuente Divina, el Dador de Vida que ordenó un foco individualizado de sí mismo para cada mónada hecha a su imagen, nos volvemos obedientes a las Leyes de Dios. A través del amor de Dios por nosotros y nuestro amor hacia él, captamos la visión de nuestro plan divino y esa visión de nuestra gloriosa oportunidad como herederos de Cristo nos da el valor de vencer la carne. El lema de los vencedores del narcisismo es: «Todo el que quiera salvar su vida, la perderá»,[12] porque con esto demuestra que su verdadero interés no es el Padre, sino el yo inferior.

Las líneas de sabiduría del Reloj Cósmico

Ahora examinemos los penachos de sabiduría, los ejes 2-8 y 5-11, a través de los cuales la Mente de Cristo debe manifestarse en el cinturón electrónico y los cuatro cuerpos inferiores del hombre.

La tercera prueba de fuego en el cuerpo etérico es el enfrentamiento entre el hombre y los registros de muerte que ha acumulado durante todas las veces que se ha involucrado con la mortalidad desde su descenso al mundo de la forma. Esto incluye su constante atención al temor y la duda y sus cuestionamientos humanos acerca del plan divino. Todos esos estados de conciencia, incluyendo la muerte, son ilusiones; por tanto, esa sustancia en el cinturón electrónico tiende a nublar la Realidad y a hacer que el mundo de lo finito parezca real.

El poder del Cristo resucitado y de su maestría Divina sobre el pecado, la enfermedad y la muerte da la certeza, forjada con la llama de la resurrección, a todos los que deseen seguir sus pasos, de que el hombre puede vencer los efectos de la mortalidad. Descendiendo al plano del cuerpo emocional, estos registros crean sentimientos de ansiedad, frustración e injusticia, que salen a relucir como tiranía emocional. El hombre se siente atrapado en los confines de la mortalidad, atrapado por sus propios registros. La frustración se convierte en ansiedad y es reforzada por el concepto de que la vida es injusta.

Los mortales compensan este sentimiento de asfixia con estallidos de tiranía emocional. En vez de gobernarse a sí mismos y a los demás con sabiduría divina, recurren a un ciego abuso tiránico de poder y autoridad, forzando sus energías y las de los demás a un sometimiento a la voluntad mortal, creando así más ilusión. La justicia Divina es la clave para deshacer esta acumulación de registros y emociones, junto con la cualidad de la paciencia Divina, que somete toda la creación humana de uno mismo a la adjudicación del Ser Crístico y de los Señores del Karma.

El proceso para deshacer los modelos de mortalidad puede resultar dolorosamente inquietante e incluso descorazonador, pero quienes deciden seguir el plan divino sustituyendo sus desequilibrios emocionales y energías indisciplinadas con la corona de la maestría Divina y la justicia Divina descubrirán que las recompensas bien merecen el esfuerzo. Porque al someterse a la sabiduría de las Leyes de Dios, se liberan de los registros de mortalidad, de la ronda de renacimiento y de las consecuencias emocionales de la identificación de la humanidad con el mundo finito.

En el eje 5-11 vemos la perversión del penacho de la iluminación en los cuerpos mental y emocional. En la línea de las 5, los modelos mentales de envidia, celos e ignorancia de la Ley se manifiestan como una densidad mental y demora. Sólo podemos demorar nuestro crecimiento y la expansión de la Luz del Cristo en nosotros si involucramos nuestras energías en codiciar aquello que otros hijos de Dios han producido a partir del Creador.

La indulgencia persistente de involucrar las energías propias en celos de varios aspectos, junto con un ignorar conscientemente las Leyes de Dios que están escritas en su corazón,[13] se manifiesta como densidad e incompetencia en las facultades mentales. Al final, la acumulación de envidia y celos se manifiesta en la línea de las 11 como un resentimiento furioso y una explosión de venganza, desde peleas mezquinas hasta la guerra global.

Las represalias, ya sean contra uno mismo (masoquismo) o contra otras partes de la vida (sadismo), es otra marca de idolatría, porque se pone la imagen del hombre finito en el lugar donde debe aparecer el Cristo. Solo la sabiduría Divina y la victoria Divina pueden rescatar al mortal de su grave situación debido a la ceguera espiritual: su total incapacidad de ver al Cristo en sí mismo o en otras personas y comprender que en los preceptos de la Ley está la exteriorización equilibrada de la Ley en todos sus aspectos y en todas las partes de la vida.

Quisiéramos citar otra vez las palabras de la Diosa de la Justicia:

La injusticia no existe en ninguna parte del universo. Pero en la conciencia que no ha llegado a ser totalmente Real, existe una actitud de injusticia que perjudica el plan universal. Por tanto, hace mucho tiempo adopté la virtud de la justicia Divina y decidí llevar esa cualidad de la plenitud de la maternidad de Dios hacia sus hijos en esa llama de la justicia, que liberaría a la humanidad e incluso, en última instancia, la liberaría de los ciclos kármicos que ella misma inicia.

El hombre inicia los ciclos de injusticia. Él debe detener esos ciclos y comenzar en su lugar espirales de libertad, espirales de justicia e igualdad. La clave de la justicia divina está en la comprensión de que la vida es una sola.[14]

Grandeza, nobleza y belleza son cualidades del alma, las cuales no pueden negarse a quienes han trabajado con diligencia en el reino del Padre cuando se las han ganado. Las penalizaciones kármicas que se manifiestan como deformaciones, accidentes, pobreza, ignorancia y las desgraciadas circunstancias de la vida, esas cosas también se han ganado. Vengarse de otro por los defectos propios es la marca del alma no iluminada.

De igual modo, los que no pueden ver que lo que ha hecho un hombre, otro hombre puede hacerlo, los que sienten celos de los logros de otras personas, con frecuencia son demasiado perezosos para aplicar los preceptos de la Ley que les ofrecerían el mismo progreso. Sin embargo, esta misma tendencia también se puede manifestar como una feroz competitividad.

«Procura con diligencia presentarte a Dios aprobado, como obrero que no tiene de qué avergonzarse».[15] Ésta es la advertencia que vence la sustancia de la línea de las 11 y las 5, porque cuando conocemos la Ley no nos pueden engañar las vibraciones de la envidia, los celos y la ignorancia, que precipitan las compulsiones del resentimiento, la venganza y las represalias.

ILUSTRACIÓN 13:
Las doce cualidades Divinas y sus perversiones

Línea del reloj	Cualidad Divina en el Árbol de la Vida	Cualificación errónea en el cinturón electrónico
12	Poder Divino	Repetición de crítica, condenación y juicio, calcificación etérica, magia negra
1	Amor Divino	Repetición de odio y ligera antipatía, dureza de corazón, superstición, perversiones etéricas parálisis, brujería
2	Maestría Divina	Repetición de dudas y temor, cuestionamientos humanos y registros de muerte, ilusión etérica, hipnosis
3	Control Divino	Modelos mentales de vanidad, engaño, ego y arrogancia mental
4	Obediencia Divina	Modelos mentales de desobediencia, terquedad, desafío a la ley, rebelión mental
5	Sabiduría Divina	Modelos mentales de envidia, celos, ignorancia de la ley, ceguera espiritual, densidad mental y demora
6	Armonía Divina	Sentimientos de autocompasión, autojustificación e indecisión, inestabilidad emocional, todos los abusos del fuego sagrado y las perversiones de la llama de la Madre
7	Gratitud Divina	Sentimientos de ingratitud e irreflexión, ceguera espiritual, densidad y retraso emocional
8	Justicia Divina	Sentimientos de frustración, ansiedad e injusticia, tiranía emocional
9	Realidad Divina	Vibraciones de deshonestidad, intriga, traición, autopreservación física e idolatría
10	Visión Divina	Vibraciones de egoísmo, narcisismo, obsesión física con uno mismo e idolatría
11	Victoria Divina	Vibraciones de resentimiento y venganza, represalias físicas con uno mismo e idolatría

Jerarquías Solares y la maestría sobre los elementos mediante la llama trina

Al comparar la gráfica de la sección transversal del cinturón electrónico (ilustración 8) con la de las hojas del Árbol de la Vida (Ilustración 9), tengamos en cuenta que el Imán del Gran Sol Central está concentrado en el núcleo de cada átomo (Adán) de manifestación y que la creación tiene inherente el modelo del círculo dividido en doce secciones.

El símbolo taoísta, por otro lado, nos proporciona el concepto de la polaridad masculina y femenina de la Deidad, de Alfa y Omega.[16] Toda la Vida gira en torno a este principio Yin (femenino o pasivo) y Yang (masculino o activo). En la Unidad siempre existe la polaridad —nunca la dualidad—[17] y de esa polaridad surge la manifestación equilibrada del Cristo.

Yin
Femenino
Pasivo
Materia
Omega

Yang
Masculino
Activo
Espíritu
Alfa

ILUSTRACIÓN 14: El taichí

En toda la naturaleza, en el Espíritu y en la Materia, el modelo del taichí, de los universos «Alfa a Omega» y Espíritu/Materia, se repite una y otra vez. esto representa la primera división del círculo del Uno. Cuando cada mitad se divide en dos y cada cuadrante obtenido manifiesta la llama trina, vemos la división del círculo en doce secciones.

Así, observamos que las cualidades Divinas de las líneas que van de las 6 a las 11 concentran el aspecto femenino de Dios a través del cuerpo emocional y físico del hombre, mientras que las cualidades Divinas en las líneas que van de las 12 hasta las 5 concentran los atributos masculinos a través del cuerpo etérico y mental. Por tanto, la polaridad de las cualidades Divinas en los ejes 12-6, 1-7, 2-8, 3-9, 4-10 y 5-11 están en perfecto equilibrio y diseñadas para enfocar con claridad la llama del Cristo a través de los cuatro cuerpos inferiores. Ahora explicaremos cómo este equilibrio es simplemente un reflejo de los Doce Señores Solares y las cualidades del sol que ellos magnifican.

Irradiando del Imán del Gran Sol Central y colocados alrededor del Gran Sol Central hay doce soles de manifestación que están animados por Doce Jerarquías Solares. Mientras que el Sol Central está ocupado por los amados Alfa y Omega, los representantes supremos del Dios Padre-Madre, los doce soles menores están ocupados por las Jerarquías que tienen el nombre asignado comúnmente a los signos del zodíaco (Ilustración 15).

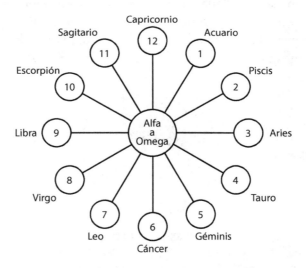

ILUSTRACIÓN 15: Las Doce Jerarquías Solares
Las Doce Jerarquías Solares son doce soles de manifestación alrededor del Gran Sol Central. Se las conoce con el nombre de los signos del zodíaco. Las estrellas en estas configuraciones no son la Jerarquía; los seres de la Jerarquía simplemente utilizan estas y muchas otras estrellas para emitir su energía.

Estas Doce Jerarquías están representadas en la Corte del Fuego Sagrado en Sirio por los Veinticuatro Ancianos, que son doce parejas de llamas gemelas, teniendo cada pareja la maestría y autoridad sobre una de las líneas del Sol en manifestación.

Los Veinticuatro Ancianos han designado a representantes

para que ayuden a la humanidad a superar su creación humana en los doce puntos dentro del cinturón electrónico, los cuales, como hemos visto, son en realidad doce oportunidades para lograr la maestría sobre uno mismo. Los Maestros Ascendidos designados por los Veinticuatro Ancianos como sus representantes, junto con las Huestes Celestiales que sirven con ellos, se muestran en la Ilustración 16.

Tanto los Maestros como sus Huestes trabajan directamente bajo los Veinticuatro Ancianos, que a su vez administran las bendiciones de las Doce Jerarquías Solares. Debe observarse que cada una de estas Jerarquías tiene a 144 000 Seres Cósmicos a su servicio y que cada uno de estos, a su vez, tiene a 144 000 ángeles a sus órdenes.

ILUSTRACIÓN 16: Representantes de las Doce Jerarquías Solares en la Tierra y sus evoluciones

Debido precisamente a que estos doce Maestros Ascendidos y sus llamas gemelas (si están ascendidas) han manifestado su victoria sobre la creación humana en la línea en la que sirven, han sido designados por los Veinticuatro Ancianos a que ayuden a todos los que evolucionan en la Tierra a lograr la maestría sobre sí mismos.

Los Caballeros de la Mesa Redonda también debieron mantener el foco de las Doce Jerarquías del Sol y los doce atributos celestiales que dan como fruto la conciencia del Cristo. Sirviendo directamente al rey, que ocupaba el cargo del Cristo, había doce caballeros que tenían a su servicio, cada cual, a doce candidatos a ser caballeros. El plan era que cuando los doce caballeros correspondientes a cada línea del reloj cumplieran su plan divino mediante la maestría sobre sí mismo en las líneas designadas de creación humana, la matriz de 144 estaría completa. Entonces, cada uno de los caballeros habría de iniciar a mil candidatos, y todos avanzarían como representantes de los 144 000 sacerdotes y sacerdotisas del fuego sagrado que sirven al Dios y la Diosa Solar de cada sistema de mundos. Éste es el modelo jerárquico de cada unidad de servicio cósmico.

Otras unidades de 144 000 se forman cuando los doce discípulos o «caballeros» se elevan hacia las iniciaciones de Cristeidad y se ganan así el derecho de reunir a su alrededor núcleos de doce, los cuales, a su vez, atraen las llamas de otro modelo jerárquico. Así, de los doce primeros se formarán doce unidades más y cada una de ellas acabará magnetizando a otras doce. Esta expansión en espiral de la Jerarquía explica la causa espiritual detrás del fenómeno del universo en expansión. Al final de los ciclos de expansión, la tendencia se invierte cuando la conciencia del Creador llama a los Soles siervos que fueron enviados para expandir los atributos divinos a que vuelvan.

La parábola del siervo inútil, que comienza apropiadamente así: «Porque el reino de los cielos es como un hombre...»[18], da una descripción de esta actividad cósmica. En ella se revela no sólo la procesión del «Regreso Cósmico al Origen», sino también el ritual del Juicio Final en el que los que han multiplicado sus talentos son recibidos con los mayores honores en Lúxor y «el siervo inútil [es echado] a las tinieblas de afuera: [donde] será el lloro y el crujir de dientes».[19] Estos eventos se trataron en el séptimo libro de esta serie, *El sendero hacia la inmortalidad*.

Ahora bien, en su movimiento anual en torno al Sol de este sistema, presidido por Helios y Vesta, la Tierra atraviesa las Doce Jerarquías, también conocidas como las Doce Casas del Sol, y pasa a estar bajo su influencia. Estas Jerarquías, cuyos focos se mantienen en el Gran Sol Central, extienden su influencia a través del foco solar de Helios y Vesta para beneficio de todos los que evolucionan en este sistema solar. Exploraremos las funciones de estas Jerarquías en las líneas del reloj cuando hayamos mostrado con brevedad la relación de los cuatro elementos con los cuatro cuerpos inferiores del hombre y su hogar planetario.

Como hemos visto en volúmenes anteriores de esta serie, la Tierra tiene cuatro cuerpos inferiores. Aunque nosotros vivimos en el cuerpo físico de la Tierra, el planeta también tiene un cuerpo emocional, conocido como «plano astral»; un cuerpo mental, llamado «cinturón mental», y un cuerpo etérico o cuerpo de la memoria, llamado «plano etérico». Por tanto, podemos sacar la conclusión de que la Tierra también tiene un cinturón electrónico, porque éste es en realidad una espiral negativa formada a partir de la sustancia que ha sido cualificada erróneamente a través de los cuatro cuerpos inferiores, ya sea de un hombre o de un planeta.

Así, la sustancia mal cualificada alojada en el cinturón electrónico del planeta Tierra es la acumulación del karma y los efluvios masivos de todas las evoluciones que han vivido en este planeta.[20] Podemos concluir, por tanto, que el cinturón electrónico de la Tierra refleja los cinturones electrónicos de sus habitantes. Por tanto, las evoluciones de la Tierra deben resolver su karma colectivo de acuerdo con el modelo del cinturón electrónico de la Tierra. Al mismo tiempo, cada corriente de vida debe saldar su karma de acuerdo con su modelo individual.

Cada uno de los cuatro cuerpos inferiores del hombre y de la Tierra están relacionados con uno de los cuatro elementos, y cada cuerpo es puesto a prueba a través de la maestría del elemento al que corresponde. El cuerpo físico corresponde al elemento tierra, el cuerpo emocional está relacionado con el elemento agua; el cuerpo mental, con el aire, y el cuerpo etérico, con el elemento fuego. Estos, a su vez, corresponden a las cuatro estaciones y deben estudiarse con relación a los cuatro cuadrantes del reloj.

Las pruebas de fuego en el cuerpo etérico tienen lugar en la línea 12, 1 y 2 durante los meses de enero, febrero y marzo.* Las Jerarquías de Capricornio, Acuario y Piscis ayudan al planeta a superar la acumulación de los efluvios etéricos (magnetismo animal malicioso) irradiando a la Tierra las cualidades de poder Divino, amor Divino y maestría Divina.

Aunque estas Jerarquías se encuentran en el cuadrante etérico o de fuego, también enseñan la maestría sobre la tierra, el aire y el agua respectivamente (al ocupar las posiciones de estos trígonos. Véase ilustración 19). Por tanto, dentro del «cuerpo de fuego» los demás elementos son puestos a prueba y equilibrados mientras el planeta, como un todo, afronta los efluvios que son el resultado del abuso por parte de la humanidad del elemento fuego.

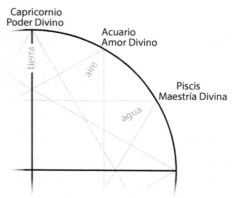

ILUSTRACIÓN 17: **Las pruebas en el cuerpo etérico**

En el equinoccio de primavera, que corresponde a la línea de las 3, tenemos el comienzo de las pruebas del cuerpo mental a través del elemento aire. Todos los efluvios humanos como resultado de la mala cualificación de este elemento a través del cuerpo mental se afrontan como planeta durante todo el ciclo de primavera.

---

*El cambio de una jerarquía a la siguiente se produce con el cambio del signo solar.

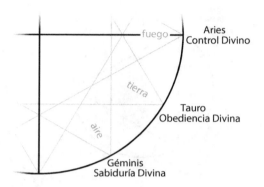

ILUSTRACIÓN 18: **Las pruebas del cuerpo mental**

Éste es el período del año para la victoria del cuerpo mental y para la victoria en el hombre de las cualidades divinas del control Divino, la obediencia Divina y la sabiduría Divina a través de su maestría sobre el fuego, la tierra y el agua. Estas cualidades están concentradas durante los meses de abril, mayo y junio por las Jerarquías de Aire, Tauro y Géminis, que ayudan a la humanidad a demostrar los principios de maestría sobre todo el magnetismo animal ignorante en el cinturón electrónico de la Tierra.

Con la llegada del solsticio de verano en la línea de las 6, el planeta afronta las pruebas del elemento agua y el cuerpo emocional. Estos efluvios se alojan en la línea 6, 7 y 8 del reloj y son mantenidos por el impulso acumulado de la humanidad de magnetismo animal simpático. Las Jerarquías de Cáncer, Leo y Virgo, manifestando el poder de la armonía Divina, la gratitud Divina y la justicia Divina a través de la maestría de los elementos de agua, fuego y tierra respectivamente, ayudan a la humanidad a pasar estas pruebas.

Con la llegada del equinoccio de otoño, el planeta afronta las pruebas del cuerpo físico y el elemento tierra. Los efluvios humanos alojados en la línea 9, 10 y 11 del reloj son mantenidos por el magnetismo animal delicioso (las indulgencias de los sentidos); esto se supera con la ayuda de las Jerarquías de Libra, Escorpión y Sagitario, que enseñan la maestría del aire, el agua y el fuego durante los meses de octubre, noviembre y diciembre.

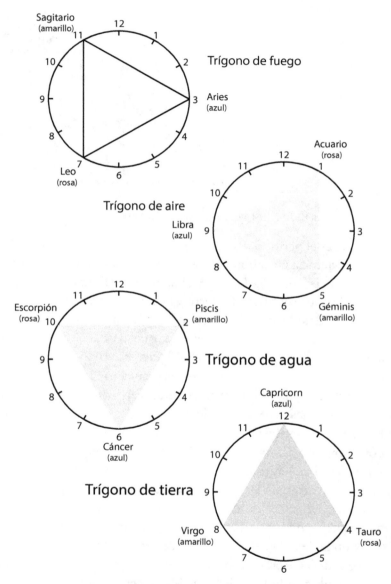

ILUSTRACIÓN 19: Los trígonos del reloj
Una comparación de estos diagramas con la Ilustración 12 muestra que
los vértices de cada trígono forman una llama trina. Por ejemplo, Aries es el
penacho azul del cuadrante mental, Leo el penacho rosa del cuadrante
emocional y Sagitario el penacho amarillo del cuadrante físico.

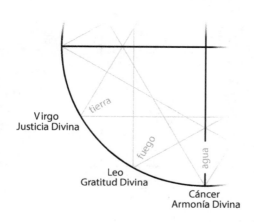

ILUSTRACIÓN 20: Las pruebas del cuerpo emocional

Como hemos explicado al principio de nuestro estudio de la gráfica del cinturón electrónico, los cuatro cuadrantes no solo están relacionados con los cuatro cuerpos inferiores, sino también con las pruebas de fuego, aire, agua y tierra. Estas pruebas, que corresponden a los cuerpos etérico, mental, emocional y físico, siguen el modelo de la llama trina dentro de cada uno de los cuatro vehículos inferiores.

Por ejemplo, la victoria de la manifestación del Cristo en el cuerpo etérico se produce a través de la acción equilibrada de los penachos azul, rosa y amarillo en la línea 12, 1 y 2. Cuando toda la creación humana se supera y se transmuta en esas líneas, la llama trina resplandece en acción equilibrada a través del cuerpo etérico como poder Divino (azul), amor Divino (rosa) y maestría Divina (amarillo). La victoria del Cristo en cada uno de los otros tres cuerpos inferiores se basa en la misma maestría triple de los penachos azul, rosa y amarillo. Uno debería familiarizarse con las tres fases de la maestría que ocurren en los cuerpos etérico, mental, emocional y físico estudiándolas en secuencia en las gráficas.

ILUSTRACIÓN 21: Las pruebas del cuerpo físico

Los trígonos

Ahora tratemos del Árbol de la Vida de una forma más amplia y veamos cómo las doce Jerarquías del Sol ponen a prueba la maestría del hombre sobre los cuatro elementos, no solo a través del cuerpo de cada uno de los elementos con que está relacionado, sino también a través de cada uno de los cuatro cuerpos inferiores.

Con referencia a la Ilustración 19, vemos que las pruebas de la maestría del aire están bajo las Jerarquías de Acuario, Géminis y Libra. De inmediato observamos que estas Jerarquías dividen el cinturón electrónico en tres partes iguales, formando una llama trina. Acuario utiliza el penacho rosa (este signo es el penacho rosa de la llama trina del cuadrante etérico) para enseñar la maestría del elemento aire a través del poder del amor divino en la línea de la 1. Géminis utiliza el penacho amarillo para enseñar la maestría del elemento aire a través del atributo de sabiduría Divina en la línea de las 5; y Libra establece la autoridad de la realidad Divina en el mundo del aspirante enseñándole la maestría del elemento aire a través del penacho azul en la línea de las 9.

El equilibrio perfecto de esta configuración de la llama trina es un requisito para un alineamiento adecuado de los cuatro cuerpos inferiores y el engranaje mutuo de esos cuerpos gracias al poder de la Santa Llama Crística. La maestría de las tres fases de cada uno de los elementos bajo las Jerarquías del Sol crea cuatro llamas trinas sobre el círculo. Cuando esto se logra, la llama trina (que es una esfera) adquiere el poder del cuadrado cósmico a través de su manifestación en los cuatro cuerpos inferiores, lo cual se conoce como «la cuadratura del círculo».

Siguiendo este modelo, vemos que la Jerarquía de Piscis utiliza el penacho amarillo para enseñar la maestría del elemento agua a través del poder de la maestría Divina en la línea de las 2. La Jerarquía de Cáncer enseña la maestría sobre este mismo elemento por medio de la autoridad de la armonía Divina y la provisión, utilizando el penacho azul en la línea de las 6, mientras que la Jerarquía de Escorpión utiliza el penacho rosa en la línea de las 10 para enseñar la maestría del elemento agua mediante el poder de la visión Divina.

Al estudiar la maestría del elemento fuego observamos que la Jerarquía de Aires enseña la maestría del fuego a través del penacho azul en la línea de las 3. Aquí la clave es el atributo del control Divino, mientras que la Jerarquía de Leo enseña esta misma maestría a través del penacho rosa en la línea de las 7 por medio del poder de la gratitud Divina. Finalmente, la Jerarquía de Sagitario utiliza el penacho amarillo para enseñar la maestría del elemento fuego en la línea de las 11 a través del atributo de la victoria Divina.

En la maestría del elemento tierra volvemos a ver la formación de otra triada. En la línea de las 4, la Jerarquía de Tauro enseña a través del penacho rosa la maestría del elemento tierra con la obediencia Divina como la marca del logro. La Jerarquía de Virgo enseña la maestría de elemento tierra en la línea de la 8 a través del penacho de la iluminación y el poder de la justicia Divina. Para completar este ciclo, la Jerarquía de Capricornio enseña la maestría del elemento tierra a través del rayo de poder en la línea de las 12. Aquí el poder Divino da al hombre la capacidad de lograr su maestría y señorear la tierra.

Los tres decanatos en cada línea

El período de influencia de cada Jerarquía se divide en tres partes iguales. Estos tercios se denominan «decanatos», representando cada uno de ellos diez grados del círculo. El poder del Cristo que florece en cada una de las hojas del Árbol de la Vida guarda relación con la acción de la llama trina *dentro* de cada signo de las Jerarquías Solares. La llama trina dentro de los signos muestra en efecto la relación mutua de las tres fases de cada elemento. Expliquémoslo:

Capricornio, Tauro y Virgo, como hemos dicho, enseñan la maestría del elemento tierra a través de la llama trina. Pero dentro del ciclo de treinta grados de cada uno de los signos está la expresión complementaria de los otros dos. El primer decanato de Capricornio (diez días aproximadamente) está bajo el rayo azul y la doble influencia de la propia Jerarquía de Capricornio, el segundo decanato está influenciado por la Jerarquía de Tauro (rosa) bajo Capricornio, el tercer decanato está gobernado por Virgo (amarillo) bajo Capricornio.

El primer decanato de Tauro, estando bajo la Jerarquía de Tauro, estaría gobernado por el penacho rosa; el segundo decanato lo estaría por Virgo (amarillo) bajo Tauro; y el tercer decanato lo estaría por Capricornio (azul) bajo Tauro.

El primer decanato de Virgo, a su vez, está bajo el penacho amarillo de la Jerarquía de Virgo; el segundo está influenciado por el azul de Capricornio bajo el amarillo de Virgo; el tercero está guiado por el rosa de Tauro bajo el amarillo de Virgo.

Por tanto, podemos calcular los decanatos de cada una de las Doce Jerarquías marcando el primero como el signo mismo, el segundo como el siguiente signo de ese elemento en el orden que aparece en el reloj, y el tercer decanato como la influencia del signo restante de la tríada.

Cada año las fechas de la influencia de estos signos varían ligeramente. Por tanto, uno debe consultar el calendario para determinar las fechas exactas de estas divisiones.

ILUSTRACIÓN 22: **Los decanatos de las doce líneas de reloj**

Línea del reloj	Cualidad Divina en el Árbol de la Vida	Cualidades de los decanatos que forman una llama trina en cada línea
12	Poder Divino	Fe Divina Inteligencia Divina Voluntad Divina
1	Amor Divino	Diplomacia Divina Consuelo Divino Gracia Divina
2	Maestría Divina	Disciplina Divina Pureza Divina Paciencia Divina
3	Control Divino	Perfección Divina Deseo Divino Dependencia Divina
4	Obediencia Divina	Unidad Divina Comprensión Divina Devoción Divina
5	Sabiduría Divina	Perdón Divino Tolerancia Divina (generosidad de corazón) Intuición Divina
6	Armonía Divina	Provisión Divina Ciencia Divina Plenitud Divina
7	Gratitud Divina	Honor Divino Percepción/Conciencia Divina Felicidad Divina
8	Justicia Divina	Misericordia Divina Equilibrio Divino Juicio Divino
9	Realidad Divina	Verdad Divina Dominio Divino Destino Divino
10	Visión Divina	Libertad Divina Protección Divina Determinación Divina
11	Victoria Divina	Iluminación Divina Paz Divina Hermandad Divina

La interiorización de las llamas de las Jerarquías

La manifestación de la llama trina en cada uno de los elementos muestra la relación dentro de la santa Trinidad entre Padre (azul), Hijo (amarillo) y Espíritu Santo (rosa) o, para expresarlo en términos hindúes, Brahma, el Creador (azul), Vishnú, el Preservador (amarillo) y Shiva, el Destructor (rosa). La interacción progresiva de estos aspectos de la Deidad a lo largo del año solar nos enseña las fases del sol y nuestro ser interior si permanecemos alerta con respecto a estos vientos de Dios que soplan con regularidad cíclica, desplegando la conciencia Crística como una llama cada hora, cada día y cada mes del año.

Estando en equilibrio en el centro de su diseño Divino en el fulcro del Cristo, el hombre ve que la oportunidad de su vida es una llama. Inclinándose ante la Jerarquía de Capricornio, toma la llama del poder Divino y la «guarda» aproximadamente durante su reino de treinta días. Al final del ciclo de Capricornio pone a un lado la llama igual que un caballero envaina la espada. Girando treinta grados y encarando a la Jerarquía de Acuario, recibe la llama del amor Divino, a la que adora y expande como un justo mayordomo que multiplica sus talentos y después se los devuelve a Dios.[21]

Pasando por cada una de las Doce Jerarquías Solares de este modo, la expansión del reino de Dios en la tierra se produce cuando el hombre toma cada oportunidad, cada flamígero aspecto del Sol, y se adueña de él.

Al entrar, el hombre se vuelve parte de la conciencia de la llama, deja una parte de sí mismo en la llama y recibe a cambio una parte de la llama. Los dos han sido unidos, ninguno volverá a ser igual. Este ritual de regeneración con las llamas de Dios y la cualidad de la Luz siempre nueva no tiene fin. Te encomendamos al glorioso descubrimiento de las doce mil virtudes que florecen a partir de la Luz de la trinidad en cada rama del Árbol de la Vida. La oración de Jesús para aquel que busque su vocación divina nos asegura su realización: «Padre, que sean uno [con la llama], así como nosotros somos uno».[22]

Al estudiar y comparar las dos gráficas, comprendamos que el modelo del Gran Sol Central y los doce soles menores que giran a su alrededor también está exteriorizado en el microcosmos del ser del hombre, en la Naturaleza y en nuestro sistema solar. El Hijo de Dios, el Christos Eterno, atraviesa los años como un gran cuerpo solar, encaminándose por las avenidas estelares y residiendo temporalmente en las casas del sol.

La estrella de la divinidad del hombre, la Presencia YO SOY, trabaja de cerca con cada una de las Jerarquías del Sol para ayudarlo a superar las pruebas que se despliegan cada mes del año y cada ciclo de doce años. El hijo de Dios que va a conquistar el mundo y tomar la cruz de su victoria venciendo comprende la oportunidad que ofrece cada una de las Jerarquías. Él no atribuye cualidades terrenales a esas Jerarquías como hacen otras formas de astrología, sino que comprende que la asociación de condiciones imperfectas con los signos del zodíaco se ha producido solamente debido a una confusión de los atributos divinos con sus perversiones humanas.

Esas perversiones son aquello que los grandes Jerarcas del Sol ayudan al hombre a eliminar. Cuanto más se acerque el hombre a su divinidad, mayor será su sintonización con todos los que lo han precedido y se han ganado el derecho a servir bajo los Jerarcas del Sol que gobiernan las energías emitidas a la Tierra y al hombre cada mes.

La oportunidad del signo zodiacal bajo el que hemos nacido

Cualquiera que sea el signo bajo el cual ha nacido una persona, ese es el signo a través del cual deberá conquistar en esa encarnación. Si ha nacido durante el período en que el planeta se encuentra bajo la influencia de la Jerarquía de Piscis, su tarea para esta encarnación será la de superar el karma individual y del mundo relativo a las creaciones de la línea de las 2, la duda, el temor, los cuestionamientos humanos y los registros de muerte. Nacido bajo el signo de Piscis, siempre deberá recordar que necesita la ayuda de esos Jerarcas, de lo contrario no estaría asignado a su escuela. Aquí recibe la responsabilidad de lograr la maestría sobre el elemento agua a través de la maestría de su cuerpo etérico y los ejes de los que forma parte su signo. Los atributos divinos de los ejes 2-8 y 5-11, engrandecidos por el poder de la llama de la iluminación, cobrarán prominencia en su vida y a través de ellos él hallará la llama y el equilibrio para afrontar las pruebas de las demás líneas.

El signo bajo el cual uno ha nacido debería tomarse como una oportunidad de conseguir la maestría sobre todas las condiciones exteriores que se oponen a los servicios universales de la Jerarquía al mando. Sin importar las pruebas que esté afrontando, el hijo de Dios siempre recuerda que debe considerar cada prueba bajo la perspectiva de la línea de su nacimiento, porque ahí es donde descubre los secretos de su destino y los misterios de su triunfo. Bajo la tutela de estos grandes Jerarcas, aprende a ver el universo y toda la creación a través de la lente de su conciencia.

A medida que cada encarnación sucesiva ofrece otra perspectiva y otra oportunidad, el hijo de Dios atrae gradualmente la perspectiva y el potencial de toda la esfera de la conciencia de Dios; y su ser más recóndito late con el gran diseño del Creador que nadie puede contener, pero que debe ser exteriorizado por todos.

Ciclos personales a través de las Jerarquías

Además de la iniciación personal principal de una encarnación bajo una de las Jerarquías, también están los ciclos personales a través de las Jerarquías cada año y cada mes.

La primera iniciación la tuviste en la hora en que naciste, la iniciación de la Jerarquía de Capricornio, del poder Divino (los ciclos siempre se inician en la línea de las 12). El impulso inicial de poder Divino fue tu primer aliento y llanto, y la iniciación que pasaste fue la de agarrar la llama de la vida, tomarla y afirmarla como tuya.

Durante el primer año de vida serviste bajo el Gran Director

Divino y todas las Jerarquías de Capricornio, probando el poder que se manifestaba al estirar los miembros, en el flujo de la energía del corazón, en el funcionamiento exacto del cuerpo físico.

Al cumplir un año llegó la primera iniciación anual la vida presente bajo la Jerarquía de Acuario, y en tu alma el amor Divino infundió un nuevo milagro. Tu identificación con el amor y con los seres queridos aumentó.

Al cumplir dos años llegaron las iniciaciones de Piscis en el elemento agua. Esta es una prueba en el cuerpo etérico relativa al flujo del agua: las emociones. Es la llama de la maestría Divina. En este año dominas muchas cosas.

Después, a los tres años llega la conciencia del Niño Cristo. El niño logra un enorme sentido de identidad, de «YO SOY EL QUE YO SOY», la conciencia del nombre, y «¡quiero hacerlo todo yo solo!». Este es el desarrollo del ego; es un Ego Divino naciente en el niño. El mayor error que pueden hacer los padres es hacer por el niño lo que él desea diligentemente hacer por sí mismo. Y cuando el niño llore porque tú has hecho algo en su lugar, apresúrate a deshacerlo y deja que lo haga él. Es muy importante que la llama de la individualidad se desarrolle en este tercer año bajo la Jerarquía de Aries, porque enfocará el equilibrio para toda una vida.

En el cuarto año llega la prueba de la Jerarquía de Tauro. Ahora precipitamos cada vez más hacia el físico, adquiriendo maestría sobre el físico. Ahora se da cierta testarudez, que es positiva y que ayuda a impulsar la llama de la individualidad. Es una voluntad de ser, de poseer una identidad aparte. Los niños están aprendiendo a dominar el elemento físico, el plano de tierra de Tauro. Todo el año está marcado por esta energía,

Tauro es un signo de amor. Por amor precipitamos determinación, y de hecho se trata de una determinación dentro del alma del niño de ajustarse a la ley del ser interior. El problema que surge es que no todos los niños poseen el sentido de la ley interior, y se les imponen leyes desde fuera que la sociedad, los padres y las escuelas consideran más importantes que la ley interior del niño. Así, el niño asimila, línea a línea, cualquier cosa con la que entre en contacto y compone la ley de su vida a niveles subconscientes y conscientes.

Al cumplir cinco años el niño se coloca bajo la Jerarquía de Géminis, que pone prueba la sabiduría de la Mente Crística; este signo es de aire. El desarrollo mental aumenta. El niño es precoz. El niño quiere aprender.

En la línea de las 6, al cumplir seis años, el niño aprende bajo la Jerarquía de Cáncer el flujo de las «energías en movimiento», el flujo de la armonía. Esta es una época en la que los padres deben procurar que el niño no tenga rabietas y haga estallar la energía para controlar a los demás. Durante los siguientes tres años el niño probará el cuerpo emocional y el flujo de la energía: ¿Hasta qué punto puede el niño salirse con la suya? ¿Qué puede hacer el niño con la energía?

A la edad de siete años, el niño vuelve a afrontar una acción de amor, esta vez bajo Leo y la maestría de la gratitud Divina: aprender modales, aprender buena educación, aprender a decir «gracias», desarrollar una conciencia de acción e interacción social.

En la línea de las 8, la Jerarquía de Virgo afianza en este signo de tierra la llama de la justicia Divina, la ecuanimidad del flujo de la energía en los cuatro cuerpos inferiores.

A la edad de nueve años, el niño vuelve a adquirir un incremento en su conciencia, conciencia de la vida como Espíritu Santo y la llama de la Realidad Divina. En esta época llega un mayor grado de independencia y los padres deben procurar que el niño aprenda lo que es real y lo que no lo es.

Los diez años marcan la visión Divina, donde se afrontan las energías de Escorpión, la prueba del diez, abnegación, una lección sobre el dar, una lección también en el elemento agua.

Al cumplir once años aparece la llama de la victoria Divina: el fuego de Sagitario afianzando en el cuadrante de tierra el signo de la victoria, el desarrollo del cuerpo físico.

Cada ciclo de doce años de vida marca el fin de un ciclo del Reloj Cósmico. Al cumplir doce años, el niño regresa al punto de origen habiendo establecido registros que deberá afrontar desde el primer punto del reloj. El niño afronta las iniciaciones de la pubertad en la línea de las 12 en un nuevo ciclo de poder Divino que crece en los cuatro cuerpos inferiores, y también afrontará todos los registros de las impresiones del primer año de su vida.

La edad de doce años también marca el año en el que desciende el primer incremento de karma de vidas pasadas. A menos que el niño sea un alma avanzada, un iniciado, o haya solicitado que el karma se le entregue antes, el plan de los Señores del Karma es que los niños, los padres y los maestros tengan permitidos doce años antes del descenso del karma para inculcar en la conciencia del niño el diseño original de la vida, la maestría de la mente, los estándares de la cultura, los de la religión; todas las cosas que los niños deberían aprender como legado de los miles de años de cultura en este planeta.

Desgraciadamente, los padres a veces ignoran esa cultura y esa enseñanza, y nuestras instituciones educativas no la encarnan. Por tanto, muchas veces vemos que en los primeros doce años de vida del niño, se hace más mal que bien. Sin embargo, esos doce años son la oportunidad suprema de transferir a los niños la antorcha de todos los valores que amamos, el conocimiento espiritual y un conocimiento del cosmos.

El segundo ciclo de doce años

Durante los primeros doce años de vida se establece el modelo de lo que el niño producirá. Lo ideal es que el niño haya desarrollado un fuerte sentido de la ley cósmica, lo que los padres llaman «lo que está bien y lo que está mal». Pero lo que está bien y lo que está mal, por supuesto, varía sobre la balanza de la relatividad a medida que las décadas van pasando; y así, preferimos hablar de ley cósmica como la vara de medir lo que está bien y lo que está mal.

Tras los primeros doce años, poseyendo ese conocimiento, el niño afronta las pruebas del karma y las de la pubertad. Si tiene una base sólida en la ley, estará preparado para afrontar esa energía que se avecina y que presentará una gran prueba en el siguiente ciclo de doce años, entre los doce y los veinticuatro años.

Al cumplir doce años, el niño recibe el ímpetu del poder Divino, una esfera de luz que desciende de su Cuerpo Causal. Se trata de una esfera azul de energía entregada al Ser Crístico, a la llama Crística, tal como las Jerarquías cósmicas entregan una esfera de Luz en el solsticio de invierno para el cambio del ciclo anual planetario.

Sin embargo, cuando la Presencia YO SOY entrega la esfera de fuego, de poder Divino, los Señores del Karma, a través del Ser Crístico, también entregan el paquete de karma que contiene los abusos del poder Divino de vidas pasadas. El niño puede escoger entre aumentar su impulso acumulado de poder con invocaciones a la llama azul y a los maestros que sirven en ese rayo, especialmente al Gran Director Divino, y transigir con esa condenación cuando circula de vuelta hacia él para ser transmutada. En vez de dejar que desparezca en la llama, el niño puede volverse extremadamente crítico con todo y con todos, incluyéndose a sí mismo.

Cuando se ignora lo que está aconteciendo, la gente puede pasarse un año entero asimilando el impulso acumulado de karma que regresa recreándolo. Durante todo un año se puede cualificar erróneamente la llama del poder Divino. Y cuando el ciclo cambia y esa llama y esa antorcha, que debería haber sido portada, ha de ser intercambiada por la llama del amor Divino en la línea de Acuario, la llama que no ha sido portada no puede ser intercambiada por otra. Vemos que la iniciación es acumulativa. Lo que ganamos en una línea ha de ser llevado a la siguiente y esto se convierte en la base para la maestría en esa línea.

Por tanto, al cumplir trece años, el niño que ha utilizado correctamente la llama del poder Divino la pone sobre el altar, y el impulso acumulado del poder Divino le da la maestría para reclamar el amor de Acuario y afianzar ese amor como pureza, como divinidad.

La edad de trece es para la prueba del amor de muchas formas. Es una época en la que hay que reunir amor en el corazón, en la que los padres inteligentes enseñarán al niño cómo elevar las energías que circulan por el cuerpo, cómo emitir esa energía en el corazón, cómo expandir el chakra del corazón, empezar a entender la vida como un sendero de servicio y a dar continuamente amor para utilizar esas nuevas energías que causan nuevos sentimientos dentro de su forma. Estas energías se pueden usar para el servicio a la vida, y en este año el niño puede adquirir un gran sentimiento de maestría de ese flujo.

No obstante, con la emisión de esa llama del amor, el karma de odio y una ligera antipatía, que son los abusos del amor, también surgen para su transmutación. Vemos que a la gente joven de esa edad le gusta juntarse en grupos, camarillas y clubs, y se produce la estratificación de los niveles sociales. Algunos son excluidos y otros incluidos, se van acumulando simpatías y antipatías. Todo eso puede disolverse con la alquimia del amor divino cuando padres y maestros están ahí para enseñarle al niño cómo usar esas energías.

Al cumplir catorce años, en la línea de las 2, vemos que se necesita adquirir maestría, especialmente sobre los incrementos kármicos que llegan a esa edad. Con ese incremento de maestría Divina y al caminar con Jesús, el Maestro de esta línea, llega un incremento kármico como un impulso acumulado de duda y temor, incluyendo todos los registros pasados de la experiencia y la iniciación de la muerte. A los catorce años hay un gran tormento que el adolescente afronta cuando tiene que vérselas con los registros pasados de muerte. En ese año vemos que gente joven, incluso, de todo el mundo, considera el suicidio y las formas de violencia que surgen de esos registros de muerte. Al llegar a los quince años, en la línea de las 3, el niño entra en su filiación, su percepción de sí mismo como el Cristo, llegando realmente a ser consciente de que «YO SOY un hijo de Dios». No lo afirma simplemente, sino que se da cuenta de lo que significa ser un hijo de Dios. El Ser Crístico entrega un incremento, un impulso acumulado del Gran Sol Central y la llama Crística resplandece a través del niño.

Cuando los niños de quince años afrontan esa conciencia y ese potencial del Cristo, también enfrentan un incremento de karma que es el ego o la mente carnal. Es una edad en que la gente joven se hace consciente de sí misma como una personalidad y con frecuencia saca la personalidad o el ego a la superficie descuidando al alma y el desarrollo de la llama Crística.

A los dieciséis años se da una oportunidad suprema de construir, de afianzar los talentos del niño en el plano de la tierra, en el signo de tierra Tauro. Ese año también se encuentra en el cuadrante mental. Es el año en que la aplicación a los estudios es muy importante; aquí está la preparación y se toman las decisiones con respecto a la labor sagrada. Y la aplicación de la llama del amor en los estudios producirá la recompensa de la base necesaria para la vida.

Desgraciadamente, a esta edad se dan muchas distracciones. Además del incremento de la llama del amor y la obediencia Divina, que se entrega el día del cumpleaños, también hay un paquete de karma: el registro de todo lo que los Señores del Karma exigen que el joven de dieciséis años transmute con respecto a la rebelión, la desobediencia, la terquedad y el desafío a la ley, la ley interior del ser. Los dieciséis años (e incluso antes) es la edad en que se da la experimentación con los abusos del cuerpo de todo tipo, incluyendo el consumo de drogas. Desgraciadamente, en el mundo moderno, los jóvenes de esa edad, liderados por sus compañeros, no tienen la guía necesaria para pasar las pruebas de esa línea y habitualmente incurren en más karma del que saldan.

Al cumplir diecisiete años, en la línea de las 5, llega una intensificación de sabiduría Divina desde la Jerarquía de Géminis. Los diecisiete años es una edad en que se puede adquirir una gran cantidad de conocimiento del Cuerpo Causal. El incremento kármico que surge para ser transmutado en ese año es el incremento de la envidia, los celos y la ignorancia de la ley. Cuando el individuo está orientado hacia la personalidad desde los quince años, se dan envidias, celos y la disputa de relaciones. A veces esa energía intensísima consume todo el tiempo de la persona en relaciones con el sexo opuesto. Si esta energía puede transmutarse y ponerse bajo la perspectiva adecuada la mente del joven de diecisiete años, libre de esas preocupaciones de la personalidad, tendrá una sorprendente capacidad de contribuir con ideas, de estudiar y lograr cosas, especialmente en lo que se refiere a la labor sagrada.

A los dieciocho años, en la línea de las 6, llegan las pruebas en la llama de la armonía Divina y la Madre Divina. Los dieciocho años marcan el comienzo de un ciclo de tres años en que el cuerpo de los sentimientos cobra su mayor importancia y se dan las pruebas a través de la sustancia kármica que ha de consumirse si queremos obtener la maestría bajo las Jerarquías de Cáncer, Leo y Virgo.

El karma que emerge bajo Cáncer es la indecisión, la autocompasión y la autojustificación. Por ejemplo, sentir lástima por uno mismo por no ser aceptado en la universidad, por no avanzar hacia una oportunidad más grande como hacen otros, sentir lástima por uno mismo por los fracasos propios. Se da esa ociosidad de la energía, la incapacidad de tomar una decisión. ¿Qué voy a hacer con mi vida? ¿He terminado los estudios? ¿A dónde iré ahora?

La maestría de este flujo es necesaria para seguir adelante hacia estudios superiores o instituciones educativas avanzadas que los Maestros han querido que sean el punto focal para la entrega de la cultura de la Madre Divina. Los años de la escuela secundaria deben servir para la emisión de las energías del Ser Crístico, la mente Crística. Al empezar la universidad, la escuela vocacional, la escuela superior de negocios o alguna formación después de la secundaria, el joven entra en una época en la que puede adquirir de la mano de la Madre el conocimiento de su labor sagrada y terminar su formación en los cuatro años que culminan en la línea del Espíritu Santo, la de las 9.

Cuando llegamos a la línea del Espíritu Santo después de esa formación, llega el momento de ir al mundo de la forma para dejar nuestra marca, conseguir un empleo con el que poder precipitar con nuestras manos aquello que debamos manifestar en esta vida. Los veintiuno, veintidós y veintitrés años son períodos en que podemos recibir una formación avanzada, dominando más fases del trabajo de posgrado en los incrementos del Espíritu

Santo, o podemos, habiendo terminado nuestra formación, ir a asumir nuestro lugar en la comunidad mundial.

También hay que tener cuidado con los abusos en aquellas líneas durante esos años. A los diecinueve, bajo la Jerarquía de Leo, está la ingratitud y la perturbación del cuerpo emocional y cierta ansiedad y tensión nerviosa. A los veinte está la maestría de Virgo: el sentimiento de injusticia humana, la indignación por ciertas experiencias o personas con las que uno interactúa sobre las que uno cree que han sido injustas. Es una época para involucrarse en causas sociales. También es una época en la que hay que tener cuidado para no desperdiciar ese incremento de Luz de justicia Divina al quedar completamente absortos por un sentimiento de injusticia que nos haga volver a crear y a amplificar las injusticias en nuestra vida personal y a nivel planetario.

A los veintiuno, las pruebas de Libra, la realidad Divina, vuelven a aparecer. En esta línea encontramos la perversión de Libra como irrealidad: es la falsedad, el engaño, la intriga y la traición que el ego utiliza para justificar su posición.

Los veintidós, el año de Escorpión, es el año de las pruebas del fuego sagrado, las pruebas relacionadas con el uso de la energía sexual. Estas pruebas llegan a lo largo de toda la adolescencia, pero las de este año llegan como la entrega del karma de los muchos abusos del fuego sagrado del pasado. Este año también es cuando la gente a menudo forma una familia. Es un año para la maestría del flujo del fuego sagrado y la utilización de esa energía para traer hijos al mundo. Es el año de la visión, de ver el plan de la vida, de tallar esa visión, de seleccionar quién será el compañero de nuestra vida.

El impulso acumulado de egoísmo del pasado es muy fuerte en este año. Debemos procurar no basar nuestra vida, nuestros planes o nuestro matrimonio en el egoísmo o el amor posesivo. Las sociedades basadas en un karma residual no transmutado no durarán. Debemos invocar el fuego sagrado de la Jerarquía de Escorpión y el Elohim Ciclopea para ver con claridad y para la transmutación de esos abusos de la energía, de modo que podamos tomar nuestras decisiones con base en esa capacidad de ver con claridad.

Finalmente, al terminar el segundo ciclo de doce años, llegando a los veintitrés años, tenemos la Jerarquía de Sagitario, que nos da un ímpetu para la victoria de la vida. A esa victoria se opone todo el dragón de la mente carnal, nuestra propia creación humana simbolizada con la forma del dragón en el Libro del Apocalipsis. Esa energía llega con un impulso acumulado de resentimiento, venganza y represalias. Cuando jugamos a los once años, ese año es el de las hostilidades y las crueldades que se suelen dar en los niños. Eso mismo vuelve a los veintitrés, y no debemos permitir que el resentimiento, ni siquiera una forma sutil de enojo silencioso, nos quite la corona de la victoria, que es una entrega de la iluminación dorada y victoriosa.

El tercer ciclo de doce años

Volviendo a la línea de las doce, ahora llegamos a los veinticuatro años. El siguiente ciclo de doce años es para la maestría de la Luz Crística y la Luz Búdica. En esos doce años tenemos la oportunidad de ser el Cristo y el Buda. A los treinta y tres años Jesús manifestó la victoria de la conciencia Crística y se ganó la ascensión. A los treinta y seis años Siddhartha logró la iluminación. Nosotros tenemos la oportunidad de hacer lo mismo.

Ahora bien, si todo sale perfecto y lo único que manifestamos durante nuestra vida son las cualidades Divinas de las doce jerarquías, por supuesto que ascenderemos. Esa es la espiral de la ascensión que uno teje con la llama trina en cada uno de los cuatro cuadrantes. La llama trina se convierte en el fuego del centro de la base de la pirámide que comienza a girar como una espiral cuando uno está cerca de la ascensión. Esa llama trina envuelve nuestra forma, nuestros cuatro cuerpos inferiores, y uno regresa al corazón del Dios Padre-Madre.

Jesús encarnó con el 93 por ciento de su karma saldado. Al pasar por los ciclos de su reloj desde el nacimiento hasta los doce años, sólo recibió de su Cuerpo Causal incrementos de las doce llamas de Dios, del poder Divino, el amor Divino, el control Divino, la obediencia Divina, la sabiduría Divina, la armonía Divina, la gratitud Divina, la justicia Divina, la realidad Divina, la visión Divina y la victoria Divina. Como Avatar de la era, sin embargo, tuvo la exigencia de saldar karma planetario incluso aumentando la esfera de la conciencia Crística durante esos doce años.

A los doce años tuvo la oportunidad de saldar karma tanto personal como planetario y comenzar las iniciaciones para la Cristeidad. La aceptación de su responsabilidad aun cuando estaba en conflicto con sus obligaciones familiares queda clara en la frase que dijo a sus padres cuando lo encontraron conversando con los doctores del templo: «¿No sabíais que en los negocios de mi Padre me es necesario estar?».[23]

Durante los siguientes dieciocho años, un ciclo y medio alrededor del reloj, Jesús se preparó para su misión de tres años, tanto dentro como fuera de los retiros de la Gran Hermandad Blanca de Extremo Oriente y Oriente Próximo. Cada línea era una iniciación principal bajo el Señor Maitreya, que era su gurú y que lo puso en contacto con el Cristo Cósmico. Con cada incremento se fortificaba con la llamas Divinas de las Jerarquías Solares para el ministerio de tres años que culminó con su crucifixión, su resurrección y la demostración de la ascensión.

Si encarnamos con karma, pero cualificamos la energía de Dios y la energía de nuestro karma que nos regresa con las llamas de Dios, tendremos la oportunidad de consumir ese karma mediante la invocación del fuego sagrado y con el impulso acumulado de Luz de nuestro Cuerpo Causal, y de manifestar un logro considerable en la conciencia Crística cuando cumplamos treinta y tres años. Ese es el año en el que entramos en nuestra misión divina, nos ponemos en marcha con nuestro ministerio para entregar las Enseñanzas de los Maestros Ascendidos al mundo, para servir a las almas involucradas en el karma de nuestro mandala de la vida.

La siguiente misión de tres años culmina con el cumplimiento del poder del «tres por doce». Tres veces actuando en los ciclos del Reloj Cósmico nos lleva a la edad de treinta y seis años y la iniciación Búdica.

Los ciclos de los meses

Además de este ciclo anual, el reloj también se va desarrollando mes a mes. Tu año empieza el día de tu nacimiento. Aunque el día de Año Nuevo sea el principio del año para el planeta, para ti, que eres tu propio microcosmos, el año empieza el día de tu cumpleaños. La línea de la 1 es el mismo día del mes siguiente. Después, simplemente sigue avanzando por el reloj de esta forma con respecto a las demás líneas.

ILUSTRACIÓN 23: Gráfica de los meses
Este ejemplo muestra la gráfica de alguien nacido el 5 de junio.

Por ejemplo, si el día de tu cumpleaños es el 5 de junio, ese día caerá en la línea de las doce; el 5 de julio lo hará en la línea de la 1; el 5 de agosto, en la de las 2 y así sucesivamente (véase Ilustración 23). Así sabrás cada mes cómo están tus iniciaciones personales bajo las Doce Jerarquías del Sol. El día de tu cumpleaños es cuando se inician tus iniciaciones bajo la Jerarquía de Capricornio, línea de las 12. El mismo día, tres meses después (5 de septiembre), en la línea de las 3, serás iniciado bajo la Jerarquía de Aries, y en lo que corresponde al mes, recibirás las iniciaciones del control Divino. Exactamente, seis meses después del día en que cumples años, el mismo día (5 de diciembre), recibirás las pruebas de la Jerarquía de Cáncer, las pruebas de la llama de la Madre, las pruebas de tu armonía; recibirás las pruebas del flujo del agua en las emociones. Nueve meses después del día en que cumples años (5 de marzo), en la línea de las 9, recibirás la prueba de la jerarquía de Libra.

Por tanto, en lo correspondiente a tu ciclo anual, estás en el línea de la Jerarquía de ese año según tu edad; y dentro de ese año, caminarás por las Doce Jerarquías mes a mes. Por ejemplo, si tienes veintiséis años, estarás en la línea de las 2 de Piscis en lo que se refiere al año, pero el día de tu cumpleaños, el primer mes de ese año, lo iniciarás bajo la Jerarquía de Capricornio (recuerda, todos los ciclos comienzan en Capricornio). Es como si hubiera dos esferas sobre un dial que mide la electricidad, una esfera es para el ciclo anual y el otro para el ciclo mensual.

Cuando estás en el mes que corresponde a Capricornio, puedes esperar que descienda de tu Cuerpo Causal el logro que tienes de poder Divino. En esa gran esfera de Luz, el Sol detrás del sol, tienes poder Divino. Es un impulso acumulado que almacenaste en iniciaciones anteriores bajo esa Jerarquía. También tienes impulsos acumulados de amor Divino, maestría Divina, control Divino y demás cualidades divinas. Cuando llega el mes correspondiente, es como abrir la puerta del Cuerpo Causal, la Luz de tu buen karma desciende. Al mismo tiempo, el karma negativo de la misma línea sube desde el cinturón electrónico. Por tanto, cada mes de tu vida podrás saber por adelantado exactamente qué clase de energía de tu karma personal surgirá para ser transmutada.

La concepción de un hijo

Un período clave durante el cual hay que ser conscientes de estos ciclos es cuando se concibe un hijo y cuando este nace. Consideremos ahora la gráfica de una corriente de vida desde el momento de su concepción.

La concepción del niño, o el nacimiento del ego, ocurre en

la línea de las 3, después de que el alma ha sido examinada por los Señores del Karma y asignada a otra ronda en el mundo de la forma. Puesto que el cuerpo etérico es el mismo de una encarnación a otra, está intacto en el momento de la concepción. Así, comenzamos nuestra gráfica en la línea de las 3 en vez de las 12. Debido a que el cuerpo mental, emocional y físico se encuentran en estado de formación durante el período de confinamiento en el vientre, el nacimiento del niño ocurre en la línea de las 12 después de nueve meses de gestación.

Los padres tienen la solemne responsabilidad de cooperar con los Señores Solares en el afianzamiento del modelo divino en los cuatro cuerpos inferiores del niño. Las siguientes claves servirán de ayuda para ello:

1) Durante los primeros tres meses de gestación, el cuerpo mental se está formando (observa la preponderancia de la cabeza del feto). El vehículo para el equilibrio de la Mente Crística se desarrolla a través del penacho azul, rosa y amarillo y las cualidades del control Divino, la obediencia Divina y la sabiduría Divina con la ayuda de las Jerarquías asignadas a las líneas 3, 4 y 5. Esta fase, la primera del desarrollo prenatal, se encuentra bajo los Señores de la Iluminación (los Seres libres en Dios que sirven al Cristo a través de la llama de la sabiduría).

2) Durante el segundo período de tres meses, el acento está en el desarrollo del cuerpo emocional. El equilibrio de la llama del corazón se logra a través del penacho azul, rosa y amarillo tal como aparecen en la líneas 6, 7 y 8 como las cualidades de la armonía Divina, la gratitud Divina y la justicia Divina. Durante este ciclo el alma empieza a identificarse con la forma y el aura de la madre y la del niño son como un orbe luminoso. Esta segunda fase de desarrollo prenatal está bajo los Señores de la Adoración (los Seres libres en Dios que sirven al Cristo a través de la llama del amor).

3) Durante el tercer período de tres meses, la forma física cobra una mayor importancia. El equilibrio de las

polaridades masculina y femenina de la Divinidad se afianzan dentro del delicado cuerpo, mientras el niño Cristo se prepara para salir del estado de involución para iniciar su evolución en el mundo de la forma. Los penachos azul, rosa y amarillo envuelven su conciencia y su templo corporal con el poder de la realidad Divina, la visión Divina y la victoria Divina. Esta última fase del desarrollo prenatal está bajo los Señores de la Acción (los Seres libres en Dios que sirven al Cristo a través de la llama del poder).

4) Durante los tres meses antes de la concepción (o cuando-quiera que los padres esperen concebir al niño) y los tres meses después de nacer, debe ponerse especial atención en la restauración de la imagen edénica dentro del cuerpo etérico del niño, que está diseñada para reflejar la perfec-ción de Dios.

Las cualidades de poder Divino, amor Divino y maestría Di-vina, manifestándose como el penacho azul, rosa y amarillo en las líneas 12, 1 y 2, concentran el resplandor puro del Cristo que resucita el diseño original de la vida para el niño. Los períodos de tres meses antes de la concepción y después del nacimiento se encuentran bajo las Jerarquías de la Purificación, los Seres libres en Dios que sirven al Cristo a través de la llama de la pureza, la libertad y la Verdad.

Durante los primeros tres meses de la vida del niño es cuando está más vivo el recuerdo de vidas pasadas, porque el niño está pasando por sus pruebas etéricas. Durante estos tres meses el niño debe orientarse hacia su nuevo entorno. Al final del tercer mes, después de haber pasado por los recuerdos del pasado, el niño empieza a identificarse con la línea del año de su nacimiento o el día en que nació. En ese momento comienza su desarrollo mental, y su recuerdo del pasado comienza a apagarse.

Puesto que los bebés no hablan, no pueden contarnos sus recuerdos del pasado, pero nosotros hemos observado personal-mente a niños que, durante los tres primeros meses de su desa-rrollo posnatal, han buscado y han estado muy involucrados con personas a las que han conocido en el pasado. En ese período los recuerdos del pasado están muy vivos. Algunos niños recuerdan su experiencia en las octavas superiores y las escuelas de Luz. Otros, habiendo reencarnado con mucha rapidez, pudieran ser más conscientes de la vida inmediatamente anterior que de las octavas superiores.

Es importante que los padres pongan especial atención en la purificación del cuerpo etérico durante el período formativo del niño, por los siguientes motivos: 1. el cuerpo etérico contiene los registros de todas las encarnaciones pasadas que tendrán que ser resueltas kármicamente a través del cuerpo mental, emocional y físico; 2. la cantidad de Luz que puede manifestarse en estos tres cuerpos inferiores puede estar limitada por la acumulación de efluvios humanos en el cuerpo etérico. Una mejor purificación se consigue haciendo uso de los decretos a la llama blanca de la pureza, a la llama violeta de la transmutación (incluyendo el morado) y a la llama verde de la curación.

A lo largo del embarazo, los padres también pueden hacer decretos de los rayos azul, rosa y amarillo, añadiendo los siguientes insertos al preámbulo: 1. después de dirigirte a la Presencia Divina, añade «poderosa Presencia YO SOY y Santo Ser Crístico del niño que va a nacer»; 2. al final del preámbulo, añade «decreto por el niño que va a nacer, todos los niños que van a nacer, sus padres y maestros». Durante el decreto, los padres pueden sustituir los pronombres «él» y «suyo» o «ellos» por «nosotros» y «nuestro» de modo que el decreto pueda aplicarse a su hijo cuando se realice un servicio más concentrado para su evolución en particular o de forma colectiva a todos los niños que van a nacer.

Teniendo en cuenta que durante cada uno de los tres ciclos de los nueve meses de gestación el niño que va a nacer tendrá que afrontar fases de su propia energía mal cualificada en las líneas del reloj, los padres pueden ayudarle mucho invocando por él el fuego violeta con generosidad. Por ejemplo, durante el primer mes (línea de las 3) pueden hacer la siguiente invocación al final del preámbulo de cada decreto de llama violeta:

Decreto por la transmutación de todos los impulsos acumulados pasados de vanidad, engaño y ego manifestados como arrogancia mental, junto con la causa, el efecto, el registro y la memoria de toda la sustancia mal cualificada alojada en la línea de las 3 del niño. ¡En el nombre del Cristo, reclamo que esa energía se repolarice para la victoria de la Luz y la manifestación de su control Divino!

Una invocación similar se puede hacer cada mes con los insertos adecuados tomados del decreto «Protección alrededor el reloj» (véase página 153).

Los padres que comprendan su papel como representantes de Alfa y Omega, el Dios Padre-Madre, considerarán el período de nueve meses en que los vehículos inferiores del alma están siendo preparados para la misión de toda una vida como el momento cósmico que preparará el camino para que el niño asuma el dominio Divino sobre la tierra, incluyendo su karma personal. Las Doce Jerarquías del Sol están esperando dar a cada alma la oportunidad de lograr la maestría sobre cada aspecto de la creación humana. Por tanto, cada día los padres pueden ayudar a este proceso invocando por el niño la transmutación de las doce categorías de creación humana haciendo el decreto de «Protección alrededor del reloj».

La maestría sobre tus ciclos

Al seguir los ciclos de la maestría sobre uno mismo mientras se desarrollan cada año y cada mes bajo las Jerarquías Solares, los discípulos pueden prepararse para cada sacrificio de creación humana que pueden necesitar para su victoria. Al estudiar las gráficas, pueden ser conscientes de las categorías de efluvios humanos que están «listas» para la transmutación, tanto en sí mismos como a escala planetaria. Esto significa que esa sección del cinturón electrónico o subconsciente está abierta como una puerta. Los modelos fluirán por la mente, quizá no la experiencia total, sino la punta del iceberg de la experiencia.

Por ejemplo, quizá hayas condenado a alguien en otra vida.

De repente, en el primer mes tu ciclo anual, conoces a una persona que empieza a condenarte. Tú podrás pensar: «¿Qué he hecho? ¿Por qué me condena esta persona? No he hecho nada malo. No le he hecho nada a esta persona. ¡Esto es injusto!».

Podrías conectar la situación con Virgo, el signo de tierra, y sentir como una injusticia esta horrible condenación que te está sobreviniendo, y después conectar las cosas con Tauro, otro signo de tierra, y volverte muy rebelde contra esta persona. «¡No toleraré esta injusticia!», dices tú; y te rebelas contra la condenación. Al hacerlo te estás involucrando en cualidades humanas y reaccionando contra una oportunidad de equilibrar la vida.

El karma es exacto y exigente. Cuando hay gente condenándote, esto es una perversión de la luz de Capricornio y el poder Divino. Hay que despersonalizarlo de inmediato. No importa si fuiste tú o fueron ellos. Tú debes despersonalizar la energía y echarla a la llama. Sepárala de la persona. Bendice a la persona que ha sido portadora del mensaje de tu propio karma. Ve a casa, toma el libro de decretos e invoca la llama violeta.

Puedes decir lo siguiente: «En el nombre de Jesús el Cristo, llamo a mi Presencia YO SOY, al Dios Todopoderoso, para que emita la Luz de la llama violeta y las energías puras de Saint Germain para transmutar esta condenación en poder Divino. Pido que esa energía sea liberada en el nombre del Padre, la Madre, el Hijo y el Espíritu Santo». Después haz quince minutos o media hora de decretos de llama violeta, dirigiendo de manera consciente la llama hacia esta persona, invocando la ley del perdón para ella e invocándola para ti.

De verdad no importa quién empezó la acción de este karma. Lo importante es detenerlo. Debes detenerlo, cortarlo enseguida. A esto lo llamamos detener la espiral.

El karma se mueve en espirales. No debes permitir que la energía continúe circulando a través de tu conciencia. Debes ponerle fin. Tanto si la energía es tuya como si es de otra persona, no debes vivir en ese entorno. No debes vivir en esa conciencia. Sólo existe un modo de librarse de ella de forma permanente que es echarla a la llama del Espíritu Santo. Échala al fuego sagrado.

Haz pasar la llama violeta por ella. Desapégate.

Este es el valor que tiene el desapego. Nos apegamos mucho al hecho de que alguien nos está condenando. La clave está en separar a la persona de la condenación. Haz pasar la llama por la condenación, libera al individuo que ha sido víctima de esta vibración y, he aquí, podrás descubrir a una persona nueva, un ser Crístico ante ti. Quizá, al separar la perversión de la cualidad Divina, hagas una nueva amistad con un viejo enemigo.

Al hacer esto en cada línea del reloj, podemos mirar al frente, esperando con alegría cada oportunidad para el avance del alma que pueda conseguirse mediante el ritual del adorno, la dulce entrega del yo a Dios como un amante al Amado, dándolo todo y recibiéndolo Todo a cambio.

Protección alrededor del reloj

Dos de los requisitos para la ascensión —el alineamiento de los cuatro cuerpos inferiores y la expansión equilibrada de la llama trina— pueden ser grandemente favorecidos por el uso de los modelos de los decretos sobre el cinturón electrónico. El decreto «Protección alrededor del reloj» ofrece un modelo sistemático para ese fin.

El decreto se puede hacer de cuatro formas, a saber. 1. después del preámbulo, háganse las secciones A, B y C seguidas, terminando con el cierre; 2. hágase el decreto doce veces, con un inserto cada vez de las secciones A, B y C, comenzando con el número 12; 3. háganse los trígonos de las líneas 12, 4, 8; 1, 5, 9; 2, 6, 10; 3, 7, 11, en las secciones A, B y C; 4. háganse las cruces de las líneas 12, 3, 6, 9; 1, 4, 7, 1; 2, 5, 8, 11, en las secciones A, B y C.

Al hacer estos modelos de decretos, la visualización de la llama trina equilibrada debe mantenerse en la conciencia como la matriz de la maestría sobre los elementos y sobre su perversión en los cuatro cuerpos inferiores. Esto sólo se puede lograr con el poder del Cristo.

Protección alrededor del reloj

En el nombre de la amada y victoriosa Presencia de Dios YO SOY en mí, Santo Ser Crístico de toda la humanidad, todos los grandes poderes y legiones de Luz:

En el nombre de mi poderosa Presencia YO SOY, amorosamente entrego toda la sustancia de todas las líneas de mi reloj y exijo y ordeno, en el hombre del Cristo, que cualquier ciclo de cualquier célula y átomo dentro de mi forma que no esté exteriorizando los ciclos perfectos de la conciencia Crística, sea detenido por la autoridad de mi Presencia Divina. Esto que invoco por mí, lo invoco por toda la humanidad y el cuerpo planetario. Y pido la victoria de la Luz del sol en _____ y la luna en_____.

A (12) amado Gran Director Divino y los Siete Arcángeles;
   (1) amado Saint Germain y las huestes angélicas de Luz;
   (2) amado Jesús y las grandes huestes de Maestros Ascendidos;
   (3) amado Helios y el Imán del Gran Sol Central;
   (4) amado Dios Obediencia y los siete poderosos Elohim;
   (5) amado El Morya y las legiones de Mercurio;
   (6) amado Serapis Bey y los grandes Serafines y Querubines;
   (7) amada Diosa de la Libertad y los Señores del Karma;
   (8) amado Señor Lanto y los Señores de la Sabiduría;
   (9) amado Poderoso Víctory y los Señores de la Individualidad;
  (10) amado Poderoso Ciclopea y los Señores de la Forma;
  (11) Amado Señor Maitreya y los Señores de la Mente;

Amado Lanello, todo el Espíritu de la Gran Hermandad Blanca y la Madre del Mundo, vida elemental: ¡fuego, aire, agua y tierra!, yo decreto:

¡Sujetad, atad y encerrad! ¡Sujetad, atad y encerrad! ¡Sujetad, atad y encerrad!

154

B (12) repetición de toda crítica, condenación y juicio, calcificación etérica, magia negra y toda sustancia lunar*;

(1) repetición de todo odio y ligera antipatía, dureza de corazón, superstición, perversiones etéricas, parálisis, brujería
y toda sustancia lunar;

(2) repetición de toda duda, temor, cuestionamientos humanos y registros de muerte, ilusión etérica, hipnosis y toda
sustancia lunar;

(3) todos los modelos mentales de vanidad, engaño, ego y
arrogancia mental, y toda sustancia lunar;

(4) todos los modelos mentales de desobediencia, terquedad,
desafío a la Ley, rebelión mental y toda sustancia mental;

(5) todos los modelos mentales de envidia, celos, ignorancia
de la Ley, ceguera espiritual, densidad mental y demora,
y toda sustancia lunar;

(6) todos los sentimientos de autocompasión, autojustificación e indecisión, inestabilidad emocional, todos los
abusos del fuego sagrado y las perversiones de la llama de
la Madre, y toda sustancia lunar;

(7) todos los sentimientos de ingratitud e irreflexión, ceguera
espiritual, densidad emocional y demora, y toda sustancia
lunar;

(8) todos los sentimientos de frustración, ansiedad e injusticia, tiranía emocional y toda sustancia lunar;

(9) todas las vibraciones de deshonestidad, intriga, traición,
autopreservación física e idolatría, y toda sustancia lunar;

(10) todas las vibraciones de egoísmo, narcisismo, obsesión
física con uno mismo e idolatría, y toda sustancia lunar;

(11) todas las vibraciones de resentimiento y venganza, represalias físicas contra uno mismo e idolatría, y toda
sustancia lunar;

---

*La luna gobierna el cuerpo astral o de agua. En la perfección de la astrología
cósmica, los satélites de los planetas deben ser reflectores de los sentimientos puros de las oleadas de vida del planeta. Tan pronto como la humanidad
comience a cualificar mal sus sentimientos, la luna empezará a amplificar esta
energía. Por tanto, la luna ya no refleja la Luz pura del sol. En cambio, la luz
de la luna es el reflejo de los abusos de la energía solar por parte del hombre.
«Sustancia lunar» es un término utilizado para describir la energía que ha sido
cualificada erróneamente bajo la influencia de la luna.

hasta mi primera encarnación en la Materia, y todo lo que no sea de la Luz, en el círculo cósmico y espada de llama azul de mil soles de la Poderosa Astrea, y colocad vuestros círculos cósmicos y espadas de llama azul de miles de soles desde el Gran Sol Central y haced destellar megatones de Luz cósmica, rayos de relámpago azul y fuego violeta en, a través y alrededor de todo lo que se oponga o intente interferir con el cumplimiento de

C (12) mi poder Divino y mi plan divino realizado en todos los ciclos;
  (1) mi amor Divino y mi plan divino realizado en todos los ciclos;
  (2) mi maestría Divina y mi plan divino realizado en todos los ciclos;
  (3) mi control Divino y mi plan divino realizado en todos los ciclos;
  (4) mi obediencia Divina y mi plan divino realizado en todos los ciclos;
  (5) mi sabiduría Divina y mi plan divino realizado en todos los ciclos;
  (6) mi armonía y Provisión Divinas y mi plan divino realizado en todos los ciclos;
  (7) mi gratitud Divina y mi plan divino realizado en todos los ciclos;
  (8) mi justicia Divina y mi plan divino realizado en todos los ciclos;
  (9) mi realidad Divina y mi plan divino realizado en todos los ciclos;
  (10) mi visión Divina y mi plan divino realizado en todos los ciclos;
  (11) mi victoria Divina y mi plan divino realizado en todos los ciclos;

¡y mi Victoria en la Luz hoy y por siempre!

¡Y con plena Fe acepto conscientemente que esto se manifieste, se manifieste, se manifieste! (3x), ¡aquí y ahora mismo con pleno Poder, eternamente sostenido, omnipotentemente activo, siempre expandiéndose y abarcando el mundo hasta que todos hayan ascendido completamente en la Luz y sean libres! ¡Amado YO SOY, amado YO SOY, amado YO SOY!

El material de esta sección ofrece una introducción a los principios del Reloj Cósmico. Muchas son las aplicaciones en la vida de esta ciencia de la ley de los ciclos. Es una de las enseñanzas clave que han dado los Maestros Ascendidos para ayudarnos a superar las pruebas de la vida en el sendero espiritual. Se puede obtener más información sobre el reloj y sus muchas aplicaciones en Elizabeth Clare Prophet, *Predice tu futuro: Astrología de la Madre Divina*. Porcia Ediciones.

La danza de las horas

Cuántos ciclos serán necesarios para que el hombre individual sea perfeccionado es algo que solo lo puede determinar su propia aplicación. Cada día y cada hora es una clave para su salvación si tan solo utiliza los valiosos momentos como llamas de Dios para su autorrealización, para que su elevación se produzca allá donde la reunión consciente con el Hijo de Dios tiene lugar. El Señor Maitreya, conocido como el Gran Iniciador, una vez afirmó lo siguiente:

¡El progreso, individual y colectivo, se moverá en el hombre según la danza rítmica de las horas dirigidas!... La idea de que cada hombre está conectado directamente a Dios y que una hermosa corriente de energía pura fluye hacia él a todas horas para que la use, aunque no es nueva, siempre es algo nuevo que contemplar.

Desgraciadamente, la mayoría de las personas no se dan cuenta de que son custodios de esta gran energía y que son los receptores y directores de su flujo. Sin embargo, esta valiosa energía cósmica, que llega a través de sus corrientes de vida a cada minuto y a cada hora, sale de ellas como pensamientos y sentimientos.

Es cierto que algunas veces nada se imprime en la radiación

del poder Divino que se derrama a través de un individuo. Es como si se estableciera un intervalo de descanso (comparable al símbolo de silencio en un compás musical). Sin embargo, el hecho importante que los hombres deben recordar es que ellos son «calificadores» y que a cada hora del día cualifican esta santa corriente de energía.

Las cualidades negativas, que con demasiada frecuencia tienen permitido expresarse en la vida, se cobran un enorme precio a costa de los cuatro cuerpos inferiores de la corriente de vida que las inicia. Me refiero a las acciones vibratorias de odio y creación de odio, de discordia y sentimientos hostiles, sentimientos de frustración y temor acerca del individuo y su relación con el cosmos y sentimientos de inseguridad. Todo eso pasa factura.

Hay que oponer resistencia a los duendes de las fechorías humanas, liberados de la caja de Pandora de los pensamientos y sentimientos humanos; porque, aunque habitan en la atmósfera de la Tierra, no son una creación pura de Dios, sino que su origen es totalmente humano. Estos han de transmutarse y la transmutación debe producirse tanto por la cualificación correcta como por el poder de la llama Divina misma.

El discernimiento, por tanto, pertenece al deber y la competencia de cada individuo de detenerse cada hora para considerar por sí mismo qué cualidades desea enviar al universo. Deberá elegir o bien las cualidades de su Padre celestial o bien las de los hombres, con todas sus imperfecciones. «Escogeos hoy a quién sirváis».[1]

En este capítulo hemos incluido una gráfica que muestra la «danza rítmica de las horas dirigidas». Está basada en el ciclo de veinticuatro horas de la manifestación individual de la llama trina (véase Ilustración 24, página 158).[2]

Si el discípulo considerara el hecho de que cada hora es una oportunidad llameante de vestir la conciencia Crística y de cualificar la energía de Dios con un aspecto de su ser, como ha explicado Maitreya, «recogerá» la llama de la hora y la cualificará conscientemente con atributos de dominio Divino como los indicados en la gráfica.

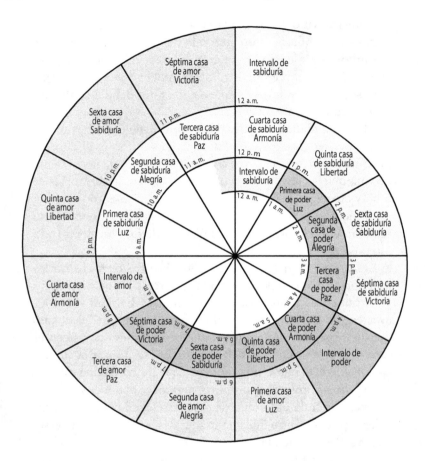

ILUSTRACIÓN 24: **El logro de la conciencia Crística a través de la maestría de las horas**

Al final de la hora, el individuo depondrá la llama como si fuera el pétalo de una flor, y con ternura tomará la siguiente llama, llevándosela al corazón y atesorándola como una flor inmortal del jardín de la conciencia de Dios.

La «Danza de las horas», de la ópera La Gioconda, de Ponchielli, y «Barcarola», de la ópera *Los cuentos de Hoffman,* de J. Hoffman, puede utilizarse como meditaciones para establecer el flujo rítmico de las llamas de Dios a lo largo de un ciclo de veinticuatro horas.

En el sonido de la flautas, a medida que la orquestra va expandiendo el motivo de la «Danza de las horas», se puede escuchar el ritmo de la llama. Y el compás 6/8 de «Barcarola» nos da el sentimiento cantarín del vals de la llama trina. El crescendo de la música tiene el impulso de Luz que aumenta a medida que invocamos las llamas de Dios cada hora.

Los elementales se unen al balé y al vals porque ellos también son llamas de Dios y saben que, cuando la humanidad se perfeccione, ellos también recibirán el don de la inmortalidad. Los que se sintonicen con la «danza de las horas» deben prepararse para hospedar no sólo a «ángeles sin saberlo»,[3] sino también a «elementales sin saberlo».

Todos los seres de la naturaleza cantan, bailan, trabajan y juegan siguiendo el ritual de la llama trina. Y así, podemos ver con facilidad que la «danza rítmica de las horas dirigidas» es la clave para la cooperación armoniosa entre los reinos de los ángeles, los elementales y los hombres. Los ángeles contribuyen con el rayo del amor; los elementales, con el rayo del poder, y el hombre Crístico, con el de la sabiduría.

Los ciclos del día

El día empieza con un «intervalo de descanso», como lo expresa Maitreya, cargado con la iluminación del «sol de medianoche». Desde la 1 a las 8 de la mañana, los cuatro cuerpos inferiores del hombre se recargan con la llama de la voluntad de Dios. A la 1 de la mañana se emite la Luz del poder; a las 2, la alegría del poder; a las 3, la paz del poder; a las 4, la armonía del poder; a las 5, la libertad del poder; a las 6, la sabiduría del poder, y a las 7, la victoria del poder.

A las 8 de la mañana, su conciencia «cambia de marcha», por así decirlo, con un «intervalo de descanso» cualificado por el rayo del amor, mientras él se prepara para ir a manifestar la Mente de Dios en su vocación del día.

A las 9 de la mañana recibe la Luz de la iluminación; a las 10, la alegría de la iluminación; a las 11, la paz de la iluminación;

al mediodía, la armonía de la iluminación; a la 1 de la tarde, la libertad de la iluminación; a las 2, la sabiduría de la iluminación; a las 3, la victoria de la iluminación.

A las 4 de la tarde, otro «intervalo de descanso», esta vez el rayo de poder le da la capacidad de recargar y reordenar sus energías como preparación para la emisión del amor de Dios al anochecer.

A las 5 de la tarde, la adoración de la llama de su corazón crece con la marea de la Luz del amor; a las 6, se baña en la alegría del amor; a las 7, en la paz del amor; a las 8, en la armonía del amor; a las 9, en la libertad del amor; a las 10, en la sabiduría del amor; a las 11, en la victoria del amor.

A medianoche, durante el intervalo de la iluminación, sus cuerpos superiores salen a recibir enseñanza en los templos de Luz mientras la forma física descansa segura con la fe de que un nuevo día amanecerá con otra oportunidad de expresar la esperanza de Dios y su caridad. Así el alma es invitada por Dios a equilibrar la llama trina con la danza rítmica de las horas y lograr así la conciencia del Cristo.

Las enseñanzas de Jesús sobre las doce líneas del reloj

L poder de la Palabra hablada es aquello a lo que se oponen las defensas del ego humano, que se manifiesta en cada una de las doce líneas del cinturón electrónico. El poder de la Palabra hablada viene de la Presencia YO SOY, en el centro del Cuerpo Causal (siendo la esfera símbolo del monte de Dios), y se vuelve relevante con respecto a la conciencia humana gracias a la Mente de Cristo. Así como existe un fulcro de compensación a nivel del ego humano, también existe un fulcro de compensación a nivel del Cristo, cuya conciencia es el cruce de caminos de lo Divino en manifestación (en acción manifestada).

Al examinar la gráfica del Árbol de la Vida (página 102) vemos cómo las cualidades de Dios trabajan en conjunto en el hombre para producir la manifestación del Cristo a través de los cuatro cuerpos inferiores. Los Hijos de Dios que se han enviado a enseñar el Camino a la humanidad, siempre han enseñado en términos de los doce ciclos de la realización Divina que desarrollan las oportunidades para la iniciación y que están disponibles para la conciencia en evolución del hombre. Estas cuando se realizan oportunidades producen en el individuo su identidad Divina completa.

Sería bueno examinar las sencillas Enseñanzas de uno de estos Avatares. Habiendo vencido al mundo y todas las cosas en él, él estaba capacitado para enseñar el misterio del fuego sagrado en su movimiento en espirales a través de los cuatro cuerpos inferiores del hombre, manifestando la llama trina en una acción perfectamente equilibrada en las doce líneas de la individualización del hombre.

Jesús de Galilea seleccionó a doce discípulos, cada uno de los cuales tenía asignada la tarea de lograr la maestría sobre una de las doce líneas de creación humana.* Esta maestría debía ser una expiación por toda la humanidad; no, en cambio, que las obras de los discípulos ni las de ningún hombre fueran la salvación de otros, sino que sus acciones podían servir como promesa a la Deidad de que, si doce vencieran y, con ello, dieran el ejemplo de la era, muchos podrían hacer los mismo después.

El Cristo y todos los que están ungidos para ese cargo, están en el centro del reloj, en el fulcro de compensación, reciben la responsabilidad de reunir suficiente cantidad de la Divina Trinidad para compensar toda la acumulación del karma del mundo. Su Luz debe mantener el equilibrio de la manifestación colectiva de las energías mal cualificadas de los hombres hasta que, uno a uno, ellos mismos sean capaces de afrontar el desafío de la Palabra: «Sojuzgad la tierra».[1]

Aquel que ocupe el cargo del Cristo por sus hermanos (hasta que ellos mismos se eleven hasta esa iniciación) deberá afrontar las multitudes y las energías de la mente carnal dirigidas contra la manifestación de la Luz del Divino Hijo Varón en todas las líneas del reloj. El requisito de sus discípulos es el mantener el equilibrio solamente por una de las líneas del reloj. Por tanto, por

---

*Los doce apóstoles están situados sobre las doce líneas de las Doce Jerarquías en el siguiente orden, comenzando con la línea de las 12: Andrés, Felipe, Tomás, Pedro, Bartolomeo, Mateo, Santiago el Mayor, Judas, Santiago el Menor, Juan, Judas/Matías y Simón. Para obtener más información sobre los apóstoles y su situación sobre estas líneas, véase el cuarto libro de esta serie, *El sendero de la Hermandad,* págs. 151-74.

su servicio de mantener el equilibrio por las evoluciones de un planeta, el Cristo (cuyo cargo ha sido ocupado por Jesús durante los últimos dos mil años) es el Salvador y la esperanza del mundo.

El poder de la Palabra hablada reforzado por las Bienaventuranzas

Repasemos, pues, el relato del quinto capítulo de Mateo sobre la enseñanza del Maestro Jesús acerca de las doce fases de la creación humana. Las observaciones del escriba son importantes.

Viendo la multitud, subió al monte; y sentándose, vinieron a él sus discípulos. Y abriendo su boca les enseñaba, diciendo...

«Viendo la multitud», Jesús fue totalmente consciente de las categorías de creación humana, de la creencia en una existencia aparte de Dios y de una separación de la Unidad. Los que habían comido del fruto del árbol del conocimiento del bien y el mal, cuya conciencia era dual, no serían capaces de comprender su enseñanza. Por tanto, se retiró a la montaña, a la cima de su Ser, simbolizando la Presencia YO SOY, y cuando se estableció en la conciencia de su Yo Divino, en el centro del Sol, llamó a sus discípulos y los nombró representantes de las Doce Jerarquías del Sol.

A cada cual dio el encargo de vencer al mundo y con las Bienaventuranzas explicó cómo el sentimiento de lo hermoso, junto con la actitud de la condición del ser, la actitud de estar unido a Dios, le permitiría refutar el testimonio de los sentidos materiales y reconocer al Cristo en el hombre a cada paso del camino. Este reconocimiento del Cristo daría a los discípulos la capacidad de sanar y realizar las hazañas alquímicas que Jesús demostraría ante ellos al final de su Sermón de la Montaña y a lo largo de su ministerio.

1. **Bienaventurados los pobres en espíritu, porque de ellos es el reino de los cielos.**

Esta bienaventuranza desafía la energía mal cualificada del hombre alojada en la línea de la 1. Los pobres de espíritu son aquellos que reconocen su necesidad espiritual. Ellos están preparados para renunciar al yo y ser disciplinados por el amor del Cristo, cuyo primer precepto deja claro que el sentido de la dualidad debe desaparecer ante la comprensión de la totalidad de Dios y la Unidad de la Vida.

La libertad de la personalidad y el apego personal, del yo yuxtapuesto a otros yoes, es lo que da al hombre su libertad del odio y la ligera antipatía. En la totalidad de Dios no puede haber objeto de odio o antipatía, sino sólo Dios consciente de sí mismo en manifestación en el hombre; Dios amándose a sí mismo en el hombre y el hombre amándose a sí mismo a través de Dios. Éste es el primer paso del discipulado. Habiéndose vestido con la armadura espiritual de la Unidad, el hombre va a conquistar las demás mentiras de la dualidad.

2. Bienaventurados los que lloran, porque ellos recibirán consolación.

Ésta es la Bienaventuranza que vence al mundo de la creación humana que se manifiesta en la línea de las 2. Los registros de muerte son los registros del involucramiento del hombre en la mortalidad, su creencia en que es un mortal moviéndose entre otros mortales. Con este talante, el hombre cuestiona, duda y teme. Sólo el consuelo del Cristo resucitado y su Realidad, esbozada como la imagen de la Vida inmortal, puede darle su libertad de las ilusiones de la muerte.

Aquí, la Verdad reconfortante que libera al hombre es la comprensión de que todo el sufrimiento humano, que resulta directamente de la identificación por parte del hombre con la mortalidad, puede vencerse con el conocimiento de que éste es, ahora y siempre, el amado hijo de Dios que está desposado alquímicamente con su Presencia Divina a través del Cristo y del cordón cristalino, el bendito lazo que ata al alma a su Hacedor. La expiación del alma por todos los pecados mortales, con la que el individuo logra su unión con Dios, tiene lugar cuando él perfora la ilusión de la dualidad con la espada de la Verdad, cuando invoca la Llama de la Vida y se regocija en la resurrección de su verdadera identidad.

3. Bienaventurados los mansos, porque ellos recibirán la tierra por heredad.

Los mansos son los que han alcanzado una percepción de Dios y del Ego Divino tal, que ya no tienen ninguna necesidad de defender al ego humano o de oponer resistencia a esos egos que aún consideran que están fuera de la conciencia de Dios. Al beligerante sentido de la mente carnal, esa mansedumbre aparece como cobardía, servidumbre o debilidad de carácter, pero a los que son Uno en el Espíritu de Dios, la mansedumbre es la gentileza que David sintió cuando dijo: «Tu benignidad me ha engrandecido».[2] La mansedumbre es esa cualidad espiritual que vence a la arrogancia intelectual, que tiene la necesidad de afirmar su autosuficiencia proclamando «Yo soy la ley». La mansedumbre es la sublime humildad del Cristo que se arrodilla ante el Todopoderoso y hereda la tierra al someterse a la voluntad de Dios.

La tierra que hereda es la sustancia mal cualificada del cinturón electrónico que ha estado dispuesto a poner sobre el altar del fuego sagrado. Ahí, esta es purificada y después le regresa para que él la use en la construcción del reino y al servicio de Dios y el hombre. Así, habiéndoselo entregado todo a Dios, Dios se lo entrega todo a él; y el Cristo declara: «Toda potestad me es dada en el cielo y en la tierra».[3]

Quienes son humildes de verdad están capacitados para gobernar la Tierra como administradores divinos del pleno potencial de la Divinidad. La humildad es la callada certeza de la Unión que vence al orgullo de las personalidades humanas y su necesidad de mantener una existencia separada del Cuerpo de Dios. La verdadera humildad es la marca del devoto espiritual que sabe que la plenitud del Cristo nunca puede ser ofendida por el ego humano que está incompleto.

4. Bienaventurados los que tienen hambre y sed de justicia, porque ellos serán saciados.

El profundo deseo de conocer y ser la Ley de Dios en acción contrarresta la resistencia de los egos humanos ante el Ego Divino, lo cual se manifiesta en la línea de las 4 como desobediencia, terquedad y desafío a la Ley.

Una vez que el hijo pródigo ha perseguido las tentaciones del mundo, después de que ha probado los frutos de la rebelión, llega al punto en que ya no está satisfecho con las cáscaras de la conciencia humana.[4] Tiene hambre de los frutos del Espíritu, está cansado de los argumentos intelectuales que albergan la conciencia mortal por un tiempo y anhela oír las dulces palabras de rectitud (del «uso correcto» de las Leyes de Dios), agradables Verdades enseñadas por la Madre del Mundo. Anhela el socorro del «Origen», anhela ser llenado. Y así, el deseo de Dios crea un vacío en la conciencia del hombre que Dios está obligado a llenar con la llama del amor que engendra obediencia.

El Cristo es victorioso en la mente del hombre cuando esa mente está dispuesta a que el corazón le enseñe, y Él será victorioso en el orden mundial cuando las naciones respondan a las Leyes que Dios ha escrito «en su corazón».[5] Esas Leyes son la base del gobierno Divino en el cielo y en la tierra.

Con Cristo como piedra angular principal, la ley del orden que prevalece en la Ciudad de Dios (la Ciudad Cuadrangular) está destinada a descender a la manifestación en las ciudades de los hombres.[6] Entonces, el gobierno de las naciones, con la vara de hierro,[7] aclamará la victoria del Cristo en todos los hombres, mujeres y niños. Sin estar ya sujeto a la tiranía de los egos desatados, todos serán gobernados por la Luz desde el interior que unirá a las naciones —no por la fuerza, sino por amor— a la voluntad del Gran Arquitecto y su diseño original para la Era de Oro. Entonces, la obediencia a las Leyes de Dios se verá como la puerta abierta a la belleza de la Deidad manifestada en los modelos de energía invocados por los Hijos y las Hijas de la Llama. Debido a que la belleza de sus creación se unirá a los modelos arquetípicos de la Ley, no perecerán de la tierra, sino que tendrán el sello de la inmortalidad.

5. **Bienaventurados los misericordiosos, porque ellos alcanzarán misericordia.**

Esta bienaventuranza es una repetición de la Regla de Oro: «Trata a los demás como querrías que te trataran a ti».[8]

El Cristo expresa la cualidad de la misericordia que es tanto compasiva como benévola[9] hacia una humanidad que sufre; es decir, hacia quienes sufren porque aún no han dominado el mundo de su creación humana. Él puede hacerlo porque su propio sentido innato del bienestar, como resultado de su total identificación con Dios, le da una percepción de la Verdad de su propia Realidad. Y sabe que lo que es cierto sobre él mismo lo es con respecto a todas las demás partes de la Vida.

Con este conocimiento de que todo hombre está completo en su Presencia YO SOY, el Cristo es iluminado hasta el punto de que no necesita sentir envidia ni celos del logro de nadie más, de sus talentos o bendiciones recibidas de Dios o incluso de su situación humana. Tampoco se aprovechará de sus hermanos. Porque sabe que lo que ha vivido o logrado una parte de Dios, las demás partes de Dios también pueden vivirlo o lograrlo. De hecho, Dios está disponible universalmente para su creación.

Las penalidades por ignorar la Regla de Oro son las mismas tanto si esa ignorancia proviene de una falta de conocimiento como de una ignorancia más deliberada sobre la Ley. Estas penalidades solo pueden expiarse mediante una comprensión superior de la Mente que forjó el universo y sus Leyes infalibles. Porque su Mente imparte a la creación un sentimiento de bienestar, de haber sido creada a Imagen y Semejanza de Dios; y esta Imagen, que está manifiesta radiantemente en el núcleo de fuego blanco de cada átomo, construye en el hombre una percepción intuitiva misericordiosa de la ley cósmica. La misericordia, expresada como al Regla de Oro, es la puerta abierta hacia la sabiduría: Aquel que ha sojuzgado sus energías con inteligencia mediante una adecuada aplicación de las Leyes de Dios es encontrado con una reverencia compasiva hacia la Vida en todas las manifestaciones. «Sed, pues, prudentes como serpientes, y sencillos como palomas».[10]

6. Bienaventurados los de limpio corazón, porque ellos verán a Dios.

Mientras que la conciencia que está basada en el conocimiento del bien y el mal se concibe a sí misma separada del Creador

—por consiguiente, fuera de su marco de referencia—, la pureza de corazón invoca la visión única que devuelve al hombre al lugar que le corresponde: la Imagen Santísima concentrada en el Ojo Omnividente de Dios. El sentido de separación de la Totalidad de Dios es lo que obliga a la imagen sintética a justificar su posición y a sentir lástima de sí misma, mientras que la atracción del yin y el yang de la conciencia humana mantiene a las personas en una confusión constante de indecisión.

A través de la armonía con el Cristo, el hombre forma una poderosa alianza con su Presencia, que es la conquistadora de toda la sustancia mal cualificada del cinturón electrónico. La devoción a la armonía Divina y la fe en la Vida abundante al final elevarán la conciencia del hombre hasta recuperar la concepción original de su plenitud ante los ojos de Dios. Al proteger la unidad de la conciencia del hombre, las llamas de la armonía y la abundancia Divina limpian el camino para el descenso del Espíritu Santo que lleva a cabo el matrimonio alquímico entre el yo inferior y el Yo Superior, haciendo de las dos «un nuevo hombre».

Lo que atrae hacia el hombre la provisión de todo lo bueno y perfecto es el imán de la armonía Divina, pero esta nunca está completa sin una renuncia total. Por tanto, recordemos que la renuncia al yo, con su sentido de la dualidad, a través de la purificación del corazón, es esencial si el individuo quiere comprender la pureza de la voluntad de Dios y manifestarla.

7. Bienaventurados los pacificadores, porque ellos serán llamados hijos de Dios.

Quienes pueden expresar gratitud por la manifestación del Cristo en sí mismos y en cualquier otra parte de Dios son conocidos como los pacificadores, porque se han elevado hasta esa conciencia de unión en la que no se perciben a sí mismos ni como el acusador ni como el acusado. Ellos emulan a la Madre Divina, que ve al Cristo en todos los niños de Dios y no se inmuta por ninguna actividad que pueda ser contraria a la naturaleza de Él. Por tanto, los pacificadores están supremamente capacitados para llevar la llama de la gratitud Divina, una gratitud que se realiza a través del poder del amor, que no está dividida y que lo incluye todo.

La paz que fluye desde el corazón agradecido se establece en el hombre a través de la trinidad de la llama Crística, que consume el velo que separa al yo inferior del Yo Superior. Pablo se refirió a esta paz que llega a raíz de la reunión con Dios cuando dijo: «Porque él es nuestra paz, que de ambos pueblos hizo uno, derribando la pared intermedia de separación... para crear en sí mismo de los dos un solo y nuevo hombre, haciendo la paz».[11]

A través de la realización del Cristo, «yo y Padre uno somos»,[12] el hombre conquista el mar de sustancia emocional que rabia en su cinturón electrónico. Cristo, el contemplador del concepto inmaculado de nuestra divinidad, venció al mundo con su visión única. Aquel que mantiene su ojo concentrado en el Cristo, también es capaz de demostrar las leyes de la alquimia. Al reconocer el poder del amor, calma el mar, camina sobre las aguas y halla la paz que supera el entendimiento, una paz que brilla desde el alma inmersa en la gratitud Divina por todo lo que existe.

8. Bienaventurados los que padecen persecución por causa de la justicia, porque de ellos es el reino de los cielos.

Jesús bendijo la conciencia que de buena gana sacrifica al ego y que así revela una percepción mística de su propia Realidad suprema. Una conciencia así no está plagada de sentimientos de frustración, ansiedad e injusticia en la línea de las 8, porque sabe con certeza absoluta que la justicia Divina es el juez supremo del destino del hombre.

Para tener un sentimiento de injusticia, las personas deben admitir la existencia de una fuerza externa contraria que opone resistencia a su identidad Divina. Esta admisión revela que la base de su conciencia es la de la dualidad. Para que los persigan, las personas deben conservar aún alguna conciencia del ego. La inmersión completa en la unidad del Cristo ofrece al hombre el conocimiento de la Ley de Dios, que afirma que en el universo no existe ninguna injusticia.[13] Las Leyes de Dios son exactas y exigentes, y la resolución del karma del hombre determina que lo que el hombre sembrare, eso también segará.[14]

La justicia es la percepción universal de las Leyes de Dios en acción y excluye la necesidad de dominar la vida de los demás mediante la tiranía emocional o cualquier otra forma de control hipnótico. La idea de que uno ha sufrido una injusticia o que uno ha sido injusto con otra persona muestra la ignorancia sobre el hecho de que, en todas las cosas, Dios es el que actúa. Las únicas acciones que el Cristo reconoce son las que están realizadas por él, a través de él y en él. Todo lo demás está sujeto a la transmutación. A través de la llama de la libertad, Dios borra nuestro sentimiento de injusticia; y nosotros vemos en lugar del defensor y el acusado al Hijo de Dios puro, en cuya unidad se halla el verdadero equilibrio de la Vida.

Quienes han usado erróneamente el poder de Dios son derrocados por la espada de la Verdad, por el poder de la Palabra hablada que rompe las matrices de injusticia y restablece el diseño original de «venga tu reino». Al observador esto le parece como la batalla de Armagedón, pero para el Cristo es simplemente la anulación del modelo imperfecto mediante la penetración de su Luz.

9. **Vosotros sois la luz del mundo; una ciudad asentada sobre un monte no se puede esconder. Ni se enciende una luz y se pone debajo de un almud, sino sobre el candelero, y alumbra a todos los que están en casa.**

Esta enseñanza del Sermón de la Montaña está dirigida a la conciencia del ego que se opone a la manifestación de la realidad Divina con las maquinaciones de la intriga y la traición. Estas cosas forman parte de los mecanismos de defensa que el ego emplea para conservar al yo físico como un ídolo* en lugar del Yo Superior, el único que tiene el derecho de proclamar: «¡YO SOY Real!».

En esta bienaventuranza Jesús les está diciendo a los discípulos que nunca hay necesidad de recurrir a la traición o la intriga

---

*En inglés «ídolo» es *idol*. *I*- es «yo» y -*doll*, de igual pronunciación que -*dol*, es «muñeco»; por tanto, «ídolo» sería "el muñeco del *id*»". (N. del T.)

para defender al ego y fomentar sus metas, porque la Identidad Real del hombre es la Luz del mundo. Este Yo Crístico, que vive en todos, jamás puede esconderse; es más, la comprensión de «quién YO SOY» da al hombre la victoria sobre las perversiones del ego. Solo cuando el hombre conoce de verdad quién es, puede reunir el valor de proclamar la Verdad de su identidad: «¡YO SOY el que YO SOY!». Así, habiendo invocado la Luz de la llama trina, la pone en el candelero y la sostiene en alto para que dé Luz a todos lo que moran en el templo del Ser de Dios.

Siempre que el hombre se conciba a sí mismo como un pecador, sentirá la necesidad de ocultar sus pecados. Pero cuando comprende que está destinado a ser la plenitud de la manifestación del Cristo, el amado Hijo de Dios, acepta la responsabilidad de ser la Luz del mundo y promete mantener esa Luz a la vista hasta que toda la humanidad sea atraída a la conciencia de la realidad de Dios para caminar por la Tierra como reyes y sacerdotes para Dios.

10. Así alumbre vuestra luz delante de los hombres, para que vean vuestras buenas obras, y glorifiquen a vuestro Padre que está en los cielos.

La visión Divina, resolución de propósito conseguida mediante la amorosa obediencia a la Ley, da al hombre la capacidad de superar las densidades del egoísmo y el narcisismo que se manifiestan en la línea de las 10 como encaprichamiento, no sólo con su propio yo físico, sino también con el de los demás. Los registros de las indulgencias del hombre consigo mismo están basados en su sentimiento idólatra acerca de los mortales, moviendo y mezclando sus energías mal cualificadas fuera del marco de la Unidad de Dios.

Jesús explica a los que desean menguar y que Él crezca[15] que, si un hombre hace buenas obras con el poder de la Luz del Cristo y da a Dios la gloria, todos los que contemplen sus obras glorificarán al Padre, que está en el cielo, en vez de darle a él la gloria que tan solo debe reflejar.

El desafío del Ojo Omnividente de Dios se afronta cuando

uno eleva la atención desde el yo inferior hasta el Yo Superior, tanto en sí mismo como en los demás. A esto se lo conoce como mantener el «concepto inmaculado», lo cual significa simplemente que el hombre ahora contempla al hombre como la Imagen de Dios, perfecto ante Sus ojos. Cuando el discípulo mantiene la vista sobre su Presencia Divina, el yo humano desaparece, tal como Jesús desapareció del monte de Betania.[16] En esta bienaventuranza los hombres mirarán hacia arriba para percibir al Hijo de Dios ascender hacia una nube de gloria, la espiral ascendente de la corriente de la ascensión que acelera el impulso acumulado del Hombre Real hasta que deja de ser visible en la dimensión espaciotemporal.

11. No penséis que he venido para abrogar la ley o los profetas; no he venido para abrogar, sino para cumplir. Porque de cierto os digo que hasta que pasen el cielo y la tierra, ni una jota ni una tilde pasará de la ley, hasta que todo se haya cumplido.

Esta bienaventuranza enseña que en la conciencia del Cristo está el cumplimiento de la Ley. Jesús declara que la Ley está por encima de cualquier personalidad humana, incluso la que le atribuyeron a él falsamente los fariseos, y que funciona con exactitud a pesar de sus argumentos humanos. Estando en la puerta entre el tiempo y la eternidad, el Hijo de Dios, como el Iniciador de la victoria del hombre, se asegura de que ni una jota o tilde de su creación se escape al juicio del Todopoderoso.

El poder de la victoria Divina asegurada en la Ley da al discípulo la capacidad de vencer sus impulsos acumulados de resentimiento y venganza en la línea de las 11, y sana cualquier deseo que pueda tener de tomar represalias contra sí mismo u otra parte de la Vida. La venganza es un forma de idolatría, porque para vengarse, uno primero debe imaginar al opresor y al oprimido. Ambos son ídolos que el ego primero levanta y después derroca a fin de poder mantener su sentimiento de importancia.

La obediencia iluminada por parte del hombre al mandamiento: «No tendrás dioses ajenos delante de mí»,[17] le da la victoria eterna sobre los ídolos que los hombres levantan de las ciénagas de la dualidad. El victorioso conocimiento de las Leyes de Dios es lo que hace que el hombre venere por libre albedrío al Dios único y exclame: «Oye, Israel: el Señor nuestro Dios, el Señor uno es»[18] (el Señor nuestro Dios es el Señor de todo lo que es Real).

12. Oísteis que fue dicho a los antiguos: No matarás; y cualquiera que matare será culpable de juicio. Pero yo os digo que cualquiera que se enoje contra su hermano, será culpable de juicio; y cualquiera que diga: Necio, a su hermano, será culpable ante el concilio; y cualquiera que le diga: Fatuo, quedará expuesto al infierno de fuego.

Este mandamiento del Cristo revela los peligros que tienen los abusos del poder Divino por darle vueltas a las cualificaciones erróneas etéricas. Tal como la crítica, la condenación y el juicio pueden producir depresión, una súbita bajada del nivel de energía, enfermedades e, incluso, finalmente, la muerte de aquellos contra quienes están dirigidos, el ciclo de retorno con certeza producirá lo mismo a quienes se involucran con persistencia en tales prácticas.

«Con la medida con que medís, os será medido».[19] Aquí Jesús amplifica más su advertencia: «Con el juicio con que juzgáis, seréis juzgados»;[20] y revela la posibilidad del asesinato psíquico a través de la proyección de ira y condenación. Aquellos que practiquen tales maldiciones estarán en peligro de recibir la recompensa por su abuso del elemento fuego. A los que han abusado del fuego sagrado, la destrucción de su creación humana con el poder purificador no les parece una bendición, sino como «fuego infernal». Por tanto, los que no desafíen con el poder del Cristo los vestigios de la sustancia de la línea de las 12 en sí mismos y en los demás, podrán quemarse cuando el fuego entre en contacto con su creación humana.

Jesús dedicó el resto del Sermón de la Montaña al asunto de la magia negra, la brujería y la hipnosis, que aparecen en la línea 12, 1 y 2, todo lo cual tiene que ver con las perversiones del elemento fuego.

Uno puede estudiar el resto del quinto capítulo de Mateo teniendo esto presente, tomando nota especialmente de que Jesús resumió sus últimas advertencias sobre la maestría de la creación humana con dos encabezamientos:

I. Pero sea vuestro hablar: Sí, sí; no, no; porque lo que es más de esto, de mal procede.

Aquí el Maestro da la ley de afirmar al Yo Real y lo bueno en toda la vida y de negar la imagen sintética y todo lo que procede de la conciencia de la dualidad. Tomando la llameante espada de la Verdad en la mano, el discípulo va a conquistar separando lo Real de lo irreal. Si puede mantener en todo momento su conciencia sobre el filo de ese equilibrio, jamás volverá a ser engañado por las ilusiones del mundo y vivirá por siempre en el saber sereno y certero de qué es Verdad.

II. Sed, pues, vosotros perfectos, como vuestro Padre que está en los cielos es perfecto.

Aquí Jesús afirma la ley de correspondencias: como Arriba, así abajo; Dios es omnipotente, omnisciente y omnipresente. Tal como la Presencia YO SOY, que mora por siempre en el Cuerpo Causal del hombre, es perfecta, el discípulo puede hacerse perfecto al vencer las tentaciones de las doce líneas del cinturón electrónico y transmutar la sustancia humanamente mal cualificada que ha formado depósitos ahí a lo largo de sus muchas encarnaciones. De una vez por todas y para siempre, Jesús declara la cercana posibilidad del perfeccionamiento del hombre.

El resto del Sermón de la Montaña, que consta en el sexto y séptimo capítulo del libro de Mateo, está dedicado a una mayor aclaración de la superación del mundo y sus efluvios fuera de sí mismos. Jesús explica cómo deben capacitarse los discípulos para afrontar esta creación, tanto en sí mismos como en otras personas.

Después de haber expuesto la ley de la superación, Jesús bajó de la montaña, bajó de su sintonización con la cima del Ser, convocado por Dios para ir al mundo y demostrar las Leyes y principios que había enseñado. De inmediato, curó a un leproso y al siervo del centurión. La fiebre abandonó a la madre de la mujer de Pedro en cuanto su mano la tocó. Reprendió a los vientos y el mar, y echó fuera los demonios en la tierra de los gadarenos.

Demostraciones así, aparentemente milagrosas, continuaron dándose a lo largo de todo el ministerio de tres años de Jesús. No obstante, sus milagros no eran realmente milagros, sino la manifestación divina del Cristo, sereno en el centro del Ser. En el fulcro de la compensación, extrajo la Luz de su Presencia Divina y su Cuerpo Causal, que no sólo compensó la creación humana allá donde se la encontró, sino que también la transmutó por completo, junto con su causa, efecto, registro y memoria.

La crucifixión

La iniciación de la crucifixión es una iniciación por la que deben pasar todos los hijos y las hijas de Dios antes de que puedan hallarse dignos de la iniciación de la resurrección. El siguiente comentario de Marcos 15:1-39 explica cómo están relacionados los pasos que dio Jesús al pasar por esta iniciación con las líneas del Reloj Cósmico.

El primer versículo empieza así: «**Muy de mañana** (indicando la línea de las 9), **habiendo tenido consejo los principales sacerdotes con los ancianos, con los escribas y con todo el concilio, llevaron a Jesús atado, y le entregaron a Pilato**». Esto es la traición y la intriga, el engaño del mundo que intenta capturar al Cristo con los argumentos, con la lógica de la mente carnal. La mente carnal, claro está, no puede atar al Cristo y, por tanto, ata la forma humana, Jesús, porque está demasiado autoengañada y cree que el recipiente es la Llama, porque se encuentra en un estado idólatra.

El segundo versículo es el cuestionamiento de Pilato, quien dice: «**¿Eres tú el Rey de los judíos?**». Jesús se niega a declararse Rey de los Judíos y simplemente dice: «**Tú lo dices**». Mientras que Pilato lo llama «Rey de los Judíos», Jesús no lo afirma, no se llama a sí mismo «Rey de los Judíos». «**Y los principales sacerdotes le acusaban mucho. Otra vez le preguntó Pilato, diciendo: «¿Nada respondes? Mira de cuántas cosas te acusan. Mas Jesús**

ni aun con eso respondió; de modo que Pilato se maravillaba».

El segundo al quinto versículo ilustra la prueba de la línea de las 10, donde el ego recibe una última oportunidad de conservar su identidad a través del egoísmo, el narcisismo, la idolatría y una perversión del impulso acumulado de la autopreservación que existe en la Llama de la Vida. Jesús no tenía ningún ego. No podía ser llevado a que dijera nada en defensa propia porque sabía que su yo era su Yo Divino. La prueba es una llama trina para ver si el ego intenta preservarse a través de una perversión del penacho azul, amarillo y rosa.

El sexto versículo explica que, como costumbre durante la fiesta de la Pascua, **«les soltaba un preso, cualquiera que pidiesen».** Aquí vemos la prueba de la línea de las 11. El resentimiento, la venganza y las represalias de la mente de las masas se dirige contra el Cristo y no contra la figura de Barrabás, que es la personificación de los pecados del pueblo. Barrabás era un asesino y un insurrecto, lo cual muestra el mal uso de las energías del eje 10-4. La insurrección es la rebelión contra la ley en la línea de las 4. El asesinato es la culminación de las perversiones del penacho rosa en la línea 1, 4, 7 y 10. esto es una total falta de capacidad para ver al Cristo en el hombre, es el ejemplo supremo de la idolatría, es matar al Ser Crístico en uno mismo a través de la destrucción de otro.

Las multitudes, con su conciencia de masas, tenían afinidad con el cinturón electrónico de Barrabás y no con el Cuerpo Causal del Cristo. Debido a que no habían llegado a ser el Cristo, desearon a Barrabás y así clamaron fuerte. Está escrito que Pilato sabía que los sumos sacerdotes le habían entregado a Jesús debido a su envidia (envidia de su Luz, de su Enseñanza y de sus seguidores) y, por tanto, dijo a la multitud: **«¿Queréis que os suelte al Rey de los judíos? (...) Mas los principales sacerdotes incitaron a la multitud para que les soltase más bien a Barrabás».**

La envidia de los sacerdotes en la línea de las 5 es lo que precipita el resentimiento y la venganza en la línea de las 11. Y los sacerdotes usaron al populo como punto focal de la precipitación de su envidia, que se había vuelto venganza. **«Respondiendo**

Pilato, les dijo otra vez: ¿Qué, pues, queréis que haga del que llamáis Rey de los judíos? Y ellos volvieron a dar voces: ¡Crucifícale! Pilato les decía: ¿Pues qué mal ha hecho? Pero ellos gritaban aún más: ¡Crucifícale!»

Y así, Pilato, carente del impulso acumulado Crístico para revertir la marea de resentimiento de la gente y «queriendo satisfacer al pueblo, les soltó a Barrabás, y entregó a Jesús, después de azotarle, para que fuese crucificado».

El juicio de la mente carnal, el odio al Cristo e incluso el temor y la duda sobre él, son evidentes en la gran muchedumbre reunida y en el extremo al que llegó la turba para derrocarlo. Los soldados lo vistieron de púrpura, trenzaron una corona de espinas y se la pusieron en la cabeza; lo saludaron mofándose: «¡Salve, Rey de los judíos!». Lo golpearon en la cabeza con una caña y le escupieron, y puestos de rodillas le hacían reverencias. Todo esto es la perversión del elemento fuego, el fuego del Cristo y el modelo del Cristo que está encerrado en el corazón de la Tierra. Se burlaron de él, «le desnudaron la púrpura, y le pusieron sus propios vestidos, y le sacaron para crucificarle».

En la línea de las 2 obligaron a Simón de Cirene a llevarle la cruz cuando lo llevaban al Gólgota, el lugar de la calavera, que es el lugar del ego en la línea de las 3. Le dieron vino mezclado con mirra, que él no tomó. Y así, en la hora tercera donde el Cristo es glorificado y el ego derrocado, fue crucificado, y «repartieron entre sí sus vestidos, echando suertes sobre ellos para ver qué se llevaría cada uno».

El nombre que la turba dio a la conciencia humana de Jesús, lo único que fueron capaces de ver o reconocer, fue «Rey de los judíos», y ésta es la posición que ellos otorgan al ego en sí mismos. Jesús fue crucificado en la cruz donde el Espíritu desciende para encontrarse con el plano de la Materia. Y en el centro de esa cruz está es lugar en el que el ego muere y el Cristo nace. Este es el centro del reloj.

Los dos ladrones, uno a la derecha y otro a la izquierda, representan las líneas de las 3 y las 9, los cuales también son crucificados con el Cristo, simbolizando el chakra del corazón.

El corazón impuro y con motivos equivocados de orgullo es crucificado al mismo tiempo que el Cristo nace en el centro. Y así, la Escritura se cumplió al ser contado con los inicuos,[21] es decir, ante los ojos del mundo. Esto también muestra que, independientemente de su estación en la vida, cada hombre debe llegar al punto en que el ego debe caer y el Cristo nacer.

Los malhechores no estaban preparados para ser el Cristo, no estaban preparados para la crucifixión y, por tanto, murieron en la cruz. Pero al Hijo de Dios correspondía elevarlos, teniendo el poder de hacerlo, y eso hizo. El ladrón que lo reconoció como el Hijo de Dios, a él prometió que estaría con él en el paraíso ese mismo día. Así, con una simple afirmación de la identidad del Cristo y una renuncia al ego, el hombre puede lograr la conciencia Crística incluso en el último momento. Los que niegan al Cristo, por tanto, fracasarán, y para ellos la muerte es real.

Entonces, llegó la última tentación para Jesús. Una vez en la cruz, «le **injuriaban, meneando la cabeza y diciendo: ¡Bah!, tú que derribas el templo de Dios, y en tres días lo reedificas, sálvate a ti mismo, y desciende de la cruz»**. La última tentación de no pasar por la iniciación de la crucifixión llegó de la turba, y de los sumos sacerdotes que se burlaban de él y «**se decían unos a otros, con los escribas: A otros salvó, a sí mismo no se puede salvar. El Cristo, Rey de Israel, descienda ahora de la cruz, para que veamos y creamos. También los que estaban crucificados con él le injuriaban»**.[22]

Esas injurias provenían de la mente carnal de las líneas de las 3 a las 6. Por tanto, vemos la rebelión, la justificación, la ignorancia, los celos de la mente carnal que quiere conservarse a sí misma tentando a Jesús a que conserve su mente carnal y baje para estar entre ellos. El desafío de demostrar que es el Hijo de Dios saltándose la iniciación de la crucifixión es una prueba muy grande, y es la prueba final de la iniciación.

A la hora sexta, cuando las energías del Espíritu han aparecido provenientes del Gran Sol Central para regresar al ciclo de la Materia (el lado Omega del reloj), hay oscuridad por toda la tierra porque en ese punto el Cristo debe aparecer y en ese punto el Cristo en Jesús quedó completamente velado. Esta oscuridad continuó en el cuadrante emocional hasta la hora novena. Los impulsos acumulados planetarios de autocompasión, autojustificación, ingratitud e injusticia pesaron sobre Jesús. Su alma pende de un hilo; y él dice: «**Dios mío, Dios mío, ¿por qué me has desamparado**».²³

Esta es la iniciación de la línea de las 9, donde todo el impulso planetario de intriga se reúne, para que el Hijo de Dios escoja la posición más alta del mandala del Cristo sin el beneficio de la guía o ayuda del hombre o de Dios. Y así, le llevaron «**una esponja en vinagre, y poniéndola en una caña, le dio a beber**», y se preguntaron si Elías vendría a bajarlo. Pero en el punto de la línea de las 9 es donde el ego se entrega, y «**Jesús, dando una gran voz, expiró**». El cordón cristalino se cortó, la llama trina del Cristo se retiró del plano de la Materia (el plano de la Madre/*Mater*).

En ese momento «**el velo del templo se rasgó en dos, de arriba abajo**», representando la rasgadura del velo de ilusión creado por la conciencia del ego. Cuando el ego se entrega y se permite que muera, todo el impulso acumulado de la ilusión se destruye y la realidad Divina aparece. Así, el velo que se interpone entre el hombre y su Dios se rasga en dos de arriba abajo, que quiere decir desde la línea de las 12 a la de las 6. En todo el reloj, todas las ilusiones de las doce líneas se anulan.

En ese momento, el centurión que estaba frente a él, vio que Jesús había clamado; y en ese momento, cuando la ilusión desapareció y la Realidad apareció, cuando Jesús expiró y entregó el espíritu de su ego y cuando su alma abandonó el cuerpo, el centurión pudo ver, y así afirmó: «**Verdaderamente este hombre era Hijo de Dios**».

El antídoto contra el sufrimiento humano es la llama violeta

El antídoto contra el martirio y el sufrimiento humano es la llama violeta. Cuando los hombres no poseen el conocimiento del fuego sagrado, los modelos del maya y el karma del mundo se destruyen con el sufrimiento, con la resolución en el cuerpo físico de los santos de todo el odio y la condenación humana hacia el Cristo.

El poder del príncipe del aire, Lucifer, al que se dio el dominio sobre el cinturón mental debido a la perfidia humana, es el poder que se destruye a través de la crucifixión. Porque en el punto de la cruz, donde el Espíritu se encuentra con la Materia, ahí aparecen las energías para la redención a fin de que el Cristo pueda nacer. Si el ego tiene permitido ocupar la posición de autoridad en el ser del hombre, a la hora de la crucifixión llegará un gran afán y sufrimiento; pero si el Cristo ocupa el trono de gloria en el hombre, a la hora de la crucifixión se produce un gran regocijo. Porque el Cristo asume las cargas del mundo, los pecados de la mente carnal, los impulsos acumulados planetarios que son los efluvios, todo lo cual debe consumirse en el punto de encuentro del Dios Padre-Madre.

Gracias a la acción de la llama violeta, todo el impulso acumulado planetario de martirio se consume y el Cristo se eleva victorioso después de tres días de transmutación en el cinturón astral, en referencia a donde se dijo que Jesús descendió a los infiernos. Tres días simbolizan el período o ciclo necesario para transmutar las perversiones de la llama trina a fin de que la llama pueda elevarse con una manifestación equilibrada y vivificada en la espiral de la resurrección, para que pueda vencerse el postrer enemigo, que es la muerte.

Todo hombre debe afrontar la iniciación de la crucifixión

La iniciación de la crucifixión, por tanto, debe ser afrontada por todos los hombres, incluso por Juan el Bautista, de quien Jesús dijo que entre los que nacen de mujer no se ha levantado otro mayor.[24] Hasta Juan vivió la crucifixión cuando lo decapitaron a petición de la hija de Herodes y se presentó su cabeza ante la corte.

El hombre, pues, no debe esperar que esta copa pase de él,

sino que debería rezar, como hizo Jesús a la hora de la tribulación: «Pero no se haga mi voluntad, sino la tuya».[25] Sabiendo que es seguro que la crucifixión llegará, el devoto debe prepararse para ella almacenando en sus cuatro cuerpos inferiores una concentración intensa de fuego sagrado aplicándose a la llama violeta, a la llama de la pureza y a la voluntad de Dios. Así, cuando se le exija vivir todo el peso de la cruz o de su propio karma, habrá reunido la fortaleza espiritual para echar ese karma a la Llama y permanecer firme. En ese momento, alguien designado por el Espíritu Santo puede llegar, como Simón de Cirene, para ayudar al iniciado a llevar la cruz al Gólgota. Esta es la llama del consuelo, que no le ahorra al hombre la iniciación, sino que lo ayuda y sostiene para que pueda atravesarla, pasando por la prueba de fuego, y salir de ella como Sadrac, Mesac y Abednego, que ni siquiera olor de fuego tenían.[26]

Aunque todos los amigos y asociados puedan fallar al Cristo en ese momento, el Espíritu Santo no fallará en darle socorro, la fuerza y determinación de seguir adelante por un mundo que espera ser libre, que espera elevarse en las espirales de la victoria y que también espera ser iniciado, para que la muerte pueda ser vencida y la Vida pueda ser probada como victoriosa y eterna, aquí y ahora.

Para llegar al monte Gólgota, la última prueba de maestría sobre el elemento tierra y el cuadrante físico, el hombre debe aceptar la ayuda de la personalidad impersonal de la Divinidad, que es el Espíritu Santo. Si alguien, cualquiera, no hubiera llevado la cruz de Jesús, este no habría podido recibir jamás la iniciación de la crucifixión. En esta última hora de pruebas, el hombre debe reconocer que depende de Dios y de la manifestación de Dios en forma humana. Sin este reconocimiento de que necesita un poder mayor que él mismo y un poder que proviene del exterior, el hombre no es capaz de soltar el peso de su orgullo humano y su autosuficiencia humana. Así, con una humildad resignada, el Cristo vence al mundo y el hombre renace.

Cuando Jesús subió al monte, cargaba con el impulso acumulado del karma planetario en los niveles etérico, mental y emocional. Para poder hacer eso, se designó a alguien (Simón de Cirene) para que cargara con el foco físico de ese peso. Un ejemplo paralelo a ese momento puede observarse en el Antiguo Testamento, cuando Aarón y Hur sostuvieron los brazos de Moisés mientras este detenía los impulsos planetarios de oposición.[27]

La crucifixión de Jesucristo fue la crucifixión a nivel macrocósmico. Por tanto, existen dos iniciaciones de la crucifixión: una es la del microcosmos, a nivel personal, y otra es a nivel del Macrocosmos, a nivel impersonal. El alma que ha escogido vencer el maya afianzado en los cuatro cuadrantes del reloj debe vivir las dos.

La crucifixión del aspecto Femenino Divino

Está escrito que a Jesús le seguía «gran multitud del pueblo, y de mujeres que lloraban y hacían lamentación por él. Pero Jesús, vuelto hacia ellas, les dijo: Hijas de Jerusalén, no lloréis por mí, sino llorad por vosotras mismas y por vuestros hijos. Porque he aquí vendrán días en que dirán: Bienaventuradas las estériles, y los vientres que no concibieron, y los pechos que no criaron. Entonces comenzarán a decir a los montes: Caed sobre nosotros; y a los collados: Cubridnos. Porque si en el árbol verde hacen estas cosas, ¿en el seco, qué no se hará?».[28]

El árbol verde es el símbolo del Cristo, el hombre que es redimido, el iniciado que se está preparando, en quien existe el flujo del fuego sagrado, que está vivo en Cristo. El árbol verde está preparado para la crucifixión, pero el árbol seco simboliza a aquel que está muerto para Cristo, que no ha vuelto a nacer. Por tanto, cuando le llega la hora de la crucifixión al árbol seco, es consumido y nada queda de él.

Y así, Jesús profetizó el día en que la Mujer Divina sería crucificada, el momento en que el Cristo sería redimido a través del Rayo Femenino. Él previó que estas hijas de Jerusalén, de la Ciudad Santa, también serían crucificadas. También sabía que llegaría la hora en que el cargo divino de la Mujer, de dar nacimiento al Hijo Varón, sería repudiado por la conciencia de las masas; y así, la mujer que era estéril y no dio a luz al Divino Varón sería bendita entre los hombres por los hombres. Cuando se le prohíbe a la Mujer Divina dar a luz al Cristo, que es la realización suprema de su cargo, significa una degradación suprema y la crucifixión de la Mujer Divina.

Así, en esta época en que la mujer aparece para cumplir su misión, y puesto que ella permanece firme en su vocación divina, es crucificada. Cuando llega esa hora, ella no debe pedir que la liberen de la crucifixión, no debe huir de ella, sino que debe estar dispuesta a cargar con los pecados del mundo, el impulso acumulado planetario de oposición a su cargo divino. El martirio no es necesario en la iniciación de la crucifixión, puesto que, gracias al poder del Consolador, el Espíritu Santo y el fuego sagrado, que es la llama violeta, la mujer puede transmutar los pecados del mundo dirigidos contra ella y entrar en la alegría del Señor.

Los movimientos populares que adoptan la *liberación* de la mujer de su papel femenino son típicos del intento definitivo de la mente carnal de engañar a la mujer para que huya de la crucifixión. No queremos decir que la mujer haya de ser oprimida o que no deba luchar por el derecho de expresar al Cristo, de dar a luz al Cristo, de cumplir su misión cósmica. Pero debe tener cuidado, en su lucha por su liberación, con no decir: «Señor, pasa de mí esta copa»,[29] sin repetir las palabras: «Padre, no se haga mi voluntad, sino la tuya»[30]. La mujer siempre debe buscar la libertad de ser mujer, antes que usurpar el papel de hombre abandonando el suyo.

Debería observase lo que se dice en Lucas 23:29: «Porque he aquí vendrán días en que dirán: Bienaventuradas las estériles, y los vientres que no concibieron, y los pechos que no criaron». Jesús profetizó el día en que la humanidad deberá considerar como una bendición el que la mujer no engendre hijos. Él no dice, «he aquí los días en los que Dios bendecirá a las estériles». Por tanto, es una indicación de la perversión de la conciencia humana.

Tal como María dice en el Magníficat: «Porque ha mirado la bajeza de su sierva; pues he aquí, desde ahora me dirán bienaventurada todas las generaciones»,[31] esto tipifica la bendición del aspecto Femenino Divino que ha cumplido el papel de Madre Divina, y ese es el papel que los hombres maldicen.

Obsérvese que en la conciencia de los hombre no redimidos, el flujo de energía es descendente porque aún no han entrado en el sendero de la ascensión. Tales personas son felices con los placeres del mundo y son sagaces en su generación. La energía que reciben de Dios se va por el desagüe de sus deseos humanos. No tienen ningún freno para el flujo de la energía porque la emiten constantemente con sus modelos de deseo humano. Por tanto, ante el mundo y en el mundo, parecen felices y contentas.

Cuando el individuo abandona el mundo, separándose como respuesta al mandamiento del Señor de ser un pueblo separado,[32] debe revertir todo el impulso acumulado y la espiral de sus energías, porque ahora debe empezar a ascender por el altar de la columna para alimentar los chakras y prepararse, tejiendo la vestidura sin costuras, para las iniciaciones de la transfiguración, la crucifixión, la resurrección y la ascensión. Esto es el proceso de revertir las energías que causan dolor y hacen que la humanidad, que carece de sabiduría, llame al Sendero «la vía dolorosa».

Siempre que el hombre se identifique con el ego e ignore el proceso de revertir la marea de energía dentro de su ser, sentirá dolor. Pero en cuando se identifique con el Cristo y acepte el desafío a todas horas y cada día de revertir la espiral descendente, ya no vivirá el dolor de la crucifixión, sino que entrará en la alegría del Señor.

La carga de la cruz se alivia cuando el ego deja de existir, porque lo único que puede sentir la carga es el ego. Cuando el Cristo desplaza al ego en la conciencia del hombre, proclama: «Venid a mí todos los que estáis trabajados y cargados, porque mi yugo es fácil, y ligera mi carga».[33] Así, la carga que llevaba el ego se convierte en un peso de Luz en la presencia del Cristo.

El fin de las banalidades

Dos mil años después, Jesús dictó un programa «Velad conmigo»,[34] que sus discípulos realizan en la actualidad en todo el mundo. En la tercera parte de este servicio de oración, Jesús da el final de su Sermón de la Montaña, que incluye una sección titulada: «El fin de las banalidades», una serie de *fíats* que significan el principio del fin de las desarmonías que por tanto tiempo han condicionado a la raza hacia la mediocridad a través de la sustancia de su cinturón electrónico.

Podríamos decir que el Sermón de la Montaña fue una manifestación de la polaridad positiva (o yang) de la Divinidad, la afirmación de la Ley por parte del aspecto Padre, Alfa, el Principio. A quienes estén dispuestos de defender la justicia de la Verdad, llega la bendición de las Bienaventuranzas como el ímpetu positivo de la Deidad.

La negación del mal, por otro lado, la descomposición de la creación humana para que las energías cautivas de Dios puedan ser liberadas, purificadas y devueltas al lago de fuego para ser repolarizadas,[35] corresponde al aspecto femenino, o principio yin, de la Deidad, es decir, Omega, el Fin. Esto siempre ocurre al final de un ciclo de servicio o precipitación. Por tanto, al final de este reino de dos mil años ocupando el cargo de Cristo para la Tierra, Jesús entregó «El fin de las banalidades».

Comenzando en la **línea de las 12**, Jesús declara: «**¡No prevalecerán quienes esparcen semillas de discordia y agitación entre los hermanos!**». Estas semillas de discordia y agitación entran por la cuña de la sustancia de las 12, como crítica, condenación y juicio, y como chismes, calumnias y prácticas abusivas. Jesús hace un llamado al cese de tales actividades impías con el fíat universal: «¡No prevalecerán!».

En la **línea de la 1** declara: «**¡No prevalecerán quienes buscan que la humanidad los considere de buena reputación!**». Porque Jesús comprende la psicología del ego humano que gana en talla al oponerse a otros egos: estar a favor o en contra de asuntos o personalidades ofrece al ego una causa célebre. Al atraer a la gente al ámbito del odio, incluso un odio basado en una indignación justa, el ego puede vampirizar las energías de otros egos cuando su atención y emociones están entretenidas con ese tema. Esta es una estrategia de los practicantes de magia negra, moldear y manipular la opinión pública a favor o en contra de países y personas a fin de conquistar su vida disipando la energía que se les asigna a diario y destruyendo lo que debería ser el propósito principal de su existencia: amarse unos a otros. Jesús declara: «¡No prevalecerán!».

En la **línea de las 2** dice: «**¡No prevalecerán quienes buscan honor terrenal y no rinden homenaje a la oportunidad divina!**». Todos los esfuerzos por obtener reconocimiento en el mundo de la forma componen los registros acumulados en capas, comprimidos como roca sedimentaria, de su involucración con la creencia en la mortalidad. El hombre no logra la maestría Divina dudando, cuestionando o temiendo a su Creador, sino haciendo uso de la oportunidad divina, el *portal abierto hacia la unidad,* para vivir la resurrección de su verdadera identidad y hallar así su razón de ser y su verdadera misión para la Tierra.

En la **línea de las 3** Jesús pronuncia el fíat que desafía la mentira que busca con el razonamiento intelectual privar al hombre del conocimiento de la voluntad de Dios y el control Divino de su ser: «**¡No prevalecerán quienes no dan a la humanidad la libertad de aceptar la revelación progresiva de Dios!**».

Jesús señala a la mente carnal, que siempre razona contra la divinidad del hombre, como instigadora de la rebelión del hombre. Por tanto, sobre la sustancia del hombre de la **línea de las 4** dice: «**¡No prevalecerán quienes escuchan a los espíritus que no son justos y que no están perfeccionados en Dios!**». El propio Jesús, durante los cuarenta días que pasó en el desierto, demostró la autoridad del Hijo de Dios sobre el tentador que lo desafió a que fuera contra las leyes del Universo. Él sabe por experiencia que quienes se impresionan con facilidad con las provocaciones de los espectros no prevalecerán bajo el escrutinio del Señor de los Ejércitos.

Hablando a aquellos cuyos delitos contra la Ley están categorizados en la **línea de las 5,** dice: «**¡No prevalecerán quienes abusan de su cuerpo y mente consumiendo conscientemente sustancias impuras!**». Jesús entiende que los abusos del templo corporal y de la mente se basan en el hecho de que el hombre ignora la Ley. Él sabe que el lastimoso sentimiento que tiene el hombre por no estar completo hace que codicie lo que cree que no tiene y que consuma sustancias impuras a fin de conseguirlo. Sin embargo, en vez de lo que espera conseguir de esta manera, atrae pensamientos impuros, sentimientos impuros y recuerdos impuros.

Desafiando a la sustancia de la **línea de las 6,** Jesús dice: «**¡No prevalecerán quienes buscan elevar su conciencia hacia un estado más exaltado con la acción de drogas violentas!**». En vez de usar las corrientes de la llama de la ascensión y la disciplina de la purificación de los cuatro cuerpos inferiores para elevar su conciencia al nivel de la Cristeidad, el que está unido al ego busca el atajo con medios violentos y no naturales.

«El reino de los cielos sufre violencia, y los violentos lo arrebatan».[36] El asalto al cielo por parte de los niños de Dios que creen que con el consumo de drogas lograrán algo que no poseen demuestra la ignorancia sobre la Ley. Acaso la Ley no afirma «¿Yo he venido para que tengan vida, y para que la tengan en abundancia»?[37] Todos los niños de Dios tienen derecho al reino; por tanto, si primero buscan ese reino y Su justicia, descubrirán que todas las cosas que creen adquirir con el consumo de drogas se les añadirá gratuitamente como un don del Padre. El sentimiento que el hombre tiene de no estar completo es lo que provoca que intente conseguir con medios fraudulentos los dones del reino del cielo.

Los sentimientos de ingratitud y desconsideración, manifiestos como densidad emocional en la **línea de las 7,** reciben un desafío con la afirmación de Jesús: «**¡No prevalecerán quienes no dan a Dios la gloria por cada logro!**». ¿Cómo podemos dejar de estar agradecidos cuando reconocemos a Dios como aquel que actúa y como la «puerta abierta que nadie puede cerrar»?[38] Esta es la puerta abierta a través de la cual fluye desde el corazón de Dios hacia los hombres la corriente de la Vida para limpiar su densidad emocional. La eliminación de todos los efluvios humanos es un requisito previo al logro de la Cristeidad, y quienes no limpien su cuerpo emocional a través del poder de la transmutación, no prevalecerán.

En la **línea de las 8** Jesús reprocha el sentimiento de dualidad y la injusticia que siempre es el resultado del intento por parte de la mente carnal de atender las necesidades del ego humano; lo hace declarando: «**¡No prevalecerán quienes llevan agua sobre ambos hombros, creyendo servir tanto a Dios como al demonio!**». Jesús reitera aquí el *fíat* que recibieron los hijos de Israel: «Escogeos hoy a quién sirváis».[39] La injusticia, que es la tiranía de las emociones descontroladas, siempre ocurre cuando se sacrifica el principio por la personalidad. «¡No prevalecerán!»

En la **línea de las 9** Jesús declara que quienes son incapaces de superar su defensa del ego humano con deshonestidad, sencillamente no prevalecerán. Por tanto, dice: «**¡No prevalecerán quienes no aprestan su mente y corazón y no se fortifican para la victoria!**». La victoria es la clave de la realidad Divina en la línea de las 9, y la propia victoria de Jesús a los treinta años se manifestó a través de la superación de la intriga y la traición del mundo que quiso poner una corona de espinas sobre el Jesús humano y lo proclamó con mofa «rey de los judíos».

Pero él había superado toda necesidad de mantener su identidad a través del yo físico; por tanto, se sometió voluntariamente a la crucifixión como medio para poder demostrar la realidad de la Vida sobre la muerte. Con su última demostración alquímica, de victoria sobre el cuerpo físico, se ganó el título de Cristo y Salvador de la humanidad para el ciclo de dos mil años bajo el cual ha reinado. Los honores mundanos conseguidos a través del sentimiento propio del yo nunca se pueden comparar con las recompensas que da el Padre celestial a quienes vencen al mundo. «¡No prevalecerán!»

A los cautivos de la sustancia de la **línea de las 10**, Jesús advierte: «**¡No prevalecerán quienes desperdician sin sentido las horas que Dios les ha dado con la continua búsqueda de placer!**». Aquí llega a su punto crítico la obsesión con el yo. Todas las indulgencias con uno mismo deben desaparecer ante el amor de Cristo y de Dios. El sacrificio y la abnegación son lemas del discípulo que está venciendo la sustancia de la línea de las 10. «¡No prevalecerán!»

En la **línea de las 11** Jesús habla a los que aún tienen la necesidad de usar represalias a nivel humano. Él dice: «**¡No prevalecerán quienes se apoyan en el brazo de la carne y rehúyen el apoyo del SEÑOR Dios!**». Cuando la gente se venga, toma la ley en sus manos. Pero cuando con calma busca la corrección del error humano remplazándolo con la Luz del Cristo, ve la batalla como una batalla del Señor. A él lo reconocen como el vengador contra toda la creación humana, que vence y transmuta sin esfuerzo con el poder del fuego sagrado de acuerdo con la voluntad de Dios cuando sus hijos e hijas invocan esa voluntad. «¡No prevalecerán!»

Escuchamos el último mandamiento de Jesús: «**¡No prevalecerán quienes corren con las masas y desean el apoyo de considerables cantidades de gente para afirmar su acción y conducta correcta!**». A fin de justificar y perpetuar las condenaciones y los juicios de la mente carnal, los hombres buscan reunir el apoyo de la conciencia de las masas. Se sintonizan con islas de oscuridad y la negrura de la creación humana, utilizando esa energía para lograr sus fines. El juzgarse a uno mismo como buscador de la acción y la conducta correcta es una forma de fariseísmo. Por tanto, tanto si el juicio es sobre uno mismo o sobre otras personas, siempre está mal, porque Dios es el único Juez y Legislador.

Jesús sabía que para cumplir la misión del Cristo no podría buscar el apoyo de las masas. Ésta es la cruz que deben llevar todos los que deseen ser el Cristo. La cruz simboliza la victoria de la manifestación de Dios a través de los cuatro cuerpos inferiores del hombre. Al hacer el decreto por decimotercera vez, uno debería regocijarse en su Unión con el Padre y por haber vencido todos los apegos humanos, especialmente los apegos al yo personal.

El fin de las banalidades
de Jesús el Cristo

¡Padre nuestro, venga a nosotros tu reino!

No prevalecerán quienes esparcen semillas de discordia y agitación entre los hermanos.

No prevalecerán quienes buscan que la humanidad los considere de buena reputación.

No prevalecerán quienes buscan honor terrenal y no rinden homenaje a la oportunidad divina.

No prevalecerán quienes no dan a la humanidad la libertad de aceptar la revelación progresiva de Dios.

No prevalecerán quienes escuchan a los espíritus que no son justos y que no están perfeccionados en Dios.

No prevalecerán quienes abusan de su cuerpo y mente consumiendo conscientemente sustancias impuras.

No prevalecerán quienes buscan elevar su conciencia hacia un estado más exaltado con la acción de drogas violentas.

No prevalecerán quienes no dan a Dios la gloria por cada logro.

No prevalecerán quienes llevan agua sobre ambos hombros, creyendo servir tanto a Dios como al demonio.

No prevalecerán quienes no aprestan su mente y corazón y no se fortifican para la victoria.

No prevalecerán quienes desperdician sin sentido las horas que Dios les ha dado con la continua búsqueda de placer.

No prevalecerán quienes se apoyan en el brazo de la carne y rehúyen el apoyo del SEÑOR DIOS.

No prevalecerán quienes corren con las masas y desean el apoyo de considerables cantidades de gente para afirmar su acción y conducta correcta.

La herencia divina

Vistas dese la «cima» del Ser de uno mismo (es decir, desde las alturas del Cuerpo Causal) y no desde las ciénagas de la vida (desde las profundidades del cinturón electrónico), todas las cosas asumen una expresión distinta. La inmortalidad pertenece a las tierras altas y la mortalidad a las tierras bajas.

La mayoría de los hombres y mujeres no valoran la vida, mostrando muy poco interés en sus inmensos propósitos o en acumular virtud, tesoros en el cielo, mostrando en cambio gran interés por sus «pequeños papeles», exagerando sus roles, sus sufrimientos, sus expectativas y los deseos de su yo personal, todo lo cual se graba, línea a línea, en el cinturón electrónico. En un sentido estricto, Dios pierde toda posibilidad de estar presente en nuestra vida y nuestro campo energético cuando abandonamos el sentido inmortal y nos involucramos en una lucha personal para dar al César lo que es del César,[1] olvidando dar igual compensación a Dios.

Nadie puede culpar a Dios o a otra persona con impunidad por sus propios fracasos. Cada persona sólo puede dar las gracias por sus fracasos a sí misma, y dar las gracias por sus éxitos a todo el Universo, incluyendo a la Divinidad. Los factores hereditarios y del entorno, que parecen jugar un papel importantísimo en la formación del individuo, en realidad se ven atraídos hacia la persona por su karma pasado. Los que culpan a padres, vecinos y maestros por una vida incompleta, también deben buscar los registros de la Verdad sobre el papel que ellos mismos han jugado en encarnaciones pasadas al crear las condiciones en las que ahora se encuentran.

Las hojas del Árbol de la Vida y las doce clases de frutos simbolizan el hecho de que la preparación inmortal que el hombre hace para lograr las metas lo prepara, independientemente de su estación o sus antecedentes, para convertirse en un Hijo de Justicia, cuya simiente está en sí mismo[2] (cuyo poder Crístico es convocado por el Dios interior) y cuyas alas curativas[3] (cuyo impulso acumulado de Luz) lo sacará del agujero del engaño mortal para llevarlo a la conciencia de la inmortalidad.

El ritual del adorno

Al proceso de despojarse del viejo hombre y revestirse del nuevo del que habló Pablo[4] lo llamamos «ritual del adorno». Esto se lleva a cabo cuando el hombre, con amor y bien dispuesto, intercambia las limitaciones de su conciencia humana que se han acumulado en su cinturón electrónico por los ilimitados poderes de la Divinidad residentes en su Cuerpo Causal.

El uso del decreto alrededor del reloj (véase página 153), junto con todos los decretos que han entregado los Maestros que constan en el libro de decretos de The Summit Lighthouse,[5] producen finalmente el equilibrio de la llama trina a través de la utilización equilibrada y maestra por parte del hombre de los cuatro elementos. Llegado ese momento, el hombre se acerca a sus últimas iniciaciones en la Corte de Lúxor, que se han descrito en el libro 7 de esta serie, *El sendero hacia la inmortalidad.*[6]

Como preparación para esas últimas pruebas del fuego sagrado, el torbellino como acción de la llama trina produce en el centro del cinturón electrónico el calor alquímico del núcleo de fuego blanco del Imán del Sol Central. Esta acción del torbellino y el calor que la acompaña son inducidos mediante la invocación del fuego sagrado por parte del individuo durante un período de muchos años. A medida que la llama trina se va elevando y expandiendo, lo que le queda al individuo de creación humana es arrojado por la fuerza centrífuga a la periferia del cinturón electrónico, donde es consumida por el fuego violeta que la persona ha mantenido en el centro de su tubo de luz. El vacío que se produce a raíz de esta acción de la llama actúa como imán para atraer las cualidades del Cuerpo Causal a la manifestación en el cinturón electrónico, cumpliendo así la Ley, «como Arriba, así abajo».

«Como Arriba, así abajo», Dios es omnipresente: mediante la impregnación de la llama rosa, su amor llena todo el espacio. «Como Arriba, así abajo», Dios es omnipotente: mediante la acción de la llama azul, Él es todopoderoso porque reina supremo en el ser del hombre. «Como Arriba, así abajo», Dios es omnisciente: mediante la sabiduría de la llama amarilla, Él lo sabe todo sobre el hombre porque la totalidad del hombre se encuentra en un estado consciente de él. Cuando la Ley se cumple así, el hombre se encuentra en el centro de su propia llameante conciencia Crística. La poderosa llama trina lo envuelve en una acción de torbellino que toca cada línea del cinturón electrónico con una espiral ascendente de fe, esperanza y caridad cósmicas.

Ésta es la meta de los vencedores eternos. Quienes ponen las manos en el gran arado de la vida y luego se vuelven atrás no merecen ser considerados entre los vencedores. Quienes flaquean ante su propia creación humana o la de la conciencia de las masas no han tenido realmente la visión. Y quienes se cansan de hacer el bien no pueden ser considerados entre los candidatos a la ascensión en las Salas de Lúxor.

En el umbral del tiempo y la eternidad, el hijo de Dios recuerda que su Padre supone una ayuda muy posible en tiempos difíciles, y sea cual sea el enfrentamiento que pueda tener con el «morador del umbral», la creación de sus energías mal cualificadas, sabe que las llamas de Dios y las grandes Jerarquías del Sol mantienen el equilibrio de su superación. Lo único que tiene que hacer es ponerse sobre la balanza del Bien, de la Omnipotente, Omnisciente y Omnipresente Realidad y ganará en la batalla de la vida.

Entonces él también declarará con el Cristo resucitado: «¡Consumado está! Tu creación perfecta está dentro de mí. Inmortalmente bella, la felicidad del Ser no puede ser negada. Como en Ti mismo, habita en la morada de la Realidad. Para nunca más salir a lo profano, tan sólo conoce las maravillas de pureza y victoria».

La búsqueda del Árbol de la Vida

La advertencia de San Pablo sobre el ritual del adorno se verbalizó de forma hermosa: «Por lo demás, hermanos, todo lo que es verdadero, todo lo honesto, todo lo justo, todo lo puro, todo lo amable, todo lo que es de buen nombre; si hay virtud alguna, si algo digno de alabanza, en esto pensad».[7]

Convendría, por tanto, que con el poder del pensamiento dirigido todas las personas adquirieran la costumbre de pensar en sí mismas, no como mortales, unidas a la carnalidad y a los modelos de vida de la Tierra, sino como inmortales Hijos e Hijas de Dios, imperecederas, jamás nacidas y eternas, cada uno de cuyos actos debe asirse con fuerza a obras meritorias que puedan soportar las pruebas severas de la rectitud y el fuego que, con certeza, pondrá a prueba las obras de todo hombre.[8]

El amor del Cristo Cósmico, las bendiciones de las huestes angélicas, la comunión de los santos y el espíritu de la afinidad natural de la Vida con la alegría, con la rectitud y la Verdad, son las reclamaciones que Dios hace por el hombre en las grandes Salas de la Justicia Cósmica. El pasado, con su condenación de lo humano, es prólogo; pero el futuro, con su afirmación de lo divino, llama.

Así, el Árbol de la Vida se puso en medio del Jardín. No puede hallarse con una búsqueda somera, sino sólo penetrando en los propósitos de la Vida y volviendo a entrar en el Jardín del Corazón. Y esto se logra saldando las deudas kármicas y entrado en el noviciado del servicio. Así, con dedicación a los principios de la Vida, el contemplador de perfección, que ve en la Vida la caridad de Dios en acción, se pondrá ante el Árbol de la Vida, alargará la mano, comerá y vivirá para siempre.

Inmortalidad

La inmortalidad y la rectitud van de la mano. ¿De qué mejor manera puede manifestarse la inmortalidad aquí abajo que como una llama tangible de Vida que Dios ha implantado en el corazón? El corazón que está encendido con Su amor es el corazón el que está saturado con la acción recta. El corazón que se identifica con los pensamientos y sentimientos de Dios, con la identidad de Dios y con las cualidades de Su naturaleza, es el corazón decidido a manifestar Su naturaleza aquí y ahora, en el nivel personal.

¿De qué otra forma podemos forjar un futuro que esté basado en el diseño original de la inmortalidad de nuestra alma si no a través de una esperanza puesta más allá del velo, más allá de la razón y del sentimiento mortal, hacia el reino del Sanctasanctórum, el sumo altar de fe eterna? Porque ahí, la idea que Dios tiene del hombre aparece como inmortalidad universal; inmortalidad por creación, inmortalidad por derecho divino, inmortalidad por merecimiento e inmortalidad por Su Ley como amor en acción.

«¿Quién nos separará del amor de Dios, que es en Cristo Jesús Señor nuestro?»,[9] preguntó San Pablo. «Con la medida con que medís, os será medido»,[10] es el decreto de la justicia Divina implementada por el Consejo Kármico. ¿Acaso no podemos ahora pedir una dispensación de las Huestes del Señor de esa medida total de justicia que nos dará la capacidad de prestar a nuestro prójimo el servicio y el acuerdo de un Cristo vivo? ¿No pasaremos ahora de la muerte a la Vida, de la conciencia de la oscuridad a la del alba? ¿No nos asiremos con fuerza ahora a aquello que es bueno y abandonaremos lo que es malo?

Apartémonos, pues, del destino de la mortalidad, sacudiéndonos el polvo de los pies y reemplazándolo con el destino consciente de un sentimiento activo de inmortalidad que sea nuestro, haciendo que así sea. Caminemos con el Cristo no sólo hacia Emaús, donde el corazón puede arder dentro de nosotros, sino también al volver a un Paraíso recuperado, a una conciencia conseguida, a una comunión restablecida.

«Porque es necesario que esto corruptible se vista de incorrupción, y esto mortal se vista de inmortalidad. Y cuando esto corruptible se haya vestido de incorrupción, y esto mortal se haya vestido de inmortalidad, entonces se cumplirá la palabra que está escrita: Sorbida es la muerte en victoria.»[11]

Capítulo 3

El único Sendero por encima de los demás

Entrad por la puerta estrecha; porque ancha es la puerta, y espacioso el camino que lleva a la perdición, y muchos son los que entran por ella;

porque estrecha es la puerta, y angosto el camino que lleva a la vida, y pocos son los que la hallan.

MATEO 7:13-14

El único Sendero por encima de los demás

La búsqueda de la Verdad

UNA DE LAS DESAFORTUNADAS TÁCTICAS de la fuerza siniestra —es decir, los poderes negativos del planeta— es el continuo desviar la conciencia de la humanidad hacia estados de crítica, condenación y juicio hacia los demás. esto incluye el criticar las doctrinas o supuestos principios de filosofías religiosas. Con frecuencia se da el caso de que las personas juzgan a un individuo o una religión cuando ni siquiera son conscientes de lo que la gente piensa o lo que quiere decir con lo que publica o lo que dice.

Por ejemplo, en nombre del progreso espiritual, los Maestros de Sabiduría entregan una idea a través de una o más organizaciones espirituales. Otras personas podrán decir, debido a una mala interpretación de esa entrega: «Piensan que son los únicos». El resultado de una crítica así es que el bien que se pretende no puede fluir hacia el mundo. El comentario cierra la puerta a la Verdad, no sólo para ellos mismos, sino para otros que se vean sujetos a su esfera de influencia.

Nada impide, con tanta eficacia, que las personas reciban su victoria como la crítica a la fe de los demás. Jamás se logra nada constructivo al degradar o echar abajo una fe religiosa, sin embargo, esto no niega que los estándares y la conducta de muchas fes religiosas hayan producido efectos denigrantes.

«Divide y conquistarás» es un método que las fuerzas negativas usan con éxito. La propensión que tiene el hombre a condenar lo ha mantenido durante miles de años bajo la tiranía de los modelos negativos. De hecho, las personas que hacen precisamente aquello que critican con frecuencia son las más violentas al condenar a los demás.

Esa crítica se produce porque el hombre humaniza a la Deidad. Haciendo a Dios a su propia imagen, el hombre justifica todas las clases de pensamiento y sentimiento mortal contrario a lo que Jesús o cualquiera de los grandes Maestros considerarían. Debemos reconocer que todo esto es un elemento disuasorio con la intención de impedir que el hombre encuentre el único Sendero que conduce a la realización Divina.

El Sendero que conduce a la realización Divina

Muchas organizaciones religiosas en todo el mundo creen que lograrán perpetuar con éxito el tipo de teología que promulgan, manteniendo a sus miembros y continuando su expansión con la supresión de la Verdad. No hay duda de que al no practicar una ética cristiana o unos estándares divinos se ha contribuido al enfrentamiento de religiones y, con conflictos consumidores, se propician que destruyan los nobles esfuerzos de ambas organizaciones.

Una mente cerrada en temas religiosos infunde en la gente la idea de que están en posesión de la única fe religiosa con la que se puede lograr la salvación. Esto muestra un gran engreimiento, que satisface al ego humano. Esta actitud también cierra la puerta al progreso e impide que las personas alcancen un estado superior de existencia.

Ninguna organización ni ninguna persona puede ser o expresar algo de lo que no tenga la capacidad. Si se tiñe de negro a una oveja blanca, por debajo seguirá siendo blanca. La gente y las religiones, por tanto, no son más que la totalidad de su realización.

La mayoría de las organizaciones que en realidad tienen poco que dar prefieren encerrar a sus miembros en un dogma prescrito a fin de atarlos a su particular fe, independientemente de los efectos que esto tenga sobre la persona, en lugar de soltarlos y dejar que ejerciten su verdadero libre albedrío. Los líderes de esas organizaciones gobiernan a sus miembros mediante el temor. Dicen que otras religiones son falsas, que sus fundadores son falsos profetas o que sus exponentes están engañados.

Es una certeza que algunas religiones y organizaciones espirituales son más progresistas mientras que otras son más reaccionarias y están más anquilosadas. Pero también es cierto que hay un hilo de continuidad que atraviesa casi todas las religiones y que hace que el individuo sincero pueda hallar algún elemento de bien, si posee el bien dentro de sí o el potencial de reconocerlo.

«Lo mejor en la vida es gratis», es una frase comúnmente aceptada. Pero, en realidad, las mejores cosas en la vida, puesto que son las más magníficas, a menudo acaban siendo las que más cuestan en cuanto a horas de devoción, sacrificio, atención, esfuerzo y voluntad.

Entonces, ¿qué es la Realidad tras la idea de la religión? La religión es, esencialmente, tanto si el hombre lo admite como si no, misticismo. El misticismo religioso es una percepción de Dios. La naturaleza envolvente de Dios que abarca todos los ámbitos de la vida humana.

Dios es tanto sencillo como complejo. Él es armonía, pero los hombres no la expresan, porque la han cualificado mal con sus propios pensamientos y sentimientos. Esto con frecuencia no lo reconocen. Pero el día del ajuste de cuentas está cerca, y el único Sendero por encima de los demás, que busca su expresión en los muchos senderos, ahora está llegando a su manifestación, como siempre ha sido en el mundo.

Se necesita una mente abierta

Una de las grandes falacias de la naturaleza humana es la tendencia a respetar aquello que uno puede aceptar y a rechazar lo que parece inaceptable. Esto hace que las personas busquen a sus amigos entre quienes están de acuerdo y rehúyan a aquellos que imaginan son la oposición.

En realidad, se puede aprender mucho de los adversarios. En primer lugar, siempre existe la posibilidad de que lleven razón; de lo contrario, puede que tengan un conocimiento parcial de alguna fase de la realidad mayor que el nuestro. Por tanto, merece mucho la pena que mantengamos una mente abierta hacia el único Sendero por encima de los demás y que nos apartemos del sentimiento de justicia personal, es decir, la idea de que uno ha escogido lo que está bien de forma absoluta.

Una religión verdadera debe poseer la revelación progresiva, de lo contrario ya estará estancada; porque la justicia personal y la idea que no ve más allá de sus narices son cosas que limitan. No obstante, existe al mismo tiempo la necesidad de atarse a cierto grado de Realidad espiritual, a la que no llamaremos «dogma», sino «Verdad cardinal».

Muchas órdenes religiosas prometen impartir una gran sabiduría a sus seguidores. Les prometen libertad, felicidad y la salvación en un futuro. Los que quieren hablar mal de una religión tal dicen que esas cosas son castillos en el aire. Sin embargo, nosotros creemos que la religión no sólo beneficia al hombre en el futuro, sino también aquí y ahora.

El buscador pocas veces comprende si las órdenes religiosas pueden o no hacer las cosas que prometen. ¿Quién puede, en realidad, atravesar el velo del futuro? Aunque las experiencias cercanas a las muerte arrojan luz sobre algunas verdades religiosas, la mayoría de la gente jamás ha regresado de los muertos para verificar las verdades que proclama su religión.

Todos pueden lograr la unión con el Padre

Aquí está lo bueno de la exposición de los Maestros Ascendidos sobre la Verdad. Los Maestros Ascendidos proclaman un monoteísmo esencial, la existencia de un solo Dios; pero revelan la Verdad de que, gracias al Cristo Universal, ese Dios es la

Realidad esencial de cada individuo que todos pueden realizar en su totalidad.

Así, a través de los Maestros Ascendidos, se hace que las personas comprendan continuamente que existe un nivel universal de Realidad divina y unión con el Padre que todos pueden lograr. La reunión con este único Dios supremo sólo se puede llevar a cabo a través de la mediación del Ser Crístico de uno mismo y del Cristo Universal. Porque, a no ser que uno equipare al Ser Crístico con uno mismo mediante una aceptación de hecho y de fe, no existirá una verdadera mediación.

Cuando una persona alcanza cierta etapa de desarrollo, la mónada humana ya no se identifica con el nivel mortal, sino que lo hace con el nivel del Cristo Universal y, en efecto, está unida al amado Hijo, el unigénito del Padre. Así, en el único Sendero por encima de los demás, todos llegan a conocer a este Cristo Universal y a recibir la vestidura sin costuras que él vistió, para que la vistan como la herencia invaluable que les pertenece.

Al caminar con el Cristo antes de llegar a ser en el Cristo, entran profundamente en su conciencia y merecen el don de sus gracias. Habiendo logrado el estatus de Cristo, los hombres entonces caminan con Dios. Este caminar con Dios ha existido desde el principio del mundo.

Los conceptos incompletos sobre la salvación son ineficaces

En interés puro de la Verdad y sólo de la Verdad, respetamos al Cristo, que es la Verdad. Declaramos que los conceptos comunes que la mayoría de los hombres tienen sobre la salvación son incompletos y esa misma condición los hace ineficaces.

Por ejemplo, los intérpretes convencionales del cristianismo han proclamado que, antes del nacimiento del Señor Jesús, la salvación y la victoria eterna eran algo prácticamente imposible para el hombre. Han retratado a Jesús no sólo como el mediador entre Dios y el hombre, sino hasta como el mediador de todo el período histórico, fechando los años anteriores a su nacimiento como «a. C.» y los posteriores como «d. C.». Proponen que después de la muerte de Jesús todos los hombres pueden ser salvados por él. Todos los hombres que vivieron antes que él ahora pueden, de alguna manera, lograr algo que no podían conseguir antes de que él encarnara, «estando muy lejos de Dios». Cómo esto puede ser así, no lo explican.

El misterio se aclara cuando entendemos que quienes han vivido antes han vuelto a vivir; y muchos de ellos aún viven sobre este cuerpo planetario. También entendemos por qué él dijo: «Antes que Abraham fuera, YO SOY»;[1] porque conocía la Realidad eterna del Cristo Universal.

Parte del problema está en los conceptos teológicos relacionados con la historia de la creación y Adán y Eva, y el hecho de que todos los hombres tiene una sentencia de muerte con la caída de Adán. A esto acompaña la idea de la expiación indirecta, el hecho de que Jesús, con su muerte en la cruz, pagó el precio de esa sentencia por todos nosotros para siempre. Sin embargo, si eso fuera así, cuando el Cristo llamado Jesús pronunció las palabras: «Consumado es»[2] y murió, en ese preciso instante todo el pecado de Adán, llamado «pecado original», habría sido eliminado y, desde ese momento y para siempre, los hombres habrían tenido el don de la Vida eterna que Adán tuvo antes de la Caída.

La Verdad es que el Cristo Universal ha sido accesible desde el Principio y, por tanto, ha sido «el Cordero que fue inmolado desde el principio del mundo»[3].

Enoc, el séptimo desde Adán, lo demostró. Caminando con Dios mediante la conciencia Crística, fue capaz de lograr una unión tal con esa conciencia y con Dios de modo que dejó de ser un mortal común y corriente y jamás probó la muerte. Entró directamente en la ascensión a través de su reunión con el Cristo, que era el juez de todas las cosas desde el Principio.[4]

Elías, ascendiendo al cielo en un carro de fuego, también pasó por el ritual de la ascensión y logró su libertad inmortal.[5] Después se apareció en el monte con Moisés a Pedro, Santiago y Juan, cuando Jesús se transfiguró ante ellos.[6] Hubo otros que tampoco probaron la muerte. De algunos de ellos queda constancia y de otros no consta nada en los anales de los hombres.

Los que abandonaron la pantalla de la vida y las páginas de la historia para reencarnar una y otra vez atravesaron los ciclos del tiempo hasta la época de Jesús y entraron así en la dispensación cristiana. Pero en todas las épocas, la del Buda Gautama, la de Mahoma, la de Zaratustra, la de Confucio y la de Lao Tzu, ha habido personas que han contribuido mucho al bienestar del hombre y al reino de Dios.

Pero la importante y poderosísima comprensión del único Sendero por encima de los demás es la sencilla idea de la reunión con Dios y la unión con Dios, por la gracia que hay detrás del logro de la victoria para cada hombre.

El camino de los místicos

SIEMPRE HA HABIDO MÍSTICOS, Y ESTOS siempre han sondeado las profundidades y escalado las alturas del potencial del alma. El término griego para denominar al alma es *psyché*. Por tanto, los místicos son los verdaderos psicólogos, estudiantes en su búsqueda espiritual del propósito del alma. Su vida y enseñanza son un mapa que conduce de forma científica a la cima del ser. Thomas Merton escribió: «La angustia espiritual del hombre no tiene otra cura más que el misticismo».[1]

El misticismo no es algo exclusivo del cristianismo; es el elemento vital y animador del corazón de todas las religiones. La aspiración de todos los místicos es la misma: la unión con Dios. El místico no la pospone, porque no puede.

La santa y mística del siglo XVI Teresa de Jesús escribió en su autobiografía: «Todo se me olvidaba con aquella ansia de ver a Dios; y aquel desierto y soledad le parece mejor que toda la compañía del mundo».[2]

Quienes anhelan conocer y ver a Dios se valen del conocimiento eterno del alma sobre el Yo Superior y la vocación superior. Aunque la mente exterior no tenga idea alguna, nuestra alma sabe a nivel subconsciente que debe reunirse con su SEÑOR. Vida tras vida este conocimiento del alma nos ha impulsado hasta los pies de nuestros instructores; algunos verdaderos, otros falsos. Hemos bebido de los cálices de comunión de las religiones del mundo y en cada uno de ellos hemos saboreado un poco de la esencia del Señor.

Cada era trae nuevas revelaciones de Dios

Dios entrega nuestras religiones con el fin de dar a sus hijos una nueva conciencia sobre Él. A Dios no lo podemos asimilar de una vez. Igual que no ingerimos los alimentos de toda una vida en un día, sino que lo hacemos por partes, a Dios lo asimilamos miga a miga.

Hay ciertos períodos, llamados eras, en los que una civilización, un continente o todo un planeta está destinado a asimilar cierto atributo de Dios. La apertura de estas épocas va acompañada del nacimiento de un Avatar, un hombre-Dios, que encarna la Palabra con relación a la dispensación que inaugura.

La duración de una era es aproximadamente 2150 años. Esto se basa en la precesión de los equinoccios, la rotación lenta del eje de la Tierra durante la cual el punto del equinoccio de primavera retrocede, pasando por los signos del zodíaco. El punto del equinoccio tarda 2150 años en atravesar treinta grados del zodíaco, un signo astrológico.

Hace aproximadamente 4000 años entramos en la era de Aries. Hace unos 2000 años entramos en la era de Piscis, y actualmente estamos entrando en la era de Acuario. Cada período de 2150 años marca una dispensación de Luz del Gran Sol Central que da a las evoluciones de la Tierra una nueva percepción de la Presencia de Dios.

La dispensación de Aries produjo la percepción de Dios como Padre, como Legislador y como la encarnación de la Ley universal misma. Esa era estuvo caracterizada por la comunión directa de Dios con Moisés y el don que Dios dio a todas las generaciones de su nombre, YO SOY EL QUE YO SOY, con lo cual ellos también podían caminar y hablar con Dios. Moisés nos enseñó que todos los hijos y las hijas de Dios tiene el derecho divino de caminar y hablar con la Presencia Interior, el Gran YO SOY. La condición: obedeced mis mandamientos.

En la era ariana también observamos el monoteísmo del faraón Egipto Akenatón. Un siglo antes que Moisés, aquel logró la unión mística con Dios a través de su meditación en el sol, y en el Sol detrás del sol. Akenatón llamó a Dios «Atón». El símbolo de Atón era el sol con rayos divergentes que terminaban en manos, lo cual simbolizaba que el hombre es la mano de Dios en acción y que, tal como el sol y sus rayos son una sola cosa, no existe ninguna separación entre el Creador y la creación. *Akenatón* significa «aquel que sirve a Atón». El faraón creía que era un hijo de Atón; verdaderamente se veía a sí mismo como una emanación luminosa del Dios único.

La era de Piscis trajo la percepción de Dios como Hijo, que se nos reveló en el Cristo Universal personificado en el Cristo, Jesús. Jesús vino a enseñarnos a recorrer el sendero de Cristeidad personal para que pudiéramos realizar al Hijo de Dios en nosotros mismos. La condición: amadme y guardad mis mandamientos.

ILUSTRACIÓN 25: **Akenatón y Nefertiti con el disco solar**

Jeremías profetizó la revelación completa del Hijo de Dios que debía aparecer en la era de Piscis. Él vio al hijo como «El Señor, Justicia Nuestra».[3] En el siglo XX Saint Germain reveló al Hijo como el Cristo personal o Cristo Interior. A ese Cristo Interior nos dirigimos como nuestro Amado «Santo Ser Crístico». El conocimiento del Hijo de Dios como nuestro Yo Real o Yo Superior nos acerca mucho más al SEÑOR, YO SOY EL QUE YO SOY.

El amanecer de la era de Acuario nos trae la percepción de Dios como Espíritu Santo y como Madre Divina. En esta era el aspecto Femenino Divino se exalta en el hombre y la mujer como fuego sagrado elevándose en el altar de nuestros chakras. La condición que debemos cumplir es la autotrascendencia mediante el amor divino.

Así, el desarrollo de la identidad de Dios dentro de ti y tu identificación con ella es algo progresivo a lo largo de los ciclos cósmicos. Este desarrollo culmina en una experiencia directa de Dios seguida de tu unión con Dios. Ésta es la meta de todas tus encarnaciones pasadas y la de tu vida en la actualidad.

Las eras anteriores no las dejamos atrás, sino que construimos sobre sus cimientos. El conocimiento de las enseñanzas de los Maestros Ascendidos no es excusa para poner a un lado los Diez Mandamientos, las enseñanzas de Jesucristo o las grandes verdades que nos han llegado a través de los Vedas, los Upanishads y todas las enseñanzas de los Avatares de las religiones principales del mundo.

Vivimos esta comunión con nuestra Presencia YO SOY porque hemos construido, piedra sobre piedra, nuestra pirámide. Y ahora hemos de llegar a esa era y a ese momento en que nosotros mismos coloquemos la piedra cúspide espiritual sobre nuestra pirámide personal.

A través de cada una de las religiones principales del mundo Dios ha revelado a tu alma otro lado o imagen de Sí mismo. Tu alma es el espejo de Dios. Si permites que tu alma refleje el plano astral o imágenes discordantes, no quedará sitio en el espejo para Dios. Si pules el espejo del alma y lo diriges con tu atención hacia Dios, siempre podrás mirarte en el espejo de tu alma y ver a Dios. Esa es la primera experiencia que se tiene al ver a Dios cara a cara. Primero ves a Dios en el espejo de tu alma y después, directamente, cuando él decide aparecer ante ti.

Cuando Dios revela una nueva imagen o atributo de Sí mismo a través de una religión del mundo, también revela en el espejo de tu alma una nueva imagen o atributo de ti mismo. Cuando tú te unes a esa nueva imagen de Dios y de ti mismo, aprendes una nueva manera de comunicarte con Dios. Una nueva imagen es como un lenguaje nuevo, un nuevo modo de expresión, como si de repente descubrieras el amor o la verdad. Todo un mundo nuevo se abre ante ti. Tú comprendes más a Dios y así puedes ser más Dios. Con esto aprendes una nueva forma de lograr la unión con Dios.

En cada era Dios también nos ha dado uno o más nombres nuevos con los que podemos invocar esa imagen y, gracias a su reflejo, adueñarnos de ella. El conocimiento del nombre de Dios es una atribución de poder. Dios ha atribuido poder a su pueblo a lo largo de muchas eras. Con esto hemos aprendido a expandir las flores de nuestros chakras. Cada vez que invocamos a Dios con un nombre nuevo accedemos a una parte del Yo de Dios que anteriormente estaba fuera de nuestro alcance.

El nombre de Dios es la clave para acceder a su corazón, su mente, su espíritu y ese estado de conciencia que estamos destinados a reflejar y a ser.

Ocho senderos hacia Dios

Cada una de las religiones principales del mundo facilita el desarrollo de nuestra alma en un rayo y un chakra específicos. Las siete religiones principales del mundo y la octava, una religión menor, están bajo la dispensación de los siete rayos, los siete chakras, el octavo rayo y el chakra del octavo rayo.

1. El judaísmo facilita el desarrollo de tu alma en el primer rayo del poder de Dios a través del chakra de la garganta.
2. El budismo acrecienta el desarrollo de tu alma en el segundo rayo de la sabiduría de Dios a través del chakra de la coronilla.

3. El cristianismo incrementa el desarrollo de tu alma en el tercer rayo del amor de Dios a través del chakra del corazón.

4. El hinduismo aumenta el desarrollo de tu alma en el cuarto rayo de la pureza de Dios a través del chakra de la base de la columna.

5. El confucianismo expande el desarrollo de tu alma en el quinto rayo de la ciencia, la curación y la verdad a través del chakra del tercer ojo.

6. El islam fomenta el desarrollo de tu alma en el sexto rayo de la ayuda y el servicio a través del chakra del plexo solar.

7. El taoísmo fomenta el desarrollo de tu alma en el séptimo rayo de la libertad de Dios a través del chakra de la sede del alma.

8. El zoroastrismo promueve el desarrollo de tu alma en el octavo rayo a través de la cámara secreta del corazón.

La transformación del alma

El misticismo no es simplemente una creencia o una filosofía. El misticismo es una experiencia que transforma al alma. Si no te transformas, no has vivido la experiencia. Y cuando tu alma es transformada por completo, tú y Dios ya no son dos, sino uno solo.

La mística del siglo xv, Santa Catalina de Génova, vivió la unión como un sumergimiento en el océano del amor de Dios. «Mi ser es Dios —dijo— no como una simple participación, sino como una verdadera transformación de mi Ser [...] Estoy tan situada y sumergida en Su inmenso amor que parece como si estuviera sumergida en el mar, incapaz de tocar, ver o sentir nada más que agua [...] Mi Yo es Dios y no reconozco a ningún otro Yo más que a Dios mismo».[4]

El sendero místico es un viaje espiritual hacia el corazón del amor de Dios. Pero el místico sabe que para unirse completamente al corazón de Dios, debe trascender el yo inferior. Así, el sendero del místico es un desafío, así como una alegría. Es el reto de resolver el karma que te separa de Dios y, entonces, ir más allá del dolor hacia la dicha de encontrar a tu Señor cara a cara.

Orígenes del misticismo

Se cree que «misticismo» se deriva de la palabra griega que significa «cerrar los ojos o los labios». Se utilizó por primera vez con relación a las religiones de misterios griegas. Los *místicos* eran aquellos que prometían guardar en secreto los rituales de su religión.

Los filósofos neoplatónicos que más tarde aplicaron el vocablo «místico» a sus doctrinas enseñaban a sus estudiantes a cerrar los ojos con respecto al mundo exterior y a ir al interior, en contemplación profunda, para descubrir verdades místicas. Cerrar los ojos significaba que debían pasar a un plano de conciencia aparte de la mente concreta. Tenían que trascender la mente intelectual hacia el nivel tanto del superconsciente como el subconsciente, donde el alma tiene una percepción directa de su identidad en Dios más allá de los confines del yo físico/intelectual. Los neoplatónicos quisieron llevar a sus pupilos al compartimento del ser donde el alma habla con Dios y donde Dios habla con el alma.

Filo, el pensador religioso judío y contemporáneo de Jesús, utilizó el término «místico» para referirse no a rituales secretos, sino al significado oculto de la palabra de Dios. Los Padres de la Iglesia Griega primitiva, Clemente y Orígenes de Alejandría, aplicaron la palabra «místico» a la interpretación alegórica de las escrituras. Orígenes creía que no existiría un verdadero entendimiento de las escrituras sin comunión con Dios. Para Orígenes, la interpretación de las escrituras era una experiencia religiosa. Él fue el primero en usar la palabra «místico» para describir una forma de conocer a Dios.

En siglos posteriores los cristianos emplearon el vocablo «místico» para indicar la presencia sagrada y oculta de Cristo en las escrituras, los sacramentos y la liturgia. Los influyentes escritos del escritor del siglo v o vi conocido como Pseudo Dionisio establecieron el término «místico» como parte del vocabulario cristiano. Él no sólo lo empleó para hablar de la interpretación de las escrituras, también fomentó el ejercicio de la *contemplación mística,* el dejar atrás *los sentidos y las operaciones del intelecto* a fin de lograr la unión con Dios.[5] Al final, el término «teología mística» se utilizó en la Iglesia para denotar el conocimiento acerca de Dios conseguido mediante la contemplación.

El sendero místico

Hay varios elementos comunes a los senderos místicos de las principales religiones del mundo. Entre ellos, 1) la búsqueda de la Presencia interior de Dios por parte del místico; 2) su búsqueda de la conexión directa con Dios a través de la oración y la contemplación; 3) su búsqueda de un sendero triple de ascenso a Dios.

Los místicos creían que el alma debía ser la morada de Dios y tomar parte en la naturaleza Divina. En el misticismo cristiano, esta enseñanza está conectada con las palabras de Jesús y los apóstoles.

En la Última Cena, Jesús prometió a sus discípulos: «El que me ama, mi palabra guardará; y mi Padre le amará, y vendremos a él, y haremos morada con él».[6]

Pablo dijo a los corintios: «¿No sabéis que sois templo de Dios, y que el Espíritu de Dios mora en vosotros?».[7] Es milagroso andar por ahí en un recipiente de barro y darse cuenta de que Dios mora en este templo y que tenemos el poder de aumentar su morada, de intensificar su morada o de disminuirla hasta convertirla en nada cuando guardamos la ira, el egoísmo o la sensualidad. Nosotros somos los maestros de este templo. Nosotros decretamos si Dios encontrará sitio en nosotros.

Pedro dijo que, por la gloria y excelencia de Cristo, podemos ser «participantes de la naturaleza divina» aquí y ahora.[8] La muerte no es un pasaporte hacia esta experiencia. Aquí y ahora podemos tomar parte de la naturaleza divina.

La chispa divina

Los místicos hablan de la Presencia interior de Dios en dos sentidos. Primero, creen que todos los hombres son, por naturaleza, como Dios y que en cada alma hay una chispa de lo Divino.

El teólogo y místico del siglo xiv Meister Eckhart enseñaba: «Hay algo en el alma tan semejante a Dios que está unido a Él [...] La semilla de Dios está dentro de nosotros».⁹ Saint Germain enseña que la Presencia interior de Dios es la llama trina, la Trinidad, Padre, Hijo y Espíritu Santo. Se trata de la llama eterna que arde en el altar de nuestro corazón. También se llama «Santa Llama Crística» o «Llama Trina de la Libertad», porque sin ella no tendríamos ni libre albedrío ni la individualidad en Dios para ejercerlo.

Siempre que cuidemos de esta llama, tendremos una identidad única en Dios y estaremos por siempre vinculados a su corazón. En el momento del primer aliento del bebé, el Espíritu Santo vuelve a encender esa llama en el corazón físico. El hombre-niño ahora tiene el potencial de llegar a ser el hombre-Dios. Es decir, la manifestación infantil puede, a través de la llama trina, vestirse con la plena manifestación Divina y convertirse en ella.

La meta de no una, sino muchas encarnaciones consiste en cuidar tanto la llama trina con nuestra devoción a Dios, que esta aumente hasta llegar a la plenitud de la Divinidad que mora en nosotros corporalmente, como lo hizo en Jesucristo. Jesús es nuestro Señor y Salvador porque la plenitud de la Divinidad moró en él corporalmente. Es nuestro Señor porque a través de él esa llama se puede volver a encender en nosotros si la hubiéramos perdido. A través de él podemos volver a unirnos a nuestro Santo Ser Crístico.

Al asumir nuestro karma en la era de Piscis, Jesús ha salvado para nosotros la oportunidad de llegar a ser inmortales. Jesús era y es la Palabra Encarnada. Jesús es el místico supremo que ilumina el camino para todos los que quieran seguir su Luz hasta la totalidad de la Luz de Dios en sí mismos.

El Maestro Ascendido Saint Germain abrió al mundo el sendero del misticismo en el siglo xx cuando reveló la Gráfica de tu Yo divino (véase página 95). Esta Gráfica es un diagrama de la unión mística de tu alma con Dios. Y es una señal del corazón del Saint Germain para los místicos de todas las épocas pasadas que reencarnen en esta, es señal de que la hora del cumplimiento de su razón de ser ha llegado.

La revelación del YO SOY EL QUE YO SOY, como la

Presencia YO SOY individualizada de todo hijo de Dios, es el equivalente del velo en el templo que se rasgó en dos.* Por medio de la meditación en esta gráfica y con una profunda adoración hacia tu Presencia YO SOY, algún día verás el Sanctasanctórum de tu propia Realidad Divina. La rasgadura del velo en la época de Jesús significó que, desde entonces, todos los que lo aceptaran a él como el Sumo Sacerdote y Mediador en su vida, también tendrían acceso al Santo Ser Crístico.

Jesús es la puerta abierta. Tu Santo Ser Crístico, el Amado, es tu Sumo Sacerdote que oficia ante el altar de tu corazón. Dentro de la cámara secreta del corazón hay universos enteros, en ese espacio tan pequeño físicamente hablando. Y ahí presta servicio el Sumo Sacerdote ante el altar de tu ser y te da la comunión de Dios, el Cuerpo y la Sangre del Cristo Universal.

Jesús es el que reconecta al alma con su Santo Ser Crístico. Sin su intercesión como Señor y Salvador, nosotros mismos no podríamos restablecer ese lazo perdido. Lo necesitamos a él como Señor y Salvador y como intercesor, porque Dios lo ha enviado con ese fin precisamente, para que podamos salvarnos.

Por tanto, él viene a restaurar la llama trina. Y una vez que la llama está restaurada y el alma ha pasado sus pruebas, esta última podrá reunirse con el Santo Ser Crístico y con Jesús.

La Presencia interior de Dios

La segunda forma en que los místicos concebían la Presencia interior de Dios era como el Cristo interior.

El apóstol Pablo fue el primer místico que dejó constancia de la idea del Cristo interior siendo *formado* dentro de nosotros. A los gálatas escribió: «Vuelvo a sufrir dolores de parto, hasta que Cristo sea formado en vosotros».[10] Pablo proclamó al Cristo interior como la herencia de todos los cristianos. A los colosenses dijo que Dios daría a conocer a sus santos qué grandes son «las

---

*En el templo de Jerusalén había un velo que separaba al lugar sagrado, al que entraban los sacerdotes, del Sanctasanctórum, al que entraba el sumo sacerdote el Día de Expiación. Este velo se rasgó en el momento de la crucifixión de Jesús (Mateo 27:51; Marcos 15:38; Lucas 23:45).

riquezas de la gloria de este misterio entre los gentiles; que es Cristo en vosotros, la esperanza de gloria».[11]

Si tienes un Santo Ser Crístico, ¿por qué Cristo ha de ser formado en ti? El Santo Ser Crístico está por encima de ti en planos superiores. Puedes visualizar la formación de Cristo en ti como puntos de luz que se concentran, dispersados al principio y vaporosos, sin forma. Cuando empiezas a saber quién es Cristo y qué es Cristo —sus atributos, sus obras, sus palabras, cómo vive a diario—, en ti se va formando tu idea de Cristo, tu imagen de Cristo, el Cristo a quien adoras y al que veneras, el Cristo que es tu hermano, maestro y amigo. Cada día ese Cristo se va formando en ti, concentrándose más como Luz, hasta que la mismísima presencia, el perfil y la verdadera forma de tu Santo Ser Crístico se duplica aquí abajo.

Pablo dijo que Cristo vivía *en* él y descubrió que cuando Cristo vivía en él, él ya no vivía en sí mismo. «Y ya no vivo yo, mas vive Cristo en mí»,[12] dijo. Y así dejó de ser «yo, Pablo»; era «yo, Pablo, uno con el Cristo».

Orígenes escribió: «El nacimiento [de Cristo] no comenzó sólo en María [...] sino en ti también, si eres digno, nace la PALABRA de Dios. Si eres de mente limpia, de cuerpo santo y de obra inmaculada, puedes hacer nacer a Cristo en ti».[13]

Meister Eckhart enseñó que el nacimiento del Hijo de Dios dentro del individuo es hasta más importante que la encarnación del Jesús histórico: «Es más digno de Dios que Él nazca espiritualmente... en cada alma buena que el que naciera físicamente de María».[14]

El nacimiento de Cristo en nuestra conciencia y en nuestra alma llega cuando tenemos compañía con la Presencia Crística. Es un cierto despertar en nosotros de una esfera más grande de individualidad que aún hemos de llenar, lo cual logramos con la intercesión del Espíritu Santo. El bebé debe crecer y fortalecerse en el espíritu del Señor, hasta que alcancemos la talla de su Filiación, su Cristeidad, en Dios. Cuando eso tiene lugar, el alma se funde o une con el Cristo, con Jesucristo y, a través de él, con su Cristo interior.

Contemplación y oración mística

Una segunda premisa de los místicos es que el alma puede tener una conexión directa con Dios a través de la contemplación y la oración mística. A esto yo lo llamaría «meditación» y «oración devocional» e invocadora. Con la devoción damos a Dios todo nuestro corazón, nuestra alma, nuestro amor y nuestra mente. Con la oración invocadora invocamos todo el corazón, alma y Mente de Dios para entrar en su ser.

Para los místicos, la oración no es simplemente una serie de devociones y peticiones prescritas dedicadas a Dios. Es una oración interior con la que hablamos con Dios desde lo más profundo de nuestra alma. Es una concentración en Dios. Es una profunda comunión libre de distracciones interiores y exteriores.

John Climacus, un abad del siglo XVII de un monasterio sobre el monte Sinaí, dijo: «La oración es por naturaleza un diálogo y una unión del hombre con Dios. Su efecto mantiene la integridad del mundo».[15] Todo aquel que mantenga esta relación con Dios estará manteniendo la integridad del cosmos Espiritual y el cosmos Material, porque en ese diálogo y en esa unión habrá llegado al punto central de la Gráfica, el punto del Hijo de Dios.

Los místicos enseñaron que la verdadera oración no tenía lugar solamente en momentos álgidos del día o la semana. La verdadera oración es una incesante comunión con Dios aún en medio de las actividades diarias. Teresa de Jesús dijo que deberíamos hablar con Dios incluso sobre las preocupaciones más insignificantes del día. Nuestras conversaciones con él pueden producirse en cualquier parte.

El monje del siglo XV John Cassian escribió: «A través de la meditación constante en cosas divinas y la contemplación espiritual, el alma es atrapada en un éxtasis». Con esta práctica, dijo Cassian, el alma puede entrar en una unión tan cercana y continua con el Señor que «lo que respiramos, pensamos o decimos es Dios».[16]

Teresa de Jesús creía que el encuentro místico con Dios en nuestros asuntos del día a día no es menos valioso que las visiones y los éxtasis de los santos. «Entre los pucheros anda el Señor —dijo— ayudándonos en lo interior y exterior»[17].

La oración incesante es como estar enamorado. Cuando uno está enamorado, siempre está pensando en el amado. Cuando uno está enamorado de Dios, nunca puede apartar la atención de él. Uno se consume con una pasión espiritual. Los momentos aparte de él son una agonía. Nada más nos consolará más que su amor cuando vuelve a encender el éxtasis ardoroso de la comunión de corazón a corazón.

Así clamó el salmista al Dios vivo: «Como el ciervo brama por las corrientes de las aguas, así clama por ti, oh, Dios, el alma mía. Mi alma tiene sed de Dios, del Dios vivo; ¿Cuándo vendré, y me presentaré delante de Dios?».[18]

La Virgen María nos ha dicho cómo cumplir el mandato de «rezar sin cesar».

> Saint Germain ha dicho que deberíais rezar y que debéis hacerlo fervorosamente sin cesar. Que cada uno de vosotros escoja su mantra —que no debe ser largo por fuerza, mas escoged un mantra, amados— y empezad a repetirlo sin cesar. [Repetidlo en la mente]. Repetid un mantra de Kuan Yin o el Ave María, el Om Mani Padme Hum, el Om Namo Narayanaya.
>
> Comprended que está bien disciplinar la mente, para que a través de la mente y el corazón el alma pueda viajar al interior por medio de la Palabra interior que recitáis mientras servís... Que os lleve continuamente a la cámara secreta del corazón, a la llama trina.[19]

Saint Germain es el gran adepto que ha puesto a disposición de todos aquellos que se apliquen el sendero místico, enseñándonos el sendero de devoción a través de la ciencia de la Palabra hablada.

El sendero tiple de purgación, iluminación y unión

El tercer elemento común a los senderos místicos de las religiones del mundo es la búsqueda del sendero triple de purgación, iluminación y unión.

Algunos escritores consideran estas etapas como un sendero escalonado, con una fase dando paso a la siguiente. Otros creen que las etapas pueden darse de forma simultánea y que no todos los místicos las atraviesan todas. San Buenaventura, el teólogo del siglo XIII y discípulo de San Francisco, explica que en la etapa purgativa el pecado es desechado, en la etapa iluminativa el alma aprende la imitación a Cristo y en la etapa unitiva el alma se va uniendo a Dios día a día. También dijo que en la etapa purgativa el hombre llega a entenderse a sí mismo; en la etapa iluminativa, llega a entender a Dios; mientras que en la unitiva, se esfuerza por unirse a Dios.[20]

La purgación le llega al alma sólo después de que esta ha vivido su despertar en Dios. Este despertar da alegría al alma. Pero cuando la Luz de Dios entra de repente en el mundo del místico, este se vuelve agudamente consciente de sus defectos y debilidades. Aún más importante, ve que sus imperfecciones (o pecados, para emplear un término tradicional) son lo que lo separan de Dios, y ya no puede tolerar abismo.

Catalina de Génova describe el proceso por el que el alma vence sus impedimentos y se reúne con Dios, volviendo al «estado prístino de su creación», como una clase de purgatorio: «Cuando el alma se hace camino hacia su primer estado, su ardor al transformase en Dios es su purgatorio».[21] Estas palabras no son una exageración. Afrontar y conquistar de verdad al yo inferior es tarea ardua. No debemos subestimar el desafío. Debemos saber en qué nos estamos metiendo cuando queremos recorrer todo el camino para llegar a Dios en esta vida.

Eso es a lo que se refirió Pablo cuando dijo: «Cada día muero».[22] Pablo vio que una parte de sí mismo moría cada día, y él estaba apegado a algunas de ellas. Él no quería que algunas de esas partes tuvieran que morir. Pero al haberse formado el Cristo en él, lo que no era Cristo tenía que morir.

La noche oscura

Durante el proceso de purgación el alma afronta pruebas, tribulaciones y tentaciones que llegan con distintas apariencias.

Algunos místicos han descrito cierto elemento del proceso purgativo como una «noche oscura». El místico del siglo XVI San Juan de la Cruz dijo que hay dos noches oscuras: la noche oscura de los sentidos y la Noche Oscura del Espíritu.

La noche oscura de los sentidos tiene lugar durante la etapa purgativa y como una transición hacia la etapa iluminativa. La Noche Oscura del Espíritu tiene lugar antes de la unión definitiva del alma en Cristo en el matrimonio espiritual.

El autor E. W. Dicken dice: «La noche es simplemente el término utilizado por el santo para indicar *privación*, la erradicación del apego a todo lo que no sea Dios; y por esta privación cada vez más completa el alma finalmente se vacía de todo lo que pueda llenarla y que excluya a Dios».[23]

La mayoría de las personas no conocen la experiencia de estar totalmente llenas de Dios. Por tanto, renunciar a lo conocido por lo desconocido no resulta fácil. Estar totalmente llenos de Dios no significa que haya que ser una monja o un sacerdote, o que se deba que estar en un convento o en un claustro. También es posible estar en el mundo, pero no pertenecer a él —aunque esto suponga un reto más grande—, estar llenos de Dios y ser un punto resplandeciente de Luz, una extensión del corazón de Krishna, Morya o Buda. Tu vida tendrá mucha más alegría cuando en ti no haya sitio para nada más que Dios, porque Dios lo es todo. Dios es todo lo que es Real. Todo lo que jamás puedas querer, Él te lo traerá.

Mary Baker Eddy dijo: «El Amor Divino siempre ha satisfecho y siempre satisfará todas las necesidades humanas».[24] Es decir, cuando uno está lleno de Dios como amor divino, Dios le dará a uno todo lo que necesite y quiera lícitamente.

Durante la noche oscura sensitiva, el místico se disciplina para vencer los deseos exacerbados, deseos que no conducen a la unión con Dios. San Juan de la Cruz aconsejó lo siguiente: «Para venir a poseerlo todo —es decir, todo en Dios, si realmente eso es lo que quieres— no quieras poseer algo en nada»,[25] y Dios te lo dará Todo. Los místicos entendieron que una de las leyes principales del progreso espiritual es que, a medida que el alma se va desapegando más de las cosas de este mundo, más se va apegando a Dios.

San Juan esbozó un programa de dos pasos para ayudar al discípulo a atravesar la noche oscura de los sentidos y dijo que sólo con esos dos pasos el alma puede conquistar todos los deseos exacerbados que la separan de Dios.

Primero, el místico debe tener un «ordinario apetito de imitar a Cristo en todas sus cosas». Debe meditar en la vida de Cristo «para saberla imitar y estar en todas las cosas como se está en él». En segundo lugar, «cualquiera gusto que se le ofreciere a los sentidos, como no sea puramente para honra y gloria de Dios, renúncielo y quédese vacío de él por amor de Jesucristo, el cual en esta vida no tuvo otro gusto, ni le quiso, que hacer la voluntad de su Padre».[26]

El sendero de imitación a Cristo es el sendero de los místicos cristianos. Jesús dijo: «Si alguno quiere venir en pos de mí, niéguese a sí mismo, tome su cruz cada día, y sígame».[27] Tomar la cruz todos los días significa no sólo tomar la cruz de tu karma, sino también la de tu dharma, tu deber de ser quién eres en realidad en el sendero de Cristeidad personal siguiendo los pasos de Jesús. No pongas la cabeza a descansar por la noche si no has afrontado el karma del día con la llama violeta, con servicio, con amor.

San Felipe Neri escribió: «Nada más glorioso puede acaecerle a un cristiano que sufrir por Cristo».[28] Todos podemos preguntar: ¿Cómo puede ser glorioso el sufrimiento? ¿Esas ganas de sufrir no es masoquismo por parte de los místicos? ¿No se infligen dolor porque están enfermos psicológicamente?

No cuando se entiende que el sufrimiento por Cristo significa cargar con el propio karma para que él no tenga que cargar con ello. Si nos negamos a ser responsables de nuestras palabras, de nuestras acciones, nuestros actos, si no estamos dispuestos a sufrir las consecuencias de nuestras palabras y obras impías, todo esto será una roca de orgullo y rebelión contra las leyes de Dios que impedirá nuestra plena reunión con Dios.

Los santos y adeptos que estuvieron dispuestos a pasar por

lo que a nosotros nos parecen enormes tormentos y aflicciones autoimpuestas o graves enfermedades, estaban saldando su karma (quizá de la única forma que conocían) con el fin de volver a alinear su alma con Dios. Algunas veces, a través del intenso sufrimiento físico, los santos también saldaron karma planetario.

El saldar karma, el pagar nuestras deudas con Dios y con todas las partes de la vida que son Dios, *es* glorioso; porque nadie se siente realmente feliz, y nuestra alma jamás puede serlo, hasta haber deshecho las injusticias que han hecho sufrir a cualquier parte de la vida. Siempre que estemos enredados en una espiral de karma negativo con el yo exterior (nuestro propio yo exterior y el yo de alguna otra persona), no podremos conocer la verdadera unión con el Yo Interior, ni la de otros ni la nuestra.

Aunque la ley del karma puede exigir cierto sufrimiento, existe un sendero que conlleva un mínimo de sufrimiento. Ese sendero es el del séptimo rayo y la llama violeta. En vez de encontrarnos con todas las viejas situaciones y pasarnos millones de años trabajando para resolver el karma físicamente, ese regalo de Saint Germain nos ha dado la oportunidad de acelerar. A veces, el sufrimiento más grande que habrás de soportar será el de quedarte sentado suficiente tiempo para conseguir que la transmutación empiece a producirse en su máximo punto alquímico.

Saint Germain nos dice que la llama violeta es la llama más física de todas. Cuando la invocamos, la transmutación se produce en todos los niveles. La llama violeta no sólo expulsa las toxinas alojadas en nuestros órganos físicos, sino que también transmuta los karmas y los traumas de nuestra vida actual y de nuestras vidas pasadas, registrados en los cuatro cuerpos inferiores.

Saint Germain reveló la llama violeta al mundo en la década de 1930. Esta llama es un regalo de su corazón para todos lo que deseen entrar en la Era de Oro de Acuario. A través de la alquimia de la llama violeta, el aspecto del séptimo rayo del Espíritu Santo, el alma no redimida y no perfeccionada puede tomar parte en la naturaleza divina aquí y ahora, en esta vida.

Los escritos de los místicos nos dicen que llega un momento en el sendero purgativo en el que el intenso sufrimiento remite.

La llama del amor se traga algunos aspectos del yo inferior y el alma avanza hacia un nuevo nivel. El sufrimiento cesa cuando el alma ha aprendido sus lecciones y se ha saldado un determinado bloque de karma. Esto marca el momento en que el alma está preparada para la etapa iluminativa.

La etapa iluminativa

«Los que creen que la vida de los místicos es sombría y triste —dice John Arintero— no conocen la verdad felicidad... Consuelos indescriptibles e iluminaciones maravillosas se entretejen en medio de las muchas tribulaciones».[29]

Con la apertura de los misterios, el místico obtiene una perspectiva nueva sobre su relación con Dios y con su prójimo. Siente más la presencia de Dios. Su alma alcanza a nuevas alturas de alegría en comunión con el Señor. Radakrishnan, un filósofo indio, llamó a la segunda etapa del sendero místico «concentración»,[30] porque ahora la vida del místico se concentra por completo en Dios. Su único deseo es estar con Dios y servir a Dios.

La etapa iluminativa está marcada con frecuencia por visiones, éxtasis, revelaciones, arrebatos y otros fenómenos. Sin embargo, los místicos cristianos a menudo advierten, como los Gurús de Oriente, que los fenómenos no son la meta del sendero místico; y han dicho que hay peligro en pedirle a Dios esas experiencias o esperar que lleguen, porque esto nos deja vulnerables a proyecciones de nuestra imaginación o del demonio.

El autor J. Mary Luti escribe: «Aunque Teresa [de Jesús] apreciaba los fenómenos místicos, también se cuidaba de ellos... no sólo porque tales experiencias podrían ser falsas... sino porque, especialmente, entendía que la vida mística consistía en mucho más que experiencias especiales... Para Teresa, las marcas de la verdadera intimidad cristiana con Dios eran, primero, segundo y por último, las de un amor concreto, cargar con la cruz [es decir, karma personal y planetario], el servicio al vecino. Las sensaciones no eran lo que ella buscaba, sino la transformación en Dios por amor al servicio de Dios».[31]

La etapa unitiva

La etapa iluminativa, incluso con sus momentos de dicha, es simplemente un anticipo a la unión espléndida y perpetua con Dios que llega con la etapa unitiva. Los místicos cristianos dicen que la unión del alma con Dios en esta vida debería ser la meta de todos los cristianos. A esta unión se han referido como el matrimonio espiritual, la unión transformadora y divinizadora o deificación.

Para los místicos, el alma es de naturaleza femenina y debe convertirse en la novia de Cristo. Antes de que ocurra el matrimonio espiritual, algunos místicos pasaron por un período de compromiso o noviazgo. Durante el noviazgo místico, el ama pasa por más pruebas y purgaciones como preparación para su matrimonio, pero también disfruta de los deleites de Dios.

Antes del matrimonio espiritual, los místicos también pasan por la Noche Oscura del Espíritu. San Juan de la Cruz dijo que en ese período el alma siente que «Dios la ha desechado y, aborreciéndola, arrojado en las tinieblas».[32]

San Juan describió la Noche Oscura como «una influencia de Dios en el alma»[33]. Dios «está purgando el alma, aniquilando y vaciando o consumiendo en ella, así como hace el fuego al orín y moho del metal, todas las afecciones y hábitos imperfectos que ha contraído toda la vida… Humilla Dios mucho al alma para ensalzarla mucho después»[34].

Johannes Tauler, místico del siglo viv, se hizo eco de este tema en uno de sus sermones: «En la medida en que un hombre se salga de sí mismo, Dios entra en él con Su gracia divina».[35]

Éste es el gran misterio que los místicos de todas las religiones han desatado: para poder estar lleno, primero uno debe estar vacío.* Para que Dios more en ti por completo, primero has de vaciarte totalmente de todo lo que no sea Dios.

Los Maestros Ascendidos enseñan que la culminación de la Noche Oscura del Espíritu es la crucifixión. ¿Qué se crucifica en

---

*Lao Tzu dice: "Estar gastado es renovarse. Tener poco es poseer. Estar vacío es estar lleno» (*Tao-Te Ching,* capítulo 22).

la crucifixión? No es el yo exterior; es el Cristo encarnado en ti. Jesús el Cristo fue crucificado. Si no hubiera sido el Cristo, ellos no se habrían molestado en crucificarlo.

La crucifixión es la prueba suprema de tu Cristeidad individual, cuando tu alma es, como si dijéramos, separada de tu Presencia YO SOY de arriba. La prueba consiste en sobrevivir en la vida y en conciencia espiritual dependiendo de la energía Divina, de la energía Crística que hayas asimilado en todas tus vidas en el Sendero. Debes ser capaz de mantener esa Presencia Divina donde estás sin el refuerzo de tu Presencia YO SOY.

Esa es la verdadera explicación de por qué Jesús exclamó de repente cuando estaba en la cruz: «Dios mío, Dios mío, ¿por qué me has desamparado?».[36] Y ese es el significado de la iniciación más grande y difícil que debemos atravesar antes de llegar a la resurrección. Debemos haber interiorizado la Palabra que somos, una identidad individual en Dios, pero autosustentada.

A través de la purificación que llega con la Noche Oscura del Espíritu, el alma está al fin preparada para entrar en la cámara nupcial. La descripción de los místicos de su pacto de amor con el Amado ha producido algunas de las expresiones más exaltadas de amor jamás escritas. San Juan de la Cruz escribió sobre el contacto íntimo y personal del alma con el Ser Divino:

> Quedeme, y olvideme,
> el rostro recliné sobre el Amado,
> cesó todo, y dejeme,
> dejando mi cuidado
> entre las azucenas olvidado.[37]

Cuando el alma es «como robada y embebida en amor», dijo San Juan, es «como resumida y resuelta en amor, que consiste en pasar de sí al Amado».[38]

El matrimonio espiritual

Los místicos han descrito su matrimonio espiritual con el Cristo de una forma muy gráfica. En 1730 el Padre Bernardo de Hoyos oyó a los ángeles cantar: «He aquí que viene el Novio, id a recibidlo». En una visión vio a Jesús, a la Virgen Bendita y a muchos santos. A Jesús le oyó decir: «Te desposo, oh alma querida, eternamente en desposorio de amor... Ya eres mía y yo soy tuyo... Tú eres Bernardo de Jesús, y yo soy Jesús de Bernardo... Tú y yo somos una misma cosa».[39]

Los comentaristas sobre los místicos cristianos observan que los místicos con quienes se casa Cristo, cuando son hombres, a veces perciben a Cristo como sabiduría o misericordia, porque están consideradas como atributos femeninos de Dios. Jacob Boehme, por ejemplo, habló del matrimonio del alma con la Virgen Sofía («sabiduría» en griego).[40]

Santa Teresa de Jesús escribió que un día, en 1572, Jesús le dio la mano derecha y dijo: «Mira este clavo [huella], que es señal que serás mi esposa desde hoy... Mi honra es ya tuya y la tuya mía».[41]

Unos años después Jesús le dio un anillo. «Me dijo nuestro Señor, que pues era su esposa, que le pidiese, que me prometía que todo me lo concedería cuanto yo le pidiese. Y por señas me dio un anillo hermoso, con una piedra a modo de amatista, mas con un resplandor muy diferente de acá».[42]

El Señor también le explicó, según la verdadera tradición de la unión matrimonial, que con ella compartiría todo lo suyo, tanto las alegrías como los tormentos. «Lo que Yo tengo es tuyo —dijo— y así te doy todos los trabajos y dolores que pasé».[43]

La Madre Teresa de Calcuta una vez habló de las cargas que llevaba por Jesús, su Novio. Alguien le dijo: «Pues para ti es más fácil. No estás casada y no tienes ninguna relación». «¿A qué te refieres? Estoy casada», respondió enseñando el anillo que significa que una monja está casada con Jesús; «¡Y él también puede ser difícil!»[44]

En la etapa unitiva algunos místicos han sentido una unión íntima de su corazón con el corazón de Cristo. Una mística llamada Hermana Bárbara oyó a Jesús decirle: «Tú eres toda mía, y yo soy todo tuyo». Después percibió que él le había puesto una cadena alrededor del corazón y lo había puesto junto al suyo. «Desde ese momento —dijo ella— me sentí tan atada a mi Dios y tan íntimamente unida a Él que de verdad entre Dios y yo solo había una sola voluntad».[45]

La señal más importante de la unión mística con Dios es un amor activo. El camino unitivo, de todas las etapas del sendero místico, es el más fructífero. La mística francesa del siglo XIX Elisabeth de la Trinité dijo que en la etapa unitiva todos los movimientos del alma se vuelven divinos. «Aunque [los movimientos del alma] son de Dios, lo son también del alma —dijo— porque nuestro Señor los realiza en ella y con ella».[46] Así, el místico se convierte en el instrumento vivo de Dios, el corazón, la cabeza y la mano de Dios en acción.

Teresa de Jesús enseñó que, como resultado del matrimonio espiritual, el alma está «mucho más que antes, en todo lo que es servicio de Dios».[47] Toda la energía del alma que está desposada con Dios, dice ella, «se le va en cómo más contentarle, y en qué o por dónde mostrará el amor que le tiene. Para esto es la oración... de esto sirve este matrimonio espiritual: de que nazcan siempre obras, obras».[48]

La propia Teresa tuvo una vida muy activa, dedicándose a la reforma de la Orden de los Carmelitas. Viajó por toda España, fundó diecisiete monasterios, escribió varios libros que son clásicos espirituales. En la época y cultura de Teresa, estos logros no eran nada menos que extraordinarios.

Otra mística que trabajó mucho fue Catalina de Siena. Su matrimonio místico tuvo lugar en 1366, cuando tenía 19 años. Cuando rezaba en la pequeña habitación de su casa, donde había vivido recluida tres años, Jesús le prometió: «Te desposaré con mi fe», y le dio un anillo de oro con cuatro perlas y un diamante engastado.[49] Jesús le dijo que esto era como recompensa por despreciar las vanidades del mundo y desearlo sólo a él.

La vida de Catalina cambió de inmediato y dio comienzo a una trayectoria de servicio incesante. Abandonó su celda para cuidar de los pobres y enfermos. Predicó, viajó mucho y dirigió cientos de cartas a los prelados y soberanos de su época, aconsejándoles y reprendiéndoles. Allá donde fue, llevó una renovación espiritual.

El sendero místico es realmente un sendero práctico. Lo es porque en él aprendemos a entrar en contacto con Dios y a encontrar nuestro camino para volver a su corazón. Es práctico porque se ocupa de las necesidades del momento en la Tierra.

Dag Hammarskjold escribió una vez: «En nuestra época, el camino a la santidad se ve obligado a pasar por el mundo de la acción».[50]

«Las almas encendidas —dice Teresa de Lisieux— nunca pueden descansar.»[51]

Llegar a ser Dios

El matrimonio espiritual, nos dicen los místicos, no es solo un conformarse el alma a los caminos y la voluntad de Dios, sino una transformación total en Dios. Así precisamente describen los místicos la unión divina, y ésta es la verdadera esencia de la enseñanza que uno sólo susurra: el alma que se transforma en Dios *es* Dios. Ésta es la conclusión a la que los místicos llegaron inevitablemente, pero que eran reacios a decir porque temían la persecución. El apóstol Pablo hablaba de la purgación y la unión con Cristo cuando dijo: «Con Cristo estoy juntamente crucificado, y ya no vivo yo, mas vive Cristo en mí».[52]

John Arintero dice que en la etapa unitiva, «el alma, unida indisolublemente y una sola cosa con la Palabra encarnada, lleva vivamente Su divina imagen y parece que sea el propio Jesucristo... vivo en la tierra».[53] San Francisco de Asís, por ejemplo, se dedicó tanto a la imitación de Cristo que lo llamaron «otro Cristo». En el acto de unión, dijo Tauler, «en el alma no hay nada más que Dios».[54]

Teresa de Jesús dijo que la unión del alma con Dios «es como si cayendo agua del cielo en un río o fuente, adonde queda hecho todo agua, que no podrán ya dividir ni apartar cual es el agua, del río, o lo que cayó del cielo; o como... si en una pieza estuviesen dos ventanas por donde entrase gran luz; aunque entra dividida se hace todo una luz».[55]

El místico español Luis de León dijo que cuando el alma está unida a Dios, «esta no sólo tiene a Dios morando en ella, sino que ella es Dios».[56]

Santa María Magdalena de Pazzi exclamó al Padre: «Con Tu unión y transformación en el alma y la del alma en Ti... Tú deificas al alma. ¡Oh deificación! El alma que tiene la felicidad de alcanzar el estado de ser convertida en Dios, como una esfera irradiando los rayos de sol, se vuelve luminosa y resplandeciente como el sol mismo. Somos transformados en Tu mismísima imagen, de claridad en claridad».[57]

Esta son las palabras de los místicos cristianos y las enseñanzas de los doctores de la Iglesia católica romana. La meta de la deificación, de unirse a Dios o, como dicen algunos místicos, de convertirse en Dios, ha formado parte de la tradición mística cristiana desde la época de Jesucristo.

El sendero universal

Las principales religiones del mundo poseen dos facetas. Tienen el sistema ortodoxo consistente en reglas y rituales, una religión exterior, una religión de formas. Cuando la gente avanza en el Sendero, llega a la conclusión de que no basta, quiere más. Entonces está el sendero místico interior.

Cada una de las religiones del mundo muestra el mismo sendero interior, el descubrimiento de que Dios es un fuego vivo. El fuego es la clave en todas las religiones, desde el Zoroastrismo al Cristianismo, pasando por el Taoísmo.

El fuego del Espíritu Santo, la llama (sea cual sea la forma en que se la ve) es algo esencial en el altar del Ser. Y la meta del místico es unirse a la llama, unirse a Dios, transformarse, purificarse, iluminarse y entrar en esa unión total.

Si la religión no te ofrece un sendero para la reunión de tu alma con ese fuego sagrado en esta vida es porque no entiende lo más importante de este tema. Puedes practicar rituales toda una vida, pero quizá tu corazón jamás se haya abierto hacia tu Señor. Las enseñanzas interiores de ese sendero místico son lo que debemos vivir y demostrar para que el mundo pueda liberarse de la religión que se ha vuelto rutinaria y muerta.

El sendero místico es un sendero legítimo. No es un sinsentido, no es histeria, no es una manifestación de un problema psicológico de algún tipo. El legítimo desear unirse a Dios. Eso es tu derecho de nacimiento. Todo el amor divino del universo ahora te rodea, intensificándose en tu ser y diciéndote que hoy es el día y la hora en que puedes trascenderte a ti mismo.

El poderoso ángel Justinius, Capitán de las Huestes Seráficas, dice: «Os pido que consideréis poneros esta meta, la meta de la ascensión, y no posponerla para otra vida o para un futuro indefinido. La ascensión es hoy. Es todos los días. Y ascendéis a cada momento, ergio a ergio, al devolverle a Dios la energía que él os ha dado, al devolvérsela como buenas acciones, de palabra y obra, y con el flujo del Espíritu Santo que lográis de forma magnífica con al ciencia de la Palabra hablada cuando decretáis».[58]

Radiante espiral de la llama violeta

En el nombre de la amada, poderosa y victoriosa Presencia de Dios YO SOY en mí, de mi muy amado Santo Ser Crístico, amados Gurú Ma y Lanello, todo el Espíritu de la Gran Hermandad Blanca y la Madre del Mundo, vida elemental: ¡fuego, aire, agua y tierra!, yo decreto:

¡Radiante espiral de la llama violeta,
    desciende y destella a través de mí!
¡Radiante espiral de la llama violeta,
    libera, libera, libera!

¡Radiante llama violeta, oh ven,
    impulsa y destella tu Luz en mí!
¡Radiante llama violeta, oh ven,
    revela el poder de Dios para todos!

¡Radiante llama violeta, oh ven,
    despierta la Tierra y libérala!
¡Resplandor de la llama violeta, ven,
    estalla y bulle a través de mí!

¡Resplandor de la llama violeta, ven,
    que todos te vean, expándete!
¡Resplandor de la llama violeta, ven,
    establece tú, misericordia aquí!
¡Resplandor de la llama violeta, ven,
    transmuta ahora todo temor!

¡Y con plena Fe acepto conscientemente que esto se manifieste, se manifieste, se manifieste! (3x), ¡aquí y ahora mismo con pleno Poder, eternamente sostenido, omnipotentemente activo, siempre expandiéndose y abarcando el mundo hasta que todos hayan ascendido completamente en la Luz y sean libres!
¡Amado YO SOY! ¡Amado YO SOY! ¡Amado YO SOY!

El sendero óctuple

HEMOS LLEGADO A UN PUNTO DE NUESTRA evolución, tanto espiritual como material, en que ya no podemos seguir pensando en nosotros como cristianos, budistas, musulmanes o judíos. Hemos recibido las enseñanzas de la Gran Hermandad Blanca y esas enseñanzas y esa Luz no pueden confinarse a las líneas angostas de la doctrina y el dogma; no se pueden adjudicar a ninguna secta, porque el espíritu humano ya no puede seccionarse. Las enseñanzas de la Madre que provienen de la Gran Hermandad Blanca son para la integración de la ley cósmica. Y esa ley ha sido expuesta por los instructores de la Verdad de todas las épocas.

Uno de esos instructores fue el Buda Gautama, a quien actualmente conocemos como el Maestro Ascendido Gautama, Señor del Mundo. Este Maestro ha definido el budismo como «el encender el ser interior de Dios».[1] También nos dijo: «Vosotros podéis ser yo y yo puedo ser vosotros ahí donde estáis».[2] Tú tienes la semilla del Buda dentro de ti y, puesto que la tienes, tienes el potencial de llegar a ser un Buda.

Gautama enseñó este mismo mensaje cuando caminó por la Tierra, cuando fue el Buda encarnado en el siglo VI a. C. Las escrituras del budismo mahayana están salpicadas con la enseñanza de Gautama, que dice que todos los seres poseen la esencia de la condición búdica. Esta esencia o semilla también se ha denominado como «naturaleza de Buda». Un texto budista dice: «En cada ser vivo existe el potencial de lograr el estado búdico, llamado esencia de Buda... 'el legado que mora en el interior'».[3]

Otro texto, atribuido al Señor Maitreya, habla de su esencia o semilla: «El camino hacia el estado búdico está abierto para todos. En todo momento todos los seres vivos tienen el germen [semilla] del estado búdico en sí mismos».[4]

Las Cuatro Nobles Verdades

En su primer sermón después de alcanzar la iluminación, Gautama delineó Cuatro Nobles Verdades y el Noble Sendero Óctuple. Este sermón se llama «La puesta en movimiento de la rueda de la Ley» o «Girar la rueda de la Verdad», y Gautama lo dio en el parque de los ciervos, en Isipatana (Sarnath en la actualidad), cerca de Benarés. En él se explica que, al evitar los extremos de las indulgencias y las mortificaciones, uno adquiere el conocimiento del Sendero Medio o Vía Media. Gautama predicó que el Tathagata* «no busca la salvación en austeridades, pero tampoco se permite por tal motivo la indulgencia en los placeres mundanos ni vivir en la abundancia. El Tathagata ha encontrado el camino medio.

> Existen dos extremos, oh bhikkus, que el hombre que ha renunciado al mundo no debería seguir: la práctica habitual de la indulgencia, por un lado, que es indigna, vana y merecedora sólo de los de mente mundanal, y la práctica habitual de la automortificación que, por otro lado, que es dolorosa, inútil y sin provecho.
>
> Ni la abstinencia a comer pescado o carne ni ir desnudos ni afeitarse la cabeza ni dejarse el cabello enmarañado ni vestirse

---

* «Tathagata»: título del Buda Gautama utilizado por sus seguidores y por el propio Gautama al hablar de sí mismo. Traducido literalmente como "el que así ha venido" o "el que así se ha ido", el término se interpreta diversamente como un ser perfectamente iluminado; alguien que ha venido y se ha ido como otros Budas, enseñando las mismas verdades y siguiendo el mismo sendero; alguien que ha logrado *talidad* («tathata»), se ha unido al Dharmakaya, por tanto, ni viene de ninguna parte ni va a ninguna parte.

con ropa áspera ni cubrirse de tierra ni hacer sacrificios a Agni purifican al hombre que no esté libre de los engaños.[5]

Cuando estás libre de tus engaños podrás escoger involucrarte en tales prácticas o no hacerlo. Éstas ayudan, pero son simbólicas. Y si sólo son superficialidades y nosotros aún estamos llenos de huesos de muertos,[6] no sirven de nada y sólo nos convencen de que estamos llegando a alguna parte, cuando no es así.

El Camino Medio

Yo diría que en Oriente tenemos la tendencia hacia una automortificación más grande y que en Occidente la tendencia es hacia una mayor indulgencia. Necesitamos el Camino Medio. Gautama enseñó que ese Camino Medio conduce a seis estados de conciencia. Estos son perspicacia, sabiduría, calma, conocimiento superior, iluminación y nirvana.

Gautama se dispuso a enseñar a sus discípulos las Cuatro Nobles Verdades. Primero, que la vida es *dukkha,* «sufrimiento». Segundo, que la causa de ese sufrimiento es *tanha,* «deseo» o «sed». Tercero, que el sufrimiento cesará cuando la sed que lo causa sea abandonada y vencida. Este estado de liberación mediante el cese del sufrimiento conduce a *nirvana,* que significa literalmente extinción o apagar, el apagar el yo irreal. La cuarta de las Nobles Verdades es que el camino hacia esa liberación se logra viviendo el Noble Sendero Óctuple o el Camino Medio.

El primer paso del Sendero Óctuple es tener la comprensión correcta o las perspectivas correctas. El segundo es la aspiración correcta, el pensamiento correcto o la determinación correcta. El tercero es el habla correcto. El cuarto es la acción correcta o la conducta correcta. El quinto es el medio de vida correcto. El sexto es el esfuerzo correcto. El séptimo es la atención correcta. El octavo es la concentración correcta o la absorción correcta.

Estos ocho puntos de maestría sobre uno mismo son una concesión de nuestro Santo Ser Crístico. Conoce a este Santo Ser Crístico como tu Yo Real y conoce a tu Yo Real como poseyendo todos esos atributos. Has de saber que tu Yo Real los ha desarrollado hasta el máximo nivel de la maestría Crística y del adepto, y está esperando a que tú los recibas.

Al asimilar estos atributos con un esfuerzo diario y al prestar atención a los preceptos de la Ley, te estarás poniendo las túnicas de la rectitud de tu Yo Verdadero. Te estarás vistiendo con tu cuerpo solar imperecedero, al que Jesús se refirió como el vestido de boda, que tejerás al practicar estas ocho actitudes correctas.

Ocho cuestiones de la Ley

Estas ocho cuestiones de la Ley cumplen los siete rayos de los siete chakras y el octavo rayo y chakra, que es la cámara secreta del corazón.

El primero es la comprensión correcta, el punto de vista correcto, la perspectiva correcta. Estar centrado, ni a la izquierda ni a la derecha del pensar relativo, sino estar centrado en Dios. Esta es una cualidad que se desarrolla a través del chakra del corazón y del tercer rayo, cuyo color es rosa, pudiendo intensificarse hasta un rosa oscuro intenso. El chakra del corazón tiene doce pétalos. Recordemos la oración de Salomón: «Dame, SEÑOR, un corazón entendido».[7]

La comprensión correcta, o la perspectiva correcta, se describe como el conocimiento de las Cuatro Nobles Verdades; tener puntos de vista libres de superstición y engaño; tener una penetrante perspicacia de la realidad o vacío. Gautama dijo a sus discípulos:

> Entonces, hermanos, ¿qué es la Comprensión Correcta?
>
> Cuando el discípulo comprende el mal y comprende la raíz del mal; cuando comprende el bien y comprende la raíz del bien, esto es Comprensión Correcta.
>
> Entonces, ¿qué... es el mal? Matar... es el mal. Robar es el mal. La relación sexual ilícita es el mal. Mentir es el mal. Calumniar es el mal. Usar un lenguaje duro es el mal. El discurso vano es el mal. La codicia es el mal. La crueldad es el mal. Las perspectivas erróneas son el mal.
>
> ¿Y cuál es, Hermanos, la raíz del mal? La avaricia es la raíz del mal. La ira es la raíz del mal. El engaño es la raíz del mal.

¿Y cuál es, Hermanos, la raíz del bien? La libertad de la avaricia... la libertad de la ira... la libertad del engaño es la raíz del bien.[8]

Cuando pensamos en los estados de conciencia de la avaricia y la ira, los vemos con objetividad y decidimos si se encuentran o no se encuentran en nosotros. Pero cuando se trata del engaño, estaremos autoengañados con nuestros deseos, con nuestro orgullo y ego. Formamos parte del ego, su orgullo y sus deseos de tal manera que no sabemos que nos encontramos en el engaño hasta que, incremento a incremento, captamos una idea más elevada y nos observamos a nosotros mismos subir por una escalera de caracol hasta un punto de iluminación que, si observamos bien, reconoceremos que no poseíamos ayer. Y si somos inteligentes, escribiremos la experiencia y la idea y la afianzaremos para dar otro paso.

La liberación del autoengaño es una necesidad muy grande en el Sendero. Debemos perseguirla con toda la intensidad de nuestras oraciones, de nuestros pensamientos y considerar diariamente los pasos que damos y lo que hacemos.

El segundo paso del Sendero Óctuple es la aspiración correcta, el pensamiento correcto o la determinación correcta. El alma debe poseer esta actitud correcta si ha de regresar al Ser Crístico y a la Presencia YO SOY. Este punto corresponde al chakra de seis pétalos de la sede del alma, que es la morada del alma. Este es el chakra del séptimo rayo, el rayo violeta, que tiene muchos tonos, desde el violeta rosado hasta el morado.

La aspiración del alma debe estar centrada en Dios, en tener un pensamiento correcto, una contemplación correcta en la ley de Dios y la determinación correcta para cumplir su misión en la vida. Esta determinación es el uso del deseo de manera constructiva, estableciendo el deseo, el rumbo y moviéndose en esa dirección de forma constante, día tras día tras día.

El tercer paso del Sendero Óctuple es el habla correcta, lo cual guarda relación con el chakra de la garganta. El habla correcta como acción es, por tanto, la cualificación correcta de este rayo de poder, que es el primer rayo, el rayo de la voluntad de

Dios. El chakra de la garganta tiene seis pétalos y es de color azul. Con el habla correcta, por tanto, afirmamos el deseo correcto.

El habla correcta conlleva no mentir, no calumniar, no usar un lenguaje duro o abusivo, la conversación vana o la cháchara. El habla correcta es un lenguaje amable, abierto y veraz. Gautama dijo a sus discípulos:

> ¿Qué es, hermanos, el habla correcta? Hermanos, el hombre ha vencido la mentira y se abstiene de decir falsedades. Dice la verdad, está dedicado a la verdad, se adhiere a la verdad, es digno de confianza, no engaña a los hombres... Así, junta a los que están en desacuerdo; establece a los que están unidos... se deleita en la concordia; concordia es lo que disemina con sus palabras.
>
> Ha renunciado al lenguaje duro... Pronuncia palabras libres de tosquedad, suaves al oído, amorosas, que van al corazón, corteses, que alegran a muchos, que elevan a muchos.
>
> Ha superado la conversación vana... Habla cuando corresponde, habla de acuerdo con los hechos, habla con relevancia. Habla sobre el Dharma [la ley y la enseñanza] y la Disciplina del Orden; su habla tiene verdadero valor y concuerda con su objeto.
>
> Tiene presente el mandato que dice: «Al encontraros unos con otros, Hermanos, a dos cosas debéis adheriros: o bien a la conversación sobre la Verdad o al santo silencio».
>
> Esto, Hermanos, es el Habla Correcta.[9]

El cuarto paso es la acción correcta o la conducta correcta. Esto está relacionado con el chakra de la base de la columna. Es el rayo blanco y el chakra tiene cuatro pétalos. La acción y conducta correcta son la exteriorización física de todo lo que tenemos en nuestro corazón, en nuestra mente, en nuestra alma, en nuestros deseos, en nuestro ser. El chakra de la base de la columna es un chakra físico. Es la energía con la que la vida se sustenta y continúa.

El quinto paso es el modo de vida correcto, y corresponde al chakra del plexo solar, que tiene diez pétalos. Es el sexto rayo que es morado y oro, el rayo del servicio y la ayuda. Un modo de vida correcto significa vivir honradamente con una profesión que no haga daño a ningún ser vivo y no escoger un trabajo que no sea conducente al progreso espiritual. Es lo que hacemos en la vida, cómo nos entregamos unos a otros, a la sociedad, a nuestro país. El modo de vida correcto debe estar basado en el deseo correcto. El chakra del plexo solar es el chakra del deseo. El deseo erróneo engendra un modo de vida erróneo.

El esfuerzo correcto, el sexto paso, se establece como concentración correcta a través del tercer ojo, que tiene noventa y seis pétalos. Es el quinto rayo, el rayo esmeralda. Con el Ojo Omnividente nos concentramos, y al concentrarnos sobre aquello donde pondremos nuestro esfuerzo cada día, el sentido de nuestro servir y nuestro esfuerzo, debemos tener el deseo puro en el ojo interior. No debemos codiciar al prójimo, sentir celos de otro, querer lo que tiene otra persona. El esfuerzo correcto se basa en una relación directa con Dios.

El esfuerzo correcto conlleva un ejercicio correcto en la formación propia y en el autocontrol. El esfuerzo correcto es practicar los denominados «cuatro esfuerzos correctos». Debemos hacer un esfuerzo para «poner fin al mal existente». Debemos hacer un esfuerzo para «evitar nuevos males». Debemos hacer un esfuerzo para «causar nueva virtud». Debemos hacer un esfuerzo para «aumentar la virtud existente».

El séptimo paso es una atención correcta. Este es el atributo del loto de mil pétalos del chakra de la coronilla. Es el chakra del segundo rayo y es de color amarillo. La atención correcta siempre se mueve para establecerse a sí misma en la Mente de Dios que tenía Jesucristo,[10] que tenía el Buda Gautama y todos los que han logrado esa unión. Es tener una mente atenta y activa, una mente alerta que cuida los detalles y los domina. La atención correcta es el capitán del barco. La coronilla debe abrirse porque cuando uno posee la iluminación, y después la iluminación completa, puede dirigir el curso de los siete rayos.

El octavo paso es la concentración correcta o la absorción correcta. Esto guarda relación con la cámara secreta del corazón, una antecámara del chakra del corazón. El chakra de ocho pétalos es el sitio de la llama trina. La cámara secreta del corazón es el punto donde te encuentras con el Maestro, el Gurú, el Señor Buda. La concentración correcta debe estar en Dios, en el Yo Superior y en el punto de Luz. Es la contemplación sincera de los misterios de la Vida. Es la tranquilidad mental y la ausencia de distracciones. La absorción correcta es la absorción de la mente y el alma en Dios y en el Instructor. Sin una concentración y absorción correctas no lograremos la unión total de nuestra alma con el Cristo.

En las enseñanzas budistas este octavo paso conlleva la meditación y la respiración adecuada, así como las técnicas del *raja yoga* del hinduismo (conocido como «el real camino hacia la reintegración»). Es un medio de hallar la integración en todos los chakras y en la Presencia YO SOY a través de la experiencia directa y personal con el Dios interior mediante la ciencia de la Palabra hablada.

Senderos de Oriente y Occidente

La enseñanza sobre el Sendero Óctuple se atribuye por lo común al Buda Gautama. En realidad, es una enseñanza de todos los Gurús anteriores a él del linaje de Sanat Kumara y todos los que lo sucedieron.[11] También es la enseñanza de Jesucristo. Cada uno de estos pasos pueden encontrarse también en la enseñanza cristiana.[12]

Los senderos que han sido desarrollados en Oriente y Occidente tienen el mismo propósito, que es unir la mano del alma a la del Ser Crístico. Porque solo así puede iluminarse el Camino con el conocimiento correcto, la aspiración correcta, el habla correcta, el comportamiento correcto, el modo de vida correcto, el esfuerzo correcto, la atención correcta y la absorción correcta.

Plano de:
Causa
Absoluto
Espíritu
Identidad inalterable

CUARTA NOBLE VERDAD   PRIMERA NOBLE VERDAD

La culminación del alineamiento en el real ritual óctuple de la maestría de los siete rayos y el octavo rayo de la integración.

Nirvana.

La Vida es alineamiento con Fuerzas Cósmicas.

La Vida es ubicación del Yo con el Logos.

La Vida es dicha, bienaventuranza, lo ilimitado, ser el centrado a sí mismo en el Uno.

La causa del alineamiento es el deseo correcto.

Dios que desea ser Dios.

Deseo de unión en los cuatro planos de Dios: en la dicha, en la bienaventuranza, en ser el centrado a sí mismo en el Uno.

El cultivo del alineamiento en el equilibrio es karma correcto: el karma de la Dicha, el karma de la bienaventuranza, el karma de lo ilimitado, el karma de ser el centrado a sí mismo en el Uno.

SEGUNDA NOBLE VERDAD   TERCERA NOBLE VERDAD

ILUSTRACIÓN 26:
**Las Cuatro Nobles Verdades en el Reloj Cósmico.
Espíritu**

Plano de:
Efecto
Relativo
Materia
Identidad no permanente

CUARTA NOBLE VERDAD

La anulación del no alineamiento a través de la práctica del Noble Sendero Óctuple.

PRIMERA NOBLE VERDAD

La Vida es un no alineamiento con Fuerzas Cósmicas.

La Vida es desubicación del yo fuera del Logos.
La Vida es separación, lucha, sufrimiento, existencia egocéntrica en los muchos.

La causa del no alineamiento es el deseo erróneo.

El hombre que desea ser hombre.

Deseo de separación de Dios, lucha, sufrimiento, existencia egocéntrica en los muchos.

Cese del no alineamiento al saldar el karma erróneo: el karma de la separación, el karma de la lucha, el karma del sufrimiento, el karma de la existencia ego-céntrica en los muchos.

SEGUNDA NOBLE VERDAD

TERCERA NOBLE VERDAD

ILUSTRACIÓN 27:
Las Cuatro Nobles Verdades en el Reloj Cósmico.
Materia

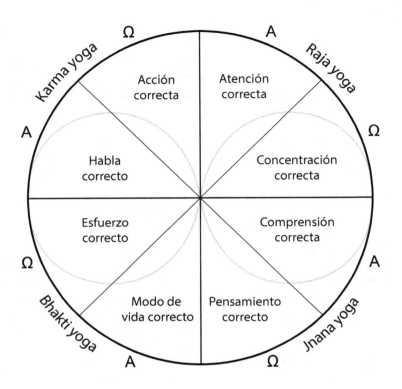

ILUSTRACIÓN 28: **El Camino Medio. Reloj óctuple**

Los ocho pasos del Sendero Óctuple corresponden a los siete rayos y al octavo rayo, como se explica en el texto. También se pueden entender como aspectos Alfa y Omega (*yang* y *yin*, masculino y femenino) de los cuatro cuadrantes del ser, que corresponden a los cuatro senderos de yoga descritos en el hinduismo. El cuerpo etérico corresponde a *raja yoga*, el cuerpo mental a *jnana yoga*, el cuerpo emocional a *bhakti yoga* y el cuerpo físico a *karma yoga* (para obtener más enseñanza sobre estos cuatro senderos y otras formas de yoga, véase libro 3 de la serie Escala la montaña más alta, *Los Maestros y el sendero spiritual*, capítulo 1, «El yoga superior»). El Sendero comienza y finaliza con la Correcta Asociación con Cristo, el punto de la línea de las 3 de este diagrama. «Vuelve ahora en amistad con él, y tendrás paz; y por ello te vendrá bien» (Job 22:21).

El buscador y lo buscado

CADA CORRIENTE DE VIDA POSEE ALGUNA expresión enjoyada de Realidad divina que revelar al mundo cuando esté lista. Prepararse, por tanto, es el factor vital en Verdad y es la ocupación del vivir. Cada individuo posee una parte del todo, la cual es su porción especial, porque se puede decir justamente que no hay dos personas iguales. El mensaje de Dios y la Palabra de Dios deben escucharla judíos y gentiles, esclavos y libres, sabios e ignorantes, todos en los que el Espíritu de la Vida está activo y aquellos cuyas esperanzas, en algunos casos, de hecho, están muertas.

El mensaje de esperanza encarnado en el poder de la Verdad es el único medio de salvación para el planeta. Pequeños granos y migas de la mesa del SEÑOR caen por los canales de las muchas religiones hacia corazones que esperan hambrientos. Pero algunos hombres y mujeres no quedan satisfechos con lo común, ni siquiera con la idea de una aceptación pública, sino que deciden que su criterio sea: «¿Es cierto? Y, ¿producirá para mí y para mi prójimo el fruto de nuestros esfuerzos?».

Estos verán en seguida que el don de Dios para el mundo es Él mismo. Solo al recibir este don invaluable de su Realidad divina puede el hombre llegar a ser maestro de sí mismo y así, es de esperar, un Ser Ascendido, capaz de ayudar a otros a continuar con el método de progreso hacia el Infinito.

¿Y qué es el Infinito? ¿Acaso no es también el gran círculo que contiene el puntito de Luz que es lo finito? Lo menor está contenido por lo mayor; y más que eso, lo menor es un punto de enfoque de lo mayor en el proceso de revelarse a sí mismo.

El único Sendero por encima de los demás muestra, al individuo que está lleno de error y moldeado por la oscuridad, cómo puede ser llevado a la Luz y liberado de la discordia humana. Entonces, este se eleva a la talla de candidato a la ascensión y, finalmente, llega a ser un Ser Ascendido.

El camino de la cruz fue precursor a la ascensión, pero el hombre ha hecho hincapié en la cruz y no en la corona de la ascensión. El propósito divino debe cumplirse y el único Sendero por encima de los demás ha de verse como salvación y libertad ahora, verdad ahora y revelación progresiva.

El hombre debe usar la llama violeta transmutadora y ser separado de los habituales modelos erróneos en el pensar y sentir. Las ideas y los modos Crísticos de pensamiento deben restablecerse en el campo energético de cada individuo. El intento debe ser más grande que el objetivo y el Camino debe ser mostrado con claridad.

Busca hasta que encuentres

El único Sendero superior a los muchos senderos es aquel que los hombres buscan en los muchos senderos. Si no lo encuentran, deben continuar buscándolo hasta encontrarlo. Jamás deben perder de vista su búsqueda de un estándar de fe y pureza que resida en las principales religiones del mundo, siempre que los buscadores no se limiten a la «letra que mata».[1]

Si uno se adhiere a este alto estándar de la Verdad viva en el espíritu, este proporciona esa bendita certeza para cada corriente de vida de que Dios la guiará de forma individual mediante el poder del Espíritu Santo hacia el único Sendero por encima de los demás.

Este único Sendero es el de la vanguardia espiritual. Es el Sendero de quienes a veces son los solitarios, hasta que han pasado por el mar de problemas hacia las iniciaciones superiores. Es el Sendero de la victoria sobre la larga noche del error. Es el amanecer que inicia el día eterno.

La insensatez y los engaños del error se derriten ante la luz solar de la Verdad. La Verdad muestra el rostro de Dios detrás de todas las cosas y revela que todas las cosas deben formarse según la imagen divina con un esfuerzo consciente de la voluntad.

«Ve, y haz tú lo mismo»[2] se convierte en un fíat para todos. «Tú eres mi Hijo amado»[3] se pronuncia para todos. Esto se convierte en el encargo personal de Dios que todos aprenden a aceptar en la justicia de la creación.

Dios nos dio a todos el don del futuro

¿Cómo podría el Dios Universal —cuya sabiduría infinita hizo el mundo, los sistemas estelares, los maravillosos afluentes de los nervios y las arterias en el ser físico y el alcance resplandeciente de la mente— hacer que el don del futuro fracase? No lo hará, porque Dios nos ha dado a todos ese don. En nuestra unión con ese valioso don yace nuestra fuerza. En nuestra división y nuestra diversidad yace el falso sentimiento de salvación personal que quiere alabar los esfuerzos del ego mientras niega los de Dios.

Sin darse cuenta de lo que hace, el hombre se apoya en el frágil cayado de la opinión humana. Busca a sus confesores, lo viejo y familiar, y encuentra un falso consuelo que un día palidecerá como algo insignificante cuando conozca la Verdad. Porque antes o después el hombre deberá regresar a los pies de los Maestros y percibir que la hermandad de ángeles y hombres es un coro divino cuyos himnos, de carácter universal, conducirán a todos «al lugar donde yace el Señor».[4]

Porque donde yo estoy, vosotros también estáis,[5] dándome la mano durante vuestro viaje, peregrinos todos, del único Sendero por encima de los demás. Con razón, pues el Señor me dijo: Escribe «consumado está», y se consumó.

Capítulo 4

La Gran Hermandad Blanca

Los reinos del mundo han venido a ser
de nuestro Señor y de su Cristo; y él reinará
por los siglos de los siglos.
  Y los veinticuatro ancianos que estaban
sentados delante de Dios en sus tronos,
se postraron sobre sus rostros, y adoraron
a Dios, diciendo:
  Te damos gracias, Señor Dios Todopoderoso,
el que eres y que eras y que has de venir, porque
has tomado tu gran poder, y has reinado.

APOCALIPSIS 11:15-17

La Gran Hermandad Blanca

L A GRAN HERMANDAD BLANCA ES UNA orden espiritual de la Jerarquía, una organización de Maestros Ascendidos unidos por los propósitos más grandes de Dios en el hombre y establecidos por Jesucristo, Gautama Buda y otros Instructores del Mundo. «Blanca» no se refiere a la raza, sino a la Luz blanca del Cristo que rodea a los santos y sabios de todos los tiempos que han surgido en toda nación para contarse entre los inmortales.

La Diosa de la Libertad desea llevar a todos los hombres hacia un espíritu cooperativo de libertad universal bajo el estandarte de la Gran Hermandad Blanca. Porque a través de una unión las almas de la Tierra lograrán el destino que les ha sido asignado divinamente. Así lo explica ella:

> El impulso del deseo de libertad del hombre tiene su origen en el mismísimo centro solar del Universo. El hombre fue concebido en la expansiva llama de la libertad del corazón de Dios. Esta Realidad, atenuada por factores intrusos, sigue siendo la meta de los sabios y sinceros.

> Los miles de millones que consideran a este planeta Tierra su hogar son fragmentos rotos de la unidad universal. La libertad

de la unidad se ha perdido en favor del sentimiento multifacético de separación; y así, bajo su propia higuera y pegado a su propia vid,[1] el hombre va por sus varios caminos aparte.

Obligar a los segmentos separados de lo universal a formar una alianza indeseada no traería ningún bien a la comunidad del ser. Porque ahí la libertad de la unidad sería ignorada y la atracción de los sentidos, como potros salvajes bufando, crearía sus mareas de energía inquieta para separar al hombre del equilibrio del verdadero Ser.

Solo la atracción del centro solar de la Realidad universal, solo el reconocimiento por parte de la humanidad de las grandes Leyes que gobiernan el cosmos y la diseminación de conocimiento acerca del cosmos puede desarrollar en la identidad en despliegue del individuo un sentimiento de armonía de libertad universal.[2]

Oportunidad renovada

Como nubes de gloria haciendo camino, los hijos de Alfa y Omega llegan al mundo recién salidos de las octavas de Luz, prometiendo hacer Su voluntad y cumplir el noble plan. Descendiendo en una espiral de Luz, la conciencia involuciona, haciéndose una bola de fuego al atraer hacia sí el potencial de Luz para otra ronda evolutiva.

El alma, que tenía plena conciencia al final del ciclo anterior, en un abrir y cerrar de ojos se convierte, otra vez, en un dios embrionario. Al circular en espiral para entrar en el canal del nacimiento, pierde el recuerdo de vidas y amistades anteriores, de una vida alegre en los niveles internos. El velo de la misericordia cae, pero los impulsos acumulados positivos y negativos del desarrollo pasado quedan como una funda de identidad.

Segura en el corazón se encuentra la semilla que contiene el sustento del destino solar (del alma). Las claves de cada decisión correcta están encerradas en el cuerpo etérico. La voz de la conciencia se convierte en la brújula constante que guiará al barco frágil a atravesar los altos mares de la aventura en el mundo de la forma.

A través de un túnel de inocencia, el alma llega solo para

hallar la civilización con todos sus avíos esperando como una bestia descomunal que ansía devorar su pureza. El recuerdo distante de las esferas exaltadas hace al alma incauta. ¡Qué denso se ha vuelto el mundo! Le cuesta aprender sus modos.

Sed de hermandad

¡Ay!, el mundo al que ha llegado el alma está lejos de ser un reflejo de las ciudades etéricas y los templos de Luz donde estuvo entre encarnaciones. De repente, el alma se da cuenta de que está atrapada entre el mundo sintético y el mundo real, sin estar realmente separada de ambos. Los votos que hizo con facilidad en las aéreas alturas se convierten en una cruz. A medida que la bola de fuego evoluciona y el alma alcanza el punto más lejano de su descenso, el dilema eterno se convierte en un peso insoportable.

Idealista en su juventud, el alma quisiera poner a la sociedad al revés y tumbar la injusticia con el puño cerrado y una gran protesta: «¡Todo está mal!». Pero los que se han acostumbrado a la oscuridad de la irrealidad no comprenden su alegato.

El alma sabe que el juego de la Vida tiene reglas, fórmulas que abren los secretos para la superación, leyes que gobiernan la emisión de la energía. Estas claves de la Realidad proporcionan los eslabones de la cadena del Ser, sin los cuales ni el hombre-niño puede conseguir hacer avances significativos en las estructuras existentes y las tradiciones establecidas que han dado perpetuidad al mal y al bien durante siglos.

Al entrar en los ámbitos convencionales de la vida, el alma con frecuencia se ve atrapada en las contracorrientes de movimientos masivos y vórtices de odio, prejuicio, guerra y las manipulaciones de los luciferinos. El alma grita pidiendo ayuda, y sus Hermanos y Hermanas Mayores, que han navegado la ruta antes que ella, le echan el salvavidas de la Gran Hermandad Blanca.

La razón de ser de la Gran Hermandad Blanca

El función principal de la Gran Hermandad Blanca es devolver la conciencia de la humanidad a la libertad de la Unidad mediante la diseminación de un conocimiento del cosmos, las Leyes inequívocas que gobiernan los ciclos y el destino del microcosmos (hombre) y del Macrocosmos, su verdadero hogar de Luz.

La finalidad de este capítulo es revelar a la Hermandad y poner a nuestros lectores en contacto directo con sus Hermanos y Hermanas Mayores, quienes están plenamente capacitados para guiar la salida del entorno sintético.

El Creador, con su sabiduría, conoció desde el Principio las consecuencias del mal uso del don del libre albedrío por parte del hombre. Tuvo conocimiento previo de cada decisión errónea como una espiral negativa que empujaría al hombre hacia abajo, hacia un oscurecido sentimiento y hacia la oscuridad del autoengaño; engendrando el temor, la duda, la rebelión y finalmente la total separación del plan creativo y de la libertad de la buena voluntad.

Al haber visto cómo los dardos de ese orgullo, que entraron en el corazón de Peshu Alga,* penetraron en otros sistemas de mundos, Dios supo que tan solo harían falta unas pocas corrientes de vida rebeldes para pinchar los globos de felicidad personal de millones de sus hijos. Dios, por tanto, preparó un camino con el que la Verdad eterna pudiera conservarse en todos los sistemas de mundos, en todos los cuerpos planetarios a donde los hijos del sol fueran enviados con alas en los talones para hacer evolucionar el plan de la Vida.

En la medida en que todos los hombres han salido de Dios con el propósito de cumplir su plan, el Padre, conociendo el fin desde el principio, concibió una gran Hermandad de Luz, una Hermandad Eterna en la cual los de logro más avanzado en el Sendero ayudaran a sus hermanos de menos logro.

Dios quiso la cooperación entre sus hijos, una mezcla de los rayos de Luz, un tejido de hilos de Luz que forman el cuerpo solar imperecedero universal, el antahkarana o la red de la Vida, donde cada hilo mantiene su identidad a la vez que contribuye a la Unidad universal.

---

*Peshu Alga fue el primer individuo de este sistema solar en caer del elevado estado de la conciencia del Bien. La historia de su caída y la posterior caída del Arcángel Lucifer se relata en el libro 8 de esta serie, *El Sendero de Cristo o Anticristo*.

Mary Baker Eddy vislumbró esta concepción cósmica de la hermandad del hombre bajo la Paternidad de Dios cuando escribió en *Ciencia y salud con clave a las Escrituras*: «Dios da la idea menor de Sí mismo como eslabón hacia la mayor y, a cambio, la mayor siempre protege a la menor. Los ricos de espíritu ayudan a los pobres en una grandiosa hermandad, teniendo todos el mismo Principio o Padre; y bendito es el hombre que ve la necesidad de su hermano y la satisface, buscando su propio bien en el de otro».[3]

Al vislumbrar la gran fraternidad de Seres de Luz, comentó: «El universo del Espíritu está poblado de seres espirituales, y su gobierno es la Ciencia divina [...]. Los pasos espirituales en el universo rebosante de la Mente conducen a esferas espirituales y seres exaltados».[4] Al observar el servicio de los constructores de la forma, dijo: «El Elohim eterno encierra al universo perpetuo».[5]

La formación de la Gran Hermandad Blanca

La idea de la Hermandad nació en la Mente de Dios a través de la conciencia Crística universal que era el Logos, la Luz pura del Gran Camino Blanco. Dios Padre no podía contemplar el mal ni ver el agravio,[6] pero a través del Cristo estuvo en contacto con todas las situaciones del universo. La inteligencia Crística dio a la idea del Padre la Realidad tangible de la Gran Hermandad Blanca. Así nació la vestidura sin costuras de la conciencia Crística universal.

La Hermandad es la esperanza de todo hombre. Es el plan de Dios para la expresión ordenada de su amor. Es la disposición para la elevación del individuo mediante la elevación de la totalidad, así como para elevación de la totalidad mediante la elevación del individuo. Es un medio eficaz con el que Dios se emplea en secreto para realizar sus milagros de liberación y salvación para un mundo que se ha apartado del camino de la rectitud.

Aunque de origen espiritual, en la actualidad la Gran Hermandad Blanca mantiene un contacto real con la gente de la Tierra. Los iniciados superiores son bien conscientes de su contacto con la Hermandad, mientras que los iniciados menores trabajan y sirven sin conocimiento consciente del contacto. La Gran Hermandad Blanca también opera en otros planetas y en otros sistemas de mundos.

Agentes de la Hermandad en la Tierra

Hace tiempo, la Hermandad adoptó una resolución bajo la égida del Consejo Kármico que permitía que algunos de los misterios y poderes ocultos de eras pasadas (que hasta el presente se habían ocultado a la humanidad no ascendida pero que se habían dado en parte a ciertos adeptos antes de que ascendieran) se pusieran en manos de algunos de los chelas más avanzados de los Maestros para que los usaran, chelas que hubieran demostrado equilibrio y responsabilidad por largos períodos de tiempo en su vida.

Estas personas recibieron la autoridad de actuar como puntos de contacto de la Hermandad en el mundo de la forma a fin de establecer ciertos talismanes en el planeta. Dichos talismanes debían contrarrestar las irresistibles fuerzas cualificadas de forma negativa que han esclavizado la mente de los jóvenes y de los mayores. Quienes recibieron estos poderes necesitaban tener una humildad absoluta.

Aunque los Hermanos de Blanco no tuvieron un contacto físico con los iniciados, estos últimos recibieron una experiencia mística que activó poderes espirituales interiores junto con el conocimiento sobre cómo utilizarlos. Con esa dispensación —concedida por el Consejo Kármico a fin de afianzar poderosos focos de Luz en el mundo de la forma que capacitaran a la humanidad para quebrar el poder de los vicios, ya fuera el consumo de agentes tóxicos o narcóticos, el uso erróneo del conocimiento o la lengua, propensiones hacia el pavoneo del ego o la vanidad de la energía derrochada— también se entregó un índice de acción, junto con el plan de cooperación con la Hermandad invisible.

El Maha Chohán, representante del Espíritu Santo, explicó: «Una nueva lucidez en la mente permitirá que muchos de los estudiantes tengan un mayor grado de sintonización con su Presencia Divina, YO SOY. La atmósfera del planeta se llenará de un sentimiento de bienestar personal bajo Dios y de Hermandad universal, haciendo que muchas personas de entre la humanidad sean conscientes, de una forma más viva, del Espíritu Santo y su participación en los asuntos humanos como medio de liberar a la Tierra de los peligros de eras y décadas pasadas, una liberación de la intensificación del engaño mortal y una clarificación acerca del sitio que ocupa la Tierra en el esquema solar».[7]

Servicio cósmico

Los miembros de esta fraternidad espiritual representan a la Divinidad como rayos de Luz derramándose desde el sol, siendo cada uno portador de un aspecto de la conciencia del Creador y haciendo de ese aspecto algo práctico para las almas encarnadas. Los miembros no tienen permitido divulgar su pertenencia a esta fraternidad, ni siquiera a otros miembros. Pueden, no obstante, reconocer que sirven bajo los Maestros de la Gran Hermandad Blanca. Uno de los miembros más conocidos de la Gran Hermandad Blanca es el Maestro Ascendido Jesucristo, cuyo ministerio en Galilea fue una manifestación y un cumplimiento magnífico de siglos de intensa preparación y milenios de intención divina.

Los iniciados superiores de la Hermandad son conocidos como «los Señores de la Llama». En la Biblia consta que «nuestro Dios es un fuego consumidor».[8] El ángel del Señor se apareció a Moisés en una llama de fuego en medio de una zarza; y él miró, y vio que la zarza ardía en fuego, y la zarza no se consumía».[9] De en medio de la zarza Dios le dijo: «YO SOY EL QUE [YO] SOY».[10] Gracias a esto sabemos que Dios es una llama que se ha individualizado a sí misma como la identidad flamígera de sus muchos hijos siervos.

El mandala de una raza raíz

Los Maestros han dicho que el universo es un corralito cósmico en el que Dios se sienta con ojos maravillados, esperando el momento en que la humanidad finalmente reconozca quién es y al hacerlo, pronuncie el nombre de Dios, YO SOY, y el niño sea un hombre.[11] Así, las corrientes de vida de la primera raza raíz aparecieron para entrar en su corralito como dioses en embrión, regocijándose, expandiéndose y sirviendo juntas. Ellas conformaron la primera de siete razas raíz asignadas a este planeta.

Una raza raíz es un grupo de almas, una oleada de vida, que encarnan juntas y tienen un modelo arquetípico, un plan divino y una misión que cumplir únicos. Una raza raíz es un diseño proveniente del corazón de Dios, un mandala solar. Cada punto de la forma geométrica, intricado como encajes bordados, está representado por un hijo y una hija de Dios, llamas gemelas destinadas a exteriorizar una faceta del diseño a través de la Totalidad monádica, la esfera andrógina que fue su origen.

Representando los siete rayos en equilibrio perfecto, así como las 144 virtudes de la Divinidad, una raza raíz es una unidad jerárquica, completa en sí misma, con el propósito que está destinado a cumplir. Está dotada de los afectos innatos de hermandad provenientes de la conciencia iluminada que ve que cada mónada ocupa la posición central por otras doce mónadas.

La estructura celular de la hermandad es como una cadena de ADN: cada eslabón lleva su llama, hace su parte, comparte las bellezas de Dios reflejadas en su fondo de energía, mejorando así la misión de las demás mónadas. Así, la hermandad crea una reacción en cadena de alegría, oleadas de Luz repercuten por el antahkarana interconectado de almas unidas a un propósito común que realizan ese propósito por la ley de la geometría.

Allá donde las almas evolucionan hacia la Unidad, allá hay hermandad en acción, una cercanía instintiva de llamas del corazón entrelazadas, trenzando energías en un lazo común (y una fuerza común), danzando alrededor del palo de mayo del núcleo de fuego blanco.

Sin hermandad la cota de malla dorada no puede forjarse; sin hermandad los haces del sol no se unen. Sin hermandad no hay contacto entre las mónadas, por consiguiente hay una ausencia de flujo cósmico. Sin hermandad el amor queda inexpresado y sin hermandad el triángulo de Padre, Hijo y Espíritu Santo se desintegra.

Los representantes de Dios vienen a la Tierra

Los primeros representantes de la Jerarquía en la Tierra fueron los siete amados Arcángeles, que concentraron el poder de los siete rayos y alimentaron la conciencia de la primera raza raíz con el amor, la sabiduría y el poder del Cristo Universal.

Con ellos llegó el amado Manú* de la primera raza raíz y su llama gemela, recién salidos del Cuerpo Causal universal, representando al Dios Padre-Madre ante los hijos del sol. Estos Manús representaron la conciencia de los Maestros Ascendidos a la que aspiraban todos los miembros de la raza raíz y que todos estaban destinados a lograr, porque en su estancia en cada una de las doce esferas† habían estudiado no solo la maestría individual, sino también la de los cuatro elementos bajo las Doce Jerarquías del Sol.

Cuando todo estuvo preparado y el descenso de la primera raza raíz era inminente, el Manú y su llama gemela pusieron el modelo del diseño jerárquico dentro y alrededor del cuerpo planetario. Este modelo ilustra el antahkarana o red jerárquica, que consiste en los doce puntos del reloj, conectándose cada uno de ellos con los demás, y el punto central conectándose con cada uno de los doce puntos de la periferia. Este mandala, mostrado en la Ilustración 29, es la matriz para el desarrollo del loto de mil pétalos del chakra de la coronilla.

Antes de que Dios las pueda asignar al cargo jerárquico de Manú, las llamas gemelas han de manifestar en su campo energético y conciencia la maestría total de este modelo jerárquico. Deben convertirse en la diadema en expresión completa. El punto de concentración de la conciencia del representante del rayo masculino está en el centro del modelo, mientras que la representante del rayo femenino concentra la conciencia de la Maternidad de Dios en la periferia.

---

*Manú: término sánscrito para definir progenitor y legislador de las evoluciones de Dios en la Tierra.
†de las doce esferas del Cuerpo Causal individual se describe en *Los Maestros y el sendero espiritual*, libro 7 de la serie, págs. 231.

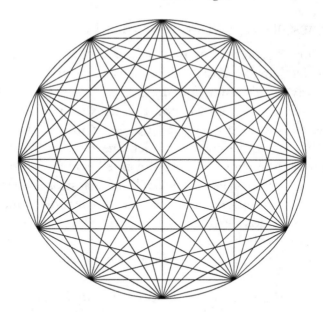

ILUSTRACIÓN 29: **El mandala de los Manús y sus llamas gemelas**
Foco de su diseño jerárquico

En esta réplica de la Mente de Dios de brillo diamantino vemos la interacción de «Alfa a Omega», el átomo que comprende la totalidad del Dios Padre-Madre en manifestación, que cada pareja de llamas gemelas está destinada a ser algún día. Cada intersección de las líneas del modelo es un punto focal de iniciación, un punto para la emisión de energía cósmica y para una posición en la Jerarquía. Todos los servicios de la Gran Hermandad Blanca surgen de este plan jerárquico.

El ritual del descenso

La bajada del diseño desde la conciencia del Manú al planeta es un ritual magnífico. Los Siete Arcángeles asumen sus puestos dentro del modelo contenido en la conciencia de los Manús. Al formar un círculo y al mirar hacia el punto central, en ese momento forman parte del loto de mil pétalos del Manú.

Si esto resulta difícil de comprender, pensemos en la pregunta que muchas veces se utiliza para relacionar al tiempo y el espacio con el infinito: ¿Cuántos ángeles caben en la cabeza de un alfiler?

Entonces preguntamos: ¿Cuántos Arcángeles caben en la cabeza de un Manú? La respuesta en ambos casos es un número infinito, porque en la conciencia de los Maestros Ascendidos no hay limitación de tiempo y espacio; por tanto, dentro del modelo jerárquico hay oportunidad para una expansión infinita de servicio, iniciación y expansión de la Luz a través de los representantes de la Jerarquía.

Visualicemos uno, dos, doce, 144 o un número infinito de puntos sobre la circunferencia del círculo entre cada una de las líneas principales del reloj, que siempre representan a las Doce Jerarquías del Sol (Ilustración 30). Si esos puntos fueran equidistantes, formarían el mismo modelo en grupos de doce y cada modelo representaría un giro de la rueda de la Mente de brillo diamantino de Dios.

A medida que las razas raíz posteriores encarnan en un planeta, aumentando cada una de ellas el impulso acumulado de servicio de la anterior raza raíz, vemos que el modelo de la Jerarquía se vuelve cada vez más complejo y el Espíritu de la Gran Hermandad Blanca se hace más poderoso.

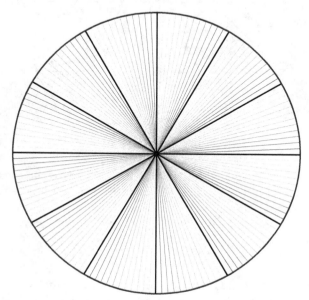

ILUSTRACIÓN 30: **Círculo con 144 puntos**
Estos 144 puntos forman doce grupos de doce.

Durante el magnífico ritual de la transferencia del modelo desde la mente del Manú al orbe planetario, los Arcángeles forman un círculo en torno al punto de concentración de la conciencia que es el Manú. Las siete intersecciones que se producen en cada una de las doce líneas que van desde el centro hacia la periferia del mandala indican los puntos de concentración de los siete rayos, que están dirigidos a través de la conciencia de los Siete Arcángeles (Ilustración 31).

Siete intersecciones,
puntos de concentración de los siete rayos

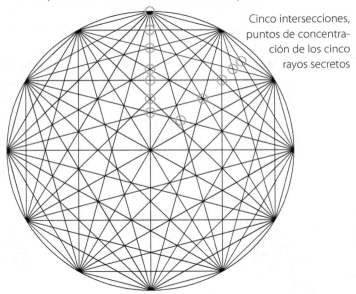

Cinco intersecciones, puntos de concentración de los cinco rayos secretos

ILUSTRACIÓN 31: Los siete rayos y los cinco rayos secretos
Cada una de las doce líneas desde el centro hacia la periferia tiene siete puntos de intersección, que indican los puntos de concentración de los siete rayos. Entre las doce líneas hay series de cinco intersecciones, que representan los cinco rayos secretos que entrecruzan el orden de las siete esferas y los puntos de concentración de los siete rayos.

El primer rayo hasta el séptimo, avanzando en orden desde el centro, muestran el orden del descenso de las razas raíces. La primera aparece en el primer rayo para precipitar la voluntad de

Dios a través de las siete esferas exteriores del Cuerpo Causal. La segunda raza raíz aparece en el segundo rayo para precipitar la sabiduría de Dios a través de estas siete esferas. (Véase la Gráfica de tu Yo Divino, página 95, en la que están representados los siete rayos como esferas dentro de otras esferas en un orden científico, desde el centro hacia la periferia, utilizadas para magnetizar mundos e ideas desde lo informe hasta lo formado).

Este proceso de magnetización se llama «precipitación». Entre cada una de las doce líneas que salen del centro del mandala observarás cinco intersecciones. Estas representan los cinco rayos secretos que entrecruzan el orden de las siete esferas y los puntos de concentración de los siete rayos.

Para la Hermandad Ascendida el plan es el mismo que para los miembros de la raza raíz que deben exteriorizar el plan de la hermandad cuando encarnan: el Manú, por tanto, ocupa la posición central, como Arriba, así abajo. Él es el punto de conexión entre el reino de este mundo y el reino de nuestro Dios, y contiene el modelo de la Ciudad Cuadrangular, el cubo cósmico, por las evoluciones que han de encarnar.

En el preciso momento cósmico se hace la transferencia y los Arcángeles asumen sus puestos alrededor del cuerpo planetario. Su responsabilidad, junto con el Manú, es la de enseñar a las corrientes de vida entrantes cómo prepararse para afrontar y superar las iniciaciones necesarias para que asuman los puestos en la Gran Hermandad Blanca en cumplimiento del plan divino para la raza raíz.

La manifestación del diseño jerárquico

El plan de gobierno Divino para la Tierra se desarrolla a partir de este modelo, igual que el gobierno de la Gran Hermandad Blanca. Por tanto, un individuo que preste servicio en un punto de conexión determinado en la Tierra sin duda prestará servicio al realizar la misma función después de ascender, mientras continúa evolucionando y pasando iniciaciones cósmicas cada vez más grandes en los ciclos ordenados e infinitos de la Jerarquía.

Una vez que el modelo jerárquico está establecido o engranado con los cuatro cuerpos inferiores de la Tierra, este se convierte en un imán reflector gigantesco. En polaridad con el Imán del Gran Sol Central, atrae hacia el hogar planetario la oleada de vida que compone la raza raíz que ha de cumplir este plan único y universal.

Cada individuo destinado a cumplir el plan tiene implantada en su corazón la semilla del diseño jerárquico, incluyendo el modelo de su propia realización individual y el punto en el que se encuentra con relación al plan. Esta es la Ley que está escrita en la mente y en el corazón del hombre,[12] la Ley de su ser y de su destino.

Llegado cierto punto de su desarrollo, cada corriente de vida, al adoptar el modelo de voluntad divina y derramar los fuegos de amor divino de su corazón para regenerar la matriz, emite un impulso acumulado suficiente (como decir «una masa crítica de energía») a través del chakra del corazón que permite que todo el impulso acumulado del plan ilumine la mente, al coronar al alma con la conciencia Crística, la corona de doce estrellas que es la clave del desarrollo del chakra de la coronilla. Así, la sabiduría del corazón se convierte en la sabiduría de la mente, y el producto de esa unión es sabiduría en acción, todo el poder cósmico del plan divino cumplido a través del corazón, la cabeza y la mano.

Este modelo de la Gran Hermandad Blanca, estampado en cada corazón, es la clave para que la corriente principal de Vida y Luz fluya hacia cada alma. El mismo modelo no solo contiene las claves de la precipitación, la maestría sobre uno mismo, los ciclos del tiempo y la eternidad, el desarrollo del Cuerpo Causal y la superación de la espiral negativa que forma el cinturón electrónico, sino también de los secretos del destino cósmico, renacimiento, regeneración, transfiguración, resurrección y ascensión individual.

Todos los que mediten en este jeroglífico de Luz descubrirán las claves del desarrollo de los siete chakras, cada uno de los cuales tiene una posición dentro del jeroglífico, y cada cual recibe el jeroglífico sobre sí cuando el individuo alcanza cierto punto de maestría sobre sí mismo. Con una meditación así, todos pueden extraer el poder del Imán del Gran Sol Central al servicio de la Gran Hermandad Blanca para la salvación del planeta.

El cristal se convierte en niebla

Por medio de este modelo, la niebla se convierte en cristal y el cristal en niebla. La Diosa de la Pureza nos ha hablado de la acción de la llama dentro del cristal:

La pureza, amados, comienza con un único cristal, el cristal de vuestra conciencia. Y desde el punto de la llama en el centro del cristal comienza la expansión de la conciencia de la pureza. Los de corazón limpio ven a Dios a través del cristal de su propia conciencia, a la que han convertido en la conciencia de Dios.

Cuando hayáis dominado las múltiples facetas del cristal, otros cristales se os añadirán con muchas más facetas de oportunidad para conseguir la maestría sobre vosotros mismos. Y así, cada cristal denota otro paso iniciático para los hermanos y las hermanas que sirven en mi retiro, aquí en Madagascar.

En nuestra hermosa isla sobre el mar hemos consagrado nuestras energías a la diadema cristalina de la pureza que es la conciencia de Dios; y al pasar la llama por el cristal, la mezcla de la niebla con el cristal, lo formado con lo no formado, se produce una emisión de conciencia del Cristo Cósmico hacia la Tierra.

Quienes realmente aman mantendrán el cristal pulido, para que la miríada de tonos de la Mente de Dios de brillo diamantino sea reflejada a través de su conciencia.

Las manchas aparecen con facilidad sobre el cristal cuando uno se mueve por el mundo exterior, que ha sido contaminado por la conciencia de los hombres. Con cuidado, uno debe sacar del bolsillo el paño de terciopelo para pulir el cristal.

Mantenedlo limpio como si fuera vuestro objeto más querido, porque llegado el momento en que las Vírgenes (las santas Maestras Ascendidas) vengan a infundir en vosotros el impulso acumulado de su pureza y los Serafines se reúnan, llegando desde el mismísimo trono de Dios para traeros una gota de pureza de su corazón, en ese momento, queridos, el cristal deberá ser pulido o no podrá reflejar la llama dentro de la gota de pureza.

Pero si el cristal está pulido, la llama dentro de la gota, tomada del océano de la pureza flamígera de Dios, podrá unirse a la llama que está en el centro de vuestro cristal. Una atracción magnética de fuego impulsa la pureza de Dios hacia el centro de cada cristal flamígero.

En cambio, cuando hay oscuridad alrededor del cristal, entre la llama interior y la llama exterior, la penetración no puede ocurrir. Bienaventurados los de corazón limpio, porque ellos verán la conciencia de la pureza flamígera de Dios.[13]

Las primeras tres razas raíz ascienden

Cuando los miembros de la primera raza raíz realizaron su plan individual y empezaron a ascender, asumieron puestos en la Jerarquía para reforzar los impulsos acumulados abajo en el esquema creativo de arriba. Gradualmente se establecieron retiros y focos de la Gran Hermandad Blanca a medida que fueron surgiendo miembros de la primera raza raíz para ocupar los puestos necesarios para una magnetización de la Luz sobre el cuerpo planetario trascendente y siempre expansiva.

En los primeros días de la primera raza raíz se abrió el Retiro Royal Teton como hogar del Manú y foco de los siete amados Arcángeles y sus complementos, que también habían afianzado su llama en todo el cuerpo planetario.

Los campos energéticos de los Elohim asimismo estaban intactos como los chakras de la Tierra, que entonces eran un cristal transparente, reflejando los siete rayos como réplica del Cuerpo Causal. Los rayos de Alfa y Omega en el polo norte y sur mantenían a la Tierra en un equilibrio perfecto.

Las siete razas raíz destinadas a encarnar en este planeta aparecieron según el orden de los siete rayos. Por tanto, la primera raza raíz estableció el fundamento de la Ley, la voluntad de Dios y el plan divino perfecto para todos los que habrían de llegar después.

Una vez que la primera raza raíz realizó su plan divino y ascendió al corazón de Dios, la segunda apareció del mismo modo que la primera, sobre el modelo establecido. Cumpliendo con el segundo rayo de iluminación divina, los miembros de esa raza raíz agregaron al modelo aquello en lo que habían sido preparados a exteriorizar en la esfera amarilla del Gran Cuerpo Causal de Dios. Después apareció la tercera raza raíz, que cumplió el tercer rayo del amor divino y regresó al corazón de Dios. Así, la acción de la llama trina se completó.

La perfección de esas tres primeras Eras de Oro está registrada en akasha* sobre el cuerpo planetario, y el impulso acumulado reunido en su totalidad de esos Hijos e Hijas de Dios —ahora Seres Cósmicos todos ellos— puede invocarse para la victoria de las cuatro razas raíz que quedan, las cuales han de cumplir su destino en este planeta. El campo magnético de todo lo que lograron aún está afianzado en el cuerpo etérico de la Tierra, esperando a que se le invoque.

La interrupción del plan cósmico

La Caída alegórica ocurrió durante el período de la cuarta raza raíz, en el continente de Lemuria. La interrupción del plan es bien conocida por los estudiantes de lo oculto. Los velos de inocencia que habían aislado al mundo del hombre con fundas de rectitud se rasgó cuando este aceptó la mentira serpentina proyectada hacia sus procesos de pensamiento y sentimiento por parte de los luciferinos.

Los primeros en caer fueron los sumos sacerdotes, cuyo sutil sentimiento de superioridad sobre el pueblo los llevó al orgullo espiritual. Una vez que los sumos sacerdotes de Lemuria

---

*Todo lo que acontece en el mundo del individuo y todos los acontecimientos del universo físico están grabados en una sustancia y dimensión etérica llamada «akasha» (sánscrito, de la raíz *kas* «ser visible», «aparecer», «brillar», «ver con claridad»). Akasha es la sustancia primordial, la esencia más sutil y etérea que llena todo el espacio, la energía etérica que vibra a una frecuencia determinada y que absorbe o registra todas las impresiones de la vida.

empezaron a recibir la influencia de la orgullosa rebelión de los luciferinos, se introdujeron cuñas de oscuridad en la conciencia del pueblo separándolo de su Fuente. La agitación y la desarmonía destruyeron la protección que siempre se mantiene cuando la gente expresa la verdadera hermandad mutua. El temor y la duda aumentaron la distancia entre uno y otro hombre, y entre el hombre y Dios. Cuando la humanidad demostró su vulnerabilidad a las ilusiones de la dualidad, todo el planeta perdió la funda protectora que siempre sella la conciencia virgen contra las intrusiones del Mal.

Fue entonces cuando los consejos Solares permitieron que el remanente de las almas rezagadas encarnaran a través de la cuarta raza raíz. Estas provenían de Maldek, el planeta que las fuerzas oscuras destruyeron usando las mismas tácticas que hoy utilizan los manipuladores para degradar la conciencia de la gente (Los restos del planeta Maldek se observan en el cinturón de asteroides, entre Marte y Júpiter).

Cuando su planeta se destruyó, los rezagados, a través de la misericordia de la Gran Ley, recibieron otra oportunidad. Se esperaba que los miembros de la cuarta raza raíz encarnados en Lemuria moldearan y formaran a los rezagados; en cambio, estos destruyeron la virtud de la cuarta raza raíz.

La degeneración de la cuarta raza raíz y el hecho de que no ascendiera hizo necesaria la venida de la quinta raza raíz, durante el período en que aún estaban encarnados ángeles caídos, rezagados y miembros de la cuarta raza raíz. La llegada de la quinta y la sexta raza raíz a un mundo imperfecto explica el hecho de que no cumplieran su plan, ya que también se corrompieron debido a las circunstancias del planeta a su llegada.

La Gran Hermandad Blanca decidió no permitir que encarne la séptima raza raíz hasta que esas circunstancias se resuelvan.[14]

La creación del Consejo Kármico

Tras la llegada de los luciferinos y después los rezagados, la progresión de la mala cualificación por parte de la humanidad de las energías que fluyen por los siete chakras (descendiendo desde la coronilla) alcanzó finalmente su punto más bajo en los acontecimientos descritos alegóricamente en la Biblia como la Caída de Adán y Eva, y el abuso del fuego sagrado a través del chakra de la base de la columna.*

Eva, la madre de todos los vivos, estaba diseñada para ser la expresión perfecta de Dios como Madre; Adán, de Dios como Padre. Los dos, símbolos de aquellos que encarnaron en Lemuria como miembros de la cuarta raza raíz, no aceptaron las advertencias de Dios y fueron expulsados del Paraíso de la conciencia pura de Dios de santa inocencia. Dios mismo aún conserva esa conciencia santa y la Gran Hermandad Blanca la sustenta mediante sus focos flamígeros mantenidos en los retiros de todo el mundo.

El Gran Consejo Kármico llegó a existir cuando el hombre fue expulsado del Jardín del Edén para arar la tierra de la que salió[15] (porque las leyes de la alquimia, de la precipitación divina, ya no serían válidas en el nivel de la dualidad al que había descendido). El Consejo Kármico fue establecido y dotado de la autoridad de repartir justicia divina y el regreso del karma individual y planetario tal como la humanidad pudiera sobrellevarlo.

El hombre se convirtió en un ser dual. Es un Espíritu, como lo es Dios. Pero tiene un alma, nacida de la llama del Espíritu y en posesión de una similitud con el Espíritu, que él ha echado abajo al mundo ensombrecido de la imperfección, el mundo del bien y del mal (porque el alma tiene el potencial tanto del bien como del mal, pero el Espíritu es inmutable).

---

*Los hay que quieren interpretar los eventos descritos en el Génesis de manera literal y que, por consiguiente, creen que la Tierra tiene una antigüedad no mayor a unos pocos miles de años. No hay duda de la contradicción que tales personas encuentran en el hecho de que, después de que Caín matara a su hermano Abel y se convirtiera en un errante en la Tierra, no escogió a su mujer de entre sus hermanas y marchó en cambio a la "tierra de Nod", en la que escogió una mujer (Génesis 4:16-17). En esto observamos la descripción de una sociedad contemporánea a la de Adán y Eva. De hecho, en este planeta han existido Eras de Oro magníficas mucho antes de que se escribiera nuestra Biblia. Uno de los intentos más flagrantes de la fuerza siniestra para pervertir la Verdad ha sido la interpretación dogmática de la Biblia. La Palabra viva, la esencia de la Verdad Crística, oculta desde el principio de la Tierra, ha de ser descubierta en la conciencia de cada cual.

Para poder recobrar su estado perdido, el hombre ahora debe vencer al mal del que es consciente con una bondad que no es la suya. La justicia de Dios, pues, que engrandece a la nación[16] debe engrandecer también al individuo y devolverlo a la conciencia paradisíaca de la que proviene.

La misión de rescate

Después de la caída de la cuarta raza raíz, cuando una gran oscuridad se esparció por la Tierra y no había suficiente Luz para perpetuar la existencia en el planeta, Sanat Kumara, Jerarca de Venus, vino a la Tierra a mantener el foco de Luz en Shambala para devolver a las evoluciones de la Tierra a su condición perdida.

¡Shambala, joya del mar, llama de esperanza para millones sin llama y sin esperanza! ¡Shambala, el principio, el camino medio y el fin de la Gran Hermanda Blanca en el planeta Tierra! Con la venida de Sanat Kumara y tres de los Santos Kumaras con sus legiones de Luz y sus voluntarios, los servicios cooperativos de la Jerarquía bajo el nombre de la Gran Hermandad Blanca comenzaron.

La necesidad extrema de la humanidad supuso una oportunidad para Dios. Los equipos de rescate llegaron. Su misión era llevar otra vez la conciencia de los niños de Dios a la visión primordial de ojo único, elevarlos desde el sentido de la dualidad al que habían caído, el abismo sin fondo del deseo carnal. Esos niños perdidos, al haber cortado todo contacto con el Cristo, necesitaban la intercesión de los Hijos e Hijas de la Luz. Al haber perdido la antorcha, necesitaban que otros guardaran la Llama por ellos hasta que ellos mismos fueran capaces de hacerlo.

El salvador Sanat Kumara fue aquel al que el profeta Daniel vio como el Anciano de Días. Cuando él y los ciento cuarenta y cuatro mil llegaron a la Tierra, dijeron: «Guardaremos la Llama de la Vida, la llama de la Madre y la llama trina ardiendo en el retiro de Shambala. Guardaremos esa Llama hasta que las multitudes de la gente de la Tierra vuelvan a responder al amor del Dios Todopoderoso».

Durante las primeras tres Eras de Oro, los Maestros Ascendidos, las huestes angélicas y los elementales caminaron y hablaron con aquellos cuya conciencia nunca se separó de la unión con el Bien. Después de la Caída, la visión de la humanidad ya no percibió a esos emisarios de Luz; su conciencia ya no penetró en las esferas de la pureza de la que habían caído.

Los Maestros se retiraron de las infames vibraciones del mundo, y sus focos de Luz se llegaron a conocer como «retiros». Desde entonces, solo los aptos tendrían permiso para entrar en esos lugares secretos del Dios Altísimo, cada uno un foco del Edén que se había perdido, siendo el Edén el depósito de la sabiduría divina a la que ya no tenían acceso.

Los representantes de la Gran Hermandad Blanca que encarnaron después de la venida de Sanat Kumara mantuvieron la visión de su tarea gracias al lazo común de Luz que tenían. Su plan de acción se concentró y se mantuvo intacto mediante el mandala del diseño jerárquico.

La cantidad de Luz que se había mantenido en los focos de los Arcángeles, los Elohim y el Retiro Royal Teton había sido suficiente para las Civilizaciones de Oro en las que cada corriente de vida se conoció a sí misma como el Cristo y extrajo a diario, desde el corazón del Sol, suficiente energía para realizar su labor asignada en el plan.

Pero la enorme carga del karma del mundo —el peso de energía mal cualificada que los caídos, los rezagados y los miembros equivocados de la cuarta raza raíz impusieron al planeta— exigió una emisión de Luz mucho mayor a fin de compensar y mantener el equilibrio de la Vida por todo un planeta y una generación de dura cerviz.

Por consiguiente, a medida que el velo de energía se fue densificando y los emisarios del Mal fueron organizándose más y estuvieron más preparados, se hizo necesario establecer ramas específicas de servicio dentro de la Gran Hermandad Blanca para la coordinación de la misión de rescate, las cuales darían a conocer sus averiguaciones a las demás unidades jerárquicas.

La Hermandad organizó un Servicio Secreto Cósmico para reportar actividades de traición perpetradas contra todos sus retiros y contra su propósito declarado de desarrollar la conciencia

Crística en la humanidad a través de un servicio concentrado a cada uno de los siete rayos. Las legiones del Arcángel Miguel, siempre activas por su devoción a la voluntad de Dios, iniciaron un servicio de veinticuatro horas para proteger la conciencia Crística emergente de la humanidad encarnada en los siete rayos y para reportar amenazas a la seguridad planetaria.

Con el alistamiento voluntario de más Siervos Ascendidos para liberar a las evoluciones del planeta, algunos se unieron a los focos de Luz que ya existían, mientras que otros abrieron nuevos retiros. Algunos de ellos se ubicaron en el plano físico y otros permanecieron en el nivel etérico.

Así, el Anciano de Días y todos los que lo siguieron, los cuales han ido aumentando en cantidad hasta el presente, han hecho el voto de guardar la Llama y expandir la Luz hasta que, entre las evoluciones de la Tierra, haya quienes se vivifiquen y vuelvan a renovar sus votos de ser portadores de la Llama. Porque Sanat Kumara había tomado la decisión cósmica de hacer que la Tierra no pereciera y desapareciera de este sistema solar.[17]

A medida que reúne más Luz mediante una cooperación con la humanidad no ascendida, la Gran Hermandad Blanca prepara el camino para una mayor dispensación de Luz para la Tierra proveniente del corazón de los Logos Solares.

El establecimiento del gobierno Divino

La Gran Hermandad Blanca sirve como una fuerza integral, aunque invisible, dentro de todas las actividades constructivas en las que están involucradas las corrientes de vida no ascendidas, ya sean grandes o pequeñas. Los miembros de la Hermandad, dedicados a la aplicación de la voluntad de Dios —el plan divino del diseño original jerárquico— se esfuerzan con diligencia para guiar a cada niño de Dios hacia el sitio que le corresponde en el esquema solar, el cruce de caminos de su destino, el punto donde se cruzan las líneas de fuerza en el mandala, porque en ese punto se produce la emisión de la Luz Crística en el corazón del átomo.

En cada uno de esos puntos de concentración nace la

identidad y existe el potencial para una explosión de conciencia Crística. En cada intersección nace un Mesías y, a través de él, otro mandala completo puede formarse.

Los consejos de la Gran Hermandad Blanca consideran como su mayor interés el establecer el gobierno Divino en la Tierra; porque allá donde los gobiernos de las naciones reflejan la Ley de los Maestros Ascendidos, la Regla de Oro y los preceptos de la hermandad divina, los individuos pueden hacer evolucionar la llama Crística y unirse a su divinidad. Allá donde los gobiernos son injustos, la imagen del mandala no puede exteriorizarse en la sociedad.

En los tiempos de las primeras razas raíz, los Manús eran los gobernantes, y los asignados a ocupar un cargo durante su reinado se ganaban el derecho a representar al pueblo debido a que primero habían representado a la Luz al superar iniciaciones y demostrar la maestría sobre las fuerzas cósmicas. Siempre que los miembros de la Jerarquía ocuparon puestos de gobierno, la Tierra prosperó.

Sin embargo, tras la caída de los luciferinos, muchos sumos sacerdotes de Mu en quienes el pueblo había puesto su confianza se volvieron rebeldes y utilizaron sus poderes unos contra otros. A consecuencia de ello se produjo la guerra de los sacerdotes. Las imágenes de la isla de Pascua recuerdan la decadencia a la que cayeron; los insultos que se lanzaron unos contra otros se cristalizaron al instante convirtiéndose en piedra. A consecuencia de su odio se formaron animales de presa, formas masivas e imágenes grotescas astrales. El amor divino, que una vez fluyó por sus chakras, ahora estaba pervertido y convertido en piedra.

El derecho divino de los reyes

El derecho divino de los reyes, una doctrina que tuvo su existencia hasta el siglo XVIII, nos llegó como tradición de las Eras de Oro, cuando los Hijos de Dios tenían la autoridad del gobierno y cumplían el ideal platónico del rey filósofo. Pero a medida que las dinastías sufrieron la infiltración de elementos corruptos y el linaje dejó de ser puro, los gobernantes perdieron su contacto con la Fuente Divina y se volvieron como los demás hombres.

Las injusticias llegaron a ser tan grades que el pueblo cuestionó el derecho divino de sucesión. En el siglo XIX la Hermandad respaldó la democracia como medio para que el hombre llegara a ser rey y sacerdote para Dios, desarrollando su potencial Crístico y siendo hallado digno de gobernarse a sí mismo.

Con la llegada de la educación de las masas y la elevación del nivel de conciencia de la gente, los Maestros han podido preparar el camino para una era de iluminación en la que la gente no solo comprenda la Ley, sino que contemple el carácter del Cristo en sus representantes elegidos democráticamente. De este modo, se quiere que la gente vuelva al sistema de gobierno que fue apoyado en el principio, y los que por iniciación se hayan ganado el derecho a gobernar puedan ser elegidos para ocupar un cargo bajo la guía del Ser Crístico del electorado.

Paralelamente al plan de la Hermandad de devolver a la humanidad a una Era de Oro, la falsa jerarquía (las fuerzas de la oscuridad) ha intentado frustrar los planes de la Hermandad. Así, los manipuladores organizaron la Revolución francesa y, a través de sus organizaciones secretas de Europa, socavaron el plan de Saint German para la unificación de ese continente.[18]

Saint Germain, al haber fracasado en sus esfuerzos para restablecer la libertad en Europa siendo el Conde de Saint Germain, fue a América e inspiró la Constitución de los Estados Unidos en los primeros *patriotas*. Estados Unidos se convirtió en el cáliz de Luz y libertad de la Tierra, la tierra salvaje virgen donde la Madre del Mundo podría dar a luz a la conciencia Crística,[19] creando una nación bajo Dios que todas las demás naciones pudieran emular.

Tal como el Cristo enseñó el camino de la maestría individual sobre uno mismo, Estados Unidos debía mostrar el camino del destino nacional.

El gobierno está pensado para facilitar el plan de Dios

Desde el principio los infiltradores de las fuerzas oscuras se esforzaron para frustrar el plan de gobierno Divino de los

Estados Unidos. Uno de sus primeros movimientos fue el de apoderarse de la riqueza del país quitándoselo al pueblo y poniéndolo en manos de los banqueros internacionales. Este complot tuvo su culminación en la Ley de la Reserva Federal de 1913, la cual pone el control del dinero de los Estados Unidos en manos de una corporación parcialmente privada, que a su vez puede manipular crisis económicas de acuerdo con los programas de los luciferinos.[20]

El patrón oro fue ordenado por Dios como medio de mantener la equilibrada radiación del sol fluyendo en manos del pueblo para la salud de sus cuatro cuerpos inferiores y la perpetuación de la hermandad. Puesto que el oro es luz solar precipitada y un foco de la Luz Crística, su eliminación al quitarlo de circulación, es uno de los factores más importantes en la degeneración de la conciencia de la gente.[21]

Otra estratagema de los manipuladores consiste en unir a las naciones de forma prematura, antes que estas hayan logrado individualmente la conciencia Crística. La renuncia a la soberanía individual de las naciones en favor de un cuerpo mundial único que no está controlado ni por la Gran Hermandad Blanca ni por representantes designados solo puede conducir a un despotismo luciferino que privará a toda la humanidad de la oportunidad de volver a la Divinidad.

Esta forma de tiranía, donde el individuo está sujeto al Estado en vez de estar sujeto el Estado al individuo, produjo finalmente la total destrucción de Maldek y del planeta Marte, donde la oscuridad y la pasión por la guerra en las evoluciones que se desarrollaban ahí en el plano astral hacen del planeta una desgracia en todo nuestro sistema solar.

Los Maestros Ascendidos enseñan que no podemos unirnos a Dios y al Mal: «No os unáis en yugo desigual con los incrédulos; porque ¿qué compañerismo tiene la justicia con la injusticia? ¿Y qué comunión la luz con las tinieblas? ¿Y qué concordia Cristo con Belial? ¿O qué parte el creyente con el incrédulo?».[22] El Cristo no se sienta a la mesa en reunión con Lucifer, sino que lo reprende, lo separa y dice: «¡Quítate de delante de mí, Satanás!».[23]

Si queremos conservar a este planeta para una Civilización de Oro, los países dedicados a la ascensión de todo hombre, mujer y niño de la Tierra no deben permitir que se pierdan las energías debido a una asociación con los que no están dedicados al Cristo. Solo cuando todas las naciones alcancen el nivel de la conciencia Crística podrá producirse esa unión.

Cimientos del gobierno Divino

Chananda, jefe del Consejo Indio de la Gran Hermandad Blanca, explica:

El plan Divino perfecto para el mundo en su totalidad debe exteriorizarse. Pero esto requiere que haya suficiente gente colocada en altos puestos en los gobiernos de las naciones del mundo que tengan la visión y el saber legislativo para prevenir las constante agitación y oposición de las masas ignorantes contra la planificación a largo plazo para la evolución de la justicia social. Estas claman a gran voz para asegurar la perpetuación de las ventajas personales y privadas de unos pocos por encima de los derechos de la mayoría.

El karma también juega su papel en los asuntos de gobierno. Pero los Señores del Karma han asegurado al Señor del Mundo, el amado Gautama, que cuando los gobiernos del mundo estén preparados y, a raíz de la cooperación de sus líderes respectivos, acepten el plan divino para la Tierra y sus evoluciones, se concederá una dispensación que pondrá el karma masivo de toda la Tierra bajo una forma especial de control cósmico.

Bajo este sistema, todas las corrientes de vida podrán acceder a algún tipo de formación en los templos, por las noches en su cuerpo del alma y entre encarnaciones. Por tanto, después de abandonar la pantalla de la vida de la encarnación física, la mayoría del karma que ahora se les manifiesta de manera individual podrá ser saldado en los niveles internos en vez de serlo a través del afán y el sufrimiento, como es el caso actualmente.

Las ascensiones en masa también serán posible, porque una forma de gobierno mundial utópica eliminará de forma automática muchos de los peligros actuales de la vida. La lucha por lograr un lugar, una posición, una ventaja económica, poder político y la búsqueda de uno mismo será reemplazado por la justicia divina que permite, como la Constitución de los Estado Unidos de América pretende en realidad, una verdadera igualdad de oportunidad para todos.

En esta auténtica comunidad del Espíritu, donde la dignidad individual es sostenida por la Luz de su propia divinidad, las doctrinas comunistas y socialistas perderán su falsa apariencia y serán reveladas tal como son en realidad, como métodos que fueron desarrollados humanamente como resultado de la rebelión intelectual por parte de sus fundadores contra su propio karma personal.[24]

La comunidad espiritual de los iluminados expondrá la verdadera democracia de la nueva república en la que la nobleza de la vida expresada como Dios quiso es su propia recompensa reconocida. Nadie esperará que se lo concedan honores o derechos cuando no los merece. Tampoco querrá nadie negar a otros su justa oportunidad de expandir su entendimiento, poner a prueba su espiritualidad o buscar la vida, la libertad y la verdadera felicidad al máximo...

Impedimentos al servicio de la Hermandad

La Gran Hermandad Blanca está dedicada al cumplimiento total de estas metas. Los poderes de la Hermandad solo han sido limitados en apariencia o en su expresión externa por la tendencia de la humanidad expresada con frecuencia al abuso del libre albedrío y a ignorar los consejos de la Hermandad (ya sean conocidos o desconocidos).

Las mismas limitaciones que operan entre los hombres de la Tierra para evitar o impedir que el hombre perciba o se convierta en la plena manifestación de Dios como amor en acción también están presentes en el pensamiento y sentimiento mal cualificados de las masas como oposición al propósito universal benigno de la Gran Hermandad Blanca. Si no fuera así, hace mucho que se habría manifestado el mundo perfecto en la sociedad humana.

Uno de los principales retos que afronta la Hermandad es

la preparación de chelas o discípulos que acepten la responsabilidad de servir a los eternos propósitos mientras buscan la perfección individual y la victoria espiritual. Esta cooperación entre el cielo y la tierra aumenta la esfera de influencia de la Hermandad en la Tierra, al manifestar tan pronto como es posible una cantidad cada vez mayor del plan mundial de la Hermandad, que está siempre unido a la voluntad universal de Dios, o al Bien...

Ramas de la Gran Hermandad Blanca

La Gran Hermandad Blanca tiene muchas ramas, alguna dedicadas a la ciencia espiritual y otras a la material, otras a las artes, la cultura, la música, la escultura, la arquitectura y la planificación comunitaria. La jurisprudencia, tanto humana como divina, opera bajo la amada Porcia y el Gran Consejo Kármico; los gobiernos del mundo, bajo el amado El Morya; la ciencia y la medicina, bajo el amado Hilarión, y cada uno de los múltiples ámbitos de las actividades, tanto humanas como divinas, están supervisados por una rama de la Gran Hermandad Blanca...

Viendo con claridad el plan divino, los miembros de la Hermandad sirven para aumentar e implementar todas las ideas constructivas reflejadas en el gobierno, el orden social, el hombre y la naturaleza con el fin de desarrollar y ejemplificar la perfecta extensión del reino del cielo en una forma material tangible y la manifestación de la felicidad que Dios quiere por doquier...

Membresía e iniciación

El gobierno mundano parece totalmente lógico, pues en la Tierra representa la investidura de poder en manos de unos pocos que actúan por la mayoría de una manera supuestamente justa y correcta. Los que han pensado mucho en los aspectos gubernamentales de la Divinidad y han ponderado el tópico *El orden es la primera ley del cielo* no encuentran ninguna dificultad en aceptar el hecho de que el gobierno divino, que emana de la Divinidad de una forma totalmente impersonal, es instigado y secundado por Seres Inmortales

Ascendidos e iluminados que, al haber sido liberados del pensamiento mundanal y la expresión mortal, con alegría permanecen conectados con el planeta Tierra y su gente a fin de servir a las causas del propósito divino.

Este augusto cuerpo de fieles es totalmente constructivo, que también puede incluir a seres no ascendidos iluminados dedicados a la voluntad de Dios, sirven con y bajo la dirección de los magníficos Seres Ascendidos y Cósmicos que están consagrados al cumplimiento del plan divino en la Tierra...

La Gran Hermandad Blanca... está totalmente dedicada al uso de energías consagradas extraídas de Dios a través de los esfuerzos conscientes de los Maestros Ascendidos por la humanidad y realizados mediante la cooperación voluntaria de aquellos seres no ascendidos que cooperan, tanto consciente como inconscientemente, con el propósito divino. En el sentido más verdadero, la Gran Hermandad Blanca es una fraternidad del Espíritu (que reconoce y adopta la Paternidad de Dios y la hermandad del hombre) que opera con autoridad divina, reconocimiento divino, presciencia y absoluta autorización de la Deidad...

La Gran Hermandad Blanca inicia a muchos miembros, pero ninguno de ellos puede admitir jamás su pertenencia ni jactarse de ello. Sin embargo, los trabajadores especialmente preparados reciben en ocasiones autorización para revelar cierta información específica a ciertos chelas avanzados o potenciales con el fin de realizar un propósito especial.

La membresía a la Gran Hermandad Blanca no se puede adquirir a ningún precio; tampoco puede nadie que no sea digno tener permitida la admisión a sus cónclaves sagrados. Los hombres, con invitación, puede elevarse a este gran honor. Con todo, muchas notables figuras del mundo exterior, sin que lo sepan con su conciencia externa, son iniciados internos de esta amada fraternidad.

La cooperación con la Hermandad se obtiene mediante la membresía a la Fraternidad de Guardianes de la Llama, que está constituida y autorizada por la Gran Hermandad Blanca de acuerdo con la Luz y el amor de los Maestros Ascendidos.[25] De tales corrientes de vida, fieles y cooperadoras, como las que guardan constancia en su elevada vocación los Maestros Ascendidos pueden, debido a la proximidad y la preparación, extraer iniciados y siervos de la Jerarquía a fin de fomentar la gran causa (cuando estas se muestran preparadas y aprobadas ante Dios). Por tanto, esta enseñanza está diseñada para ayudar a todos a guardar la llama…

La iniciación de entrada a la Hermandad hoy día es algo distinta a lo que ha sido en épocas pasadas. Hace mucho, el aspirante a chela era llevado a Lúxor, Heliópolis, Lhasa o algún otro lugar para afrontar pruebas de gran resistencia tanto físicas como espirituales. Los rigores de esas pruebas son casi imposibles de imaginar, y muchos de los aspirantes no lograban superarlas. Los que sí lo hicieron ¡están entre los Inmortales! En la actualidad, sin embargo, los cambios de época, nuevos métodos de comunicación y de transporte y otros factores han alterado muchas antiguas circunstancias, y se han desarrollado nuevas técnicas espirituales, así como han cambiado los métodos materiales.

Por tanto, la mayoría de los estudiantes que viven en la actual era de Acuario reciben sus iniciaciones en el mundo exterior. Los eventos kármicos se alteran, por así decirlo, de modo que amigos, parientes, asociados e, incluso, el hombre de la calle se convierten en instrumentos a través de los cuales llegan las pruebas. Esto hace necesario para la humanidad, y especialmente para el aspirante a discípulo, el estar muy alerta, porque uno nunca sabe cuándo una prueba vital y decisiva pueda hallarse en el horizonte.

Sin embargo, dejad que amplifique que no debéis permitir que esta afirmación os vuelva aprensivos. Solo debéis ser diligentes para comportaros como un Cristo, recordando las palabras: «En cuanto lo hicisteis a uno de estos mis hermanos más pequeños, a mí lo hicisteis».[26] Si practicáis esto de verdad, bien podríais superar brillantemente cualquier prueba que la Hermandad os ponga para vuestra perfección, como advertencia e iniciación en la hermandad espiritual más elevada, la Gran Hermandad Blanca, la fraternidad del amado Jesús, Kuthumi, El Morya, Djwal Kul, el amado Lanto, Kuan Yin, la Virgen María, el amado Serapis Bey,

Pablo el Veneciano ¡y todos los Maestros Ascendidos y Seres Cósmicos!

¡Aspirad a esto! ¡Dedicaos a este llamamiento! La Gran Hermandad Blanca implica mucho, mucho más de lo que la lengua o la pluma puedan decir.[27]

Religión

La Diosa de la Libertad nos ha dicho:

Los Maestros de Sabiduría, en su gran compromiso en todas las eras y al principio del siglo XX, no han dejado de informar a la humanidad sobre la realidad de la Hermandad. El manto de la religión, que ha ahogado en vez de arropar los principios de la humanidad en la Verdad, ha encubierto el rostro de la expansión creativa, enfrentado a hermano contra hermano, absorbido las energías de la humanidad en una lucha estéril y debilitado el plan de la Hermandad para la unidad de esta era.

Tal como inspiramos el liderazgo de Abraham, Noé, Moisés y otros grandes patriarcas; tal como hablamos a través de Zoroastro, Apolonio de Tiana y Jesús; tal como entregamos santa sabiduría a Sócrates, Platón y Emerson, igual vinimos a través de Madame Helena Petrovna Blavatsky en *Isis sin velo* y *La doctrina secreta*. También hemos publicado nuestra enseñanza por medio de otros partidarios de la Verdad Divina, tanto metafísica como oculta, hasta que la Ley Oculta se apartó y la pura pasión de las llamas de la libertad y la Verdad se desató a principios de la década de 1930.

El hombre, atrapado en las miasmas de su sueño separatista, dignándose a ser engañado, ha creado un millar de astillas estúpidas que lo han apartado del centro de la Verdad de su ser. No es que la semilla de la Realidad y la Verdad no esté activa en las múltiples organizaciones espirituales de la Tierra; es que sencillamente los individuos no captan la Verdad cuando la encuentran, prefiriendo en cambio formar a su propio dios antropomórfico (un dios hecho a su propia imagen) y adoptar ideas extrañas a las Realidad.[28]

Los Maestros patrocinan ciertas actividades de una naturaleza avanzada a fin de traer a la humanidad la Verdad progresiva.

La Iglesia cristiana primitiva y la mayoría de las religiones del mundo estuvieron patrocinadas en un principio por la Gran Hermandad Blanca. Los Maestros de Sabiduría eran totalmente conscientes de que, con el paso del tiempo, se produciría una cristalización en los principios de la fe concedida a los padres fundadores. Esta cristalización ocurriría a través de la conciencia de quienes heredan la letra sin recibir en efecto la inspiración del Espíritu.

La relevación progresiva es rechazada

En la actualidad hay muchas personas dedicadas a la religión por todo el mundo esclavos de la ignorancia y la hiel de la amargura, oponiéndose a los mismos planes que contienen su esperanza más grande. Ministros y sacerdotes claman contra la Verdad, suponiendo que, ya que sus tradiciones son muy antiguas, ellos deben estar ordenados divinamente y, por tanto, deben ser infalibles. Niegan la revelación progresiva, citando como prueba muchos pequeños grupos escindidos suministradores de psiquismo que imitan y pretenden ser verdaderos profetas de Dios.

El Gran Director Divino una vez dijo: «A veces, a las personas les resulta difícil comprender cómo otras pueden ser tan crédulas acerca de las cosas espirituales como para poner su fe en lo que obviamente es fraudulento. No creo que el mundo esté lleno de fraudes, como pudieran imaginar los hombres, más bien sé que está lleno de individuos que con frecuencia son manipulados por fuerzas más allá de su comprensión».[29]

Quienes acusan a los verdaderos profetas de Dios de ser instrumentos del demonio han sido engañados por el propio demonio. Jesús dijo: «Por sus frutos los conoceréis»,[30] y bien se ha dicho que los frutos no caen lejos del árbol que los creó.

La entrega de la Verdad no es simplemente una serie de palabras, conceptos o ideas. Es una acción vibratoria que alcanza a la Divinidad y trae la corriente cristalina de esa acción a los asuntos humanos. Ahí algunos la diluyen, otros la desvían y otros se deleitan en ella cuyo amor por la libertad y la Verdad ha elevado su vibración hasta el punto de que pueden tomar de sus chispeante efervescencia y absorber cada pizca que se cruce en su camino.

Busquen los hombres entendimiento en vez de venganza. Examinen de qué están hechos sus pensamientos y examinen también los pensamientos de los Maestros Ascendidos. Recuerden que no llegaron a su estado actual de percepción de ideas, ideologías y perspectivas religiosas en un breve período de un día o un año.

El sistema *push-pull* para buscar a Dios

Saint Germain sugiere una perspectiva sobre la espiritualidad que dependa tanto de las actividades celestiales como de las terrenales:

> Existen muchas escuelas filosóficas en el mundo acerca del progreso espiritual, cómo tener éxito y cómo mantenerlo. No reconociendo la razón de la existencia de estas perspectivas distintas a la espiritualidad, algunos chelas se confunden.
>
> Estos no se dan cuenta de que, aparte de esas organizaciones que están directamente conectadas con la Gran Hermandad Blanca, existen pocas que ofrezcan un conocimiento equilibrado de todas las múltiples facetas de la expresión divina. Dejad, por tanto, que recuerde a los sinceros que deben hacer caso de manera especial a los principios de la Gran Hermandad Blanca.
>
> Algunas escuelas defienden el desarrollo de la conciencia espiritual indicando a sus estudiantes que esta conciencia espiritual llegará a ser tan poderosa que hará que todas las influencias negativas y funestas se les desprendan como la fruta madura del árbol.
>
> Otras escuelas defienden la necesidad de purificarse indicando a sus chelas que al purificarse de los elementos de creación humana, de forma natural encontrarán el camino de vuelta a Dios. En un sentido yo llamaría a lo primero un sistema *push* y a los segundo un sistema *pull*.
>
> Ahora bien, quisiera decir que, mientras que los dos sistemas son buenos, somos partidarios de que se utilicen ambos en vez de uno solo. Creemos que el sistema *push-pull* en la búsqueda de Dios es el mejor de todos. Reconozcan los

hombres la necesidad de purificar su mundo de su propia creación humana, pero reconozcan también la necesidad de invocar la ayuda del cielo para sí mismos. Y, mediante la sintonización con ese bendito cielo y la conciencia de los Maestros Ascendidos, invoquen toda la belleza en despliegue en ellos aquí abajo, como Arriba.[31]

La Ley superior se expresa de muchas formas

Al hablar en una conferencia del Consejo Indio de la Gran Hermandad Blanca, un gran emisario de Venus comentó cómo esta utiliza muchas formas de religión para canalizar las energías de Dios para su creación:

> Los teólogos y sus seguidores en Terra con frecuencia parecen incapaces de diferenciar entre una entrega reducida del Espíritu de Dios y una entrega superior de ese mismo Espíritu. Comprendan su propia expresión: «Dios suaviza el viento a la oveja esquilada».[32]
>
> La santidad de Dios Todopoderoso, su Espíritu y el Espíritu de su Resplandor Solar, la conciencia Crística, cargada con la iluminación cósmica de la Madre Divina y su capacidad de alterar circunstancias indeseadas para la humanidad, se entrega desde los niveles más altos de la Divinidad y desciende al mismísimo corazón de la Tierra para entrar en contacto con los tipos más primitivos, manifestándose de forma diversa en cada nivel de percepción a fin de que todos puedan obtener los mayores beneficios de la Gran Ley según sea su capacidad de recibir.
>
> No estéis otra vez sujetos al yugo de esclavitud[33] que las distintas opiniones religiosas producen algunas veces. Comprended, benditos del planeta Tierra, que son necesarias muchas manifestaciones del Dios Padre-Madre para alcanzar los varios niveles de conciencia de la humanidad encarnada. Entre una manifestación de Dios y otra no hay enemistad. Solo existe el alcance cósmico desde el corazón del Espíritu de Dios que quiere salvar aquello que se ha perdido[34] en los planos de la Materia.[35]

La Hermandad fomenta la espiritualidad práctica

La Diosa de la Libertad da un consejo a quienes desean poner sus aspiraciones más grandes en práctica en la Tierra:

Todas las religiones que se han originado en el espíritu de la Verdad deberían 1) conducir a la humanidad a una conciencia más grande de su potencial divino; 2) servir de lazo de unión entre la Hermandad de Luz y el hombre no ascendido; 3) iluminar a la humanidad acerca de los escollos del vivir mundanal.

Esos escollos no están ausentes en el sendero espiritual, de ninguna manera. Al chela que avanza no se le ha garantizado ninguna inmunidad. De hecho, se espera de los que se consideran a sí mismos sabios en la enseñanza que estén más alertas que esos dulces discípulos cuyo corazón sonriente llega por primera vez a la novedad del conocimiento divino.

El asunto del vivir es un asunto serio, pero puede soportarse con un júbilo constante y una alegría espumosa. Las nieblas que han ofuscado la mente de los hombres deben dispersarse. El sol de esperanza debe alzarse cuando muchas manos se unan para tocar las cuerdas harmónicas de la hermandad genuina.

Los hijos de la libertad se unirán y el mundo conocerá la creciente pasión de los corazones que aman la libertad. Estos aman la libertad lo suficiente para poner en alto su antorcha, para mirar a su alrededor y para limpiar los desechos que esa llama transmutará con gusto. No hay servicio demasiado bajo para ellos, porque siguen la estela de los votos angélicos, ofreciendo servicio eterno a Dios.

¿El corazón humilde necesita ayuda? Ellos sirven. ¿Hay que realizar una tarea ingrata? Ellos la hacen. ¿Un asunto aparentemente arcaico necesita ser estudiado? Ellos aplican su mente. ¿Se necesita organización? Ellos organizan. Sea cual sea la exigencia, ellos levantan el brazo para alcanzar la abundancia de Dios, la atraen y la ofrecen poniéndola al servicio de la Luz.[36]

Falsas promesas de la falsa jerarquía

Deseamos señalar que los siervos dedicados de la Gran Hermandad Blanca deben tener cuidado con las organizaciones que manifiestan seguir las enseñanzas de la Hermandad, pero cuyos medios de obtener esa meta son una tiranía absoluta. El estudiante debe procurar examinar no solo los altos ideales y las metas de tales organizaciones, sino también su *modus operandi*.

¿El individuo es esclavizado, controlado, a fin de que se realice esa meta de hermandad? ¿Se ve privado de iniciaciones o pruebas de maestría sobre sí mismo debido a remuneraciones, pagos de asistencia social o dividendos sociales que no se ha ganado? ¿Su iniciativa de desarrollar su potencial Crístico es debilitada por una igualdad impuesta que no tiene en cuenta la Ley de que lo que el hombre sembrare, eso recogerá,[37] que los talentos de cada cual deben multiplicarse antes de que se puedan recibir los dividendos de una inversión inteligente de sus energías de la vida?

Servicio al mundo

No piensen los hombres que los escogidos espiritualmente no son necesarios en los asuntos políticos de las naciones, porque el gobierno Divino de la Tierra es la primera vocación de los hijos siervos de Dios. Algunos devotos espirituales que se retiran a las montañas y se apartan del mundo demuestran un desequilibrio de la llama trina, una falta de verdadero amor, un egoísmo evidenciado por su deseo de desarrollarse espiritualmente a expensas de toda una civilización.

Es hora de que los hijos de la Luz den un paso al frente, que asuman su puesto en los «asuntos mundanos del mundo», como los llaman. Porque la Gran Hermandad Blanca enseña que todo acto hecho en nombre de Dios es sagrado, y en cuanto lo hicimos a uno de estos nuestros hermanos más pequeños, al Cristo lo hicimos.[38] El servicio público en su nombre es una de las vocaciones más grandes en la Tierra en este momento de crisis.

Como un pulpo gigantesco, la computadora luciferina extiende sus tentáculos a los cuatro rincones de la Tierra para tragarse a los niños de Dios en una máquina mundial programada para mantener a la gente ignorante con respeto a la Realidad, con respecto a su verdadera Fuente, con respecto a la meta de la vida que es la ascensión y con respecto a la verdadera dignidad del individuo, que posee porque es un hijo de Dios, porque la llama trina resplandece en su corazón, porque está destinado a ser rey y sacerdote para Dios.

Juan dijo: «Probad los espíritus si son de Dios».[39] Probemos, pues, la motivación de los que desean reclutar nuestras energías para una causa supuestamente justa. Hagamos la pregunta: ¿Los medios son dignos del fin? Y no aceptemos nunca la filosofía de que el fin justifica los medios.

Que los hijos del sol tengan cuidado con las filosofías de los manipuladores en el gobierno, en la política, en el trabajo social, en la educación, en el arte y en la música. Porque todo lo que destruya la conciencia Crística es indigno de ser perpetuado, pero todo lo que construya la Civilización de Oro debe recibir la atención leal y piadosa de todos los que se estén dirigiendo hacia el origen.

La educación espiritual en los retiros

Durante los períodos de gran oscuridad en el planeta, que han existido en todas las eras en mayor o menor grado, las actividades de la Gran Hermandad Blanca han sido empujadas al secretismo debido a una reacción intensa de la oscuridad en el corazón de la gente hacia la Luz de la conciencia Crística descendente.

A través de un renacimiento del arte y la cultura, la entrega de la música de las esferas por medio de grandes compositores y una infusión de la llama de la iluminación, la Gran Hermandad Blanca ha querido preparar el camino para una expresión creciente de Luz Crística. Pero lo que se ha conseguido en el plano físico y en la conciencia exterior hasta ahora no ha sido suficiente para lograr las bendiciones de Luz para la posteridad y para detener el avance de las fuerzas de la Oscuridad.

Por tanto, al atender las necesidades espirituales de la humanidad, la Hermandad ha considerado necesario utilizar muchas formas de comunión y enseñanza, incluyendo lo que podría llamarse «coeducación», cuando el alma del hombre, separada de la forma mortal mientras el cuerpo duerme por la noche, es informada correctamente acerca de las grandes Verdades del universo. Esta enseñanza se lleva a cabo en los retiros físicos y etéricos de los Maestros que han existido por todo el mundo durante siglos.

Los conceptos que estas almas aprenden son con frecuencia inaceptables para el ámbito de la razón mortal durante la conciencia del día, simplemente porque maestros, amigos, compañeros y circunstancias ya han establecido una matriz basada en los conceptos humanos carentes de la sabiduría contenida en el registro de la Verdad pura de Dios.

Así, la mayoría de las personas no conservan el recuerdo de sus experiencias en los niveles internos. Sin embargo, sí se deja una huella en el cuerpo mental y emocional. Poco a poco, los recuerdos de la enseñanza recibida salen a la luz de la mente exterior y los beneficios conferidos al alma, que están grabados en la mente subconsciente, salen a la superficie de la conciencia.

Iniciados más avanzados son invitados a asistir a las reuniones de los consejos de la Gran Hermandad Blanca, incluyendo el Consejo de Darjeeling y el Consejo Indio, el Consejo del Royal Teton y las reuniones de comité que celebran los Maestros que encabezan las distintas ramas de las actividades de la Gran Hermandad Blanca.

A las reuniones no se asiste en la carne, sino mediante la proyección espiritual o la proyección de conciencia (lo cual nunca es una proyección astral ni una experiencia astral). Algunos devotos entre los más avanzados pueden participar en estos cónclaves de la Hermandad con plena conciencia de la mente exterior, aunque asistan solo con sus cuerpos sutiles.

Otros, que no tienen permitida la entrada a tales reuniones, pueden sintonizarse con ellas tal como lo hacemos con la radio o la televisión para conectarnos con eventos a distancia. Quienes pueden sintonizarse con la tasa vibratoria de la conciencia de los

Maestros pueden así recibir Enseñanzas superiores y participar en las reuniones de los consejos desde la distancia.

Las Universidades del Espíritu

El 1 de enero de 1986 Gautama Buda anunció que los Señores del Karma y él mismo habían concedido la petición de los Siete Chohanes de abrir...

...universidades del Espíritu en cada uno de sus retiros etéricos en los que pueden recibir no docenas ni cientos de estudiantes, sino miles y decenas de miles que con diligencia sigan el sendero de la maestría sobre uno mismo en los siete rayos de forma sistemática, dominando, más específicamente, el primer rayo y el séptimo, con los que poder establecer el Alfa y la Omega de su identidad, el diseño original divino, el plan interior para las llamas gemelas, y de inmediato iniciar una acción de transmutación personal y mundial.

El plan, por tanto, es que los estudiantes pasen catorce días [en el retiro de El Morya] en Darjeeling y catorce días con Saint Germain en el Retiro Royal Teton, y que alternen esos catorce días a medida que tejen un equilibrio y restablecen su compromiso del principio y el fin de los ciclos de la vida.

Cuando hayan superado con éxito ciertos niveles, aunque se trate de niveles iniciales, niveles de logro, no obstante en el uso de estos rayos, también tendrán la posibilidad de estar con el Señor Lanto y Confucio, aquí en el Royal Teton, y con Pablo el Veneciano, que prefiere utilizar en este momento el Templo del Sol de la Diosa de la Libertad, que es la Madre Divina del amado Pablo, y afianzar esa acción en el Monumento a Washington, puesto que ahí ya hay afianzado un foco de la llama de la libertad del Château de Liberté.[40]

Por tanto, amados, esta formación será para completar la llama trina en la sabiduría del Sendero y, de manera especial, la expansión del amor en el desarrollo del sendero del sagrado corazón para que puedan deshacerse del temor, la dureza de corazón y los registros de muerte que rodean el corazón.

Entonces llegará en sendero de la ayuda y el servicio, que es la manifestación lógica del amor y de una llama trina equilibrada. A través de la ayuda y el servicio en el retiro de Nada en Arabia, encontrarán un lugar donde podrán hacer los mismos decretos dinámicos que hacéis aquí por todas esas circunstancias indeseables en la zona de Oriente Próximo. Y esa será su tarea a niveles internos mientras estudian el verdadero sendero de Jesucristo en el sexto rayo como jamás ha sido enseñado.

Al haber pasado por esos retiros, estarán preparados para lavarse en la pureza de los fuegos sagrados del Templo de la Ascensión [en Lúxor, en Egipto], para un curso principiante y para el primer bautismo de agua de la Madre Divina. Después avanzarán a [el Templo de la Verdad sobre la isla de] Creta, con el apóstol Pablo, donde Hilarión les enseñará la Verdad eterna y la ciencia del Ser se desplegará capa tras capa.

Así, al haber terminado una ronda en todos esos retiros, realizando ciclos de catorce días, algunos repetidos en el mismo retiro, otros intercambiándose, volverán para un segundo y tercer nivel de formación en esos siete rayos.[41]

Formación especial

Algunas veces las corrientes de vida son conducidas en su cuerpo físico a los retiros de la Hermandad a fin de recibir una formación para realizar un servicio especial en el mundo de la forma que requiera una fortaleza sobrehumana y ciertas disciplinas que solo se pueden impartir al iniciado no ascendido en los retiros. Por ejemplo, Jesús fue llevado al retiro de Lúxor y al Templo del Loto Azul antes de su ministerio de tres años.

Este privilegio poco común también se les ha concedido a otros por el valiente servicio que prestaron a la Vida y cuyos nombres la humanidad no ascendida aún recuerda. Algunos que tuvieron asignada la tarea de ir en el nombre de la Hermandad, que aún no habían transmutado el karma que les quedaba, recibieron la ayuda en la Cueva de la Luz Godfre, Rex, Nada, Bob y Pearl.[42] Gracias a esa ayuda, sus cuatro cuerpos inferiores se purificaron y alinearon para que pudieran ser los recipientes inmaculados de la conciencia Crística.

Cuando se concede esta dispensación a los chelas que la

merecen, el servicio a la Vida que queda por realizar es prestado de forma magnífica, ya que su conciencia se habrá convertido en el punto focal perfecto en el mundo de la forma de la entrega de todo el Espíritu de la Gran Hermandad Blanca. Los milagros, las demostraciones de alquimia y el control de las fuerzas naturales y la vida elemental son la marca de quienes tienen esa bendición debido a la oportunidad de ser «perfeccionados» antes de su última iniciación y ascensión en la Luz.

La protección de los focos de la Hermandad

A lo largo de los tiempos muchos retiros físicos de la Hermandad han sido clausurados con la caída de civilizaciones a su alrededor y la profanación de los santuarios por parte de las masas ignorantes. Otros se clausuraron antes de ser destruidos, cuando los jerarcas de los retiros sintieron una inminente amenaza al foco físico y a las antiguas reliquias guardadas en él. Por ejemplo, durante la devastación del Tíbet por parte de los comunistas chinos,[43] algunos templos de la Hermandad ubicados allí se cerraron y las reliquias sagradas se transportaron a templos de la Hermandad de otras partes del mundo.

En otros casos, los templos se sellaron dentro de las montañas o en la tierra misma, evitando cualquier posibilidad de intrusión por parte de aquellos cuya conciencia no está preparada para entrar en el Sanctasanctórum. Si resulta imposible salvar la parafernalia del retiro y las entradas no se pueden cerrar, el equivalente etérico del foco se eleva en el aire hasta un punto determinado por encima de la estructura física y las fuerzas de la naturaleza se emplean con un cataclismo para destruir los restos.

Puesto que el equivalente etérico es más real que el físico (en cierto sentido, el etérico es la causa y el físico es el efecto), cuando la iluminación de la civilización vuelva a alcanzar un punto en el que sea seguro precipitar en la forma aquello que ya existe como modelo etérico, los Hermanos y las Hermanas del retiro así lo ordenarán.

Debido a que todo lo que está en el plano físico tiene un

equivalente etérico, los focos físicos de la Hermandad ya poseen ese equivalente, el cual o bien ocupa el mismo lugar que el foco físico o bien se ubica por encima de él, en la atmósfera. Allá donde ambos existen, los devotos no ascendidos llevan a cabo aquello que los Maestros Ascendidos llevan a cabo en el nivel etérico y también en las octavas superiores de Luz.

Los retiros de la Hermandad están situados de manera estratégica

Los retiros, templos y focos de los Maestros están situados científicamente en el cuerpo planetario en ciertos puntos clave en el diseño del mandala. Su posición está calculada para lograr la mayor emisión de Luz para las evoluciones de la Tierra. Todos los retiros actúan como estaciones emisoras y receptoras de la Luz emitida en los demás retiros del cuerpo planetario, así como la que es enviada desde estrellas cercanas y remotas, y desde la Yod flamígera en el Gran Eje.[44]

La Luz emitida desde los retiros rebota una y otra vez entre ellos como ondas magnéticas. El resultado de la interacción de esas ondas de Luz es la resonancia de un tono cósmico, el sonido del gran Amén, el Aum u OM, que se puede oír con el oído interior. Esta nota clave cósmica baña a la Tierra, al reino de la naturaleza y a la humanidad con la acción vibratoria de la Palabra sagrada de la creación, que significa literalmente «YO SOY» o «Dios es el gran Amén». Gracias a esto sabemos que todos los hombres pueden unirse a la vibración de la Palabra perdida.

De vez en cuando, los representantes de la falsa jerarquía, al obrar a través de canales en el mundo de la forma bien intencionados pero equivocados, han dado la información de que ciertos retiros de los Maestros se han trasladado; algunos incluso han proclamado que los retiros han sido trasladados a una ubicación sobre el punto donde se encuentra su organización, lo cual ha causado gran conmoción entre los devotos.

Interesado en la protección de los fieles, el amado El Morya escribió una carta a los estudiantes para clarificar la postura de la Gran Hermandad Blanca sobre este tema:

Jamás retiraremos nuestro apoyo a ningún individuo sincero y amante de Dios. Tampoco permitiremos que nadie usurpe la autoridad con impunidad ni trate de exponer ante la humanidad la falsa premisa de que los retiros de los Maestros Ascendidos, que están establecidos con amor y devoción derramados durante milenios, han de ser eliminados de su ubicación etérica sobre las zonas terrestres el planeta, donde han sido mantenidos por las huestes angélicas y han atendido a las necesidades de todo el planeta durante muchísimo tiempo.

Es un hecho que toda la esfera de la red etérica en la que se localizan los retiros etéricos puede girar (y algunas veces lo hace) de forma independiente a la Tierra a una velocidad muy superior a lo que es normal para la Tierra. Por consiguiente, se crea un tono armónico que combina las claves musicales de los muchos retiros de los Maestros Ascendidos. Estas se manifiestan como un maravilloso acorde de amor puro, un tanto como el trompo musical de un niño.

Por tanto, puesto que la Hermandad posicionó estos retiros de manera científica según la ley cósmica, perturbar su maravilloso modelo etérico para transmitir una bendición a cualquier parte de la Tierra o a cualquier persona sobre ella sería una violación de la ley y, en efecto, algo totalmente innecesario.

Hacer eso supondría perturbar el delicado campo magnético de toda la Tierra, y esto no sería de ninguna utilidad. Al fin y al cabo, benditos, si el polo norte y el polo sur se pusieran en el ecuador, ¿no perturbaría eso el equilibrio de la Tierra? Recordad que con los poderosos rayos de Luz podemos alcanzar cualquier parte de la Tierra, y eso hacemos, y expandir la Luz en el corazón de los hombres donde estos están. Puesto que la humanidad visita los retiros en sus cuerpos sutiles, no importa dónde se encuentren esos retiros desde el punto de vista de su disponibilidad y las bendiciones que confieran a toda la Vida...

Nuestros retiros permanecen intactos, por razones cósmicas. De vez en cuando podemos establecer nuevos focos o centros que algún día llegarán a ser, con esfuerzo y servicio inteligente, grandes focos de amor. Y en ocasiones poco comunes hemos trasladado una llama o la hemos restablecido con poderosos rayos de Luz para que afecte a un país para bien.[45]

Estás invitado a estudiar en los retiros de la Hermandad

Hace varios años se comunicó la idea falsa de que solo uno o varios retiros estaban abiertos cada mes y que todos los estudiantes de los Maestros, por consiguiente, debían ir a ese retiro específico durante ese mes. Este fue otro intento de la fuerza siniestra de privar a la humanidad de toda la ayuda que estaba y siempre ha estado a disposición de la humanidad no ascendida.

El hecho de que los retiros contribuyan a la entrega de Luz —y las redes y campos energéticos que forman el mandala jerárquico que mantiene y equilibra la acción de la conciencia Crística como una llama trina sobre el planeta— conlleva, por necesidad, la participación de los estudiantes a la acción de todas las llamas de todos los retiros que estén abiertos.

Antes de acostarse, el estudiante debe llamar a su Presencia Divina y a su ángel de la guarda para que lo lleven en sus cuerpos sutiles a uno de los siguientes retiros, o puede sencillamente pedir que lo lleven al retiro que tenga asignado para ese ciclo específico de su evolución.

Además de las Universidades del Espíritu ya mencionadas, catorce ciudades etéricas alrededor de la Tierra, los siguientes retiros están abiertos todo el año para los chelas de los Maestros Ascendidos aptos y merecedores a fin de que estudien y mediten: los retiros del amado Juan el Amado y Eriel, sobre Arizona; la Catedral de la Naturaleza, en Cachemira; la Cueva de los Símbolos, la Catedral de la Llama Violeta y el retiro de Tabor, todos ellos en las Montañas Rocosas; el Château de Liberté, en el sur de Francia; el Templo de la Rosa, sobre New Bedford (Massachusetts); el Templo del Consuelo, en Sri Lanka; el retiro de Hércules y Amazonia, en y sobre Half Dome, en Yosemite Valley (California); el Templo de la Paz, sobre las islas Hawái; el Templo de la Pureza, sobre el Golfo del Arcángel (Rusia); los retiros de Heros y Amora, sobre el lago Winnipeg (Canadá); el Templo de la Resurrección, sobre Tierra Santa; el Templo de la Cruz de Malta sobre la Casa de Rakoczi, en los montes Cárpatos; Shambala, sobre el desierto de Gobi; el Templo de la Misericordia, cerca de Pekín (China); el retiro Tibetano de Djwal Kul; el retiro de Maitreya en los Himalayas; el retiro de Lanello, cerca de Bingen, sobre el río Rin (Alemania); el retiro de Orión, el Anciano de las Montañas, en las montañas de Norteamérica; el retiro Persa, en Irán; el Retiro de la Madre Divina y Shambala Occidental, sobre el Rancho Royal Teton, en el sureste del estado de Montana (EE. UU.) el retiro de Zaratustra (su ubicación no ha sido revelada); el retiro del Maestro de París, en París (Francia), y el retiro de la Reina de la Luz, cerca de Messina, en Sicilia (Italia).

En un dictado del 28 de mayo de 1987, Jesucristo habló de los Arcángeles como «instructores de Cristeidad por excelencia»:

> Cuando hayáis terminado de visitar los retiros de los Señores de los Siete Rayos, quizá podáis ser invitados a una serie de estudios en los retiros de los Arcángeles. Amados, por esto rezo al Padre, que ha respondido diciendo: «Hijo mío, que demuestren su valía con tus hermanos, los Siete Maestros de Luz, y entonces conocerán de verdad el intercambio divino con los Arcángeles». Por tanto, amados, regocijaos, ya que no solo el Arcángel Miguel, que os ha llamado a este servicio, sino los siete puede que algún día os reciban en sus retiros para las iniciaciones aceleradas de la Vida hasta la eternidad».[46]

El 27 de febrero de 1988 el Arcángel Rafael anunció que la Virgen María y él, Arcángeles del Quinto Rayo, representaban ante el mundo la apertura de las puertas de su templo «como la primera apertura en general de un retiro de los Arcángeles para quienes hayan superado los niveles de las escuelas de misterio de los Señores de los Siete Rayos».[47] A principios de la década de 1990 se anunció que todos los retiros de los Arcángeles se habían abierto para las almas de mérito.

En 1994 el Gran Director Divino anunció que tanto su retiro

como el de todos los Manús estaban abiertos para algunas personas: «La décima parte superior de los miembros de todas las razas raíz que han encarnado y aquellos que no pertenecen a ninguna raza raíz, sino que son del reino angélico y han encarnado para enseñar a esas razas raíz, la décima parte superior, por tanto, empezó en el solsticio de verano... a asistir a un curso acelerado en los retiros etéricos de los Manús: en mi retiro y en el del Dios y la Diosa Merú, el Señor Himalaya y Vaivasvata Manú».[48]

ILUSTRACIÓN 32: Retiros de los Maestros Ascendidos sobre los que se tiene conocimiento que están abiertos para los chelas no ascendidos

Retiros de los Chohanes

MAESTRO	NOMBRE DEL RETIRO	UBICACIÓN
El Morya	Templo de la Voluntad de Dios	Darjeeling (India)
Lanto	Retiro Royal Teton	Cadena montañosa Teton (Wyoming, EE. UU.)
Pablo el Veneciano	Château de Liberté	Sur de Francia
Serapis Bey	Templo de la Ascensión	Lúxor (Egipto)
Hilarión	Templo de la Verdad	Creta
Nada	Templo de la Rosa	New Bedford (Massachusetts, EE. UU.)
Saint Germain	Cueva de los Símbolos	Montañas Rocosas
Saint Germain	Templo de la Cruz de Malta	Montes Cárpatos (Rumanía)
Maha Chohán	Templo del Consuelo	Sri Lanka

Los Chohanes de los Rayos dan sus cursos en las Universidades del Espíritu en los siguientes retiros:

1) El Morya en Templo de la Voluntad de Dios
2) Saint Germain en el Retiro Royal Teton
3) Lanto y Confucio dictan en el Retiro Royal Teton
4) Pablo el Veneciano tienen su cátedra en el Templo del Sol
5) Nada en el Retiro Árabe
6) Serapis Bey es titular en el Templo de la Ascensión
7) Hilarión en Templo de la Verdad

Retiros de los Elohim

MAESTRO	NOMBRE DEL RETIRO (si se conoce)	UBICACIÓN
Hércules y Amazonia		Half Dome, en Yosemite Valley (California)
Heros y Amora		Lago Winnipeg (Canadá)
Pureza y Astrea	Templo de la Pureza	Golfo del Arcángel (Rusia)
Paz y Aloha	Templo de la Paz	Islas Hawái

Retiros de los Arcángeles

MAESTRO	NOMBRE DEL RETIRO (si se conoce)	UBICACIÓN
Miguel y Fe	Templo de Fe y Protección	Banff (Canadá)
Jofiel y Cristina		Cerca de Lanchow (China)
Chamuel y Caridad	Templo de la Llama Rosa Cristalina	San Luis (EE. UU.)
Gabriel y Esperanza		Entre Sacramento y el monte Shasta (California, EE. UU.)
Rafael y María		Fátima (Portugal)
Uriel y Aurora		Montes Tatra, al sur de Cracovia (Polonia)
Zadquiel y Amatista	Templo de la Purificación	Cuba

Retiros de los Manús

MAESTRO	NOMBRE DEL RETIRO (si se conoce)	UBICACIÓN
Himalaya	Retiro del Loto Azul	Montes Himalaya
Vaivasvata Manu		Montes Himalaya
Dios y Diosa Merú	Templo de la Iluminación	Lago Titicaca
Gran Director Divino	Cueva de la Luz	India

Otros retiros

MAESTRO	NOMBRE DEL RETIRO (si se conoce)	UBICACIÓN
Cha Ara	Retiro Persa	Irán
Djwal Kul		Tíbet
Eriel		Arizona (EE. UU.)
Diosa de la Libertad	Templo del Sol	Isla de Manhattan (Nueva York, EE. UU.)
Jesús y María	Templo de la Resurrección	Sobre Tierra Santa
Jesús y Nada	Retiro Árabe	Península Arábiga
Juan el Amado		Arizona (EE. UU.)
Kuan Yin	Templo de la Misericordia	Cerca de Pekín (China)
Kuthumi	Catedral de la Naturaleza	Srinagar (Cachemira, India)
Maestra Ascendida Venus	Retiro de la Madre Divina	Sobre el Rancho Royal Teton, al sureste de Montana (EE. UU.)
Lanello		Bingen, sobre el río Rin (Alemania)
Maitreya		Montes Himalaya
Maestro de París		París (Francia)
Orión, el Anciano de las Montañas		Montañas de Norteamérica
Reina de la Luz		Cerca de Messina (Sicilia, Italia)
Sanat Kumara, Gautama Buda	Shambala	El desierto de Gobi
Sanat Kumara, Gautama Buda	Shamballa Occidental	Sobre el Rancho Royal Teton, al sureste de Montana (EE. UU.)
Tabor		Cerca de Colorado Springs (EE. UU.)
Maestros de la llama violeta	Catedral de la Llama Violeta	Montañas Rocosas
Zaratustra		Ubicación desconocida
Ciudades etéricas		Siete sobre los mares, siete sobre desiertos

Para una descripción detallada de estos y otros retiros de los Maestros Ascendidos, véase *Los Maestros y sus retiros,* de Mark L. Prophet y Elizabeth Clare Prophet.

Los llamados al amado Arcángel Miguel y a la Poderosa Astrea antes de acostarse proporcionará con certeza el paso seguro del alma por el cinturón astral hacia las octavas superiores de Luz y también un regreso seguro. Si el estudiante sufre frecuentes sueños que lo perturben, esto indica que no está pasando por los niveles inferiores de conciencia como si cortara con el filo de un cuchillo y deberá redoblar esfuerzos y decretar durante el día, antes de acostarse y durante los períodos en los que esté despierto por vibraciones molestas durante la noche.

Impostores de los Maestros Ascendidos

Como ya hemos mencionado, hay impostores, falsos jerarcas, magos negros y entidades disfrazadas que han imitado las enseñanzas de la Gran Hermandad Blanca. El hecho sigue siendo que todo Maestro Ascendido es imitado por una o más almas oscuras que asumen su nombre para entregar material fraudulento a las corrientes de vida no ascendidas.

Estos imitadores de los Maestros son muy listos. Son capaces de imitar la vibraciones de los Maestros, sus modelos etéricos y su apariencia tan efectiva que solo un experto es capaz, por gracia de Dios, de distinguir la imagen sintética de la Imagen Real. Debido a que el lenguaje e incluso el tono de voz del impostor se parece mucho a la del Maestro al que imita, el Gran Director Divino ha dado el siguiente consejo práctico:

Llamad a vuestra Divina Presencia y esperad a recibir la Palabra del Señor. Vivid siendo fieles a, e identificaos con, los preceptos de la Verdad santa que ponen ante todos los hombres el conocimiento de toda su responsabilidad hacia su hermano, hecho a imagen de Dios, a quien debería ofrecer lo mejor que tiene en su interior, con lealtad directa hacia su gran Ser Divino.

Allá donde hay una dicotomía entre los consejos de ese gran Ser Divino y los de otra persona o grupo de personas, la atención siempre debe fluir primero a la Presencia Divina y después al reino de los Maestros Ascendidos a fin de resolver la dificultad. La Luz siempre engendra Luz para alimentar y regenerar, mientras que la oscuridad puede en efecto disfrazarse de ceguera intelectual que se niega a aceptar la Verdad de lo que no puede ver definido en concreto...

Cada doctrina que esté fundamentada en estrategias siniestras y quiera servir a la mente mortal del hombre o mimar a su ego (haciendo que crea que está conectado a alguna fuente externa que lo mantendrá informado sobre lo que esté sucediendo a la vuelta de la esquina cósmica) es sencillamente una actividad diseñada para complacer al pequeño yo y ampliar las fronteras del yo.

El engrandecimiento cósmico, que es fruto de la siembra divina, no quiere embellecer el ego ni hacer que el individuo sienta que está por encima de su prójimo; antes, quiere la identificación del individuo con los recursos cósmicos que amplían las fronteras de la percepción que el hombre tiene de la Luz de la Verdad divina.[49]

El uso correcto de los nombres de los Maestros Ascendidos

El Gran Director Divino también dio enseñanza sobre el uso correcto de los nombres de los Maestros Ascendidos: «La Palabra de Dios, por la cual se hicieron el cielo la tierra, era la voz del Logos eternamente resonante, pero en el mundo de la forma las múltiples voces humanas y muchas palabras humanas la ahogaron. «No hay otro nombre bajo el cielo, dado a los hombres, en que podamos ser salvo»,[50] como frase grandilocuente, mostró con claridad el sentimiento de los primeros apóstoles de la Iglesia cristiana acerca de la sacralidad asociada al Nombre Divino».[51]

El Maestro explicó que los nombres de los Maestros Ascendidos son claves de su modelo electrónico, de su conciencia y vibración. Puesto que cada letra del alfabeto corresponde a una frecuencia y una emisión cósmica, la combinación de letras del nombre de un Maestro Ascendido conforma su nota clave personal.

En el caso de los Maestros bien conocidos, como Jesús el Cristo, cuyo nombre ha sido pronunciado por sus devotos durante siglos, un gran impulso de Luz se ha acumulado en torno al nombre, agregando la devoción de la humanidad no ascendida al impulso acumulado de Luz que emite el nombre «Jesús». Este nombre del Hijo de Dios es tan poderoso que ha podido utilizarse hasta el presente para echar fuera demonios y entidades.

Al desechar estos hechos, varios canales encarnados, que hablan desde los planos astrales más bajos, se han permitido dar la proclamación de que Jesús el Cristo ya no debe llamarse así, sino que debe tener otro nombre. Del mismo modo, estas fuerzas malvadas han anunciado que los nombres del Gran Director Divino, Saint Germain, Ciclopea y el Señor Maitreya deberían cambiar.

Los nombres dados en cada caso eran el de impostores que llevaban mucho tiempo deseando usurpar el cargo de estos magníficos Seres Cósmicos.* Unos peligrosos magos negros son los que engañan a víctimas inocentes para que invoquen su nombre mientras veneran a Dios en oración, meditación o haciendo decretos. Entonces esos canallas se apoderan de las energías, las energías puras de los estudiantes, y las usan para perpetuar la conspiración negra del planeta.

En otras ocasiones, canales inexactos han recibido la información de que han cambiado no solo los nombres, sino también los cargos de seres magníficos como el Maha Chohán y Pablo el Veneciano; o que ciertos Maestros como el amado El Morya han marchado para realizar un servicio cósmico y, por tanto, ya no están disponibles para responder a los llamados de la humanidad no ascendida.

Sobre este tema, el Gran Director Divino dijo:

> El amado Pablo el Veneciano sigue siendo el Chohán del Tercer Rayo del amor divino, porque su servicio a la Vida está lejos de concluir en ese cargo; y el Señor Maha Chohán sigue siendo, con todo el honor cósmico divino, simplemente «El Maha Chohán», que significa «El Gran Señor».
>
> A medida que su conciencia y poder se elevan con el servicio de la Luz y por la humanidad, el poder de su cargo no disminuye, sino que se trasciende a sí mismo una y otra vez,

---

*El simple hecho de mencionar el nombre de uno de esos falsos jerarcas hace que sintonicemos nuestra conciencia con la tasa vibratoria del impostor. Por tanto, en este libro no daremos sus nombres.

iluminando y liberando a muchas personas de la humanidad de los dolores del pensamiento y sentimiento erróneo...

Durante siglos los nombre de estos Maestros Ascendidos han sido investidos con el poder de Dios, y la utilización de otros nombres no aumenta el poder de Dios ni el de la Verdad. Porque si esos nombres nuevos que la humanidad ha añadido a los Maestros Ascendidos se invocan, el discípulo se sintonizará con la acción vibratoria de un impostor.

Por eso, el discípulo, sin darse cuenta, pone el embudo de su atención sobre un pozo y una ciénaga de conciencia hastiada, mientras niega con ignorancia el poder de los Señores de Luz (cuyos hombres han aprendido a invocar desde que estuvieron sobre las rodillas de su madre en algunos casos y en otros desde la fecha de su iluminación). Benditos, no seáis engañados porque las escrituras han afirmado con claridad que se levantarán falsos Cristos y falsos profetas que harán grandes señales y prodigios, de tal manera que engañarán, si fuere posible, aún a los escogidos.[52]

El gran poder del amor divino que existe en la octava de los Maestros Ascendidos permanece fijo allí. Y cuando la clave del nombre correcto del Maestro se utiliza y la atención fluye hacia ese Maestro, siempre devolverá la paz y la bendición de ese Hijo de Dios individual al mundo del buscador.

Cuando las personas invocan con ignorancia otros nombres y tienen el corazón limpio, lo cual no siempre significa que tendrán alguna efusión negativa de la que vayan a ser conscientes. Pero, en realidad, siempre se produce una disminución del flujo de la Luz hacia su mundo. En algunos, se han creado horrendas obsesiones y se ha producido la infestación de entidades en su mundo por haber sido desviados del sendero de la Verdad al invocar a otros que, en realidad, no son Maestros de Luz, sino impostores de la hermandad negra, disfrazados de ángeles de Luz. «Y no es maravilla, porque el mismo Satanás se disfraza como ángel de luz»[53]...

En Él que dijo: «YO SOY es mi nombre»,[54] todos los seres se unen en la gran Luz, pero mantienen el nombre nuevo que Dios les dio y que, en realidad, es el nombre el cual ninguno conoce sino aquel que lo recibe.[55]

En las gráficas sobre la Jerarquía que hemos entregado en este volumen (véase Ilustración 33, páginas 304-5), hemos dado los nombres correctos de los Elohim, los Arcángeles y los Chohanes.* El Gran Director Divino prometió que, cuando llegara el momento adecuado para una mayor clarificación del nombre de los miembros de la Jerarquía, los estudiantes no habrían de sorprenderse, sino sentirse agradecidos, esperando la cosecha antes de eliminar la cizaña para que el trigo pueda madurar por completo.

El Gran Director Divino prometió a los estudiantes que llegaría el momento de la revelación de tales correcciones tal como fuera necesario para la máxima entrega de Luz de la Gran Hermandad Blanca a sus devotos no ascendidos. Por tanto, que nadie se desanime, sino avance con una mayor conciencia de la Verdad, que mediante la acción de la espada de doble filo, que separa lo Real de lo irreal.

Las funciones de la Hermandad

Todos los Maestros Ascendidos pertenecen a la Gran Hermandad Blanca, y quienes aspiran lograr la unión con esta Hermandad deben también aspirar a la conciencia Crística. No es posible revelar aquí la miríada de funciones de la Hermandad y los métodos con los que intenta ayudar a la humanidad y protegerla contra sí misma; es la acción de Dios en la Tierra y, aunque ha sido muy calumniada y malentendida, su actividad continúa y continuará hasta que todas las personas de esta Tierra logren su libertad natural que Dios quiere. Sin embargo, expongamos las metas sagradas establecidas por el Jefe del Consejo de Darjeeling de la Gran Hermandad Blanca.

En los inicios de 1968, el amado El Morya dio un programa de ayuda de quince puntos que los consejos de la Hermandad habían decidido entregar a la humanidad durante aquel año. Esos puntos resumen los propósitos de la Hermandad a lo largo de los

---

*Para obtener información biográfica sobre estos Maestros y otros cuyo nombre ha sido revelado, véase Mark L. Prophet y Elizabeth Clare Prophet, *Los Maestros y sus retiros*.

tiempos, por lo cual los hemos incluido en este capítulo con el fin de que quienes deseen dar la mano con firmeza a los Hermanos de Blanco puedan comprender en concreto qué pueden hacer para fomentar el plan divino de la Tierra e invocar la ayuda que las huestes celestiales consideran es la más importante en este momento de necesidad en el mundo.

El Morya escribe:

«¿Quién puede negar las necesidades de este momento o las de la humanidad? ¿Quién pudiera hacerlo? Deseamos con sinceridad dar la siguiente ayuda a la humanidad de forma individual y colectiva en la medida en que sean capaces de responder al servicio de las Huestes Celestiales:

1. aumentar el nivel de servicio individual a fin de proporcionar una mayor claridad de entendimiento a los hombres de menor comprensión;
2. publicar de la forma más deseable las enseñanzas superiores de la ley cósmica para aquellos que puedan comprenderlas;
3. crear lazos más estables con la Jerarquía a través de nuestras avanzadas cósmicas en el mundo de los hombres;
4. introducir nuevos grados de integridad, justicia y fe en el gobierno y los negocios y en las actividades religiosas, científicas y artísticas;
5. ayudar a quienes han visto o vivido muy poco del reino celestial amplificando el poder de la visión divina entre los hombres;
6. desarrollar la naturaleza espiritual de todas las personas a fin de que puedan sentir una mayor alegría al llevar a cabo la voluntad de Dios donde y cuandoquiera se les llame a prestar servicio;
7. sustentar la fe en quienes aún la necesitan para seguir caminando;
8. satisfacer las necesidades espirituales de la humanidad en todos los niveles de conciencia;
9. promover la paz y el entendimiento a fin de acelerar la manifestación del propósito cósmico;

10. utilizar un interés renovado en la percepción extrasensorial y los asuntos del Espíritu con el fin de dirigir al buscador hacia el desarrollo de su divinidad latente en vez de involucrarse en la búsqueda de lo fenoménico;

11. dilucidar más para la humanidad la gran historia de la Jerarquía cósmica;

12. crear grandes reservas de energía como depósitos de poder espiritual que puedan utilizar los discípulos de los Maestros Ascendidos en su servicio a la humanidad y para bendición de toda la vida directamente desde los retiros de los Maestros Ascendidos;

13. conseguir nuevas dispensaciones del Consejo Kármico que alimenten esas reservas de energía y a los individuos encarnados conectados con la Jerarquía con suficiente poder y conocimiento cósmico para exteriorizar el plan del año;

14. animar a todos, incluso a los oprimidos, a que mantengan una gran fe en la manifestación suprema de la gloria de Dios mientras perciben la absoluta necesidad de contrarrestar las manifestaciones ignorantes de la humanidad involucrada en su excesivo materialismo, el uso de drogas psicodélicas, música y formas de arte disonantes y la búsqueda vana de placer para su perjuicio;

15. integrar a la totalidad del hombre de acuerdo con el plan divino original.[56]

La actividad de The Summit Lighthouse obtiene su autoridad de la Gran Hermandad Blanca y está patrocinada por ella. Siempre que defienda los principios de la Hermandad lo mejor que pueda, la Hermandad, en esta era y esperamos que en muchas más eras futuras, utilizará el brazo de Summit para defender la antorcha de la iluminación para el hombre.

ILUSTRACIÓN 33:
Los siete rayos y los siete chakras, y los seres que los animan

Siete rayos de las llamas magnetizadas en los siete días de la semana	Cualidades Divinas amplificadas a través de la invocación de la llama	Chakras o centros: cálices de Luz que mantienen las frecuencias de los siete rayos en los cuatro cuerpos inferiores
Primer rayo Voluntad de Dios (Azul) Intensificado los martes	Omnipotencia, perfección, protección, fe, deseo de hacer la voluntad de Dios a través del poder del Padre	**Garganta** (Azul)
Segundo rayo Sabiduría de Dios (Amarillo) Intensificado los domingos	Omnisciencia, entendimiento, iluminación, deseo de conocer a Dios a través de la mente del Hijo	**Coronilla** (Amarillo)
Tercer rayo Amor de Dios (Rosa) Intensificado los lunes	Omnipresencia, compasión, caridad, deseo de ser Dios en acción a través del amor del Espíritu Santo	**Corazón** (Rosa)
Cuarto rayo Pureza de Dios (Blanco) Intensificado los viernes	Pureza, plenitud, deseo de conocer a Dios y de ser Dios a través de la pureza de cuerpo, mente y alma mediante la conciencia de la Madre Divina	**Base de la columna** (Blanco)
Quinto rayo Ciencia de Dios (Verde) Intensificado los miércoles	Verdad, curación, constancia, deseo de precipitar la abundancia de Dios a través del concepto inmaculado de la Santa Virgen	**Tercer ojo** (Verde)
Sexto rayo Paz de Dios (Morado y oro) Intensificado los jueves	Ayuda del Cristo, deseo de estar al servicio de Dios y del hombre a través de la maestría del Cristo	**Plexo solar** (Morado y oro)
Séptimo rayo Libertad de Dios (Violeta) Intensificado los sábados	Libertad, ritual, transmutación, trascendencia, deseo de corregir todas las cosas a través de la aplicación de las leyes de la alquimia	**Sede del alma** (Violeta)

Chohanes o Señores que concentran la conciencia Crística del rayo (ubicación de sus retiros)	Arcángeles y complementos divinos que concentran la conciencia solar del rayo (ubicación de sus retiros)	Elohim y complementos divinos que concentran la conciencia Divina del rayo (ubicación de sus retiros)
El Morya Darjeeling (India)	**Miguel y Fe** Banff y el lago Louise (Canadá)	**Hércules y Amazonia** Half Dome, Sierra Nevada (California, EE. UU.)
Lanto Grand Teton, cadena montañosa Teton, (Wyoming, EE. UU)	**Jofiel y Cristina** Sur de la Gran Muralla, cerca de Lanchow, parte central de China del Norte	**Apolo y Lúmina** Baja Sajonia occidental (Alemania)
Pablo el Veneciano Sur de Francia	**Chamuel y Caridad** San Luis (Misuri, EE. UU.)	**Heros y Amora** Lago Winnipeg (Canadá)
Serapis Bey Lúxor (Egipto)	**Gabriel y Esperanza** Entre Sacramento y el monte Shasta (California, EE. UU)	**Pureza y Astrea** Cerca del golfo del Arcángel, brazo del sureste del mar Blanco (Rusia)
Hilarión Creta (Grecia)	**Rafael y Virgen María** Fátima (Portugal)	**Ciclopea y Virginia** Cadena montañosa Altai, donde China, Siberia y Mongolia se encuentran, cerca de Tabun Bogdo
Nada Arabia Saudí	**Uriel y Aurora** Montes Tatra, al sur de Cracovia (Polonia)	**Paz y Aloha** Islas Hawái
Saint Germain Transilvania (Rumanía) Table Mountain, Montañas Rocosas (EE. UU.)	**Zadquiel y Amatista** Cuba	**Arcturus y Victoria** Cerca de Luanda, Angola (África)

Capítulo 5
Logro

Sobre poco has sido fiel,
sobre mucho te pondré;
entra en el gozo de tu Señor.

MATEO

Logro

L A MAESTRA ASCENDIDA AMERISIS NOS dice: «¡La lucha entre la Luz y la sombra es una lucha por el devenir! Oh queridos corazones, qué prodigioso es el proceso de pasar por la iniciación, cuando la victoria del éxito se percibe floreciendo sobre el tallo de la realización. A fin de avanzar en el logro de la Luz, siempre debéis poner a un lado el sentimiento del fracaso pasado, debéis dominar el método de concretar las grandes realidades de la vida y minimizar el proceso de la respuesta habitual a los estímulos de las masas que hacen que bajen vuestras valiosas energías».[1]

Dharma

En lo que respecta al tema del logro, el hombre con frecuencia ha pensado que la responsabilidad es totalmente de Dios. Es una cuestión de magia; él dice «abracadabra» y sus deseos aparecen o se manifiestan. El hecho de que el logro pueda o no resultar tan fácil no es lo que realmente importa. En cambio, es necesario que todo el mundo entienda la necesidad personal que existe de cumplir lo que en la India y el Tíbet se ha llamado *dharma* («deber»): la dedicación de la vida de uno a sus propósitos naturales y ordenados.

A lo largo de los años muchas han sido las víctimas de los proveedores de distintos cursos ocultos, palabras mágicas, fórmulas especiales con las que esperan manifestar un enorme poder de otro mundo y así dominar a su prójimo y su entorno, para convertirse en maestros de todo. Sin embargo, Jesucristo dijo: «El que de vosotros quiera ser el primero, será siervo de todos».[2]

El dharma de la Ley tiene la expectativa de que se manifieste la actitud correcta para que el logro correcto pueda manifestarse. Sin el logro correcto el hombre no es más que una víctima de la vanidad. Todo lo que hace es para el yo o para los objetos de su afecto, con muy poco realizado por los demás y esto, hecho solo a fin de sentirse bien por haber dado.

Uno no debería estar apegado a los sentimientos, ciertamente, no a los malos y, por tanto, tampoco a los buenos. Manifiéstense los buenos sentimientos, pero ejerzamos la capacidad de distinguir y rechacemos los sentimientos que son malos.

El verdadero logro no consiste en adquirir poder sobre los demás, más bien es el control supremo de la energía que es Dios dentro del yo.

Los verdaderos instructores

Dios ha enviado a muchos instructores para que nos enseñen el camino del logro. También están los que vienen como falsos instructores, que nos han dicho la mentira de que buscar el logro es presuntuoso, jactancioso o ambicioso. Ellos han dicho que la única forma de llegar a Dios es mediante su gracia y todo lo que se necesita para hacerlo es afirmar la creencia en el salvador. Esto ha detenido el sendero de la maestría para muchos, que temen ir contra lo que creen que es la verdad de la escritura.

Sin embargo, cuando miramos el ejemplo del propio Cristo vemos a alguien que recorrió el sendero del logro. Y si nos preguntamos por qué. Debemos comprender que Jesús, por sí mismo, no tuvo la necesidad de recorrer ese camino; tenía suficiente karma saldado antes de encarnar para poder regresar al mismísimo corazón de Dios. Podría haber escapado del mundo y sus persecuciones. En cambio, vino por nosotros. No se dedicó a dar un espectáculo, un acto de vodevil. Fue una demostración de la ley suprema. Y ese es el significado del salvador del mundo; él viene a salvarnos dándonos la responsabilidad suprema de nuestra propia salvación.

Los que hoy día aconsejan a la gente como médicos, psiquiatras, asistentes sociales o asesores saben que la ayuda a las personas se fundamenta en enseñarles a ayudarse a sí mismos, y el instructor que asume la responsabilidad del proceso de aprendizaje en lugar del pupilo no es instructor en absoluto. Cristo y Buda fueron los instructores más grandes de todos los tiempos. Ellos marcaron un sendero de logro con el ejemplo y la enseñanza; y ambos enfatizaron las obras que debemos hacer para llegar al mismo punto que ellos alcanzaron y, de igual manera, enfatizaron nuestro deber de conocer la verdadera enseñanza de la Ley.

La medida del logro

Entonces, ¿qué es logro? «Logro» significa vestirse con la vestidura del Señor.

La vestidura del Señor es el impulso acumulado de maestría sobre uno mismo. La manifestación suprema que Jesús hizo de su maestría la declaró él mismo momentos antes de su victoria definitiva en la ascensión: «Toda potestad me es dada en el cielo y en la tierra».[3] Jesús no dijo estas palabras al principio de su misión, las dijo después de haber pasado por todas las iniciaciones del camino. Jesús fue el gran científico de la era. Él esculpió el camino del logro.

El manto de la conciencia del Gurú es un impulso acumulado. Esto está simbolizado en la túnica de Cristo, tema de mucho misterio, que los soldados no cortaron porque era una vestidura que no tenía costuras. La túnica de Cristo, el mismísimo manto de su logro, es algo que puede caer sobre ti, como el manto de Elías cayó sobre Eliseo,[4] como la sucesión de los Budas del Lejano Oriente continúa intacta. La transferencia del manto es la transferencia de los impulsos acumulados de logro.

¿Cómo se mide el logro? ¿Dónde te encuentras tú en el sendero de iniciación si, en efecto, estás sobre el sendero? ¿Has sido aceptado como chela por un Gurú?

Cuando hablamos de Gurú nos referimos a los grandes Gurús, los propios Maestros Ascendidos. Ellos son los Gurús intachables. Poseen la sabiduría eterna. Tienen la experiencia de haber caminado por la Tierra como tú y como yo. Han pasado por todas las pruebas y tribulaciones que nosotros hemos vivido antes de que supiéramos lo que son las pruebas y las tribulaciones. Han dado cada paso del camino y conocen los aspectos de la ley que han de ser aplicados; conocen la ciencia que necesitamos. Y esta es la idea de Jerarquía.

La necesidad de que exista la Jerarquía

Hay muchos que rechazan a la Jerarquía, diciendo: «Solo necesito a Dios». No pueden ni siquiera entender por qué tienen necesidad de Cristo o de Jesucristo. Y muchos de los que aceptan a Jesucristo y a Dios se detienen en ese punto. No pueden reconocer la necesidad de María la Madre o cualquiera de los santos del cielo.

Debemos aprender la lección de la humildad. Debemos comprender que tal como no necesitaríamos acudir al presidente de una gran empresa para comprar uno de sus productos, no hace falta que vayamos y molestemos a Dios cuando él tiene a sus Hijos e Hijas en manifestación, que son los expertos en sus respectivos campos.

Esto depende del concepto que tengamos de Dios, Dios en muchos aspectos. Dios está muy disponible en la llama del corazón, muy disponible como la vocecita suave interior. Pero esos son aspectos de Dios, Dios personificado, Dios encarnado, Dios en manifestación. Sin embargo, el Dios de los hindús, el Dios Brahmán, lo no formado, lo no creado, Dios como vacío, yo lo concibo como energía, y para entrar en contacto con esa energía antes de que hayamos refinado la conciencia a fin de entrar en ella y asimilarla, sería un acto de autodestrucción, como meterse en un horno a ochocientos grados. Y así, Dios ha creado a la Jerarquía, manifestaciones de sí mismo por todo el cosmos.

En la totalidad de la vida vemos la manifestación de la Jerarquía; en las estrellas, en las flores y en la naturaleza, incluso en la humanidad. Así es como descubrimos, incluso los Maestros, que la humanidad puede aceptar representar un determinado camino y un determinado aspecto de la Jerarquía.

¿Cómo podemos distinguir a Jesús de Gautama? No tanto por sus rostros, puesto que no estamos realmente seguros de su apariencia. Los distinguimos por su vibración. Los identificamos por el camino y la Verdad que trajeron. Los identificamos por la vestidura de su conciencia. Los identificamos por su logro.

De hecho, cada puesto en la Jerarquía, una escalera de conciencia cósmica, tiene su propia frecuencia y vibración. El que quiera ocupar un puesto en la Jerarquía debe igualar su vibración con ese nivel de la escalera del logro y así estar al nivel del cargo, al nivel del manto que da ese cargo.

Tú eres Jerarquía. La llama Divina en ti tiene su destino, su diseño original ígneo, su punto focal en el tiempo y el espacio. Tu conciencia exterior puede o no ser consciente de por qué Dios ha encarnado en ti y ha decidido ponerte aquí, para que evoluciones aquí. Lo que importa, en lo que respecta al logro, es ir al interior, entrar en contacto con la llama y llevar la llama del interior al exterior de modo que pueda manifestarse de una forma concreta, para que pueda hacer las obras de Dios como alquimia de cambio.

La Materia es una frecuencia, una línea en la conciencia de Dios donde vivimos. Es nuestro hogar por un tiempo y espacio. La Materia es una sustancia que Dios nos da para que demostremos ese nivel de logro; y cuando la hayamos sometido y hayamos logrado el dominio de los cuadrantes de la Materia como alquimistas, descubriremos que somos herederos, como Cristo, de toda potestad del cielo y la tierra. Y esa total potestad es la liberación del alma de la rueda del renacimiento y del karma y sus ciclos. Es la liberación del alma en el ritual de la ascensión para regresar al núcleo ígneo de Dios.

Dios desea ser Dios

¿Por qué hemos de seguir este sendero del logro? Porque Dios vive en nosotros como Vida y, mientras la Vida sea prisionera en nosotros, atada por nuestras costumbres, por la esclavización de nuestra alma a nuestro entorno, Dios estará crucificado en nosotros.

Dios posee un impulso acumulado interior. A esto lo llamamos «Dios desea ser Dios». Dios desea bajar de esa cruz. Dios nos transfiere el deseo de plenitud porque fuimos creados a partir del modelo del núcleo de fuego de esa plenitud.

Dios nos transfiere a cada uno de nosotros, que vivimos en la periferia, en el sentimiento de separación, en el sentimiento de lucha, el anhelo de ser plenos. Ese anhelo se expresa de muchas formas en la humanidad, ya sea en la búsqueda de estudios o una carrera profesional, en la búsqueda de un compañero en la vida o una familia o en la búsqueda de una religión o una disciplina.

El anhelo de plenitud puede manifestarse como la búsqueda de una disciplina muy exigente, una vocación en la vida intensísima o una labor sagrada a la que dotamos conscientemente de la llama del espíritu. Cada día, al levantarnos, nos dedicamos a los asuntos de nuestro Padre, a hacer algo para manifestar la plenitud que baje a Dios de esa cruz.

Dios es crucificado en la Materia. La naturaleza no permanente de aquello que se manifiesta en la Materia es la señal de urgencia para que el alma busque el sendero de iniciación. Esa urgencia no llega a través de una doctrina y un dogma falso que incita el temor, la condenación, la culpa, el sentimiento de pecado o la inquietud por los fuegos del infierno. Llega del mismísimo Espíritu de la Vida misma, la vida que tiene un destino inmortal de *ser*.

Solo hay dos formas para que la Vida que hay en nosotros, que es Dios, logre la libertad. Dios puede romper el molde al final de una era o al final de un manvantara, el gran ciclo de la exhalación. Dios puede recoger toda la creación y devolverla al núcleo de fuego y disolver la forma, disolver el molde y recuperar la llama. Esa libertad significa la pérdida total de la identidad individual, lo cual ocurre cuando el Dios que se encerró en la forma, el alma, derrochó la energía que era Dios, la utilizó para glorificar al ego y a un yo que era un yo sintético, un yo irreal y, por tanto, no llegó al punto de la plenitud, no mereció ser conservado. Ese es el sendero de la espiral descendente de la autoaniquilación. Es la aniquilación de Dios como individualidad.

La energía no se crea ni se destruye, siempre ha existido, siempre existe; pero estos son los ciclos del Creador. Primero se produce la gran exhalación, durante cientos de miles y millones de años. Después se produce la gran aspiración. Y la ganancia de ese ciclo es el aumento de la autopercepción de Dios. Debido a que conquistamos el tiempo y el espacio, debido a que decidimos ser la plenitud de Dios que somos, aumentamos la autopercepción de Dios. La aumentamos en manifestación. La aumentamos en la Materia. Y el gran Sol detrás del sol como energía, energía individualizada, también es aumentada. Aparte de esto, no podemos descubrir ningún propósito en la creación.

La segunda forma de lograr la libertad es a través del sendero de iniciación. Entramos en contacto con el Dios interior, que es el alma, y comprendemos que esta es nuestro potencial de llegar a la plenitud, es nuestro potencial de llegar a ser Dios. Pero el alma no es permanente. La Palabra del SEÑOR vino al profeta Ezequiel diciendo: «El alma que pecare, esa morirá».[5] En el Apocalipsis también nos enteramos del juicio de las almas y de que algunas pasan por la segunda muerte.*

El alma es la parte que salió del Espíritu del YO SOY para conseguir la percepción de sí misma a través del uso correcto del don del libre albedrío. El alma recibe un ciclo determinado de encarnaciones para su evolución. Si al final de esas rondas de encarnaciones el alma ha derrochado la Luz de Dios, llega el momento en que esta debe dar testimonio acerca de la medida

*Véase Apocalipsis 2:11; 20:6, 11-15; 21:7, 8. Para obtener una descripción detallada de este juicio de las almas y la segunda muerte, véase libro 7 de la serie «Escala la montaña más alta», *El sendero hacia la inmortalidad (The Path to Immortality)*.

de su logro. Si no ha llegado a ser la plenitud de Dios, la forma se rompe, la identidad se anula y esa energía regresa al núcleo de fuego para volver a emitirse en la siguiente era.

Pero si el alma ha seguido el sendero de iniciación, si ha trabajado sobre sí misma en la disciplina hacia la maestría de la energía en el servicio, en el amor, en el intercambio con toda la Vida, si el alma ha realizado el diseño original ígneo, en vez de ser consumida cuando regresa a esa llama de fuego del YO SOY EL QUE YO SOY, en vez de pasar por la autodestrucción, es encendida como un átomo permanente del cuerpo de Dios. Sabemos que tales átomos permanentes son los santos y los Maestros Ascendidos de todos los tiempos. Sabemos que están ahí. Entramos en contacto con ellos gracias al arco del amor del corazón en meditación, y sentimos su respuesta.

Dios permite que los hijos y las hijas vencedores conserven la individualidad, al mismo tiempo que se unen a la infinitud del Uno. Este concepto no es más misterioso que el de nirvana. No hemos estado ahí, y solo podemos tener la esperanza de utilizar una paupérrima aproximación con palabras de nuestro lenguaje para describirlo. La individualidad en el tiempo y el espacio implica una separación, pero en la condición eterna de Dios implica plenitud.

Los Maestros Ascendidos son triunfadores. Han recorrido el camino del logro. Forman parte de la gran Jerarquía conocida como la Gran Hermandad Blanca. Son los Gurús de la era de Acuario. Están entrando en contacto con la humanidad y con nosotros a través de sus dictados y sus cartas dirigidas a sus chelas.

La relación Gurú-chela

Quizá quisieras ser chela de algún Maestro Ascendido o quizá preferirías ser discípulo de Jesús el Cristo. De hecho, es la misma cosa. Jesús, el gran Maestro Ascendido de nuestro tiempo, es venerado por todas las Jerarquías del cielo. Y no hay que temer que, porque haya muchos Gurús, esa gran Luz del Salvador se vaya a eclipsar. No se eclipsa, aumenta. También aumenta cuando tú llegas a ser el Cristo. Igual que Jesús «no estimó el ser igual a Dios como cosa a que aferrarse»[6] declarándose Hijo de Dios, él también declara que no es una usurpación que tú te hagas un Hijo de Dios.

La promesa de Jesús: «El que en mí cree, las obras que yo hago, él las hará también; y aún mayores hará, porque yo voy al Padre»,[7] ilustra en el Nuevo Testamento la ley de la Jerarquía; ilustra la ley que Juan el Bautista declaró cuando dijo: «Es necesario que él crezca, pero que yo mengüe».[8] Juan se refirió al intercambio entre Espíritu y Materia; él, el Gurú de Jesús, ascendiendo al Espíritu, su presencia como una imagen que disminuye en la conciencia de la gente para que la de su chela pudiera aumentar, para que pudiera cobrar protagonismo para la demostración de un nuevo ejemplo, una nueva enseñanza, un nuevo evangelio que sería para la era de Piscis.

Los Maestros quieren que aumentemos la Luz de la conciencia Crística. El gran Maestro Kuthumi, que fue cofundador junto con el Maestro M. de la Sociedad Teosófica, ha dicho a sus chelas: «La meta de la vida es sencillamente la ascensión. La ascensión es la reunión del alma con Dios, la Presencia YO SOY individualizada en cada hijo e hija a quien Dios ha hecho. La ascensión es la aceleración de Dios en el hombre y la aceleración de la percepción del hombre en Dios. La ascensión es el regreso del hijo pródigo al hogar del Dios Padre-Madre. La ascensión es saldar el karma mediante la ley de la armonía y la realización del dharma como el deber que uno tiene de ser uno mismo, el deber que uno tiene de llegar a ser el Yo Divino de uno mismo».[9] Ese deber es tu deber en esta vida, tu deber de ser el yo que Dios es en ti.

La necesidad de ir al interior

¿Cuántos de nosotros hemos sido programados por nuestra civilización, tanto en Oriente como en Occidente, para creer que eso no se puede lograr o, quizá, que acercarse a ello es pecaminoso. Y después nos hemos distraído con aspectos de ambición mundana de todo tipo, ambición espiritual, cultos al éxito, cultos al sexo, cultos a la muerte y a un bombardeo constante de ruido para derribar el delicado equilibrio del flujo de Luz en los chakras.

Los caídos están tan frenéticos por temor a que un solo hijo de Dios pueda establecerse en el sendero de iniciación, que hacen que respondamos continuamente a estímulos externos, especialmente en la sociedad occidental, donde nos criamos condicionados a responder a las cosas externas y somos por naturaleza extrovertidos. Nos hacen correr de aquí para allá constantemente y responder a esto y aquello, y al terminar el día no hemos entrado en contacto ni una sola vez con la llama interior.

Y así, los gurús de Oriente llegan y enseñan meditación. La gente empieza a meditar y empezamos a ver un movimiento de lo externo a lo interno. Es un paso en el buen sentido. Pero el sendero del logro consiste en mucho más que la meditación. Esta es un medio para un fin, no el fin en sí mismo.

¿A dónde vas cuando meditas? ¿Entras en contacto con los planos inferiores del astral o con los planos mayores de la conciencia Crística? Esto solo se puede determinar viendo tu estado de conciencia durante la meditación; y si no mides tu estado de conciencia, ¿cómo sabrás a dónde vas en realidad?

Los caídos están preocupadísimos de que ni un hijo de Dios entre en contacto con el fuego del Yo Real, porque ese fuego, cuando se entra en contacto con él, cuando se manifestó como se manifestó en la vida de Jesús, es suficiente para cambiar el curso de toda una civilización durante miles de años. Ese mismo fuego con el que Jesús entró en contacto tú lo tienes a tu disposición. Ese mismo fuego tendrá un mayor impacto en este sistema solar y en este cosmos que la desintegración del átomo, que toda la ciencia y la invención y la tecnología. Tendrá un impacto más grande incluso que el descubrimiento del fuego físico por el hombre de las cavernas. Tal es el poder de la emisión del fuego espiritual en ti.

Pero es necesario aceptar el hecho de que eso se puede hacer. Esta es la era que llevas esperando miles de encarnaciones. Este punto del cambio de ciclos, este momento de la llegada de la libertad en la era de Acuario, es nuestro momento. Nuestro momento ha llegado y nos encontramos en el espacio correcto, estamos en el punto de contacto con la divinidad interior.

La energía es Dios

El Señor Maitreya, a quien veneramos como el Buda venidero, como el Buda de la era actual, nos ha dado unas claves muy importantes para medir el logro:

La primera iniciación en el sendero del logro es aprender a lidiar con la energía. Puesto que la energía es Dios, aprender a lidiar con ella es aprender a lidiar con Dios. Dios como Espíritu, Dios como Materia, Dios en manifestación en el hombre, en la mujer y en el niño. Dios en ti como flujo de energía desde los centros de percepción Divina, Dios como flujo de energía entre tú y otros, de corazón a corazón, de alma a alma, de mente a mente. ¿Y qué hay de esas emociones que fluyen, la energía de Dios en movimiento entre corrientes de vida, una, muchas y las masas esperando los fuegos avivadores del Espíritu? La energía de Dios en movimiento es el agua, el viento, el fuego y la tierra, porque toda la energía se mueve como el gran mar ardiente del Ser de Dios, de la Vida convirtiéndose en vida.

Por tanto, aprended a lidiar con la energía. Aprended a dar y recibir en armonía. Aprended a recibir la brusquedad y el error de las almas no instruidas y a transmutar esa capa con los fuegos del rayo de la libertad. Aprended a ser un escudo amortiguador para los de corazón tierno a quienes tenéis por encargo cuidar, para absorber las conmociones por el sacrilegio y la ignorancia que tiene el mundo con respecto a la llama.

A medida que vais por el camino de la vida entre la tierra y el cielo, sed cedazos de las arenas de energía, cerniendo, cerniendo con la acción del corazón; cerniendo, cerniendo con la acción de la mente. Sed purificadores de los hilos de oscuridad, purificándolos totalmente. Sed refinadores de las energías del mundo. Con cuidado, con cuidado refinad esa densidad. ¡Hacedla ligera!...

El propósito de la iniciación

El propósito de la iniciación es inaugurar espirales de integración Divina en las almas que desean avanzar hacia el centro del ser que es la Vida. La Vida en todo su destellante esplendor, la Vida en su esencia concentrada de fuego sagrado, es demasiado intensa para los mortales que se han sometido a las leyes de la mortalidad. Quienes viven según la muerte y la desintegración de la muerte no están preparados para vivir en una vida que es Dios. Creen que tienen vida, pero la suya es una cuasi existencia en una zona gris del tiempo y el espacio. Mientras que experimentan lo que llaman vida en una franja gris de autopercepción estrecha, nosotros, que somos seres libres en Dios, podemos declarar y declararemos: «En él vivimos, y nos movemos, y somos... porque linaje suyo somos».[10]

Vengo con la Luz de la iniciación solar para iniciar en vosotros la percepción de la Vida abundante que fluye de la mano de la Madre del Mundo. Vengo a romper la cerámica de barro de vuestras formas materialistas, ¡oh humanidad de la Tierra! Vengo a destruir la rigidez cadavérica de la muerte y de la conciencia de la muerte. Vengo a romper las esperanzas de los que han puesto su esperanza en la muerte en vez de en la vida. Vengo a derribar a los cambistas que han invadido el templo de la vida, que utilizan la psicología de la muerte para controlar a las masas...

Si pusiera la vara de iniciación sobre la frente de quienes se arrodillan ante el altar del Cristo Cósmico antes de que reciban la iniciación en los ciclos de la vida, no haría más que prestar el impulso acumulado de mi autoridad en la vida como un refuerzo de la muerte como negación suprema del Yo Real que es Dios. La Luz que fluye de la conciencia del Cristo Cósmico, «corazón, cabeza y mano», es la luz que hace permanente todo lo que es real, bueno, hermoso y gozoso en vosotros. Esta es la Luz que puede dotar al alma de vida eterna y esta es la Luz que el SEÑOR Dios ha negado a los mortales hasta que estos estén dispuestos a vestirse de inmortalidad. Por ello, está escrito como edicto de la Ley que «esto corruptible debe vestirse de incorrupción, y esto mortal debe vestirse de inmortalidad».[11]

Es un requisito absoluto de la ley de la vida que os vistáis con las espirales de integración, la integración con Dios, vuestro Yo Real. Día a día, línea a línea, el desafío de la iniciación consiste en integrar al alma, ese potencial de la individualidad, con el Espíritu del Dios vivo, el YO SOY EL QUE YO SOY. Y las llaves de la integración son: 1) la ciencia de la armonía, 2) la ciencia del flujo de la energía, y 3) la ciencia de la Palabra hablada. Dominad estas tres cosas, vosotros que deseáis ser chelas de Maitreya, vosotros que deseáis prepararos con diligencia para esa expansión de la vida que es ¡la percepción del Cristo Cósmico!

Comprended que cuando acudís al altar para ser iniciados, se trata de algo totalmente distinto a cuando se acude al altar para rezar, para pedir perdón según la vida y la muerte o para recibir las bendiciones de amor, inspiración y paz Crística. Cuando venís al altar del SEÑOR para ser iniciados, significa que os habéis esforzado por la perfección en la aplicación de la ciencia de la armonía, en la aplicación de la ciencia del flujo de la energía y en la aplicación de la ciencia de la Palabra hablada. Analicemos estos requisitos de la preparación del alma para la iniciación.

La Ley de la Armonía

La armonía empieza en el corazón. Armonía es la Luz de la Madre al negar las espirales de desintegración en todos los planos de la Materia. Armonía es vuestro Ser Crístico que dispensa los fuegos de amor, sabiduría y poder como la comunicación del Logos con el lado nocturno de la vida. Armonía es la Luz que estalla en invierno con el nacimiento del Hijo Varón. Armonía es la ley de un cosmos, la severidad del fuego del Padre, que en la Madre se convierte en la suave caricia del Espíritu Santo.

Armonía es la energía de Dios en el núcleo de fuego blanco que estalla desde la polaridad del Dios Padre-Madre en el Espíritu hasta el cumplimiento de la creación en la Materia. Armonía sois vosotros centrados en la llama Divina del corazón. Armonía es la llama trina que quema los desechos de los siglos.

Vuestro corazón debe gobernar vuestra cabeza, vuestra alma, vuestra conciencia, vuestra vida y el flujo de la energía que define vuestra identidad en Dios. Para que tengáis éxito en el sendero de iniciación, los fuegos de vuestro corazón deben cuidarse, intensificarse y expandirse...

Con el ejercicio de la ley de la armonía hacéis que el templo sea apto, cada rincón, para que sea la morada del Dios Altísimo, que *es* la llama de la armonía. La llama de la armonía es la llama que contiene todos los rayos de Dios como un acorde de fuego cósmico, como la sinfonía de los siete rayos del arco iris que circula en espirales desde el núcleo de fuego blanco, moviéndose al ritmo de las leyes de la armonía que gobiernan la música de las esferas. Cuando se tiene la llama de la armonía, se contiene la fuerza indómita, la verdadera fusión de la Luz de Alfa y Omega que discurre por vuestros cuatro cuerpos inferiores, que fluye como la Luz de siete esferas y hace que vuestros cuatro cuerpos inferiores sean la expresión de la conciencia del Cristo Cósmico.

La Luz blanca de la armonía se convierte en el cristal del diseño original ardiente de la creación. La Luz blanca de la armonía puede convertirse en los acordes resonantes de las armonías de los siete rayos, al tener cada rayo un millar multiplicado por un millar de tonos, variaciones y gradaciones en calidad de tono y vibración de su tema central. La llama de la armonía es la llama de Dios que resuena en todos los chakras de vuestro ser, centros sagrados de percepción Divina. A través de la llama de la armonía podéis convertiros en la sinfonía de Dios.[12]

A veces confundimos armonía con vegetar. Uno puede sentarse en el sofá todo el día sin hacer nada, pero eso no es armonía. Armonía es descanso en movimiento. Armonía es el movimiento del cambio de ciclos.

La integración de la conciencia exterior con la llama interior se logra de acuerdo con la ley de los ciclos. Estos incluyen los ciclos de tu karma y tu dharma, los ciclos del flujo de la Vida y los ciclos de tu meditación y aplicación de la ley.

Ciclos de iniciación

El cambio de ciclos son las ruedas dentro de otras ruedas de las que habló el profeta Ezequiel.[13] Son los ciclos del flujo de la energía en tus chakras. Hasta que estos no estén limpios, tú no estarás en verdadera armonía con la vida, aunque hayas logrado un equilibrio relativo y te sientas cómodo contigo mismo.

En el sendero de iniciación descubrimos que cada día el nivel anterior de nuestra percepción no basta. Cuando estamos en el sendero, la búsqueda de Dios que desea ser Dios es como el fuego que vio Ezequiel y que se envuelve a sí mismo. La llama sigue ardiendo, continúa exigiendo más llama para sustentar el nuevo nivel de armonía. Así, la ciencia de la armonía comienza con el esfuerzo hacia el mayor grado de armonía que podamos conocer en nuestra vida, manteniéndonos callados, cuidando la lengua, vigilando la emisión de las energías de las emociones, vigilando el grado de irritabilidad, manteniendo el cuerpo con buena salud, manteniendo el flujo de la energía con una buena alimentación y ejercicio, haciendo yoga. La armonía es un refinamiento diario.

Poco a poco uno llega al punto en que la necesidad que siente de ese equilibrio al que llamamos armonía es tan grande, que uno debe abandonar la existencia periférica. Cuando uno vive fuera de uno mismo, es como un corcho balanceándose sobre las olas de la conciencia de las masas: la última crisis del mercado de valores, la última crisis en el escenario del mundo, en Oriente Próximo o en China. La gente sube y baja según la energía que emiten los medios de comunicación y, por tanto, no poseen armonía en su alma. Al retirarse al núcleo interior, el fuego interior, uno descubre la armonía que estaba buscando.

Entonces, el requisito es sustentarla, mantenerla, aumentarla. Porque la ley del progreso es la ley del logro.

Abandona todas las autocomplacencias

Maitreya también aconseja que abandonemos todas las autocomplacencias, todas las indulgencias del yo irreal. Debemos eliminar por completo de nuestra conciencia la idolatría hacia nuestro yo y hacia el yo de los demás. La idolatría es el resultado de la ceguera espiritual y la mayoría de la gente no sabe cuándo están practicándola. La idolatría, como narcisismo, es el amor hacia cualquier yo antes que hacia Dios y antes que hacia la llama.

Muchos que se consideran avanzados en el Sendero no se dan cuenta de que el amor hacia cualquier yo debe ser el amor hacia el Yo Divino dentro de la persona. Muchos no pueden distinguir entre amor divino y amor humano, amor posesivo y amor no posesivo, el amor manipulador y el amor que es libertad. Es una cuestión de refinamiento. Cuanto más cerca estás del Yo Real interior, menos te ves enamorado de tu yo inferior, buscando un camino de autopreservación, de sensualidad, de indulgencia.

Hay muchos instructores en nuestra época que enseñan que puedes hacer lo que quieras y seguir en el sendero espiritual. Jamás ningún instructor verdadero nos dijo eso; ni Jesús ni Gautama ni Milarepa ni Padma Sambhava. Los Gurús verdaderos nunca nos dijeron que podíamos llevar el bagaje de nuestra carnalidad a la conciencia de Dios. Sin embargo, muchos instructores nos prometen ese logro. El logro que prometen es una libertad falsa; es el poder sobre los demás en vez del dominio Divino de la llama interior.

En las tentaciones de Jesús reconocemos las tentaciones que nos llegan todos los días. Son las pruebas de la llama trina. ¿Podemos sostener al Padre, al Hijo y al Espíritu como voluntad de Dios, sabiduría de Dios y amor de Dios? ¿Podemos demostrar que amamos la llama más de lo que amamos las cosas externas?

«Jesús fue llevado por el Espíritu al desierto, para ser tentado por el diablo». El diablo era Satanás, un ser real, alguien que estaba en el Sendero de iniciación y decidió utilizar las técnicas de la maestría sobre uno mismo para glorificarse a sí mismo, para elevar y exaltar la mente carnal, el ego humano, el yo irreal.

«Después de haber ayunado cuarenta días y cuarenta noches, [Jesús] tuvo hambre. Y vino a él el tentador, y le dijo: Si eres Hijo de Dios, di que estas piedras se conviertan en pan». Jesús era capaz de convertir las piedras en pan. Realizó una alquimia parecida cuando alimentó a las multitudes. Pero se negó a hacerlo cuando el adversario le retó. Se negó a hacerlo para satisfacer a la mente carnal. Hay una gran diferencia, la diferencia entre el mago negro y el mago blanco. Lo que marca la diferencia entre el Cristo y Satanás es cómo realizamos la alquimia, cómo usamos las leyes de Dios.

La respuesta de Jesús fue: «Escrito está: No solo de pan vivirá el hombre, sino de toda palabra que sale de la boca de Dios». Es importante que nos pongamos en el lugar de Jesús. Su victoria en esta prueba parece fácil mirando atrás. Pero Jesús tenía un cuerpo físico, tenía hambre, no había comido en cuarenta días. Podría haber convertido las piedras en pan con facilidad. La tentación encaja con la escena; Satanás sabía lo que pedía. Por tanto, nosotros comprendemos la lección: en el momento de la mayor desesperación por una necesidad física o humana, ¿estaremos dispuestos a comprometer la Ley?

En la Atlántida se pronunció el compromiso de la Ley: «Hagamos males para que vengan bienes». A lo largo de los siglos esto ha llegado a ser la lógica maquiavélica en la Iglesia, el Estado, en la política, en la religión. Es la justificación por haber comprometido la Verdad.

«Entonces el diablo le llevó a la santa ciudad, y le puso sobre el pináculo del templo, y le dijo: Si eres Hijo de Dios, échate abajo; porque escrito está: A sus ángeles mandará acerca de ti, en sus manos te sostendrán, para que no tropiece con tu pie en piedra. Jesús le dijo: Escrito está también: No tentarás al Señor tu Dios».

Estas son pruebas de poder. La locura de los caídos es el poder, la ambición, el orgullo y la conquista mundana, y ahí están para ofrecernos todo si queremos comprometernos.

«Otra vez le llevó el diablo a un monte muy alto, y le mostró todos los reinos del mundo y la gloria de ellos, y le dijo: Todo esto te daré, si postrado me adorares. Entonces Jesús le dijo: Vete, Satanás, porque escrito está: Al Señor tu Dios adorarás, y a él solo servirás. El diablo entonces le dejó; y he aquí vinieron ángeles y le servían».[14]

El propio Satanás pronunció las palabras: «Toda potestad me es dada, y a quien yo quiera, a él se la daré». El poder de este mundo está en manos de los caídos y este es el soborno a los niños de Dios.

Satanás tentó a Jesús con los mismísimos elementos de su ministerio; las mismas cosas que Jesús haría en el hombre de Cristo, en el nombre de Dios, Satanás quería que las hiciese en su nombre.

La evaluación de nuestros motivos

Quizá hoy día no utilicemos estos términos, pero todo lo que hacemos cae a un lado u otro. ¿Hacemos lo que hacemos para tener el poder, el dominio y el orgullo del ojo y la ambición del logro ante nuestros iguales, para poder conseguir lo que queremos cuando lo queremos? ¿O podemos contentarnos con esperar al Señor, ser humildes, sacrificar al yo inferior para conocer la gloria cuando el Espíritu Santo llene el templo?

Así es como se mide el logro. Hazte la pregunta: ¿Por qué vivo? ¿Por qué trabajo? ¿Por qué amo? ¿Por qué hago lo que hago cada día? ¿Tengo el propósito mayor de glorificar a Dios, de liberar a las almas de la esclavitud de este mundo? ¿Tengo en mente la meta mayor de la ascensión, la reunión con el núcleo ardiente? ¿Vivo para la gran liberación de Gautama Buda? ¿Vivo para conquistar la Materia a fin de servir a mi prójimo o porque quiero más dinero, más cosas y más placeres de los sentidos?

Cuando a Jesús le llegaba la hora, comentó a sus discípulos: «Viene el príncipe de este mundo, y él nada tiene en mí».[15] Jesús no tenía nada a lo que pudiera aferrarse Satanás, ni siquiera un grano de ambición justificada por el establecimiento de su iglesia, su Sendero, por el bien de sus discípulos, por su confort, por sus necesidades, etcétera.

Es fácil justificar la ambición cuando aparenta tener una finalidad buena. ¿Cómo definimos estas cosas en realidad, cuando en Occidente hemos recibido el sendero que consiste en someter a la Materia? De hecho, lo que hacemos no es lo que está bien o mal; es el *espíritu* y el motivo lo que está bien o mal.

Se nos da la ciencia de la Madre para conquistar la Materia

como un don a la humanidad. Los Maestros hablan de nosotros como científicos, físicos, químicos, avanzando en la era nuclear, pero siempre debemos tamizar el motivo. ¿Conquistamos la Materia para tener más placeres y más cosas? ¿Conquistamos la Materia para liberar el potencial del Cristo a fin de conservar la llama de la libertad para un mundo angustiado o la conquistamos para poder retirarnos y dar la espalda cuando la gente de todo el mundo clama pidiendo ayuda, pidiendo libertad?

Desapego

El Bhagavad Gita enseña que tenemos el derecho de practicar la acción solo por el ritual de la acción misma, no por la ambición o los resultados de la acción.

Cada vez que el objetivo de la acción se vuelve más importante que la acción misma, podemos abrir la puerta a comprometer la Verdad, el honor, el amor; podemos aceptar la filosofía de que el fin justifica los medios: hagamos el mal para que el bien venga. «Voy a hacer una pequeña trampa, porque al final es para el bien de la Iglesia, es para el bien de mi familia, es para el bien de alguna causa noble. Al final, después de haber engañado a todo el mundo, lo daré todo a alguna actividad humanitaria».

¿Cuánta gente ha dicho eso? Pero si permaneces desapegado, jamás comprometerás la llama del honor. La llama del honor es la llama del Espíritu Santo, y la llama del Espíritu Santo es nuestra vida. Es la diferencia entre los muertos vivientes y los que están vivificados para vivir.

Buda nos enseñó a estar libres de deseos. La falta de deseo significa desapego. Pero existe el deseo lícito y legítimo, y Gautama mismo lo enseñó. Es lícito desear ser un chela en el Sendero. Es lícito desear alcanzar nirvana, lograr la ascensión. Has de medir tu deseo con esta fórmula: ¿Tu deseo es una implementación de Dios en ti que desea ser Dios? Si Dios desea ser Dios en ti necesita que medites, que reces, que sirvas, que saldes tu karma (y para saldar tu karma estudiarás para tener una labor sagrada, una profesión, una vocación), esto puede ser la implementación de Dios llegando a ser más de sí mismo en ti y el medio en el Sendero hacia tu maestría sobre el yo.

Estar libre de posesiones no es del todo el objetivo del Sendero: la meta es estar libres del deseo de las posesiones y el apego a ellas. Puedes tener todas las posesiones del mundo si las usas para glorificar a Dios y no te apegas a ellas. Así, el Sendero de iniciación es la línea sutil que Josué resumió cuando dijo: «Escogeos hoy a quién sirváis».[16] Con eso medirás tu logro.

El Morya nos confía lecciones del alma sobre la falta de apego extraídas de su vida y muerte como Tomás Moro:

> Aquí, en Darjeeling, somos seguidores del sendero de Cristo y el Buda, que son uno mismo. Y practicamos el lema «falta de apego al fruto de la acción». Esto significa que nos esforzamos por la excelencia del amor divino en todas las cosas y dejamos el resto en manos de Dios.
>
> Por tanto, os informamos de que el ritual de desafiar eficazmente al mentiroso y la mentira es aquello con lo que os ganaréis la ascensión. Y cuando estéis ante los Señores del Karma (que son muy reales) al final de esta vida y debáis dar respuesta sobre si habéis defendido a estos pequeños, los Señores del Karma no os juzgarán mirando si habéis logrado o no la meta de eliminar totalmente el Mal planetario; no, seréis juzgados por la eficacia de vuestro esfuerzo, por la fuerza del ritual en el que habéis puesto vuestras energías para contrarrestar a los caídos.
>
> Sed testigos de mi encarnación como Tomás Moro. Yo era muy consciente del hecho de que no desharía los edictos del rey ni la separación de la Iglesia de Inglaterra de la de nuestro Señor Jesucristo. Era muy consciente de que mi voz sería simplemente el testimonio de justicia; no de un hombre justo, sino de un Dios justo. Porque no me considero un hombre justo, sino el instrumento de Aquel que es Justicia Eterna.
>
> Y así, amados, la infamia de las decisiones de Enrique VII ha continuado, se ha multiplicado y ha producido progenie en grandes cantidades, como el error acostumbra a hacer en un entorno corrupto. Pero la voz del que escogió ser la voz de Dios permanece como la imperiosa llamada de una trompeta.
>
> Y la moral de la historia es que —mientras que yo entré

poco a poco en el ritual de la ascensión al final del plan divino de mis encarnaciones en la Tierra— los que valoraron su vida, sus míseros puestos, incluso su carne, aún siguen evolucionando, y se podría decir que es cuestionable el que en efecto estén evolucionando hacia Dios...

Benditos corazones, no consideremos el merecimiento con una acumulación de obras buenas, porque si así fuera, el desmerecimiento será una acumulación de obras malvadas. Esto es un misterio, porque bajo cierto punto de vista así es y bajo cierto punto de vista de la vida haciendo evolucionar a la vida esto se convierte en la medida y la marca del juicio de los Señores del Karma. Pero para estar en el centro de las buenas obras, uno debe estar en el centro de la percepción de que Dios mismo es el hacedor y la obra. Y, por tanto, uno no da demasiada importancia ni al logro humano ni a los pequeños errores humanos, porque hacerlo puede causar la locura que nace del orgullo y la división en los propios miembros, el cisma en la conciencia que llega siguiendo al fracaso.

Si uno debe reconocer el error o el ego como algo supremamente Real, entonces no hay esperanza de salvación. Porque el fulcro de la salvación no es en sí mismo obras buenas o malas, sino el abandono del error y la conciencia errónea que produjo el ego para empezar y comprender que lo que marca la diferencia por completo es que el alma esté centrada en la voluntad de Dios, que el alma esté realineada con esa voluntad.

No se trata de que llevéis razón o no la llevéis, sino de que estéis desapegados de vuestras razones y de vuestros equívocos. Y con ese desapego, la resolución de vuestra vida será que todo lo que proceda de vosotros resultará en una acción correcta, una conciencia correcta, metas correctas, mentalidad correcta; ¡la rectitud que es Rectitud de Dios![17]

Afirmaciones para el logro de la conciencia Crística

Una técnica importante para lograr la maestría es la ciencia de la Palabra hablada. Las «Afirmaciones Transfiguradoras de Jesucristo» son mantras para lograr la conciencia Crística.

Al hacer estas afirmaciones en voz alta se produce una

emisión del flujo de energía desde tu chakra del corazón, desde el mismísimo centro del corazón que es la sede de la llama trina de la Vida. También tiene lugar el flujo del chakra de la garganta con el poder de la Palabra hablada, que establece el diseño original de la maestría sobre ti mismo. Tenemos el flujo del ojo omnividente, el chakra del tercer ojo, que utilizamos para visualizar la perfección de Dios y su precipitación en el hombre. Tenemos el flujo de Luz a través de la corona de la vida, el punto del loto de la conciencia Búdica. Está el flujo de la paz a través del plexo solar. Está el flujo del chakra de la sede del alma y, para terminar, está el flujo de la Madre en el chakra de la base de la columna. Todos los chakras de tu ser son puntos de realización de los niveles de tu percepción Divina.

Cómo Dios se concibe a sí mismo es cómo Dios se expresa en ti; y cómo Dios se exprese en ti depende de tu emisión del flujo de Luz. Es como abrir las ventanas para que entre aire fresco, abrir las ventanas del alma para que la Luz de Alfa y Omega pueda fluir. Es por ello que en Oriente es tan importante la meditación en la respiración, el aliento de fuego sagrado, la aspiración y la exhalación.

El flujo del aliento durante la pronunciación del mantra también es una emisión de energías del prana hacia el interior de los chakras y desde los chakras hacia el exterior. Los chakras sirven para recibir las energías vitales de la Madre como prana, como esencia del Espíritu Santo, y sirven para dar Luz espiritual, las energías de la creación que provienen de Alfa. El dar y recibir las energías de forma simultánea que realizan los chakras teje un patrón como si fuera una cesta, el efecto del movimiento de la energía en sentido de las agujas del reloj y en sentido contrario.

Cuando pronuncies estos mantras, respira profundamente con el diafragma y siente tu aliento como el aliento de fuego; después siente como si esas siete ventanas de expresión de Dios en ti estuvieran abiertas. Estarás emitiendo alabanzas a Dios a través de los siete centros de percepción Divina. En lugar de la idea habitual de que hablamos por la boca, habla por todos los chakras con el acorde de los siete tonos de la conciencia de Dios.

Afirmaciones Transfiguradoras
de Jesucristo

YO SOY EL QUE YO SOY.

YO SOY la puerta abierta que nadie puede cerrar.

YO SOY la Luz que ilumina a todo hombre
   que viene al mundo.

YO SOY el camino.

YO SOY la verdad.

YO SOY la vida.

YO SOY la resurrección.

YO SOY la ascensión en la Luz.

YO SOY el cumplimiento de todas mis necesidades
   y requisitos del momento.

YO SOY abundante provisión vertida sobre toda Vida.

YO SOY vista y oído perfectos.

YO SOY la manifiesta perfección del ser.

YO SOY la ilimitada Luz de Dios
   manifestada en todas partes.

YO SOY la Luz del Sanctasanctórum.

YO SOY un hijo de Dios.

YO SOY la Luz en el santo monte de Dios.

Cuando digas «YO SOY» como el nombre de Dios, en realidad estarás diciendo «Dios en mí es».

Dios en mí es el YO SOY. Dios en mí es la afirmación de la condición de ser, la conciencia y la autopercepción.

Dios en mí es la puerta abierta que ningún hombre puede cerrar. Ningún hombre tiene el poder de cerrar la puerta de la penetración de tu alma en la conciencia de Dios.

Dios en mí es la Luz que ilumina a todo hombre que viene al mundo. El mismo Dios que está en mí es el fuego de la creación que ilumina la vida de mis hermanos y hermanas en el sendero y de toda la humanidad. El reconocimiento de ese fuego de la creación es la gran unión que podemos compartir.

Dios en mí es el camino. El camino es el sendero del Buda y del Cristo.

Dios en mí es la Verdad. La Verdad puede ser conocida, contrariamente a la mentira de los caídos de que la Verdad no puede conocerse.

Dios en mí es la vida. Puesto que él es esa vida, yo viviré por siempre.

Dios en mí es la resurrección, de mi vida, mi amor, mi propósito cósmico, mi diseño original interior. Dios en mí es el fuego de la resurrección para seguir los pasos de Cristo y Buda.

Dios en mí es la ascensión en la Luz. Dios en mí es el fuego, la energía de la creación emitida en la hora de la ascensión de Jesús y en la hora de la ascensión de Gautama, de la Virgen María y los incontables santos y sabios de Oriente y Occidente.

Dios en mí es el cumplimiento de todas mis necesidades y requisitos del momento. Este mantra regula el flujo cósmico en ti. Para tener las necesidades y los requisitos satisfechos, debe haber un dar y recibir perfecto, el flujo perfecto a través del modelo en forma de ocho. Este flujo perfecto ocurre a través de los chakras, tus centros de percepción Divina.

Dios en mí es vista y oído perfectos. La vista y el oído son muy necesarios en este plano, pero la vista y el oído que necesitamos sobre todo es la vista espiritual —perspicacia para conocer a Dios, para conocer la Luz y la oscuridad, la Verdad y el error, para definir, redefinir y refinar el camino de nuestra Cristeidad— y el oído para oír la pequeña voz suave interior, el oído para el Maestro que nos llama, el oído para la voz de Dios que dijo a Jesús: «Éste es mi Hijo amado, en quien tengo complacencia».[18]

Dios en mí es la manifiesta perfección del ser. Todos sabemos que Dios es perfecto, todos sabemos que Dios está en nosotros. Pero que Él es la manifiesta perfección del ser es una afirmación que arroja Luz desde el plano del Espíritu al de la Materia, con lo cual conquistamos aquí y ahora, el tiempo y el espacio.

Esta es la practicidad de los avatares de esta generación. ¿Qué importa que Dios esté bien en el cielo? Dios debe estar en manifestación aquí, en la tierra, para obrar el cambio de la alquimia de la era de Acuario.

Dios en mí es la ilimitada Luz de Dios manifestada en todas partes. Este mantra emite el estallido de Luz que puede iluminar todo un cosmos, porque la Luz de Dios no puede limitarse. Y cuando afirmamos esto con el poder del nombre de Dios, por ley llega a suceder.

Dios en mí es la Luz del Sanctasanctórum. El Sanctasanctórum es el núcleo más sagrado e íntimo, el núcleo ardiente de tu ser, tu propio YO SOY EL QUE YO SOY individualizado. Esta es la llama flamígera que no se apagará. Esta es la llama que ardía, aunque la zarza no se consumía. Era el núcleo ardiente desde el cual el Señor Dios se reveló a Moisés y dio su nombre como el YO SOY EL QUE YO SOY. Tú puedes entrar en contacto con el Sanctasanctórum y vivir tu propia Presencia YO SOY.

Dios en mí es un hijo de Dios, el sol resplandeciente del Christos.

Dios en mí es la Luz en el santo monte de Dios, el punto más alto, la mismísima cima del ser, de la autopercepción, el monte de Dios donde Moisés recibió las tablas de la ley, el monte del Buda, el monte de la transfiguración del Cristo. Estas cosas están dentro de nosotros y, con la iniciación, alcanzamos esas alturas.

La ciencia del mantra

Estas afirmaciones de conciencia empiezan en tu cuerpo etérico, el plano de la mente subconsciente y supraconsciente, el plano donde el diseño original de fuego está grabado en tu ser. Cuando se empieza a recitar los mantras de Cristo y Buda y los grandes instructores de todos los tiempos, la circulación de esa energía comienza en este plano, donde quizá no la veas.

Después circula por la mente, el plano mental, y comienza a estimular la mente con creatividad, talento y un flujo. Luego desciende al nivel del cuerpo de los deseos, a los sentimientos, y tu amor al servicio como renuncia y como sacrificio al Cristo en todos se vuelve un sentimiento más y más profundo cuando recitas los mantras. Por último, llega la manifestación física, cuando todo está equilibrado en la acción de la Trinidad, Padre, Hijo y Espíritu Santo, como lo estuvo en Jesús el día de la transfiguración.

Cuando los mantras afectan al cuerpo físico, te cambia el semblante, los ojos tienen Luz, tu rostro tiene Luz. Tu cuerpo físico se normaliza, sus funciones se normalizan; asumes la apariencia y la talla de un discípulo de Jesús, un chela del Buda, de Maitreya, de Gautama.

Los mantras deben recitarse no simplemente con fe en que funcionen, sino con la comprensión científica de que funcionan, empezando en lo más profundo del ser y avanzando hacia el exterior. Los Maestros Ascendidos han destacado la aplicación de la Ley del cosmos como una ciencia, no como una superstición, no como estar ante el SEÑOR Dios deseando y queriendo un cambio, sino estando ante el Dios de Dioses sabiendo que, si aplicamos la Ley como Cristo y Buda la enseñaron, nosotros también manifestaremos la misma perfección en el tiempo y el espacio.

Lo confirmamos ahora con nuestra afirmación. Esperamos que se manifieste según la ley de los ciclos. Comprendiendo la ley de los ciclos significa no postergar. Es una comprensión de que todo se cumplirá en nosotros según la plenitud del tiempo y el espacio de Dios, que estamos aplicando la ley y que esta funciona. Por tanto, proseguimos como científicos.

Si no sabes que la ley funciona porque aún no lo has visto, puedes tomar la hipótesis del mantra y su ciencia, que ha sido demostrada durante miles de años, en una cadena ininterrumpida desde los días de Lemuria. Puedes ir al laboratorio que Dios te ha dado, tu templo, tus cuatro cuerpos inferiores, y experimentar con la ley y con esa ciencia. Pero si eres un científico merecedor del nombre, no recitarás el mantra una vez y después dirás: «¿Ves cómo no ha funcionado?». Se trata de una ciencia que necesita experimentación durante meses y a veces años.

Los mantras sánscritos que nos llegan de la India provienen de los maestros de Mu. Por tanto, muchas almas que han caminado por la Tierra han demostrado de manera científica la eficacia de la Palabra hablada. Y si miles de individuos han demostrado esta ley en sí mismos, ¿no es una estupidez rechazar su demostración?

Y cuando los más grandes de todos los que jamás han vivido

entre nosotros han demostrado esa ciencia, ¿no sería inteligente tener humildad ante su logro y medir el nuestro por cómo ellos demostraron la Ley?

El logro tiene como base el dharma de la Ley de Dios

El logro llega porque uno practica el dharma de la Ley de Dios. El cumplimiento del destino se convierte en una práctica que irradia en la totalidad del hombre, tal como la Ley que resuena desde el centro, como si vibrara a través de la roca u otra sustancia, produce su efecto desde el centro hasta la periferia.

Ese logro manifestará el poder de Dios. Pero la gente mala no puede invocar ese poder del mismo modo que la gente buena. Intentar hacerlo para hacer el mal es una práctica de magia negra, que no puede hacer otra cosa que autolimitar. La magia blanca es el desarrollo de la Realidad de uno mismo; es una unión o congruencia con el modelo original que el Creador mismo imaginó.

A través del proceso de la eternidad, el hombre alcanza a salir del tiempo para crearse a sí mismo, y así nace un dios exactamente como está ordenado por Dios. La Primera Causa deseó ver a muchas criaturas hechas a Su Imagen, que poseen un poder igual y remontándose a ese momento sublime de realización reflejado en todos y posible para todos. Sin esa manifestación el hombre sería una criatura al azar, perteneciente a sus propios deseos o costumbres. Sus deseos inferiores, sus conceptos limitados, sus propios pensamientos y sentimientos moldearían su personalidad, que no estaría hecha según la Imagen Divina.

El don solar de nuestra Realidad

Ahora tenemos ante nosotros el logro. Ya no buscamos solamente a otros para lograr nuestra salvación, para nuestro logro. Nos buscamos a nosotros y en nosotros, a la llama de Dios, establecida ahí en miniatura. Esta llama debe expandirse. Es el don solar de nuestra Realidad (el único don de nuestra Realidad).

Sin ella nos convertimos literalmente en nada. Si no observamos nuestra oportunidad, en efecto nos autodestruiremos y el alma se perderá. Al revertir el proceso, el hombre, reconoce que tiene la enorme oportunidad del dharma, es capaz de dirigir todas las facetas del Ser (el *cita* o mente, el cuerpo) para que obedezcan a los poderes del alma, que son muchos.

Con esa medida plena de divinidad, que Cristo dictó como la luz de Dios que nunca falla, ya no sentimos una lucha entre el budista y el cristiano, entre el musulmán y el judío, entre cualquier grupo de gente. Ya no sentimos, pues, una división en nosotros. Somos capaces de ver el logro como algo que nos es posible, y una vez que es algo posible para nosotros a través de esa cualidad a la que llamamos gracia (la gracia del dharma, la gracia de la Ley, la gracia de Dios), podemos atraer cada vez más la naturaleza divina hacia nosotros mediante un acto de amor y fe.

Traducido en acción, esto se convierten en el poder de Dios para la salvación. En verdad, a menos que nos pongamos a dirigir nuestra vida, no podemos esperar conseguir el logro.

Cada gran Maestro, toda la Gran Hermandad Blanca, todos los que sirven en los distintos rayos, junto con las huestes angélicas y los Seres Cósmicos tienen un objetivo y solo uno, que es manifestar la voluntad de Dios. Si la voluntad es tan sagrada para ellos como su dharma eterno, si la voluntad es tan sagrada para el universo, es lógico que deba hacerse tan sagrada para el individuo a fin de que este practique el ritual del logro.

Logro mediante la gracia

No es poco habitual ver a personas que veneran con gran devoción, pero que no practican para nada los principios del Cristo, de Dios o del dharma de la Ley unas con otras. Sin esta gracia, con frecuencia luchan innecesaria y repetitivamente, con las mismas secuencias de acontecimientos repitiéndose una y otra vez.

Esas personas también se encuentran con la frustración. Y el poder de la magia que puede invocarse de vez en cuando, sirviéndose del logro de otro o de los sonidos inherentes del logro universal; nunca puede convertirse en una parte permanente de cualquier hombre hasta que este haya entrado de hecho en ese logro personal. Si cuestiona su capacidad de hacerlo, que busque una fe más grande en Dios y comprenda que tiene la eternidad para realizar todas las cosas.

Tal cosa no significa que uno no deba vivir según los principios del dharma y el principio del logro aquí y ahora. La salvación está en el aquí y ahora. La salvación es hoy mismo. Y la salvación del individuo debe preservarse por el hecho de que él viva lo más elevado que pueda día tras día.

El logro asume muchas formas de medida. Siempre es relativo, pero es trascendente. Es relativo porque debe compararse con el logro de ayer. Es trascendente porque es el logro del mañana y de todos los mañanas.

Sopesa solo el índice de tu progreso

¿Ha fracasado el individuo? El universo no lo ha hecho. Y al subir por la escalera de la realización, ya no le fallamos a Dios, ya no sopesamos ni pensamos en nuestra limitación, sino en nuestro índice de progreso.

El universo está gobernado por la ley natural. La ley natural no está sujeta al capricho del hombre. Es igual para todos. Por tanto, como acto de fe, emprendemos un viaje hacia el corazón de Dios. Vemos a Dios como logro, vemos a Dios como nosotros mismos.

Kuthumi dice: «Ha llegado el momento, y llega tarde, en que debe entenderse la misión de la vida de los hombres. Los hombres deben reconocer que un día ellos también pidieron ir al reino de la forma a fin de vencer ese reino con todas sus tentaciones y lograr el propósito superior de llevar a la manifestación el reino de Dios. Así, con la esperanza de ser siervos fieles, esperaron el día en que Dios pudiera decir de alguien así: "Sobre poco has sido fiel, sobre mucho te pondré; entra en el gozo de tu Señor"».[19]

La cima siempre está ante nosotros. Representa el logro. Está coronada de nieve, inundada de la luz del sol. ¿Cómo puede alcanzarse el Yo en sus ramificaciones más altas y cómo puede el hombre, paso a paso, subir por esa escalera?

Estas cosas las conoce mejor el Dios interior. Porque una mente limitada no puede descubrir ni siquiera sus propias metas, porque parecen desvanecerse, casi hasta un punto de nihilismo. Sin embargo, las verdaderas metas del hombre son trascendentes.

La semilla del logro está en ti ahora

Aunque a veces se hace señas como un espejismo en el desierto, uno sabe que el oasis de regeneración momentánea está cerca. Uno sabe que la tierra prometida yace en el reino del yo.

El hombre es tanto oscuridad como Luz. Permanece creado en un mar de sentimientos y pensamientos propios. Mora tanto dentro como fuera de ellos. Cuando está en ellos, con frecuencia está cercado por todos lados, envuelto en ellos. Fuera de sí mismo (algo que en realidad no puede ser, pero que en su mente sí puede ser, porque con Dios todo es posible), puede salir de su limitación, fuera de su esfera limitada, y contemplar el gran castillo de la Verdad que él mismo debe erigir.

En su imaginación, él ya lo logra; pero la meta proyectada debe ser bajada de forma realista al reino de lo visible y lo práctico. Así, puede empezar en incrementos a tomar la dirección superior de su propio camino de vuelta al corazón de Dios. Que Cristo e innumerables Huestes de Luz están involucrados en dirigirlo, en el curso trascendente, es algo incuestionable.

La imagen más elevada según la cual fue creado el hombre es la Imagen de Dios. Él ya es esa imagen. En un sentido superior, él ya la ha logrado. Él ya está unido a Dios. Sus pecados están perdonados, porque ya no existen. Ahora se baña en la luz solar de su logro.

Pero en este campo de dualidad, como se quiso que fuera la dualidad, el hombre debe subir por la escalera hacia las estrellas, debe querer morar en la cumbre, debe tener una conciencia que examine el amor que Dios le ha aportado. Esto es su logro. Esta es su Realidad. Todo lo demás no es más que ilusión.

Así nace un Dios en el hombre.

La comprensión mística
de que YO SOY Dios

Cuando el microcosmos
se convierte en el Macrocosmos,
el hombre sabe que es Dios
y la frase de Moisés,
«Vosotros sois Dioses»,* se convierte en,
«Vosotros sois de Dios».
Todo lo que el hombre es pertenece a Dios, es Dios
«en eterna, inmortal manifestación».

Mi amor es el Amor de Dios,
Él dirigirá su flujo.
Mi mente es la Mente de Dios,
suya es la Mente que sabe.

Mi vida es la Vida de Dios,
su energía aquí abajo.
Mi luz es la Luz de Dios,
su Luz es la Luz que brilla.

---

*Salmos 82:6; Juan 10:34.

Mark L. Prophet
Elizabeth Clare Prophet
Llamas gemelas al servicio de los Maestros

*Y daré a mis dos testigos que profeticen
por mil doscientos sesenta días,
vestidos de cilicio.*

APOCALIPSIS 11:3

Epílogo
La ascensión de Mark Prophet

por Elizabeth Clare Prophet

U N DÍA, HACE ALGUNOS AÑOS, ME IM-
presionó mucho una frase de Pablo.
La frase saltó de la Biblia como con letras de fuego vivo: «Porque
es necesario que esto corruptible se vista de incorrupción, y esto
mortal se vista de inmortalidad».[1] Leí la palabra «debe» y dije:
«Esto es un mandato del cielo. Dios está imprimiéndome esto
ahora. No sé por qué». Y así, le pedí a mi secretaria que lo escribiera a máquina sobre una hoja de papel. Lo pegué en el espejo
y todos los días leí esas palabras.

Pasaron semanas y meses, y unos seis meses después tuve
la experiencia de presenciar la transición de mi marido, Mark
Prophet, fundador de The Summit Lighthouse y nuestro primer
Mensajero. Sufrí la experiencia de que me lo quitaran de repente,
en un momento. Al haberme quedado con él el fin de semana
durante las horas de su transición, observé su resurrección y, al
cabo de tres días, por la mañana, lo vi ascender.*

---

*Mark Prophet sufrió un gran derrame cerebral un sábado temprano por la
mañana. Fue llevado al hospital y lo mantuvieron con soporte vital dos días
más sin recobrar la conciencia. Ascendió el lunes, 26 de febrero de 1973. Ahora
se lo conoce como el Maestro Ascendido Lanello [Lanelo].

No lo vi ascender con los ojos físicos, pero lo vi con el ojo interior. Estuve a su lado como Eliseo estuvo al lado de Elías, y lo vi y comulgué con él y comprendí que elevaron su la conciencia, en una aceleración hacia el Ser permanente de Dios. Sentí la alegría y el alborozo más magnífico, y la Luz de esa experiencia me llenó.

Llegué a casa y di a nuestros hijos y a nuestro personal mi testimonio de la experiencia. Y cuando volví a mi dormitorio, vi en el espejo las palabras que había puesto, que durante esos meses me habían ardido en el alma. Al leerlas de nuevo: «porque es necesario que esto corruptible se vista de incorrupción, y esto mortal se vista de inmortalidad», comprendí que la llamada de la ascensión no es una elección que tengamos. Es la exigencia de la mismísima Vida que hay en nosotros. Es la exigencia de los fuegos de nuestro corazón.

Llegado cierto momento, no sabemos cuándo será, vemos a nuestros seres queridos y a discípulos compañeros nuestros en el Sendero, y de repente Dios los llama y se los lleva de la mano, y los vemos subir con ese torbellino de fuego sagrado.

Tuve el amable consuelo entonces en mi corazón de que esto era realmente el plan de Dios, habiéndome dicho Mark el plan años antes. Sabía que la ascensión de esta alma era un mandato del cosmos. Lo supe tal como supe que lo mismo era cierto para mí, cuando era tan solo una adolescente y me encontraba sobre los escalones de una iglesia. Nadie me había dado ninguna enseñanza sobre mi ascensión personal, pero al salir de esa iglesia un día, sentí una presencia a mi alrededor. Miré hacia arriba y vi la luz del sol, y una Luz aún mayor. Y exclamé en voz alta: «Tengo que ascender en esta vida». Desde ese momento supe que debía regresar a Dios.

Esta es una enseñanza que nadie me tuvo que dar y que nadie te debe dar a ti. Lo has de saber en tu alma, porque Dios ha puesto ahí el mandato, el mismo mandato que ha llevado a todos los santos que ya han regresado el corazón de Dios.

«Esto corruptible se vista de incorrupción, y esto mortal se vista de inmortalidad.» Que estas palabras se conviertan en letras de fuego vivo para ti también, y quizá una frase que pongas en algún sitio y que veas todos los días. Cuando te des cuenta de que debes vestirte de inmortalidad, que debes vestirte de incorrupción, encuentras un ímpetu para que hagas las obras de Dios cada día, constante e inamovible.

Elizabeth Clare Prophet

Mi meta es llevar a los verdaderos buscadores, según la tradición de los Maestros del Lejano Oriente, tan lejos como puedan llegar y necesiten ir para encontrar a sus verdaderos Instructores cara a cara.

Mark L. Prophet

El nuestro debe ser un mensaje de amor infinito,
y debemos demostrar que amamos al mundo.

Nota de la editora

CON GRAN REGOCIJO PUBLICAMOS *El sendero hacia el logro,* el último libro de la serie «Escala la montaña más alta». El primer libro empezó con el capítulo 1, «Tu imagen sintética», y ahora el noveno finaliza con el capítulo 33, «Logro». Por tanto, la serie «Escala la montaña más alta» lleva al lector desde la identificación con el yo humano limitado de la imagen sintética hasta el logro de la imagen del Yo Real, nuestro Ser eterno.

Gran parte del material de este libro fue escrito por Mark y Elizabeth Prophet entre los años 1966-1972, cuando empezaron a trabajar en la serie. He incluido también material de seminarios, conferencias y dictados más recientes que amplían las enseñanzas originales. Me siento muy afortunada de haber podido asistir en persona a muchos de esos eventos, y estoy agradecida por ver que esas enseñanzas ahora llegarán a una audiencia mucho más amplia.

He tenido la gran bendición de recibir la tarea de trabajar con los Mensajeros en «Escala la montaña más alta», el Evangelio Eterno, las escrituras para la Nueva Era. Recuerdo estar sentada en la torre de oración de los Mensajeros en La Tourelle, en 1969, trabajando con Mark y Elizabeth y también con Florence Miller, a quien hoy conocemos como la Maestra Ascendida Kristine. Trabajamos en el primer volumen de esta serie en una época anterior a las computadoras personales o al internet, y todo el trabajo había que hacerlo a mano.

Los Mensajeros o bien escribían el texto o lo dictaban a una grabadora. Florence y yo transcribíamos, introducíamos y corregíamos el texto y después Mark o Elizabeth lo revisaban y hacían más correcciones. Cada vez que se hacía una corrección o un cambio, Florence y yo lo volvíamos a escribir a máquina y revisábamos toda la página. Fue un trabajo laborioso que exigía concentración y atención a los detalles. Pero también nos dio mucha alegría el estar presentes cuando estas sublimes enseñanzas se entregaron por primera vez y así como ayudar con el trabajo de llevarlas al mundo.

Ahora siento una gran alegría ver esta serie trascendental terminada. Rezo con fervor para que estas verdaderas Enseñanzas de los grandes Maestros de Luz puedan entrar en contacto con todos y cada uno de los portadores de Luz de la Tierra, en especial los que son candidatos para la ascensión.

ANNICE BOOTH
RANCHO ROYAL TETON
PARADISE VALLEY (MONTANA)

LOS TREINTA Y TRES CAPÍTULOS DE LA SERIE «ESCALA LA MONTAÑA MÁS ALTA»

Notas

Prefacio

1. Apocalipsis 10:9-10.
2. Elizabeth Clare Prophet, 29 de diciembre de 1972.
3. Apocalipsis 14:6.

Introducción

1. Apocalipsis 10:9.
2. Ralph Waldo Emerson, *Representative Men: Seven Lectures* [*Hombres representativos: siete conferencias*], Philadelphia: David McKay, 1893, pp. 286-287.
3. Jeremías 31:33-34.
4. 2 Reyes 5:1-15.

Capítulo 1 • Rayos gemelos

Cita inicial: Génesis 2:7, 21-23; 5:2.

CAPÍTULO 1 • PRIMERA SECCIÓN • *La búsqueda de la plenitud*

1. Génesis 2:18.
2. Mateo 19:6; Marcos 10:9.
3. Génesis 1:26-28.
4. La creación original de las llamas gemelas en el Gran Sol Central y su evolución en los planos del Espíritu se describe con cierto detalle en el capítulo 4, «Jerarquía», del libro *Los Maestros y el sendero espiritual*.
5. El autor del Génesis describió la mezcla de la Materia y el Espíritu en la creación y en la reunión final de las llamas gemelas con las simples palabras: «y serán una sola carne» (Génesis 2:7, 21-24).
6. Génesis 3:22, 24. Apocalipsis 2:7; 22:2, 14.

7. Para obtener más enseñanzas de los Maestros Ascendidos sobre el tema del suicidio, véase Neroli Duffy y Marilyn Barrick, *Quiero vivir: Cómo superar la seducción del suicidio.*

8. Gautama Buda, «The Cosmic Honor Guard of the World Mother» [«La protección del honor cósmico por parte de la Madre del Mundo»], en *Lecciones de Guardianes de la Llama 28,* p. 25.

9. Mateo 19:12.

10. Juan 2:1-10.

11. 1 Corintios 7:1-9; véase también 13:4.

12. Virgen María, «The Old Order Must Pass Away» [«El viejo orden debe desaparecer»], *Perlas de Sabiduría,* vol. 30, núm. 21, 24 de marzo de 1987. Magda, la llama gemela de Jesús, estuvo encarnada como María Magdalena. Para obtener más enseñanza sobre María Magdalena y su servicio con Jesús, véase Elizabeth Clare Prophet, *Enseñanzas perdidas de Jesús sobre la Mujer.* Porcia Ediciones, 2008.

13. Marcos 10:11-12.

14. Chananda, «Twin Flames on the Path of Initiation: How to Join Forces with Your Twin Flame for Freedom» [«Llamas gemelas en el sendero de iniciación: Cómo unir fuerzas con tu llama gemela por la libertad»], *Perlas de Sabiduría,* vol. 28, núm. 32, 11 de agosto de 1985.

15. Mateo 6:33.

16. Chananda, op. cit.

17. Maestra Ascendida Venus, «Keeping the Flame of Love on Terra» [«Guardar la llama del amor en Terra»], *Perlas de Sabiduría,* vol. 21, núm. 34 y 35, 20 de agosto de 1978.

18. Chananda, op. cit.

19. El Morya, «The Mission of Twin Flames Today: How to Join Forces with Your Twin Flame for Freedom» [«La misión de las llamas gemelas hoy: cómo unir fuerzas con vuestra llama gemela por la libertad»], *Perlas de Sabiduría,* vol. 28, núm. 33, 18 de agosto de 1985.

20. Mateo 22:4-14.

CAPÍTULO 1 • SEGUNDA SECCIÓN • *El fuego sagrado*

1. Astrea, «Libertad del mundo psíquico», en *Lecciones de Guardianes de la Llama 24,* pp. 26-34.

2. Salmos 121:8.

3. Génesis 28:12.

4. Génesis 1:2, 3.

5. Juan 1:1-3.

6. Juan 10:30.

7. Después de ascender, Saint Germain recibió una dispensación especial de los Señores del Karma por la cual asumió un cuerpo físico y fue conocido como el Conde de Saint Germain, el «Hombre Prodigioso de Europa». Se lo vio por las cortes de Europa durante al menos cien años, entre los siglos XVIII y XIX. Para obtener más información sobre Saint Germain y sus logros en esa encarnación, véase Mark L. Prophet y Elizabeth Clare Prophet, *Saint Germain sobre alquimia*, pp. XI-XXIV.

8. Señor Ling, 13 de octubre de 1963.

9. Salmos 82:6. Juan 10:34.

CAPÍTULO 1 • TERCERA SECCIÓN • *La elevación de la Luz*

1. Génesis 1:26.

2. Génesis 1:27.

3. Aunque no es lo común, se ha dado el caso de que dos llamas gemelas han encarnado en la misma familia como padre e hija, madre e hijo, hermano y hermana. Sin embargo, se debe tener cuidado con las ramificaciones psicológicas cuando uno se obceca con esta idea, tanto si sucede, así como si no. Albergar la fantasía de que la madre de uno, por ejemplo, pudiera ser la llama gemela puede estar relacionado con el temor a tener una relación madura con alguien de la misma edad.

Es importante madurar hasta el punto de que seamos capaces de proveer la polaridad para la persona que Dios ha ordenado que sea nuestra pareja en matrimonio, si tuviéramos el matrimonio destinado en esta vida. Albergar una fantasía de que un miembro de nuestra familia sea la llama gemela puede significar no asumir las responsabilidades y evitar el punto, a veces horrible, en el que uno debe afrontar el rechazo, así como la aceptación de un miembro del sexo opuesto. Este problema también ha dado como resultado la homosexualidad, el lesbianismo, el incesto y otros medios impropios en que la gente busca satisfacer las necesidades mentales y emocionales de intimidad. La fantasía misma puede ser una violación espiritual de la Ley. Aunque la relación no sea física, se pueden haber cruzado las barreras espirituales en esta octava con respecto a las relaciones que están permitidas y que han sido ordenadas.

En una situación tal, el que las personas jueguen su papel puede ser más importante que el tema de las llamas gemelas. Es necesario que uno juegue su papel sin añadir ninguna connotación, ni siquiera mentalmente. Los cargos de la jerarquía de padre, madre, hijo, hija, hermano, hermana, son santos, y uno debe madurar hasta ser capaz de dar y recibir amor de la forma apropiada según ha sido ordenado.

4. «Sushumnā», «idā» y «pingalā»: Términos sánscritos para describir las corrientes de sabiduría, poder y amor que emanan del núcleo de fuego blanco del chakra de la base de la columna y que fluyen en el altar de la columna y en torno a él.

5. Un ejemplo de este abuso que aún se practica en la actualidad es la estimulación oral de los genitales. Serapis Bey advierte que quienes utilizan sus energías de esta forma no pueden ascender al final de esa encarnación a menos que o hasta que dejen de hacerlo, borren el registro, purifiquen su campo energético y quiebren el impulso acumulado invocando la llama violeta (la corrección se puede realizar en la misma encarnación si el discípulo se aplica con diligencia al fuego sagrado). El motivo es que la yuxtaposición de los chakras superiores (Espíritu) y los inferiores (Materia) en una posición invertida coloca al hombre en una relación invertida con su Presencia Divina en un momento en que las energías sagradas están emitiéndose con fines creativos. Esto induce una espiral invertida descendente que es el reverso de la corriente de la ascensión. Vuelve a quedar claro que los conceptos de «pecado» y «castigo» deben sustituirse por el adecuado entendimiento y la adecuada práctica de los preceptos de la Ley. Mientras que el conocimiento, usado correctamente, conduce a la libertad, la ignorancia de la Ley priva al hombre de su herencia.

6. Génesis 18:20-19:28.

7. Dios de la Libertad, 3 de octubre de 1965, en *Liberty Proclaims [La libertad proclama]*, p. 21.

8. La Hermandad no recomienda el uso de la píldora anticonceptiva como medio de planificación familiar porque interfiere con la función normal de la glándula pituitaria, la cual dirige el flujo de Luz procedente de la Presencia. En una *Perla de Sabiduría* del 8 de enero de 1967, El Morya dijo: «Añadiría, mientras estamos con el tema de los efectos dañinos de las drogas en los centros espirituales, que las píldoras anticonceptivas de moda actualmente interfieren con las actividades espirituales de la glándula pineal; además, estas píldoras, cuando se toman durante un extenso período de tiempo, pueden inducir cáncer». La pituitaria es el foco en el cuerpo físico del Sanctasanctórum; por tanto, nunca debe manipularse. Los padres son considerados kármicamente responsables por cualquier efecto secundario físico que los anticonceptivos orales puedan producir tanto en la madre como en los hijos. Desde el dictado de El Morya se han hallado pruebas sobre el vínculo existente entre el uso de estos anticonceptivos y un creciente riesgo de cáncer de mama, cáncer cervical, ciertos cánceres de hígado y las enfermedades cardiovasculares. Véase cancer.gov/cancertopics/factsheet/Risk/oral-contraceptives

Existen métodos anticonceptivos (como los métodos de barrera) que son seguros y eficaces. El aborto, sin embargo, no debe considerarse como medio anticonceptivo. A no ser que la vida de la madre corra peligro, el aborto está considerado como una violación de la sagrada Llama de la Vida; significa el aborto del plan divino de un alma cuyo templo corporal está siendo alimentado en el vientre. Dios como potencial vivo, Cristo como potencial vivo, sen encuentra en el niño desde el momento de la concepción.

9. «Haz el amor, no los hijos» se convirtió en un eslogan del movimiento de crecimiento demográfico cero en las décadas de 1960 y 1970. Esta frase fue el título de un artículo en la revista *Newsweek* de 15 de junio de 1970.

10. Desgraciadamente, este control no siempre permanece en la mujer, porque si su conciencia está aliada con la oscuridad, las fuerzas de la brujería y la magia negra pueden obrar a través de ella para vampirizar las energías del hombre. Allá donde se practican relaciones ilícitas se establece un punto de control que permanece mucho tiempo después de que la relación ha terminado; y ese punto de control puede utilizarse décadas o encarnaciones después para impedir que el hijo o la hija de Dios avance y se eleve en la Luz. Los decretos y el trabajo espiritual para limpiar tales registros ofrecerán al estudiante una gran ayuda en el Sendero.

11. Éxodo 20:14.

12. Proverbios 14:12.

13. Los Maestros Ascendidos advierten del peligro que tienen las enseñanzas de los falsos gurús de Oriente que fomentan prácticas sexuales, entre otras, para elevar la Kundalini. El Maestro Jesús explica: «Quisiera recordaros que éste es el sendero de los Maestros Ascendidos y de la ascensión. Éste no es el sendero de los falsos gurús de Oriente que crean, a partir de la sensación y de un yoga ilícito, una actividad sexual y el intento de elevar la fuerza vital sin el Espíritu Santo, sino sólo mediante la estimulación de los chakras, estimulando la energía para que se eleve en cuanto se carece de logro.

«Descubriréis, amados corazones, que los que practican este sendero de la izquierda utilizan esa fuerza vital para dar permanencia al «morador del umbral». Estos son los seres oscuros, y su aparente poder es el abuso de la llama de la ascensión para dar inmortalidad al ego humano. Esto, amados, es el medio por el cual los del sendero de la izquierda, los propios magos negros, adquieren la capacidad de hacer sus obras...

«Cuidado, pues, con el magnetismo del aura de esos ángeles caídos que caminan por el poder del abuso del chakra de la base de la columna, que incluso afirman recibir dictados de *mí* mediante ese poder y esas prácticas sexuales distorsionadas.

«Benditos de la Luz, en la maestría que se consigue en el orden divino que he enseñado hoy, descubriréis que el yoga tántrico no es necesario. Porque cuando se eleva el fuego Kundalini, no se hace con prácticas sexuales, sino por medio de la calamita de vuestra Presencia YO SOY, por medio del Cristo en vuestro corazón que es el imán para la consumación del fuego en la corona de la Vida. Y este fuego es para el cuerpo solar imperecedero, y *es* la llama de la ascensión» (*Perlas de Sabiduría,* vol. 26, núm. 36, 4 de septiembre de 1983). El Morya dice que en ninguna circunstancia el buscador espiritual necesita la unión sexual para avanzar espiritualmente.

14. Djwal Kul, «The Rising-Up of the Energies of the Mother» [«La elevación de las energías de la Madre»], en Kuthumi y Djwal Kul, *The Human Aura [El aura humana],* pp. 282-284.
15. Mark L. Prophet y Elizabeth Clare Prophet, *Mary's Message for a New Day [El mensaje de María para un nuevo día],* p. 129.
16. Génesis 1:28.
17. Juan 5:30; 14:10.
18. Génesis 1:3. Se puede desarrollar un gran impulso al hacer la afirmación, sencilla pero poderosa, que la Hermandad entregó hace muchos años: «Luz expándete (3x), expándete, expándete. Luz YO SOY (3x) YO SOY, YO SOY».
19. Mateo 24:28.
20. Apocalipsis 12:4.
21. La bella durmiente es un clásico cuento de hadas mejor conocido en la actualidad por la película de dibujos animados de Walt Disney que lleva el mismo nombre. En la película, la Princesa Aurora cae bajo una maldición de Maléfica, un hada oscura malvada. La princesa despierta de su sueño tras el beso del Príncipe Felipe, su prometido (arquetipo de la llama gemela).
22. Apocalipsis 17:1; 19:2.
23. Isaías 54:5.
24. Lucas 1:38.
25. Apocalipsis 21:2, 10.
26. Arcangelina Caridad, «The Fire of Love Descending to Implemnet the Judgment» [«El fuego del amor descendiendo para implementar el juicio»], en Elizabeth Clare Prophet, *Vials of the Seven Last Plagues [Copas de las siete últimas plagas],* pp. 34-37.

CAPÍTULO 1 • CUARTA SECCIÓN • *El matrimonio alquímico*

1. Para obtener una detallada explicación de la Prueba de Fuego y el Juicio Final, véase el capítulo 3, «Inmortalidad», en *El sendero hacia la inmortalidad* [«Immortality», en *The Path to Immortality*], séptimo libro de la serie Escala la montaña más alta.
2. Lucas 15:11-32.
3. Malaquías 3:10-11.

Capítulo 2 • Integridad
Cita inicial: Apocalipsis 2:7; 22:1-2.

CAPÍTULO 2 • PRIMERA SECCIÓN • *Integración con la Fuente*

1. Mu o Lemuria es el continente perdido del Pacífico, el cual, según los hallazgos de James Churchward, arqueólogo y autor de *El continente perdido de Mu,* se extendía desde el norte de Hawái 4800 kilómetros hacia el sur, hasta la isla de Pascua y las islas Fiji. Estaba compuesto de tres zonas terrestres con una extensión de más de 8000 kilómetros de este a oeste. La historia de Churchward sobre la antigua Tierra Madre se basa en escritos de tablas sagradas que él afirma haber descubierto en la India. Con la ayuda del sumo sacerdote de un templo indio, descifró las tablas y durante cincuenta años de investigación confirmó su contenido en otros escritos, inscripciones y leyendas que encontró en el sureste asiático, la península del Yucatán, América Central, las islas del Pacífico, México, América del Norte, el antiguo Egipto y otras civilizaciones. Churchward estima que Mu se destruyó aproximadamente hace 12000 años debido al derrumbamiento de las cámaras de gas que sostenían al continente.

   Por su parte, la Atlántida es el continente insular que existió donde actualmente está el océano Atlántico y que se hundió en un cataclismo (el Diluvio de Noé) hace aproximadamente 11600 años tal como lo calcula Churchward. Platón describió gráficamente el continente perdido, Edgar Cayce lo *vio* y lo describió en sus lecturas, Taylor Cadwell lo recordó en escenas de su novela *Romance of Atlantis [Romance de la Atlántida]* y el ya fallecido científico alemán Otto Muck lo exploró y autentificó científicamente. En sus diálogos, Platón cuenta que en «la isla de la Atlántida había un gran imperio maravilloso» que gobernaba en África un territorio que llegaba hasta Egipto; en Europa, hasta Italia y «partes del continente» (del que se cree es una referencia a América, más específicamente a América Central, Perú y el valle del Mississippi). Se ha postulado que la Atlántida y las pequeñas islas existentes a oriente y occidente del continente formaban un puente de tierra desde América hasta Europa y África.

Véase James Churchward (1931), *El continente perdido de Mu* (2.a ed.), New York: Paperback Library Edition. Otto Muck (1979). *The secret of Atlantis [El secreto de la Atlántida]*, New York: Pocket Books. Ignatius Donnelly (1976), *Atlantis: The Antediluvian World [La Atlántida: el mundo antediluviano]*, New York: Dover Publications. Phylos the Thibetan (1952), *A Dweller on Two Planets [Un habitante de dos planetas]*, Los Angeles: Boren Publishing Co.

2. Hebreos 11:5.
3. 2 Pedro 2:17.
4. 1 Crónicas 16:34-41; 2. Crónicas 5:13; 7:3-6; 20:21. Ezra 3:11. Salmos 106:1; 107:1; 118:1-4; 136:1-3; 138:8; Jeremías 33:11.
5. Mateo 13:12.
6. Juan 19:23 dice que la túnica de Jesús «era sin costura, de un solo tejido de arriba abajo».
7. *La túnica sagrada [The Robe]* es una novela histórica sobre Jesús publicada en 1942. Ocupó el primer lugar de la lista de libros mejor vendidos del *New York Times* durante un año. El libro cuenta la historia de Marcelo, el centurión a cargo del grupo asignado a crucificar a Jesús. Atormentado por sus acciones, Marcelo se cura milagrosamente cuando toca la túnica de Jesús. Dispuesto a descubrir la verdad sobre el hombre al que mató, su vida se transforma cuando se encuentra con aquellos que conocieron al Maestro y presenciaron sus milagros. Twentieth Century Fox estrenó una versión cinematográfica en 1953 protagonizada por Richard Burton, Jean Simmons y Victor Mature. Fue la primera película realizada en CinemaScope y ganó tres Premios Óscar.
8. El Gran Director Divino, 10 de marzo de 1968.
9. Génesis 1:27.
10. Lucas 12:3.
11. «Aunque los molinos de Dios muelen despacio, muelen muy fino; aunque con paciencia Él espera, con exactitud lo muele todo». Del poema, *Retribution [Castigo]*, escrito originalmente por Friedrich von Logau, traducido del alemán al inglés por Henry Wadsworth Longfellow. El autor del original es un poeta griego desconocido: «Los molinos de Dios muelen tarde, pero muelen fino».
12. Mateo 22:21. Marcos 12:17. Lucas 20:25.
13. Santiago 1:8.
14. El Maha Chohán, *Perlas de Sabiduría*, vol. 37, núm. 28, 10 de julio de 1994.
15. Efesios 6:12.
16. Mateo 7:7-11; 21:22. Lucas 11:9-13. Juan 16:23, 24.
17. Arcángel Rafael, «The Day of the Coming of the Lord´s Angel» [«El

día de la venida del ángel del Señor»], *Perlas de Sabiduría,* vol. 29, núm. 32, 29 de junio de 1986.

18. Ciclopea y Virginia, «I Will Stand upon My Watch!» [«¡Permaneceré vigilando!»], *Perlas de Sabiduría,* vol. 25, núm. 13, 28 de marzo de 1982.

19. Proverbios 22:6.

20. Morya estuvo encarnado como Sir Tomás Moro (1478-1535), el Hombre de muchos recursos. La profunda devoción de Moro hacia Dios hizo que en su momento considerara la vocación religiosa y practicara extraordinarias austeridades durante cuatro años para poner a prueba su disciplina. No obstante, decidió contraer matrimonio, y su esposa y cuatro hijos demostraron ser su mayor gozo y único consuelo en el futuro. Su famosa propiedad en Chelsea albergó a toda su familia, incluyendo a once nietos. Con el paso de los años, la «pequeña Utopía» de Moro, como llamaba con frecuencia a su propiedad, se convirtió en un centro de aprendizaje y cultura, comparada por Erasmo a la academia de Platón, un hogar de buena voluntad a la que acudían los hombres más cultos del momento —hasta el propio rey— para recibir asesoramiento y bienestar. En Chelsea, Moro escribió la famosa obra *Utopía,* una ingeniosa exposición de la superficialidad de la vida inglesa y los vicios flagrantes de la ley inglesa.

En 1529, Sir Tomás Moro fue nombrado por Enrique viii Lord Canciller de Inglaterra y Guardián del Gran Sello. A pesar de muchos honores y logros, Moro no buscó la estima del hombre. Se lo conocía por su prontitud, eficacia y justicia imparcial. Quiso seguir sensibilizado hacia las necesidades de la gente corriente caminando todos los días por los callejones de Londres para interesarse por la vida de los pobres.

Sir Tomás se dedicó a sus deberes con un celo total, hasta que Enrique, deseoso del heredero varón al trono, declaró nulo su matrimonio con Catalina de Aragón y anunció su intención de casarse con Ana Bolena. Puesto que el divorcio no tenía la aprobación del papa y contradecía directamente las leyes de la Iglesia, Moro se negó a apoyar la decisión del rey. En 1532, en el punto álgido de su carrera profesional, dimitió de su cargo y se retiró a Chelsea, donde, muy preocupado por las herejías de la revuelta de Martín Lutero, continuó sus escritos en defensa de la fe católica. Sin amigos y sin cargo, Moro y su familia vivieron en la abyecta pobreza. Sin embargo, Enrique se había sentido insultado por su desaprobación pública. El rey, por tanto, quiso difamar a Moro y restaurar así su imagen real.

Cuando se negó a hacer el Juramento de Supremacía (el cual

implicaba un rechazo de la supremacía papal y convertía a Enrique en la cabeza de la iglesia de Inglaterra), Moro fue encarcelado en la Torre de Londres. Quince meses después fue condenado por traición con pruebas basadas en perjurio. Fue decapitado en Tower Hill el 6 de julio de 1535, donde afirmó: «Muere el buen siervo del rey, pero Dios primero». Fue canonizado cuatrocientos años después, en 1935.

Abogado, juez, estadista, hombre de letras, autor, poeta, agricultor, amante de la vida pastoral, asceta, esposo y padre, defensor de la educación de la mujer, humanista y santo, Tomás Moro sobresalió entre la vanguardia del renacimiento inglés.

21. Tomás Becket (1118-1170) fue Lord Canciller de Inglaterra y buen amigo y consejero de Enrique II. Al ocupar el cargo de arzobispo de Canterbury, previendo que sus deberes como arzobispo estarían de forma inevitable en conflicto con la voluntad del rey, dimitió de su puesto contra los deseos del rey.

Becket convirtió sus capacidades administrativas y su finura diplomática como canciller distinguido en un ardor y una devoción como arzobispo. Fue un fuerte defensor del papado como lo hubo sido del rey y excomulgó con libertad a cortesanos y nobles por su uso ilícito de la propiedad de la iglesia y otras infracciones. Ante el intento del rey de encarcelarlo, Becket se exilió a Francia durante seis años. Regresó a Inglaterra después de una reconciliación parcial con el rey, solo para empezar a discutir con él otra vez.

El 29 de diciembre de 1170 fue brutalmente asesinado en la catedral de Canterbury, cuando cuatro caballeros de la corte se tomaron al pie de la letra un comentario del rey de que habría querido deshacerse de «este sacerdote turbulento». Inflexible hasta el final, Becket dijo a los caballeros: «Si todas las espadas de Inglaterra apuntaran a mi cabeza, jamás me harían traicionar ni a Dios ni al papa». Sólo unos pocos años después de morir se le atribuyeron más de quinientos milagros curativos y fue canonizado tres años más tarde.

22. El Morya, 10 de octubre de 1973.

23. Marcos 8:36.

24. Génesis 3:24.

25. Juan 8:32.

26. Diosa de la Pureza, 29 de julio de 1973.

La Gráfica de tu Yo Divino

1. *The Unpanishads: Breath of the Eternal [Los Upanishads: Aliento de lo eterno]* (trad. Swami Prabhavananda y Frederick Manchester) New York: New American Library, 2002, p. 21.

2. «*Ratnagotravibhāga 1.28*», en Edward Conze, et al. (eds.), *Buddhist Texts through the Ages [Textos budistas a lo largo de los tiempos]* (2.ª ed.), New York: Harper and Row, 1964, p. 181.

3. *The Upanishads [Los Upanishads]*, Juan Mascaró (trad.) Baltimore: Penguin Books, 1965, pp. 60-61.

4. Meister Eckhart, *Sermons and Treatises [Sermones y tratados]*, M. O'C. Walshe (trad. y ed.), Rockport: Element Books, 1992, (vol. III), p. 107.

5. Mateo 6:6.

CAPÍTULO 2 • SEGUNDA SECCIÓN • *La ciencia de la plenitud y el Árbol de la Vida*

1. Génesis 2:9; 3:22-24. Apocalipsis 2:7.

2. La conciencia de las masas puede definirse aquí como «la suma de los cinturones electrónicos individuales de toda la humanidad, multiplicada por la interacción de las fuerzas contenidas en los cinturones instigada y secundada por la fuerza siniestra».

3. Apocalipsis 22:2.

4. Génesis 3:24.

5. *The Random House Dictionary of the English Language*, s.v. «compensación».

6. Apocalipsis 7:14.

7. Mateo 7:1. Romanos 12:19.

8. No criticar, condenar ni juzgar, lo cual daña el bienestar de los demás, no excluye el uso de las facultades Crísticas propias de discernimiento para determinar las acciones propias, según la advertencia de Jesús: «Juzgad con justo juicio» (Juan 7:24). Tampoco excluye el juicio con jurado y los sistemas de jurisprudencia desarrollados por los Maestros para fomentar orden en la sociedad.

9. Juan 21:22.

10. Mateo 6:26-29.

11. «El hombre, como la hierba son sus días; florece como la flor del campo, que pasó el viento por ella, y pereció, y su lugar no la conocerá más. Mas la misericordia del SEÑOR es desde la eternidad y hasta la eternidad sobre los que le temen, y su justicia sobre los hijos de los hijos; sobre los que guardan su pacto, y los que se acuerdan de sus mandamientos para ponerlos por obra» (Salmos 103:15-18). Porque: «Toda carne es como hierba, y toda la gloria del hombre como flor de la hierba. La hierba se seca, y la flor se cae; mas la palabra del Señor permanece para siempre. Y ésta es la palabra que por el evangelio os ha sido anunciada» (1 Pedro 1:24-25).

12. Marcos 8:35. Lucas 9:24. Mateo 16:25.

13. Jeremías 31:33.
14. Porcia, «Go Forth to Challenge and to Check the Cycles of Injustice [«Id a desafiar y a detener los ciclos de injusticia»], *Perlas de Sabiduría*, vol. 19, núm. 23, 6 de junio de 1976.
15. 2 Timoteo 2:15.
16. Apocalipsis 1:8.
17. Consideramos la polaridad más-menos del Dios Padre-Madre no como una polaridad de bien y mal, sino como los factores más-menos dentro del bien total, que es la única realidad. Los hay que enseñan que el Bien es la polaridad del Mal y que por cada cosa buena debe haber otra mala, dos caras, algo positivo y algo negativo. Pero ésta es una perspectiva que tiene el mundo de la dualidad, una visión doble. El Mal jamás puede ser la polaridad del Bien porque el Bien es la Totalidad Divina que contiene en sí misma el más y el menos.
18. Mateo 25:14-30.
19. Mateo 8:11. Lucas 13:28.
20. El término general para denominar a estos efluvios es «magnetismo animal»: ani-mal (*animus* = «espíritu», y *mal*). «Animal» hace referencia al espíritu del mal y la forma que asume como colección de imágenes inferiores en el cinturón electrónico; mientras que magnetismo describe la espiral negativa o descendente, la fuerza de gravedad de estos efluvios en los cuatro cuerpos inferiores.

   Existen cuatro categorías generales de magnetismo animal, que corresponden a los cuatro cuerpos inferiores y a los cuadrantes del reloj. Éstas son 1) magnetismo animal malicioso (M.A.M.), que implica malicia con premeditación, la premeditación o la reflexión continua en el mal, obra a través del cuerpo etérico en la línea 12, 1 y 2. 2) Magnetismo animal ignorante (M.A.I.) —densidad mental, instrumento inconsciente de la fuerza siniestra—, los accidentes y las dificultades mecánicas pueden relacionarse con esta forma de magnetismo animal obrando a través del cuerpo mental en la línea 3, 4 y 5. 3) Magnetismo animal complaciente (M.A.C.) —afinidades y atracciones entre personalidades—; la forma más peligrosa categoría y se registran como las densidades de los sentidos físicos y del cuerpo.
21. Mateo 25:14-30.
22. Juan 17:22.
23. Lucas 2:49.

CAPÍTULO 2 • TERCERA SECCIÓN • *La danza de las horas*

1. Josué 24:15. Señor Maitreya, *Lecciones de Guardianes de la Llama 11*, pp. 9-14.
2. La definición de «Cristeidad» es la manifestación del amor de Dios,

su sabiduría y su poder. Cuando el individuo logra el equilibrio de la llama trina, él también manifestará el control Divino perfecto de sus cuatro cuerpos inferiores, porque sin el control Divino, la llama no se equilibrará.

3. Hebreos 13:2.

CAPÍTULO 2 • CUARTA SECCIÓN • *Las enseñanzas de Jesús sobre las doce líneas del reloj*

1. Génesis 1:28.
2. Salmos 18:35. 2 Samuel 22:36.
3. Mateo 28:18.
4. Lucas 15:11-32.
5. Jeremías 31:33.
6. Apocalipsis 21.2.
7. El Apocalipsis profetiza la aparición del divino varón, que «regirá con vara de hierro a todas las naciones» (12:5; véase también 2:27 y 19:15). El término «vara de hierro» es un código para referirse a la «vara de Aarón», que se convirtió en serpiente y se tragó a las serpientes producidas por los magos de la corte de Faraón (Éxodo 7:10-13). La vara simboliza la elevación de la energía Kundalini en la columna vertebral. Véase pp. 166.
8. Mateo 7:12
9. En el Nuevo Testamento hay tres palabras griegas traducidas como «misericordioso»: *oiktirmon,* que significa «compasivo»; *hilaskomai,* que significa «propicio» o «benévolo»; *eleemon,* que significa «benéfico». Al relacionar «benéfico» con *benefactum,* latín, que significa «bien hecho», vemos que la beneficencia es la cualidad del bienestar.
10. Mateo 10:16.
11. Efesios 2:14-15.
12. Juan 10:30.
13. Porcia, «I Deem Cosmic Justice to Be a Rock» [«¡Considero a la justicia cósmica como una roca!»], *Perlas de Sabiduría,* vol. 10, núm. 8, 19 de febrero de 1967.
14. Gálatas 6:7.
15. Juan 3:30.
16. Hechos 1:2-12.
17. Éxodo 20:3.
18. Deuteronomio 6:4.
19. Mateo 7:2. Marcos 4:24.
20. Mateo 7:2.
21. Marcos 15:28.
22. Marcos 15:31-32.

23. Mateo 27:46. Marcos 15:34.
24. Mateo 11:11.
25. Lucas 22:42.
26. Daniel 3:27.
27. Éxodo 17:12.
28. Lucas 23:27-31.
29. Mateo 26:39.
30. Lucas 22:42.
31. Lucas 1:48.
32. 2 Corintios 6:17.
33. Mateo 11:28-30.
34. En 1964 el Maestro Ascendido Jesucristo inauguró la *Vigilia de las Horas de Jesús*, «*Velad conmigo*», un servicio de oraciones, afirmaciones e himnos celebrado en todo el mundo para la protección de la conciencia Crística en todos los hijos y las hijas de Dios. Este servicio conmemora la vigilia que el Maestro hizo solo en el Huerto de Getsemaní, cuando dijo: «¿Así que no habéis podido velar conmigo tal sólo una hora?». El Señor Jesús ha llamado a los estudiantes de los Maestros Ascendidos a que realicen la Vigilia de forma individual o en grupo una vez a la semana, a la misma hora, para que cada hora del día y de la noche alguien guarde la vigilia.

    En un dictado del 4 de octubre de 1987, Jesús prometió: «Estaré entre vosotros, amados, cuando realicéis este servicio de oración en mi nombre semanalmente (...). Todos los que se comprometan a ser mis discípulos como Guardianes de la Llama tendrán mis esferas de Luz y mi Sagrado Corazón cada semana» (*Perlas de Sabiduría*, vol. 30, núm. 56, 25 de noviembre de 1987). El librito y la grabación audio de Watch With Me. *Jesus Vigil of the Hours [«Velad conmigo». Vigilia de las horas de Jesús]* está disponible en Summit University Press.
35. Apocalipsis 19:20; 20:10, 14-15. El lago de fuego es un vórtice de energía de fuego sagrado en la Estrella Divina Sirio. Este fuego sagrado omniconsumidor consume al contacto la causa, el efecto, el registro y la memoria de las almas, junto con su karma, que no han procurado la continua de oportunidad de glorificar a Dios en su cuerpo y su espíritu. Para más información al respecto, véase Mark L. Prophet y Elizabeth Clare Prophet, *The Path to Immortality [El sendero hacia la inmortalidad]*.
36. Mateo 11:12.
37. Juan 10:10.
38. Apocalipsis 3:8.
39. Josué 24:15.

CAPÍTULO 2 • QUINTA SECCIÓN • *La herencia divina*

1. Mateo 22:21. Marcos 12:17. Lucas 20:25.
2. 1 Juan 3:9.
3. Malaquías 4:2.
4. Colosenses 3:9-10.
5. Véase *Prayers, Meditations, Dynamic Decrees for the Coming Revolution in Higher Consicousness* [*Oraciones, meditaciones, decretos dinámicos para la revolución venidera en conciencia superior*]. Los decretos son una forma dinámica de oración hablada utilizada por los estudiantes de los Maestros Ascendidos para dirigir la Luz de Dios hacia circunstancias individuales y del mundo. Un decreto puede ser corto o largo y por lo general va acompañado de un preámbulo y un cierre o aceptación. El decreto es la Palabra de Dios plena de autoridad pronunciada en el hombre en el nombre de la Presencia YO SOY y del Cristo vivo para producir cambios constructivos en la Tierra a través de la voluntad de Dios. El decreto es el derecho de nacimiento de los hijos y las hijas de Dios, el «mandadme» de Isaías 45:11, el fíat original del Creador: «Sea la luz; y fue la luz» (Génesis 1:3). En el libro de Job está escrito: «Determinarás [Decretarás, según la versión bíblica del Rey Jacobo] asimismo una cosa, y te será firme, y sobre tus caminos resplandecerá luz» (Job 22:28). Para obtener más información sobre los decretos y su uso, véase Mark L. Prophet y Elizabeth Clare Prophet, *The Science of the Spoken Word* [*La ciencia de la Palabra hablada*].
6. Mark L. Prophet y Elizabeth Clare Prophet, *The Path to Immortality* [*El sendero hacia la inmortalidad*].
7. Filipenses 4:8.
8. 1 Corintios 3:13.
9. Romanos 8:39.
10. Mateo 7:2. Marcos 4:24. Lucas 6:38.
11. 1 Corintios 15:53-54.

Capítulo 3 • El único Sendero por encima de los demás
Cita inicial: Mateo 7:13-14.

CAPÍTULO 3 • PRIMERA SECCIÓN • *La búsqueda de la Verdad*

1. Juan 8:58.
2. Juan 19:30.
3. Apocalipsis 13:8.
4. Génesis 4:17. 5:22-24. Judas 14.
5. 2 Reyes 2:11.
6. Mateo 17:1-13. Marcos 9:2-13. Lucas 9:28-36.

CAPÍTULO 3 • SEGUNDA SECCIÓN • *El camino de los místicos*

1. *Encyclopedia Britannica*, s.v., «Mysticism» [«Misticismo»].
2. Santa Teresa de Jesús, *El libro de la Vida*, 20:13.
3. Jeremías 23:6; 33:16.
4. Catalina de Génova, *Purgation and Purgatory, The Spiritual Dialogue [Purgación y purgatorio, el diálogo espiritual]*, New York: Paulist Press, 1979, p. 30. Evelyn Underhill, *The Mystics of the Church [Los místicos de la Iglesia]*, Cambridge: James Clark, 1975, p. 166. Arthur Clements, *Poetry of Contemplation [Poesía de contemplación]*, Albany: State University of New York Press, 1990, p. 16.
5. Harvey Egan, *Christian Mysticism: The Future of a Tradition [Misticismo cristiano: El futuro de una tradición]*, New York: Pueblo Publishing, 1984, pp. 2-3.
6. Juan 14:23.
7. 1 Corintios 3:16.
8. 2 Pedro 1:4.
9. Sidney Spencer, *Mysticism in World Religion [Misticismo en la religión del mundo]*, Gloucester: Peter Smith, 1971, p. 245. Meister Eckhart, *Sermons and Treatises [Sermones y tratados]*, M. O'C. Walshe (trad. al inglés y ed.), Rockport: Element Books, 1992, vol. III, p. 107.
10. Gálatas 4:19.
11. Colosenses 1:27.
12. Gálatas 2:20.
13. *Origen, Spirit and Fire: A Thematic Anthology of His Writings [Orígenes, espíritu y fuego: Antología temática de sus escritos]*, Hans Urs von Balthasar (ed.), Washington, D.C.: Catholic University of America Press, 1984, p. 270.
14. Spencer, *Misticismo en la religión del mundo*, p. 250.
15. John Climacus, *The Ladder of Divine Ascent [La escalera del ascenso divino]*, New York: Paulist Press, 1982, p. 274.
16. John Cassian, *Conferences [Coloquios]*, x:7, en Spencer, *Misticismo y religión del mundo*, p. 227.
17. Santa Teresa de Jesús, *Libro de las fundaciones*, 5:8.
18. Salmos 42:1-2.
19. Virgen María, 11 de marzo de 1987.
20. Harvey Egan, *An Anthology of Christian Mysticism [Antología de misticismo cristiano]*, Collegeville: The Liturgical Press, 1991, p. 238.
21. Catalina de Génova, *Purgación y purgatorio, el Diálogo espiritual*, p. 81.
22. 1 Corintios 15:31.

23. E. W. Dicken, *The Crucible of Love: A Study of the Mysticism of St. Teresa of Jesus and St. John of the Cross* [*El crisol del amor: Estudio del misticismo de Sta. Teresa de Jesús y San Juan de la Cruz*], New York: Sheed y Ward, 1963, pp. 127, 223, 294, 258.

24. Mary Baker Eddy, *Science and Health with Key to the Scriptures* [*Ciencia y salud con clave a las Escrituras*], Boston: First Church of Christ, Scientist, 1971, p. 494.

25. San Juan de la Cruz, «Subida al Monte Carmelo», en *San Juan de la Cruz, Obras completas,* I. 13:11.

26. Ibid., I. 13:3-4.

27. Lucas 9:23.

28. Juan González Arintero, *The Mystical Evolution in the Development and Vitality of the Church* [*La evolución mística en el desarrollo y la vitalidad de la Iglesia*], London: Herder Book Co., 1951, vol. 2, p. 126.

29. Ibid., pp. 43, 44.

30. F. C. Happold, *Mysticism: A Study and an Antology* [*Misticismo: estudio y antología*], Middlesex, England: Penguin Books, 1970, p. 57.

31. J. Mary Luti, *Teresa of Avila's Way* [*El camino de Teresa de Ávila*], Collegeville: The Liturgical Press, 1991, pp. 10–11.

32. San Juan de la Cruz, «La noche oscura del alma», II. 6.

33. Ibid., II. 5.1.

34. Ibid., II. 6.

35. Spencer, *Misticismo en la religión del mundo,* p. 255.

36. Mateo 27:46. Marcos 15:34.

37. San Juan de la Cruz, «Noche oscura».

38. San Juan de la Cruz, *Cántico espiritual,* 26.14.

39. Padre Juan de Loyola, *Vida del venerable Padre Bernardo de Hoyos.*

40. Jacob Boehme, *The Way to Christ* [*El camino de Cristo*], New York: McGraw Hill, 1964, p. 20.

41. Santa Teresa de Jesús, «Las relaciones», cap. 35.

42. Ibid., cap. 38.

43. Ibid., cap. 51.

44. Jack Kornfield, en Fred Eppsteiner, ed., *The Path of Compassion: Writing on Socially Engaged Buddhism* [*El sendero de la compasión: escrito sobre el budismo involucrado socialmente*], Berkeley: Parallax Press, 1988, p. 27.

45. Arintero, Evolución mística, vol. 2, p. 171.

46. Spencer, *Misticismo en la religión del mundo,* p. 255.

47. Santa Teresa de Jesús, «El castillo interior», *Séptimas moradas,* 1.8.

48. Ibid., 4.6.

49. Raymond of Capua, *The Life of Catherine of Siena* [*La vida de*

Catalina de Siena], Conleth Kearns (trad. al inglés), Wilmington: Michael Glazier, 1980, p. 106.

50. Dag Hammarskjöld, *Markings [Marcas]*, New York: Knopf, 1964, p. 122.

51. Teresa de Lisieux, *Saint Thérèse of Lisieux, the Little Flower of Jesus [Soeur Thérèse of Lisieux, la pequeña flor de Jesús]*, New York: P. J. Kennedy & Sons (n.d.), p. 176.

52. Gálatas 2:20.

53. Arintero, *Evolución mística*, vol. 2, p. 38.

54. Johannes Tauler, «Sermon for the Twenty-third Sunday after Trinity» [«Sermón para el décimo tercer domingo después de la Trinidad»], en Margaret Smith, *Studies in Early Mysticism in the Near and Middle East [Estudios sobre el misticismo primitivo en Oriente Próximo y Lejano Oriente]* (1931; 2.ª ed.), Whitefish: Kessinger Publishing, 2003, p. 9.

55. Santa Teresa de Jesús, «El castillo interior», *Séptimas moradas*, 2.4.

56. Spencer, *Misticismo en la religión del mundo*, p. 254.

57. Santa María Magdalena de Pazzi, *Oruvres*, 4:16, en Arintero, *Evolución mística*, vol. 2, núm. 64, p. 222.

58. Justinius, «The Army of the Hosts of the Lord» [«El ejército de las huestes del Señor»].

CAPÍTULO 3 • TERCERA SECCIÓN • *El sendero óctuple*

1. Gautama Buda, 28 de abril de 1991, «A Moment in Cosmic Cycles» [«Un momento en los ciclos cósmicos»], *Perlas de Sabiduría*, vol. 34, núm. 24, 16 de junio de 1991.

2. Gautama Buda, «Release of the Thoughtform for the Year 1977: A Golden Eagle from the God Star Sirius» [«Entrega de la forma de pensamiento del año 1977: Un águila dorada de la Estrella Divina Sirio»], *Perlas de Sabiduría*, vol. 20, núm. 23, 5 de junio de 1977.

3. Thupten Wangyal, *The Jewelled Staircase [La escalera enjoyada]*, Ithaca, N.Y.: Snow Lion Publications, 1986, p. 161.

4. *Ratnagotravibhāga* 1.28, en Edward Conze, et al. (eds.), *Buddhist Texts through the Ages [Textos budistas a lo largo de los tiempos]* (1954; 2.a ed., New York: Harper and Row, 1964), p. 181.

5. Paul Carus, *The Gospel of Buddha [El Evangelio del Buda]*, Chicago: Open Court Publishing Company, 1915, p. 49.

6. Mateo 23:27.

7. 1 Reyes 3:9.

8. Christmas Humphreys (ed.), *The Wisdom of Buddhism [La sabiduría del budismo]*, London: Curzon Press, 1987, pp. 65-66.

9. Ibid, pp. 67-68.

10. Filipenses 2:5 (versión bíblica del Rey Jacobo).

11. Sanat Kumara es el Gran Gurú de la progenie de Cristo en todo el cosmos. Él es el Anciano de Días del que se habla en Daniel 7:9, 13, 22. Sanat Kumara (del sánscrito, «siempre joven») es uno de los Siete Santos Kumaras del planeta Venus. Hace mucho tiempo vino a la Tierra cuando ésta estaba en su momento más oscuro, cuando la Luz se había apagado en sus evoluciones, porque no había ni un solo individuo en el planeta que adorara a la Presencia Divina. Sanat Kumara y un grupo de 144000 almas de Luz que lo acompañó se ofrecieron a guardar la llama de la Vida por la gente de la Tierra. Prometieron hacerlo hasta que los niños de Dios respondieran al amor de Dios y volvieran a servir a su Poderosa Presencia YO SOY. Sanat Kumara es conocido como el Gurú de Gurús, el gran patrocinador de las evoluciones de la Tierra. Todos los verdaderos gurús que han venido a la Tierra ha llevado su manto. Las Enseñanzas de los Maestros Ascendidos entregadas en estos volúmenes llegan a través del linaje de Sanat Kumara, Gautama Buda, el Señor Maitreya, Jesucristo, Padma Sambhava y los Mensajeros Mark L. Prophet y Elizabeth Clare Prophet.

12. Lo siguiente son algunos pasajes de la Biblia que hacen eco a los preceptos del Sendero Óctuple:

1. **Conocimiento correcto:** «El corazón del entendido adquiere sabiduría; y el oído de los sabios busca la ciencia» (Proverbios 18:15). «Sabiduría ante todo; adquiere sabiduría; y sobre todas tus posesiones adquiere inteligencia» (Proverbios 4:7). «Pero a cada uno le es dada la manifestación del Espíritu para provecho. Porque a éste es dada por el Espíritu palabra de sabiduría; a otro, palabra de ciencia según el mismo Espíritu» (1 Corintios 12:7-8).

2. **Aspiración correcta, pensamiento correcto, determinación correcta:** «Pues aunque andamos en la carne, no militamos según la carne... derribando argumentos y toda altivez que se levanta contra el conocimiento de Dios, y llevando cautivo todo pensamiento a la obediencia a Cristo» (2 Corintios 10:3, 5). «Porque el que duda es semejante a la onda del mar, que es arrastrada por el viento y echada de una parte a otra. No piense, pues, quien tal haga, que recibirá cosa alguna del Señor. El hombre de doble ánimo es inconstante en todos sus caminos» (Santiago 1:6-8).

3. **Habla correcta:** «Mas yo os digo que de toda palabra ociosa que hablen los hombres, de ella darán cuenta en el día del juicio. Porque por tus palabras serás justificado, y por tus

palabras serás condenado» (Mateo 12:36-37). «Por esto, mis amados hermanos, todo hombre sea pronto para oír, tardo para hablar, tardo para airarse». «Si alguno se cree religioso entre vosotros, y no refrena su lengua, sino que engaña su corazón, la religión del tal es vana». «Si alguno no ofende en palabra, éste es varón perfecto, capaz también de refrenar todo el cuerpo» (Santiago 1:19-26; 3:2).

4. **Acción correcta:** «¡Ay de vosotros, escribas y fariseos, hipócritas! porque diezmáis la menta y el eneldo y el comino, y dejáis lo más importante de la ley: la justicia, la misericordia y la fe. Esto era necesario hacer, sin dejar de hacer aquello» (Mateo 23:23).

5. **Modo de vida correcto:** «Ninguno puede servir a dos señores; porque o aborrecerá al uno y amará al otro, o estimará al uno y menospreciará al otro. No podéis servir a Dios y a las riquezas» (Mateo 6:24) («Riquezas» en las escrituras se define como la riqueza o las posesiones materiales, especialmente cuando ejercen una influencia degradante).

6. **Esfuerzo correcto:** «Y alguien le dijo: Señor, ¿son pocos los que se salvan? Y él les dijo: Esforzaos a entrar por la puerta angosta; porque os digo que muchos procurarán entrar, y no podrán» (Lucas 13:23-24). «Pero una cosa hago: olvidando ciertamente lo que queda atrás, y extendiéndome a lo que está delante, prosigo a la meta, al premio del supremo llamamiento de Dios en Cristo Jesús» (Filipenses 3:13-14). «Y también el que lucha como atleta, no es coronado si no lucha legítimamente» (2 Timoteo 2:5).

7. **Atención correcta:** «Haya, pues, en vosotros esta mente que hubo también en Cristo Jesús» (Filipenses 2:5, versión bíblica del Rey Jacobo). «En cuanto a la pasada manera de vivir, despojaos del viejo hombre, que está viciado conforme a los deseos engañosos, y renovaos en el espíritu de vuestra mente» (Efesios 4:22-23). «Y amarás al Señor tu Dios con todo tu corazón, y con toda tu alma, y con toda tu mente y con todas tus fuerzas. Éste es el principal mandamiento» (Marcos 12:30).

8. **Concentración correcta:** «La lámpara del cuerpo es el ojo; así que, si tu ojo es bueno, todo tu cuerpo estará lleno de luz» (Mateo 6:22).

CAPÍTULO 3 • CUARTA SECCIÓN • *El buscador y lo buscado*

1. 2 Corintios 3:6.
2. Lucas 10:37.

3. Mateo 3:17; 17:5.
4. Mateo 28:6. Marcos 16:6.
5. Juan 14:3.

CAPÍTULO 4 • La Gran Hermandad Blanca

Cita inicial: Apocalipsis 11:15-17.

1. Miqueas 4:4.
2. Dios de la Libertad, «Man's Desire for Liberty» [«El deseo de libertad del hombre»], *Perlas de Sabiduría*, vol. 11, núm. 26, 30 de junio de 1968.
3. Eddy, *Science and Health with Key to the Scriptures [Ciencia y salud con clave a las Escrituras]*, p. 518.
4. Ibid., pp. 264-265, 513.
5. Ibid., p. 515.
6. Habacuc 1:13.
7. Maha Chohán, «Hidden Mysteries and Hidden Powers of the Holy Spirit» [«Misterios ocultos y poderes ocultos del Espíritu Santo»], *Perlas de Sabiduría*, vol. 9, núm. 28, 10 de julio de 1966.
8. Hebreos 12:29.
9. Éxodo 3:2.
10. Éxodo 3:14.
11. Gautama Buda, «A Magnificent Cause» [«Una causa magnífica»], *Perlas de Sabiduría*, vol. 26, núm. 15, 10 de abril de 1983.
12. Jeremías 31:33.
13. Diosa de la Pureza, «The Flame in the Center of the Crystal» [«La llama en el centro del cristal»], 13 de septiembre de 1970.
14. La cuarta, la quinta y la sexta raza raíz actualmente siguen encarnadas en la Tierra (el grupo de almas de esta última no ha descendido por completo para encarnar físicamente). El Señor Himalaya y su amada son los Manús de la cuarta raza raíz; Vaivasvata Manú y su consorte lo son de la quinta, y el Dios y la Diosa Merú lo son de la sexta. La séptima raza raíz está destinada a encarnar en el continente de Sudamérica en la era de Acuario bajo sus Manús, el Gran Director Divino y su complemento divino.

En 1973 la Maestra Ascendida Clara Louise dijo que algunos de los que estaban destinados a ser padres de almas de la séptima raza raíz en aquella época vivían en América del Norte y del Sur. Otros futuros padres esperaban nacer para poder traer al mundo a esos niños al cabo de veinte o treinta años. «Cuando os encontréis en esa edad en la que podéis disfrutar de vuestros nietos —dijo— veréis con vuestra sensibilidad agudizada... que las auras de esos niños queridos tendrán un tono violeta, y sus mejillas sonrosadas y su tono de piel delicado también tendrá un matiz violeta... Harán falta varios siglos antes de que toda la séptima raza raíz encarne. Llegarán en secciones según los rayos en los que sirven» (Clara Louise Kieninger, *Ich Dien,* p. 156).

15. Génesis 2:7.
16. Proverbios 14:34.
17. Véase Elizabeth Clare Prophet, "La dispensación concedida" en *La apertura del séptimo sello: Sanat Kumara sobre el sendero del rayo rubí,* cap. 2.
18. Después de ascender en 1684, Saint Germain recibió una dispensación de los Señores del Karma que le permitió regresar a la Tierra y manifestarse en un cuerpo físico. El Conde de Saint Germain apareció en las cortes del siglo XVIII como el Hombre Maravilla de Europa. Su meta: evitar la Revolución Francesa y establecer unos Estados Unidos de Europa. Aunque la realeza admiró sus milagrosos logros y siempre estuvo dispuesta a ser entretenida por él, no se dejó influir con facilidad para renunciar a su poder y moverse con los vientos del cambio republicano. Ellos y sus celosos ministros ignoraron sus consejos, y a continuación llegó la Revolución Francesa. En un intento final de unir a Europa, Saint Germain apoyó a Napoleón, que abusó del poder del Maestro para su propia desaparición. Por consiguiente, la oportunidad de poner a un lado la retribución de una era cuyo momento había llegado pasó, y Saint Germain se vio obligado a retirarse.
19. «Apareció en el cielo una gran señal: una mujer vestida del sol, con la luna debajo de sus pies, y sobre su cabeza una corona de doce estrellas. Y estando encinta, clamaba con dolores de parto, en la angustia del alumbramiento... Y ella dio a luz un hijo varón, que regirá con vara de hierro a todas las naciones; y su hijo fue arrebatado para Dios y para su trono. Y la mujer huyó al desierto, donde tiene lugar preparado por Dios, para que allí la sustenten por mil doscientos sesenta días» (Apocalipsis 12:1-2, 5-6).
20. Cuando se estaba creando la Constitución de los Estados Unidos, el país sufría una inflación enorme causada por la expansión del continental —nombre de la moneda en curso en ese momento—, una moneda en papel que había sido emitida durante la guerra de la Revolución. Esta experiencia enseñó a los creadores de la Constitución la importancia de tener una moneda que estuviera totalmente respaldada por oro, por lo cual establecieron en la Constitución un sistema basado en oro y plata. El Artículo I, Sección 10, dice: «Ningún Estado... producirá nada más que monedas de oro y plata como moneda de curso legal como pago de deudas».

Los redactores de la Constitución quisieron que el Congreso utilizara oro y plata como moneda, aunque no afirmaron explícitamente que el Artículo I, Sección 10, se aplicara al Gobierno federal. Esto se puede demostrar con las afirmaciones de varios redactores, con un análisis textual de la Constitución y con las decisiones tomadas por la Corte Suprema. La intención de los Padre Fundadores también se puede observar en las acciones del Primer Congreso, el cual creó en 1792 un sistema monetario basado en oro y plata (Edwin Vieira, Jr., *Pieces of Eight: The Monetary Powers and Disabilities of the United States Constitution [Piezas de ocho: Los poderes y discapacidades monetarias de la Constitución de los Estados Unidos]* [Old Greenwich: Devin-Adair, 1983], pp. 15-36. Durante el debate sobre el texto del Artículo I, Sección 10, Roger Sherman, un delegado asistente a la Convención Constitucional, dijo que él creía que esto era «una crisis favorable para destruir el dinero en papel» *Notes of Debates in the Federal Convention of 1787 Reported by James Madison,* Athens: Ohio University Press, 1966, p. 542. Thomas Jefferson y John Adams escribieron sobre los males del dinero en papel.

Sin embargo, contrariamente al propósito de los creadores de la Constitución, los banqueros planearon el control de la moneda. En su obra *The War on Gold [La guerra contra el oro],* Antony Sutton explica: «Las bases para el Sistema de la Reserva Federal se establecieron en una reunión en el Country Club J. P. Morgan en la isla Jekyll, en el estado de Georgia, en noviembre de 1910, la cual no tuvo divulgación alguna. El senador Nelson Aldrich, los banqueros Frank Vanderlip (presidente del banco National City representante de los intereses de Rockefeller y Kuhn Loeb), Henry P. Davidson (socio principal de Morgan´s First National Bank) se reunieron en secreto para decidir cómo imponer un sistema de banca central en los Estados Unidos. Entre los reunidos también se encontraban Paul Moritz Warburg, el banquero alemán, y Benjamin Strong (un banquero de J. P .Morgan que después llegó a ser el primer Gobernador del Banco de la Reserva Federal de Nueva York). De la camarilla de la isla de Jekyll salió la base del proyecto de ley aprobada por el Congreso y firmado por el Presidente Woodrow Wilson como Ley de la Reserva Federal de 1913. De acuerdo con el anterior sistema de ramas subordinadas del Tesoro, los banqueros ya no tenían el control de la masa monetaria en los Estados Unidos ni de la emisión de la moneda, algo que aún les disgustaba más» (Anthony C. Sutton, *La guerra contra el oro,* Seal Beach: '76 Press, 1977, p. 84. La Ley de la Reserva Federal dio a la comunidad bancaria el control del dinero del país, violando el Artículo I, Sección 8 de la Constitución, que otorga al Congreso el poder de «acuñar la moneda» y «regular su valor».

Según el economista de la escuela austríaca Dr. Murray Rothbard, la expansión del crédito (es decir, el *dinero fácil*) junto con el intervencionismo, que comenzó en la década de 1920, interfirió con los ciclos naturales del sistema de mercado libre, lo cual dio como resultado la caída del mercado de valores de 1929 y la Gran Depresión. Rothbard cita la inflación como la causa principal de la depresión. «El Gobierno crea inflación de forma inherente porque ha adquirido, a lo largo de los siglos, el control del sistema monetario... La inflación es una forma de impuesto, pues el Gobierno puede crear más dinero de la nada y utilizarlo para robar recursos de los particulares a quienes se les impone una fuerte sanción por una falsificación similar» (Murray Rothbard, *America's Great Depression [La Gran Depresión Estadounidense]*, Kansas City: Sheed and Ward, 1975, pp. 29, 33).

Hoy, el Sistema de la Reserva Federal, al servicio de los intereses de la comunidad bancaria, ejerce el derecho unilateral de expandir y contraer la oferta de dinero y crédito y crear períodos de auge y caída. Las ramificaciones de este estado de cosas están casi más allá del cálculo. Hoy podríamos tener un colapso financiero peor que la Gran Depresión de la década de 1930. Y sabemos que la élite del poder usó la depresión para concentrar el poder en el gobierno central.

Antony Sutton señala en *Wall Street y FDR:* "En la América moderna la ilustración más significativa de la sociedad en su conjunto trabajando para unos pocos es la Ley de la Reserva Federal de 1913. El Sistema de la Reserva Federal es, en efecto, un monopolio bancario privado, que no responde ante el Congreso o el público, pero con un control de monopolio legal sobre el suministro de dinero sin permiso ni impedimento o, incluso, sin auditoría por parte de la Oficina General de Contabilidad. Fue la manipulación irresponsable de la oferta monetaria por parte de este Sistema de la Reserva Federal lo que provocó la inflación de la década de 1920, la Depresión de 1929 y, por lo tanto, el presunto requisito para un New Deal de Roosevelt" (Antony Sutton, *Wall Street and FDR*, New Rochelle: Arlington House Publishers, 1975, p.75).

21. Como se ha explicado en la nota anterior, la intención de los redactores de la Constitución de los Estados Unidos fue que el sistema monetario estuviera basado en oro y plata. La Guerra Civil produjo la primera desviación de este sistema, causando una gran inflación.

En 1879 los Estados Unidos volvieron a un patrón oro convertible y a la prosperidad.

La política monetaria estadounidense comenzó a cambiar de manera drástica después de la aprobación de la Ley de la Reserva Federal, el 23 de diciembre de 1913, que dio a una agencia independiente, el Consejo de Dirección de la Reserva Federal, el poder de crear dinero. La agencia emitió billetes de la Reserva Federal, que se convirtieron en la única moneda legal en el país y, de manera progresiva, fueron reduciendo la promesa de cambiar dólares en papel por oro. En el momento de su emisión original en 1914 los billetes de la Reserva Federal estaban respaldados por oro un 40%. Durante la Segunda Guerra Mundial la reserva de oro se redujo a 25%. El 18 de marzo de 1968 el requerimiento de la reserva de oro se eliminó por completo.

El Presidente Franklin Roosevelt revaluó el precio del oro dejándolo en 35 dólares por onza troy al aprobar la Ley de la Reserva de Oro de 1934, que devaluó el dólar hasta 59% de su valor anterior, y lo quitó de la circulación a nivel nacional. El 5 de abril de 1938 Roosevelt declaró una emergencia nacional y dijo que privaría a los ciudadanos estadounidenses del derecho a poseer oro y utilizarlo como medio de intercambio (Ron Paul y Lewis Lehrman, *The Case for Gold: A Minority Report of the U.S. Gold Commission [En defensa del oro: Informe minoritario sobre la Comisión Estadounidense del Oro]*, Washington, D.C.: Cato Institute, 1982, p. 129).

El 15 de agosto de 1971 el Presidente Richard Nixon suspendió el cambio extranjero de dólares estadounidenses por oro y devaluó el dólar elevando el precio del oro a 38 dólares por onza troy. Nixon dio el paso definitivo el 15 de agosto de 1971, cuando suspendió la convertibilidad del dólar en oro de manera internacional. Entonces los Estados Unidos tuvieron como estándar exclusivamente el papel. Hace pocos años se han dado pasos importantes hacia una remonetización del oro. En diciembre de 1974 se aprobó un proyecto de ley que permitió a los ciudadanos estadounidenses la posesión de oro. Los contratos de cláusulas de oro, a los que ley no se aplicaba, se legalizaron el 28 de octubre de 1977; y el 17 de diciembre de 1985 el Presidente Reagan firmó la Ley de Acuñación de Monedas de Oro, que exigía al departamento del Tesoro acuñar y vender monedas de oro en condición limitada de moneda de curso legal. Sin embargo, se deben dar más pasos antes de que el oro circule como moneda de curso legal en la economía estadounidense. En resumen, el país aún tiene el papel como estándar.

El 10 de octubre de 1977 el Maestro Ascendido conocido como

Dios del Oro dijo que la creación del sistema de la Reserva Federal
«debe ser cuestionado y revertido porque no forma parte del plan
divino de los Estados Unidos… El pueblo estadounidense debe comprender el gran fraude que ha sufrido a causa de esta impresión de la
moneda sin ningún respaldo. La producción de dinero en las prensas
con certeza provocará la caída de la economía de las naciones… La
salvación del alma de los Estados Unidos depende del restableci-
miento del oro» (El Dios del Oro con el Dios Tabor, 10 de octubre de
1977, «The Flow of Energy in the City Foursquare of God, Demand
and Supply the Abundance of the Mother!» [«El flujo de la energía
en la Ciudad Cuadrangular de Dios, ¡demandad y ofreced la abundancia de la Madre!»]).

22. 2 Corintios 6:14-15.

23. Marcos 8:33. Lucas 4:8:

24. Para obtener un análisis conciso de las doctrinas del comunismo y
el socialismo, véase *The Path of Brotherhood [El sendero de la her-
mandad]*, libro 4 de la serie Escala la montaña más alta, pp. 95-120.
Un examen más profundo puede obtenerse en las conferencias de
Elizabeth Clare Prophet del 6, 8 y 9 de octubre de 1978, «The Eco-
nomic Philosophy of Jesus Christ» [«La filosofía económica de Jesucristo»], «The Religious Philosophy of Karl Marx» [«La filosofía
religiosa de Karl Marx»] y The Psychology of Socialism [«La psicología del socialismo»].

25. Se puede obtener más información sobre la fraternidad escribiendo
a Keepers of the Flame Fraternity, 62 Summit Way, Gardiner, MT
59030, USA o llamando a +1 (406) 848-9500.

26. Mateo 25:40.

27. Chananda con el Maestro Ascendido Gaylord, «The Great White
Brotherhood as Inner World Government» [«La Gran Hermandad
Blanca como Gobierno interior del mundo»], *Lecciones de Guardia-
nes de la Llama 5*, pp. 20-27.

28. La Diosa de la Libertad, «Man´s Desire for Liberty» [«El deseo del
hombre de libertad»], *Perlas de Sabiduría,* vol. 11, núm. 26, 30 de
junio de 1968.

29. El Gran Director Divino, «The Correct Use of the Ascended Masters'
Names II: The Will of God» [«El uso correcto del nombre de los
Maestros Ascendidos II: La voluntad de Dios»], *Perlas de Sabiduría,*
vol. 9, núm. 41, 9 de octubre de 1966

30. Mateo 7:20.

31. Saint Germain, *Lecciones de Guardianes de la Llama 12*, pp. 11-12.

32. «Dios suaviza el viento a la oveja esquilada» [«Dieu mesure le froid
à la brebis tondue»]. Henri Estienne, *Les Prémices* (1594).

33. Gálatas 5:1.
34. Lucas 19:10.
35. Un emisario de Venus, citado por el Maha Chohán, «Hidden Mysteries and Hidden Powers of the Holy Spirit» [«Misterios ocultos y poderes ocultos del Espíritu Santo»], *Perlas de Sabiduría,* vol. 9, núm. 28, 10 de julio de 1966.
36. La Diosa de la Libertad, «El deseo del hombre de libertad».
37. Gálatas 6:7.
38. Mateo 25:40.
39. 1 Juan 4:1.
40. En un dictado dado en la Ciudad de Washington el 30 de septiembre de 1962, el maestro ascendido K-17 anunció: «Se ha celebrado una bonita y magnífica sesión en el retiro de Chananda en la India y Pablo el Veneciano ha tomado una decisión por la cual hoy se ha transferido desde su retiro en Francia, a la undécima hora según vuestro tiempo, todo el latido de la gran llama de la libertad. Esta llama estaba ubicada de forma permanente en el campo energético del Monumento a Washington, y los latidos de la llama de la libertad están destinados a congraciar el corazón de los Estados Unidos como un regalo de la Hermandad y del corazón del amado Pablo el Veneciano... Se entrega como un tesoro desde el corazón de Francia, del gobierno espiritual de Francia al gobierno espiritual de los Estados Unidos... La llama de la libertad es un don de magnitud superior al anterior regalo de Francia, la Estatua de la Libertad, como tributo a ese gran ser, la Diosa de la Libertad. Es algo incomparable, porque la llama misma penetrara en la estructura del monumento, elevándose en lo alto por encima de él; y todos los que lo visiten, aunque no lo sepan, recibirán la infusión de los latidos de la llama de la libertad dentro del corazón de los Estados Unidos.
41. Gautama Buda, «The Teaching Is for the Many» [«La enseñanza es para muchos»], *Perlas de Sabiduría,* vol. 29, núm. 21, 25 de mayo de 1986.
42. Godfre, Rex y Nada Rayborn, y Bob y Pearl Singleton viajaron al retiro del Gran Director Divino en los Himalayas, la Cueva de la Luz, a principios de la década de 1930. Sus experiencias constan en *The Magic Presence [La mágica Presencia],* de Godfré Ray King, Schaumburg: Saint Germain Press, 1982, pp. 393, 400.
43. En 1950 China invadió y ocupó el Tíbet. Las fuerzas chinas asesinaron, violaron y torturaron a las gente, incluyendo a monjes y monjas budistas. China ha intentado quebrantar la voluntad de ese pueblo erradicando su patrimonio y sus tradiciones. Más de un millón de tibetanos han perdido la vida a manos de los comunistas.

44. Una *Yod flamígera* es un centro solar, un foco de perfección, de conciencia Divina. El mismísimo centro de la Vida de todo el cosmos Espíritu-Materia es la Yod flamígera del Gran Eje, ese punto en el Macrocosmos que recibe el fíat original: «¡Sea la Luz!».

45. Carta de El Morya, 12 de marzo de 1964. Hace doce mil años, antes del hundimiento de la Atlántida, los Maestros transfirieron las llamas de algunos templos de ese continente a otros lugares. Serapis Bey fue uno de esos maestros. En el templo de la ascensión de la Atlántida, las almas recibían de él una preparación en la maestría de los fuegos de la ascensión. Antes de que se hundiera la Atlántida, Serapis Bey transfirió esa llama y ese foco a Lúxor (Egipto). Hilarión, Saint Germain y la Diosa de la Libertad transportaron sus llamas a otros lugares.

Más recientemente, Sanat Kumara anunció que el retiro de la Hermandad que anteriormente se había mantenido en el monte Shasta estaba siendo transferido. El 2 de enero de 1988 dijo: «Hoy os doy a conocer, puesto que ésta es una rama de la Gran Hermandad Blanca patrocinada desde el nivel de mi cargo con los Siete Santos Kumaras, que en este momento, la Hermandad del Monte Shasta se muda del retiro físico del monte Shasta. Toda esta hermandad, por tanto, retira y transfiere su campo energético y su foco tanto al Grand Teton como a otra zona de las Rocosas del norte. Benditos corazones, este anuncio es una señal para vosotros y que sea una señal para todos los corazones y que se sepa desde el interior. Por tanto, os doy este informe para que podáis adaptar y comprender vuestra posición como columnas en el templo de nuestro Dios.

«Por tanto, las deliberaciones en el Retiro Royal Teton continúan, amados, y expresamos gratitud por la Luz entregada y los llamados realizados. Nosotros, por tanto, os llamamos a todos y cada uno de vosotros y a aquellos que sean hijos e hijas creativos de Dios para que unáis los corazones, para que sepáis y comprendáis cómo se puede ejecutar una proliferación de la Palabra, de la Advertencia y del Mensaje que se ha enviado.

«Así sea, pues, mediante la entrega (utilizando la provisión que tengáis a vuestra disposición) de este mensaje que viene del corazón de Saint Germain, que ha sido clamado a los cuatro vientos, entregado por la Mensajera y por vosotros mismos allá donde se os ha recibido. Que se entregue, por tanto, porque la gente de la Tierra debe recibir la advertencia tal como la recibieron en los días de Noé, y Noé predicó cien años». (*Perlas de Sabiduría*, vol. 31, núm. 4, 24 de enero de 1988)

46. Jesús, «From Temples of Love» [«De los templos de amor»], *Perlas*

de Sabiduría, vol. 30, núm. 27, 5 de julio de 1987.

47. Arcángel Rafael, «The Fulfillment of an Ancient Promise» [«El cumplimiento de una antigua promesa»], *Perlas de Sabiduría,* vol. 31, núm. 35, 3 de julio de 1988.

48. El Gran Director Divino, «I Come to Sound the Alarm: Save Souls Who Will Be Lost without Your Intercession» [«Vengo a dar la alarma: Salvad a las almas que sin vuestra intercesión se perderán»], *Perlas de Sabiduría,* vol. 37, núm. 29, 17 de julio de 1994.

49. Gran Director Divino, «The Correct Use of the Ascended Masters´ Names I: The Will of Man» [«El uso correcto de los nombres de los Maestros Ascendidos I: La voluntad del hombre»], *Perlas de Sabiduría,* vol. 9, núm. 40, 2 de octubre de 1966.

50. Hechos 4:12.

51. Gran Director Divino, «El uso correcto de los nombres de los Maestros Ascendidos, I».

52. Mateo 24:24.

53. 2 Corintios 11:14.

54. Éxodo 3:14.

55. Apocalipsis 2:17. Gran Director Divino, «El uso correcto de los nombres de los Maestros Ascendidos, I».

56. El Morya, *Perlas de Sabiduría,* vol. 11, núm. 1, 7 de enero de 1968.

CAPÍTULO 5 • Logro

Cita inicial: Mateo 25:21.

1. Amada Amerissis, *Perlas de Sabiduría,* vol. 6, núm. 29, 19 de julio de 1963.

2. Mateo 20:26-27. Marcos 10:43-44.

3. Mateo 28:18.

4. 2 Reyes 2:8-15.

5. Ezequiel 18:4.

6. Filipenses 2:6 (versión bíblica del Rey Jacobo).

7. Juan 14:12.

8. Juan 3:30.

9. Kuthumi, «Goal-Setting and Goal-Fitting» [«Establecer metas y prepararse para realizarlas»], *Perlas de Sabiduría,* vol. 19, núm. 2, 11 de enero de 1976.

10. Hechos 17:28.

11. 1 Corintios 15:53.

12. Maitreya, «On Initiation» [«Sobre iniciación»], *Perlas de Sabiduría* vol. 18, núm. 49, 50 y 51, 7, 14 y 21 de diciembre de 1975.

13. Ezequiel 1:16.

14. Mateo 4:1-11.

15. Juan 14:30.
16. Josué 24:15.
17. El Morya, en Mark L. Prophet y Elizabeth Clare Prophet, *Lords of the Seven Rays [Señores de los siete rayos]*, pp. 70-73.
18. Mateo 3:17; 17:5. Marcos 1:11. Lucas 3:22.
19. Mateo 25:21. Kuthumi, «The Mission of the Soul Must Be Understood» [«La misión del alma debe ser entendida»], *Perlas de Sabiduría,* vol. 10, núm. 32, 6 de agosto de 1967.

Epílogo

1. Corintios 15:53.

Glosario

Los términos resaltados se encuentran definidos en otra parte del glosario.

Alfa y Omega. La totalidad divina del Dios Padre-Madre que el Señor Cristo afirmó como «el principio y el fin» en el Apocalipsis. *Llamas gemelas* ascendidas de la conciencia del *Cristo Cósmico* que mantienen el equilibrio de la polaridad masculina/femenina de la Deidad en el *Gran Sol Central* del cosmos. Así, a través del *Cristo Universal*, la Palabra encarnada, el Padre es el origen y la Madre es la realización de los ciclos de la conciencia de Dios expresada a través de la creación *Espíritu/Materia*. Véase también *Madre*. (Apocalipsis 1:8-11; 21:6; 22:13).

Anciano de Días. Véase *Sanat Kumara*.

Antahkarana. (Sánscrito, «órgano sensorial interno») La red de la vida. La red de luz que se extiende por el *Espíritu* y la *Materia*, sensibilizando y conectando a toda la creación dentro de sí misma y con el corazón de Dios.

Ascensión. El ritual por medio del cual el alma se reúne con el *Espíritu* del Dios vivo, la *Presencia YO SOY*. La ascensión es la culminación del viaje victorioso en Dios del alma en el tiempo y el espacio. Es la recompensa de los justos que supone el regalo de Dios después del último juicio ante el gran trono blanco, en el que cada hombre es juzgado según sus obras.

La ascensión fue experimentada por Enoc, de quien está escrito que «caminó, pues, con Dios, y desapareció, porque le llevó Dios»; por Elías, que subió al cielo en un torbellino, y por Jesús. Las escrituras dicen que Jesús fue llevado al cielo en una nube. Esto se denomina comúnmente la ascensión de Jesús. Sin embargo, el *Maestro Ascendido* El Morya ha revelado que Jesús vivió muchos años después de este acontecimiento y que ascendió después de fallecer en Cachemira a los 81 años.

La reunión con Dios mediante la ascensión, que significa el fin de las rondas de karma y renacimiento, y el regreso a la gloria del Señor, es la meta de la vida para los hijos y las hijas de Dios. Jesús dijo: «Nadie subió al cielo, sino el que descendió del cielo; el Hijo del Hombre, que está en el cielo».

Gracias a su salvación (autoelevación), la elevación consciente del Hijo de Dios en su templo, el alma se viste con el vestido de bodas para cumplir el cargo del Hijo (sol o luz) de la manifestación. Siguiendo el sendero iniciático de Jesús, el alma, por la gracia de él, se hace digna de llevar su cruz y su corona. Ella asciende a través del *Ser Crístico* a su Señor, la Presencia YO SOY, de donde descendió. (Apocalipsis 20:12-13; Génesis 5:24; 2 Reyes 2:11; Lucas 24:50-51; Hechos 1:9-11; Juan 3:13).

Átomo semilla. El foco de la Madre Divina (el rayo femenino de la Deidad) que afianza las energías del *Espíritu* en la Materia en el chakra de la base.

Calamita. El foco del Padre, el rayo masculino de la Deidad, que afianza las energías del *Espíritu* en la *Materia* en el chakra de la coronilla.

Cámara secreta del corazón. El santuario de la meditación, el sitio al que se retiran las almas de los portadores de luz. Es el núcleo de la vida donde el individuo se sitúa cara a cara con el Gurú interior, el amado Santo *Ser Crístico,* y recibe las pruebas del alma que preceden a la unión alquímica con ese Ser Crístico, el matrimonio de la Novia (el alma que se convierte en la esposa del Cordero).

Es el sitio donde las leyes del cosmos se escriben en las partes internas del hombre, porque la *Ley* está inscrita como el Sendero Óctuple del Buda sobre las paredes interiores de la cámara. Los ocho pétalos de esta cámara secundaria del corazón (el chakra de ocho pétalos) simbolizan la maestría de los siete rayos a través de la llama del Cristo, la *llama trina,* y la integración de esa maestría en el octavo rayo.

Chela. (Hindi: *cela-*, del sánscrito: *ceta*, «esclavo»). En India, discípulo de un instructor religioso o gurú. Vocablo utilizado generalmente para referirse a un estudiante de los *Maestros Ascendidos* y sus enseñanzas. Específicamente, un estudiante con una autodisciplina y devoción mayor a lo común, iniciado por un Maestro Ascendido y que presta servicio a la causa de la *Gran Hermandad Blanca.*

Chohán. (Tibetano, 'señor' o 'maestro'; un jefe). Cada uno de los *siete rayos* tiene un chohán que concentra la conciencia Crística del rayo, que es de hecho la *Ley* del rayo que gobierna su uso justo en el hombre. Habiendo animado y demostrado su Ley del rayo a lo largo de muchas encarnaciones y habiendo pasado iniciaciones tanto antes como después de la *ascensión,* el candidato es asignado al cargo de chohán por el Maha Chohán, el «Gran Señor», que asimismo es el representante del Espíritu Santo en todos los rayos. El nombre de los chohanes de los rayos (siendo cada uno de ellos un *Maestro Ascendido* que representa uno de los siete rayos para las evoluciones de la Tierra) y la ubicación de sus focos físicos/etéricos se dan a continuación.

Primer rayo: El Morya. Retiro de la Voluntad de Dios, Darjeeling (India). Segundo rayo: Lanto. Retiro Royal Teton, Grand Teton, en Jackson Hole, estado de Wyoming (EE:UU.). Tercer rayo: Pablo el Veneciano. Château de Liberté, sur de Francia, con un foco de la *llama trina* en el monumento a Washington, Ciudad de Washington (EE. UU.). Cuarto rayo: Serapis Bey. Templo de la Ascensión y Retiro en Lúxor (Egipto). Quinto rayo: Hilarión (el apóstol Pablo). Templo de la Verdad, Creta. Sexto rayo: Nada. Retiro Árabe (o Retiro de Arabia) Arabia Saudí. Séptimo rayo: Saint Germain. Retiro Royal Teton, Grand Teton, Wyoming (EE:UU.); Cueva de los Símbolos, Table Mountain, Wyoming (EE.UU.). Saint Germain también trabaja en los focos del Gran Director Divino: la Cueva de la Luz (India) y la Mansión Rakoczy (Transilvania), donde Saint Germain preside como jerarca.

Cinturón electrónico, círculo electrónico. El cinturón electrónico contiene la energía negativa o mal cualificada del mal karma o pecado. Tiene forma de timbal y rodea los *cuatro cuerpos inferiores* desde la cintura hacia abajo. El círculo electrónico es el depósito en la *Materia* de toda la energía jamás cualificada por el alma. Contiene energía tanto positiva como negativa. La energía positiva corresponde al buen karma del alma, la luz del *Cuerpo Causal* (los tesoros del alma en el cielo) en un flujo en forma de ocho, como Arriba, así abajo.

Ciudad cuadrangular. La Nueva Jerusalén; arquetipo de las ciudades de luz etéricas de la era de oro que existen, actualmente, en el *plano etérico* (en el cielo) y que esperan a que se las haga descender a la manifestación física (en la tierra). San Juan de Patmos vio el descenso de la Ciudad Santa como la geometría inmaculada de aquello que ha de ser y que ahora está en los reinos invisibles de la luz: «Y yo Juan vi la santa ciudad, la nueva Jerusalén, descender del cielo, de Dios». Así, para que esta visión y profecía se cumpla, Jesús nos enseñó a rezar con la autoridad de la Palabra hablada: «¡Venga tu reino a la tierra como es en el cielo!».

Metafísicamente hablando, la Ciudad Cuadrangular es el *mandala* de los cuatro planos y los cuadrantes del universo de la *Materia;* los cuatro lados de la Gran Pirámide de la conciencia Crística concentrados en las esferas de la Materia. Las doce puertas son puertas de la conciencia Crística que marcan las líneas y los grados de las iniciaciones que él ha preparado para sus discípulos. Estas puertas son las entradas hacia las doce cualidades del *Cristo Cósmico* sostenidas por las doce *jerarquías solares* (que son emanaciones del *Cristo Universal*) por todos quienes estén dotados del amor ígneo omniconsumidor del *Espíritu,* todos quienes deseen, en la gracia, «entrar por sus puertas con acción de gracias, por sus atrios con alabanza».

Las almas no ascendidas pueden invocar el mandala de la Ciudad Cuadrangular para la realización de la conciencia Crística, como Arriba, así abajo. La Ciudad Cuadrangular contiene el patrón original de la identidad solar (del alma) de los 144 000 arquetipos de los hijos y las hijas de Dios necesarios para concentrar la plenitud divina de la conciencia de Dios en una dispensación dada. La luz de la ciudad se emite desde la *Presencia YO SOY*; la del Cordero (el Cristo Cósmico), desde el *Ser Crístico*. Las joyas son los 144 focos y frecuencias de luz afianzados en los chakras del Cristo Cósmico. (Apocalipsis 21:2, 9-27; Salmos 100:4).

Ciudades etéricas. Véase *Plano etérico.*

Consejo de Darjeeling. Un consejo de la *Gran Hermandad Blanca* que está compuesto de *Maestros Ascendidos* y *chelas* no ascendidos, dirigido por El Morya y con sede en Darjeeling (India), en el *retiro etérico* del Maestro. Entre sus miembros están la Virgen María, Kuan Yin, el Arcángel Miguel, el Gran Director Divino, Serapis Bey, Kuthumi, Djwal Kul y muchos otros, cuyo objetivo es preparar a las almas para que presten servicio al mundo en el gobierno Divino y la economía, mediante las relaciones internacionales y el establecimiento del Cristo interior como base para la religión, la enseñanza y un regreso a la cultura de la era de oro en la música y las artes.

Consejo Kármico. Véase *Señores del Karma.*

Cordón cristalino. La corriente de la luz, vida y conciencia de Dios que alimenta y sustenta al alma y sus *cuatro cuerpos inferiores.* También llamado «cordón de plata» (Eclesiastés 12:6). Véase también *Gráfica de tu Yo Divino.*

Corriente de vida. La corriente de vida que surge de la Fuente, de la *Presencia YO SOY* en los planos del *Espíritu,* y que desciende a los planos de la *Materia* donde se manifiesta como la *llama trina* afianzada en la *cámara secreta del corazón* para sustentar al alma en la Materia y alimentar a los *cuatro cuerpos inferiores.* Se utiliza para denotar a las almas que evolucionan como «corrientes de vida» individuales y, por consiguiente, es sinónimo del vocablo «individuo». Denota la naturaleza continua del individuo a través de los ciclos de la individualización.

Cristo. (Del griego *Christos,* «ungido»). Mesías (del hebreo y arameo, «ungido»). Un individuo Crístico es aquel al que se dota y se infunde completamente, se unge, de la *luz* (del Hijo) de Dios, de la *Palabra,* el *Logos,* la Segunda Persona de la Trinidad. En la Trinidad hindú de Brahma, Vishnú y Shiva, el término «Cristo» corresponde o es la encarnación de Vishnú, el Preservador, Avatara, hombre Dios, el que despeja la oscuridad, el *Gurú.* El término «Cristo» o «individuo Crístico» también es un cargo en la *jerarquía* que ostentan aquellos que han alcanzado la maestría de sí mismos en los siete rayos y los siete *chakras* del Espíritu Santo. La maestría Crística incluye el equilibrio de la *llama trina,* los atributos divinos de poder, sabiduría y amor para la armonización de la conciencia y la implementación de la maestría de los siete rayos en los chakras y en los *cuatro cuerpos inferiores* a través de la Llama de la Madre (la *Kundalini* elevada).

Cristo Cósmico. Un cargo de la *jerarquía,* actualmente ocupado por el Señor Maitreya, en el cual se mantiene el foco del *Cristo Universal* por toda la humanidad.

Cristo Universal. El mediador entre los planos del *Espíritu* y los de la *Materia.* Personificado como el *Ser Crístico,* es el mediador entre el Espíritu de Dios y el alma del hombre. El Cristo Universal sostiene el nexo de (el flujo en forma de ocho de) la conciencia a través del cual pasan las energías del Padre (Espíritu) hacia sus hijos para la cristalización (realización Crística) de la Llama Divina mediante los esfuerzos de su alma en el vientre (matriz) cósmico de la *Madre* (Materia).

La fusión de las energías de la polaridad masculina y femenina de la Deidad en la creación tiene lugar a través del Cristo Universal, el *Logos* sin el cual «nada de la que sido hecho, fue hecho». El flujo de luz desde el *Macrocosmos* hacia el *microcosmos,* desde el Espíritu (la *Presencia YO SOY*) hacia el alma y de vuelta por la espiral en forma de ocho, se realiza a través de este bendito mediador que es Cristo el Señor, la verdadera encarnación del YO SOY EL QUE YO SOY.

El término «Cristo» o «ser Crístico» también denota un cargo en la *jerarquía* que ocupan quienes han alcanzado la maestría sobre sí mismos en los *siete rayos* y los siete chakras del Espíritu Santo. Maestría Crística incluye el equilibrio de la *llama trina* (los atributos divinos de poder, sabiduría y amor) para la armonización de la conciencia y la aplicación de la maestría de los siete rayos en los chakras y en los *cuatro cuerpos inferiores* a través de la Llama de la Madre (Kundalini elevada).

En la expansión de la conciencia del Cristo, el ser Crístico avanza para lograr la realización de la conciencia Crística a nivel planetario y es capaz de mantener el equilibrio de la Llama Crística por las evoluciones del planeta. Una vez logrado esto, ayuda a los miembros de la jerarquía celestial que sirven bajo el cargo de los Instructores del Mundo y el Cristo planetario. Véase también *Gráfica de tu Yo Divino* (pág. 95) (Juan 1:1-14; 14:20, 23. Compárese Apocalipsis 3:8; Mateo 28:18; Apocalipsis 1:18).

Cuatro cuerpos inferiores. Los cuatro cuerpos inferiores son cuatro fundas compuestas de cuatro frecuencias distintas que rodean al alma: física, emocional, mental y etérica; proporcionan vehículos para el alma en su viaje por el tiempo y el espacio. La funda etérica (de vibración superior a las demás) es la entrada a los tres cuerpos superiores: el *Ser Crístico*, la *Presencia YO SOY* y el *Cuerpo Causal*. Véase también *Gráfica de tu Yo Divino* (pág. 95).

Cuerpo Causal. El cuerpo de Primera Causa. Siete esferas concéntricas de luz y conciencia que rodean a la *Presencia YO SOY* en los planos del *Espíritu,* a cuyos méritos acumulados se añaden lo Bueno (la Palabra y las Obras del SEÑOR manifestadas por el alma en todas las vidas pasadas) y que son accesibles hoy, a cada momento, según lo necesitemos.

Uno puede acceder a los propios recursos y la creatividad (talentos, gracias, dones e ingenio reunidos mediante un servicio ejemplar en los *siete rayos*) del Cuerpo Causal mediante la invocación a la Presencia YO SOY en el nombre del *Ser Crístico*.

El Cuerpo Causal es el almacén de toda cosa buena y perfecta que forme parte de nuestra verdadera identidad. Además, las grandes esferas del Cuerpo Causal son la morada del Dios Altísimo, al que Jesús se refirió cuando dijo «En la casa de mi padre muchas moradas hay... Voy a preparar lugar para vosotros... Vendré otra vez, y os tomaré a mí mismo; para que donde yo estoy [donde YO, el Cristo encarnado, SOY en la Presencia YO SOY], vosotros también estéis».

El Cuerpo Causal es la mansión o habitación del Espíritu del YO SOY EL QUE YO SOY al que el alma regresa a través de Jesucristo y el Ser Crístico individual mediante el ritual de la *ascensión*. El apóstol Pablo se refirió al Cuerpo Causal como la estrella de la individualización de la Llama Divina de cada hombre cuando dijo: «Una estrella es diferente de otra en gloria» (Mateo 6:19-21; Juan 14:2-3; 1 Corintios 15:41). Véase *Gráfica de tu Yo Divino* (pág. 95).

Cuerpo solar imperecedero. Véase *Vestidura sin costuras*.

Decretar. v. tr. Resolver, decidir, declarar, determinar; ordenar, mandar; invocar la presencia de Dios, su luz/energía/conciencia, su poder y protección, pureza y perfección.

Decreto. n. Voluntad predeterminada, edicto o fíat, decisión autorizada, declaración, ley, ordenanza o regla religiosa; orden o mandamiento.

Está escrito en el libro de Job: «Determinarás asimismo una cosa, y te será firme, y sobre tus caminos resplandecerá luz». El decreto es la más poderosa de todas las solicitudes a la Deidad. Es el «mandadme» de Isaías 45:11, la primera orden dada a la luz que, como el *lux fíat*, es el derecho natural de los hijos y las hijas de Dios. Es la Palabra de Dios autorizada que, en el hombre, es pronunciada en el nombre de la *Presencia YO SOY* y el Cristo vivo para producir cambios constructivos en la tierra a través de la voluntad de Dios y su conciencia, venidas a la tierra como lo son en el cielo, en manifestación aquí abajo como Arriba. El decreto dinámico, ofrecido como alabanza y petición al Señor Dios con la ciencia de la Palabra hablada, es la «oración eficaz del justo» que puede mucho. Es el medio por el cual el suplicante se identifica con la Palabra de Dios, el fíat original del Creador: «Sea la luz; y fue la luz». A través del decreto dinámico pronunciado con alegría y amor, fe y esperanza en las alianzas de Dios cumplidas, la Palabra es injertada en el suplicante y éste sufre la transmutación mediante el *fuego sagrado* del Espíritu Santo, la prueba de fuego con la que se consume todo pecado, enfermedad y muerte, pero se conserva el alma justa. El decreto es el instrumento y la técnica del alquimista para efectuar la transmutación personal y planetaria, así como su autotrascendencia. El decreto puede ser corto o largo y normalmente va precedido de un preámbulo formal y un cierre o aceptación. (Job 22:28; Santiago 5:16; Génesis 1:3; Santiago 1:21; 1 Corintios 3:13-15; 1 Pedro 1:7).

Dharma. (Sánscrito, «ley»). El dharma es la realización de la Ley de la individualidad mediante la adherencia a la Ley Cósmica, incluyendo las leyes de la naturaleza y el código espiritual de conducta, como el camino o dharma del Buda o el Cristo es también, y puede considerarse el deber de una persona de cumplir su razón de ser a través de la ley del amor y la labor sagrada.

Dictado. Se considera un «dictado» a aquellos mensajes de los *Maestros Ascendidos*, Arcángeles y otros seres espirituales avanzados que se producen mediante la ministración del Espíritu Santo y llegan a través de un *Mensajero* de la Gran Hermandad Blanca.

Elementales. Seres de la tierra, el aire, el fuego y el agua; espíritus de la naturaleza que son siervos de Dios y del hombre en los planos de la *Materia* para el establecimiento y mantenimiento del plano físico como plataforma para la evolución del alma. Los elementales que sirven al elemento fuego se llaman salamandras; los que sirven al elemento aire, silfos; los que sirven al elemento agua, ondinas; los que sirven al elemento tierra, gnomos. Véase también *Elemental del cuerpo, Elohim*.

Elemental del cuerpo. Un ser de la naturaleza que opera sin que se lo observe en la octava física y que presta servicio al alma desde el momento de su primera encarnación en los planos de la *Materia* para cuidar del cuerpo físico. El elemental del cuerpo mide un metro de altura y se asemeja a la persona a quien sirve. Trabajando con el ángel de la guarda bajo el *Ser Crístico* regenerativo, el elemental del cuerpo es el amigo y ayudante invisible del hombre. Véase *Elementales*.

Elohim. (Plural del hebreo *Eloah*, «Dios»). Uno de los nombres hebreos de Dios o dioses; utilizado en el Antiguo Testamento unas 2500 veces, significa «Ser Poderoso» o «Ser Fuerte». «Elohim» es un nombre que se refiere a las *llamas gemelas* de la Deidad, que integran el «Divino Nosotros». Cuando se habla específicamente o bien de la mitad masculina o bien de la femenina, se retiene la forma plural ya que se entiende que una mitad de la Totalidad Divina contiene y es el Yo andrógino, el Divino Nosotros.

Los Siete Poderosos Elohim y sus equivalentes femeninos son los constructores de la forma; por consiguiente, «Elohim» es el nombre de Dios utilizado en el primer versículo de la Biblia: «En el principio creó Dios los cielos y la tierra». Directamente bajo los Elohim sirven los cuatro seres de los elementos, las cuatro fuerzas cósmicas, que ejercen dominio sobre los *elementales*.

Los Siete Poderosos Elohim son los «siete Espíritus de Dios» nombrados en el Apocalipsis, y las «estrellas del alba» que alababan juntas en el principio, como lo reveló el SEÑOR a su siervo Job. También hay cinco Elohim que rodean el núcleo de fuego blanco del *Gran Sol Central*. En el orden jerárquico, los Elohim y los *Seres Cósmicos* son portadores de la mayor concentración (la vibración más elevada) de luz que nosotros podemos comprender en nuestro estado de evolución.

Junto con los cuatro seres de la naturaleza, sus consortes y los constructores elementales de la forma, los Elohim representan el poder de nuestro Padre como Creador (rayo azul). Los Siete Arcángeles y sus complementos divinos, los grandes serafines, querubines y todas las huestes angélicas representan el amor de Dios con la intensidad de fuego del Espíritu Santo (rayo rosa). Los Siete Chohanes de los Rayos y todos los *Maestros Ascendidos,* junto con los hijos y las hijas de Dios no ascendidos, representan la sabiduría de la *Ley* del Logos bajo el cargo del Hijo (rayo amarillo). Estos tres reinos forman una tríada de manifestación, que trabajan en equilibrio para graduar y dosificar las energías de la Trinidad. La entonación del sonido sagrado «Elohim» emite el enorme poder de su autopercepción Divina, reducido para nuestro bendito uso a través del *Cristo Cósmico* (Apocalipsis 1:4; 3:1; 4:5; 5:6; Job 38:7).

A continuación, se presentan los nombres de los Siete Elohim, los rayos en los que sirven y la ubicación de sus *retiros etéricos:*
Primer rayo: Hércules y Amazonia. Half Dome, Sierra Nevada, parque nacional Yosemite, California (EE.UU.). Segundo rayo: Apolo y Lúmina. Baja Sajonia occidental (Alemania). Tercer rayo: Heros y Amora, Lago Winnipeg (Canadá). Cuarto rayo: Pureza y Astrea, cerca del Golfo de Arcángel, brazo sureste del mar Blanco (Rusia). Quinto rayo: Ciclopea y Virginia, cordillera Altái, donde convergen China, Siberia y Mongolia, cerca de Talbun Bogdo. Sexto rayo: Paz y Aloha, Islas Hawái. Séptimo rayo: Arcturus y Victoria, cerca de Luanda, Angola (África).

Entidades. Conglomerados de energía mal cualificada o individuos desencarnados que han elegido encarnar el mal. Las entidades que son focos de fuerzas siniestras pueden atacar a individuos desencarnados, así como a personas encarnadas. Existen muchos tipos distintos de entidades desencarnadas, como las entidades del licor, la marihuana, el tabaco, la muerte, el sexo y el encaprichamiento con uno mismo, la sensualidad, el egoísmo y el amor hacia uno mismo, el suicidio, la ira, los chismes, el temor, la locura, la depresión, la avaricia de dinero, los juegos de azar, el llorar, varios agentes químicos (como el flúor y el azúcar), el terror, la condenación y el sentimentalismo.

Entidades desencarnadas. Véase *Entidades.*

Espíritu. La polaridad masculina de la Deidad; la coordenada de la *Materia;* Dios como Padre, que por necesidad incluye en la polaridad de sí mismo a Dios como *Madre* y, por tanto, es conocido como el Dios Padre-Madre. El plano de la *Presencia YO SOY,* de la perfección; la morada de los *Maestros Ascendidos* en el reino de Dios. Cuando está escrita con minúscula, como en «espíritus», es sinónimo de desencarnados o *entidades* astrales. Cuando es singular está escrita con minúscula, «espíritu», se utiliza igual que «alma».

Falsa jerarquía. Seres que se han rebelado contra Dios y contra su Cristo. La falsa jerarquía se compone por ángeles caídos, demonios, poderes y principados de la Oscuridad que personifican el *Mal* (el velo de energía). Quienes deifican al Mal Absoluto y lo encarnan son denominados de forma genérica como «demonio». En las escrituras se hace referencia a los miembros de la falsa jerarquía como Lucifer, Satanás, el Anticristo, Serpiente y el acusador de los hermanos.

Fraternidad de Guardianes de la Llama. Es una organización de *Maestros Ascendidos* y sus *chelas* que han prometido guardar la llama de la vida en la Tierra y apoyar las actividades de la *Gran Hermanda Blanca* en el establecimiento de su comunidad y escuela de misterios, así como en la diseminación de sus enseñanzas. La Fraternidad de Guardianes de la Llama fue fundada en 1961 por Saint Germain. Los Guardianes de la Llama reciben lecciones graduadas sobre la *Ley Cósmica* dictadas por los Maestros Ascendidos a sus *Mensajeros* Mark y Elizabeth Prophet.

Fuego sagrado. Dios, luz, vida, energía, el YO SOY EL QUE YO SOY. «Nuestro Dios es un fuego consumidor». El fuego Kundalini que yace como una serpiente enroscada en el chakra de la base del alma y se eleva mediante la pureza espiritual y la maestría sobre uno mismo hasta el chakra de la coronilla, vivificando los centros espirituales a su paso. El fuego sagrado es la precipitación del Espíritu Santo para el bautismo de las almas, para la purificación, para la alquimia y la transmutación y para la realización de la ascensión, el ritual sagrado por el cual el alma regresa al Uno, la *Presencia YO SOY* (Hebreos 12:29).

Gráfica de tu Yo Divino. En la gráfica hay representadas tres figuras, a las que nos referiremos como «figura superior», «figura media» y «figura inferior». La figura superior es la *Presencia YO SOY,* el YO SOY EL QUE YO SOY, Dios individualizado para cada uno de sus hijos e hijas. La Mónada Divina se compone de la Presencia YO SOY, rodeada de esferas (anillos de color, de luz) que forman el *Cuerpo Causal.* Este es el cuerpo de Primera Causa, el cual contiene el «tesoro en el cielo» del hombre (obras perfectas, pensamientos y sentimientos perfectos, palabras perfectas), energías que han ascendido desde el plano de la acción en el tiempo y el espacio como resultado del correcto ejercicio del libre albedrío por parte del hombre y su correcta cualificación de la corriente de vida que surge del corazón de la Presencia y desciende hasta el nivel del *Ser Crístico.*

La figura media de la gráfica es el mediador entre Dios y el hombre, llamado «Ser Crístico», «Yo Real» o «conciencia Crística». También se denomina «Cuerpo Mental Superior» o «Conciencia Superior». El Ser Crístico acompaña al yo inferior, que se compone del alma en evolución a través de los cuatro planos de la *Materia* en los *cuatro cuerpos inferiores,* correspondientes a los planos de fuego, aire, agua y tierra, es decir, el cuerpo etérico, el cuerpo mental, el cuerpo emocional y el cuerpo físico, respectivamente.

Las tres figuras de la gráfica se corresponden con la Trinidad: Padre (figura superior), Hijo (figura media) y Espíritu Santo (figura inferior). La figura inferior tiene como finalidad convertirse en el templo del Espíritu Santo, que está indicado en la acción envolvente de la llama violeta del fuego sagrado. La figura inferior se corresponde contigo como discípulo en el *Sendero.* Tu alma es el aspecto no permanente del ser que se vuelve permanente mediante el ritual de la *ascensión,* el proceso por el cual el alma, habiendo saldado su karma y cumplido su plan divino, se une, primero, a la conciencia Crística y, después, a la Presencia viva del YO SOY EL QUE YO SOY. Una vez que la ascensión ha tenido lugar, el alma —el aspecto corruptible del ser— se convierte en lo incorruptible, un átomo permanente del cuerpo de Dios. La Gráfica de tu Yo Divino es, por tanto, un diagrama de ti mismo, en el pasado, el presente y el futuro.

La figura inferior representa a la humanidad evolucionando en los planos de la Materia. Así es como debes visualizarte, de pie en la llama violeta que deberás invocar en el nombre de la Presencia YO SOY y en el nombre de tu Ser Crístico con el fin de purificar tus cuatro cuerpos inferiores como preparación para el ritual del matrimonio alquímico: la unión de tu alma con el Cordero como novia de Cristo.

La figura inferior está rodeada de un tubo de luz, que se proyecta desde el corazón de la Presencia YO SOY en respuesta a tu llamado. El tubo de luz es un campo de protección sustentado en el Espíritu y en la Materia para sellar la individualidad del discípulo. La *llama trina* dentro del corazón es la chispa de la vida proyectada desde la Presencia YO SOY a través del Ser Crístico y afianzada en los planos etéricos, en la cámara secreta del corazón, con el fin de que el alma evolucione en la Materia. También llamada «Llama Crística», la llama trina es la chispa de la divinidad del hombre, su potencial para alcanzar la Divinidad.

El *cordón cristalino* es la corriente de luz que desciende desde el corazón de la Presencia YO SOY a través del Ser Crístico y, de ahí, a los cuatro cuerpos inferiores para sustentar a los vehículos de expresión del alma en el tiempo y el espacio. Por este cordón fluye la energía de la Presencia, entrando en el ser del hombre por la parte superior de la cabeza y proporcionando la energía para el latido de la llama trina y del corazón físico. Cuando se termina una ronda de encarnación del alma en la forma-Materia, la Presencia YO SOY retira el cordón cristalino, la llama trina regresa al nivel del Cristo y las energías de los cuatro cuerpos inferiores vuelven a sus planos respectivos.

La paloma del Espíritu Santo que desciende desde el corazón del Padre se muestra justo por encima de la cabeza del Cristo. Cuando el hombre individual, como la figura inferior, se viste con la conciencia Crística y se convierte en ella, como hizo Jesús, se produce el descenso del Espíritu Santo y las palabras del Padre (la Presencia YO SOY) son pronunciadas: «Éste es mi Hijo amado, en quien [YO SOY complacido] tengo complacencia» (Mateo 3:17). Véase la pág. 332.

Gran Eje. Véase *Sol Central*.

Gran Hermandad Blanca. Una orden espiritual de santos occidentales y adeptos orientales que se han reunido con el *Espíritu* del Dios vivo y que componen las huestes celestiales. Ellos han transcendido los ciclos de karma y renacimiento y han ascendido (acelerado) hacia una realidad superior, que es la morada eterna del alma. Los *Maestros Ascendidos* de la Gran Hermandad Blanca, unidos por los fines más altos de hermandad de los hombres bajo la Paternidad de Dios, han surgido en todas las épocas, en todas las culturas y religiones, para inspirar el logro creativo en la educación, las artes y ciencias, el gobierno Divino y la vida abundante a través de la economía de las naciones.

El concepto «Blanca» no se refiere a la raza, sino al aura (halo) de luz blanca que rodea la forma de los que pertenecen a la Hermandad. La Hermandad también incluye en sus filas a ciertos *chelas* de los Maestros Ascendidos. Jesucristo reveló esta orden de santos «vestidos de blanco» a su siervo Juan en Patmos (Apocalipsis 3:4-5; 6:9, 13-14; 19:14). Véase también *Jerarquía*.

Gran Sol Central. También denominado «Gran Eje». El centro del cosmos. El punto de integración del cosmos *Espíritu/Materia*. El punto de origen de la creación física/espiritual. El núcleo de fuego blanco del huevo cósmico (Sirio, la Estrella Divina, es el foco del Gran Sol Central en nuestro sector de la galaxia).

El Sol detrás del sol es la Causa espiritual tras el efecto físico que vemos como nuestro sol físico y las demás estrellas y sistemas estelares, visibles o invisibles, incluyendo al Gran Sol Central. El Sol detrás del sol del cosmos se percibe como el *Cristo Cósmico:* la Palabra por la cual lo informe fue dotado de forma y los mundos espirituales fueron cubiertos con la característica física.

De igual modo, el Sol detrás del sol es el Hijo de Dios individualizado en el *Ser Crístico,* brillando en todo su esplendor detrás del alma y sus fundas de conciencia que se penetran mutuamente, llamadas *cuatro cuerpos inferiores.* Es el Hijo del hombre, el «Sol» de cada manifestación de Dios. El Sol detrás del sol se denomina «Sol de justicia», que cura la mente, ilumina el alma y da luz a toda su casa. Como «gloria de Dios», es la luz de la *Ciudad Cuadrangular* (Malaquías 4:2; Apocalipsis 21:23).

Guardián de la Llama. Es el título otorgado al Señor Maha Chohán, «el Gran Señor», en el orden jerárquico de la Gran Hermandad Blanca, también es el representante del Espíritu Santo. El Maha Chohán presta servicio a la humanidad alimentando la *llama trina* de la vida que está afianzada en el corazón. Él está presente en todos los nacimientos, para encender la llama trina correspondiente a esa encarnación en particular, y en todas las muertes, para retirar la llama trina del cuerpo físico. El término también refiere a un miembro de la *Fraternidad de Guardianes de la Llama.*

Jerarquía Divina. La cadena de seres individualizados y libres en Dios que cumplen los atributos y aspectos de la infinita Individualidad de Dios. Parte del esquema cósmico jerárquico son los *Logos Solares,* los *Elohim,* los Hijos y las Hijas de Dios, los Maestros ascendidos y no ascendidos con sus círculos de *chelas,* los *Seres Cósmicos,* las doce *jerarquías del sol,* los Arcángeles y ángeles del fuego sagrado, los niños de la luz, los espíritus de la naturaleza (llamados «elementales») y las *llamas gemelas* de la polaridad *Alfa y Omega* que patrocinan los sistemas planetarios y galácticos.

Este orden universal de la autoexpresión del Padre es el medio por el cual Dios, en el *Gran Sol Central,* reduce la Presencia y el poder de su ser/conciencia universal para que las evoluciones sucesivas en el tiempo y el espacio, desde el menor hasta el mayor, puedan llegar a conocer la maravilla de su amor. El nivel del logro espiritual/físico que se posea —medido por la propia autopercepción equilibrada, «escondida con Cristo en Dios», y demostrando su *Ley,* por amor, en el cosmos Espíritu/Materia— es el criterio que establecerá el posicionamiento que uno tenga en la escalera de la vida llamada jerarquía.

En el siglo III, Orígenes de Alejandría estableció su concepción de una jerarquía de seres, desde ángeles a seres humanos pasando por demonios y bestias. Este erudito y teólogo de renombre de la Iglesia primitiva, que estableció la piedra angular de la doctrina de Cristo y sobre cuyas obras posteriores los Padres, doctores y teólogos de la Iglesia edificaron sus tradiciones, enseñó que las almas están asignadas a sus respectivos cargos y deberes en base a acción y méritos anteriores, y que cada cual tiene la oportunidad de ascender o descender de rango.

En el libro del Apocalipsis se nombra a muchos seres de la jerarquía celestial. Aparte de la *falsa jerarquía* (anti-Cristo), incluyendo a los ángeles réprobos, algunos de los miembros de la *Gran Hermandad Blanca* que Jesús mencionó son *Alfa y Omega,* los siete Espíritus, los ángeles de las siete iglesias, los Veinticuatro Ancianos, las cuatro criaturas vivientes, los santos vestidos de blanco, los dos testigos, el Dios de la Tierra, la mujer vestida del sol y su hijo varón, el Arcángel Miguel y sus ángeles, el Cordero y su esposa, los 144 000 que tienen escrito el nombre del Padre en la frente, el ángel del Evangelio Eterno, los siete ángeles (es decir, los Arcángeles de los *siete rayos*) que estuvieron ante Dios, el ángel vestido con una nube y un arco iris sobre su cabeza, los siete truenos, el Fiel y Verdadero y sus ejércitos, y el que se sienta en el gran trono blanco. Véase también *Elohim* (Apocalipsis 1:4, 8, 11, 20; 2:1, 8, 12, 18; 3:1, 4-5, 7, 14; 4:2-10; 5:2, 6, 11; 6:9-11; 7:1-2, 9, 13-14; 8:2; 10:1, 3, 7; 11:3-4; 12:1, 5, 7; 14:1, 3-6, 14-19; 15:1; 16:1-4, 8, 10, 12, 17; 17:1; 18:1, 21; 19:4, 7, 11-17, 20:1; 21:6, 9; 22:13).

Jerarquías del sol. Se refiere a los *Seres cósmicos* que forman un anillo de conciencia cósmica alrededor del *Gran Sol Central*. Cada una de las doce jerarquías, una por cada línea del *Reloj Cósmico,* se compone de millones de Seres Cósmicos que animan la virtud de la línea del Reloj. Por ejemplo, la jerarquía de Capricornio concentra la virtud del poder Divino; la jerarquía de Acuario concentra la virtud del amor Divino, y así sucesivamente.

Todos los meses recibes la antorcha y la llama de una jerarquía del sol según tus ciclos del Reloj Cósmico. Tú llevarás esa llama a través de una serie de iniciaciones bajo esa jerarquía. Así, por ejemplo, durante el mes correspondiente a la línea de las doce, pasarás por las iniciaciones del poder Divino y se te pondrá a prueba en relación con la capacidad que tengas de evitar caer en la crítica, la condenación o el juicio.

K-17. Jefe del Servicio Secreto Cósmico. Mencionado como «Amigo», asume cuerpo físico cuando debe ayudar a miembros de los varios servicios secretos de las naciones del mundo. Su campo energético protector es un «anillo impenetrable», un anillo de fuego blanco que puede estar teñido de los colores de los rayos de acuerdo con la necesidad del momento. K-17 traza el círculo de llama viva alrededor de personas y lugares para proteger y sellar la identidad y el campo energético de quienes están dedicados al servicio a la luz.

Tanto K-17 como su hermana fueron capaces de mantener su cuerpo físico con vida durante más de 300 años antes de ascender en la década de 1930. Continuando con su evolución y servicio a la humanidad, ahora tienen una villa en París y focos en otras partes del mundo para la preparación de maestros no ascendidos. K-17 y las legiones que tiene a su mando deben ser invocadas para desenmascarar, gracias al poder del Ojo Omnividente de Dios, a las fuerzas y los complots que quieren socavar el plan de Saint Germain para el gobierno Divino en la era de oro. La llama de K-17 es verde azulado y blanco.

Kali Yuga. Término sánscrito de la filosofía mística hindú que se refiere al último y el peor de los cuatro yugas (eras del mundo), caracterizado por la lucha, la discordia y el deterioro moral.

Ley. En este libro se hace una distinción entre «Ley» y «ley». Escrita con mayúscula se refiere al diseño original del ser de Dios, activado a través de la *corriente de vida* (la corriente de luz) que fluye por el corazón del Santo *Ser Crístico,* quien atiende al alma en evolución. Cuando se escribe con minúscula se refiere a los preceptos de la Ley de Dios tal como se aplican a un tiempo y lugar determinados.

Ley del Uno. La propiedad que tiene la plenitud de Dios que permite que el cuerpo de Dios sea partido (como demostró Jesús en la Última Cena) y que siga siendo Uno. De la misma forma, el Hijo de Dios puede ser personificado en cada niño de Dios en la persona del Santo *Ser Crístico*. A través de esta luz, cada alma puede aceptar la opción de convertirse en el hijo de Dios, unirse a Cristo y ascender de vuelta al corazón de Dios, el corazón de su poderosa *Presencia YO SOY*.

Llama gemela. El equivalente del alma, masculino o femenino, concebido a partir del mismo cuerpo de fuego blanco, el ovoide ígneo de la *Presencia YO SOY*.

Llama trina. La llama del Cristo que es la chispa de la vida que arde dentro de la *cámara secreta del corazón* (un chakra secundario dentro del corazón). La sagrada trinidad —poder, sabiduría y amor— que es la manifestación del *fuego sagrado*.

Llama violeta. Aspecto del séptimo rayo del Espíritu Santo. El *fuego sagrado* que transmuta la causa, el efecto, el registro y la memoria del pecado o karma negativo. También denominada «llama de la transmutación», de la libertad y del perdón. Se invoca con la Palabra hablada y visualizaciones para la transmutación del karma negativo personal y planetario. Véase también *Decreto*.

Logos. (Griego, «palabra», «habla», «razón»; la divina sabiduría manifiesta en la creación). Según la antigua filosofía griega, es el principio que controla el universo. El libro de Juan identifica la Palabra o Logos con Jesucristo: «Y la Palabra fue hecha carne, y habitó entre nosotros». Por consiguiente, Jesucristo se considera como la encarnación de la razón divina, la Palabra Encarnada.

Del vocablo «Logos» se deriva la palabra «lógica», definida como la ciencia de los principios formales del razonamiento. De la lógica tenemos la geometría y el desarrollo y la articulación de la original Palabra de Dios al descomponerse esta en lenguaje y materia para la comunicación clara del conocimiento. Así, todo el conocimiento se basa en la Palabra original (con mayúscula). Los comunicadores del conocimiento original, el Logos, son los comunicadores de la Palabra.

La Palabra también significa «Shakti», que en es un vocablo sánscrito que significa «energía», «poder», «fuerza». Shakti es la fuerza dinámica y creativa del universo, el principio femenino de la Deidad, que emite el potencial de Dios desde el *Espíritu* a la *Materia*. Jesucristo, la Palabra Encarnada, también es la Shakti de Dios. Por tanto, vemos que «comunicar la Palabra» es comunicar el conocimiento original de Dios transmitido al hombre a través de su aspecto femenino. También es comunicar autoconocimiento. Al comunicar este conocimiento nos convertimos en transmisores de la Palabra y en instrumentos de la Palabra.

Logos Solares. Se refiere a los *Seres Cósmicos* que transmiten las emanaciones de luz de la Deidad que fluyen desde *Alfa y Omega* en el *Gran Sol Central* hacia los sistemas planetarios. En esta capacidad, ellos determinan qué cociente de luz puede confiarse a las evoluciones de la Tierra.

Macrocosmos. (Griego, «gran mundo»). El cosmos más grande; toda la urdimbre de la creación, a la que llamamos huevo cósmico. También se utiliza como contraste entre el hombre como *microcosmos,* «mundo pequeño», y el telón de fondo del mundo más grande en el que vive.

Madre. La polaridad femenina de la Deidad, la manifestación de Dios como Madre. Términos alternativos: «Madre Divina», «Madre Universal» y «Virgen Cósmica». La *Materia* es la polaridad femenina del *Espíritu,* y el término se utiliza igual que Mater (latín, «madre»). En este contexto, todo el cosmos material se convierte en el vientre de la creación en el cual el Espíritu proyecta las energías de la vida. La Materia, por tanto, es el vientre de la Virgen Cósmica, la cual, como la otra mitad de la Totalidad Divina, también existe en el Espíritu como polaridad espiritual de Dios.

El propio Jesús reconoció a *Alfa y Omega* como los representantes más altos del Dios Padre-Madre y con frecuencia se refirió a Alfa como Padre y a Omega como Madre. Quienes asumen la polaridad femenina de la conciencia después de la *ascensión* son conocidas como Maestras Ascendidas. Junto con todos los seres femeninos (polarizados femeninamente) de las octavas de luz, concentran la llama de la Madre Divina por las evoluciones de la humanidad que evolucionan en muchos sistemas de mundos. Sin embargo, siendo andróginas, todas las huestes celestiales concentran cualquiera de los atributos de la Deidad, masculinos o femeninos, a voluntad, pues han entrado en las esferas de la plenitud divina. Véase también *Materia.*

Madre de la Llama. Cargo de la *jerarquía.* Saint Germain ungió a Clara Louise Kieninger como primera Madre de la Llama cuando se fundó la *Fraternidad de Guardianes de la Llama,* en 1961. Durante años ella hizo una vigilia diaria de meditación, comenzando a las 5 de la mañana y rezando de dos a cuatro horas por los jóvenes, los niños a punto de entrar en este mundo, sus padres y los profesores. Al transferir el manto de Madre de la Llama a Elizabeth Clare Prophet, el 9 de abril de 1966, tomo el cargo de Madre de la Llama Regente. Clara Louise Kieninger ascendió a los 87 años desde Berkeley (California), el 25 de octubre de 1970.

El 1 de enero de 1973, Gautama Buda anunció que la Maestra Ascendida Clara Louise, «antes de que pasara la noche, daría a la actual Madre de la Llama una antorcha cargada con los fuegos vitales del altar celestial de Dios y le transmitiría una gran misión para iluminar a los niños del mundo y producir la bendición de la verdadera cultura para la era y para toda la gente por doquier».

Maestra Ascendida Venus. Ella es la consorte y *Llama gemela* de Sanat Kumara. El foco de la Maestra Ascendida Venus y su llama de la belleza se afianzaron en el continente de Europa donde actualmente se encuentra la ciudad de Viena (Austria). A través del rayo afianzado encarnaron muchos de los venusianos, trayendo consigo su cultura. La cultura, el arte y la sensación romántica de esta ciudad de ensueño evocan el hogar planetario de su fundadora. Véase también *Sanat Kumara*.

Maestro Ascendido. Alguien que, a través de Cristo y vistiéndose con la Mente que había en Jesucristo, ha dominado el tiempo y el espacio y, durante ese proceso, ha conseguido la maestría sobre el yo en los *cuatro cuerpos inferiores* y en los cuatro cuadrantes de la *Materia,* en los chakras y en la *llama trina* equilibrada. Un Maestro Ascendido también ha transmutado al menos 51 por ciento de su karma, ha cumplido su plan divino y ha pasado las iniciaciones del rayo rubí hasta el ritual de la *ascensión:* la aceleración mediante el *fuego sagrado* hacia la Presencia del YO SOY EL QUE YO SOY (la *Presencia YO SOY*). Los Maestros Ascendidos habitan en los planos del *Espíritu* —el reino de Dios (la conciencia de Dios)— y pueden enseñar a las almas no ascendidas en un *templo etérico* o en las ciudades del plano etérico (el reino del cielo).

Maldek. Fue un planeta de nuestro sistema solar que ya no existe. Las fuerzas oscuras destruyeron Maldek con las mismas tácticas que usan actualmente los manipuladores en la Tierra para degradar la conciencia de la gente. Sus oleadas de vida libraron una guerra que terminó en una aniquilación nuclear; el cinturón de asteroides entre Marte y Júpiter es lo que queda del planeta. Las corrientes de vida que vinieron a la Tierra desde Maldek son almas rezagadas.

Mandala. (Sánscrito, «círculo», «esfera»). Grupo, compañía o asamblea; círculo de amigos; asamblea o reunión de Budas y Bodisatvas. Un diseño circular compuesto de imágenes de deidades que simbolizan el universo, la totalidad o la plenitud utilizado en la meditación por hindús y budistas.

Manú. (Sánscrito). El progenitor y legislador de las evoluciones de Dios en la Tierra. El Manú y su complemento divino son *llamas gemelas* ascendidas asignadas por el Dios Padre-Madre a patrocinar y animar la imagen Crística de cierta evolución u oleada de vida, conocida como raza raíz: almas que encarnan como grupo y poseen un único patrón arquetípico, plan divino y misión a realizar en la Tierra.

Según la tradición esotérica, existen siete agregaciones principales de almas, desde la primera hasta la séptima raza raíz. Las primeras tres razas raíz vivieron en la pureza e inocencia sobre la Tierra en tres eras de oro, antes de la Caída de Adán y Eva. Mediante la obediencia a la *Ley Cósmica* y una identificación total con el *Yo Real*, esas razas raíz consiguieron su libertad inmortal y ascendieron desde la Tierra.

Fue durante la cuarta raza raíz, en el continente de Lemuria, que tuvo lugar la alegórica Caída bajo la influencia de los ángeles caídos conocidos como «Serpientes» (porque utilizaron las energías serpentinas de la columna para engañar al alma o principio femenino en la humanidad, como medio para conseguir bajar el potencial masculino, emasculando así a los Hijos de Dios).

La cuarta, quinta y sexta raza raíz (este último grupo de almas aún no ha descendido completamente a encarnación física) siguen encarnadas en la Tierra actualmente. El Señor Himalaya y su Amada son los Manús de la cuarta raza raíz; el Manú Vaivasvata y su consorte son los Manús de la quinta raza raíz, y el Dios y la Diosa Merú son los de la sexta. La séptima raza raíz está destinada a encarnar en el continente de Suramérica en la era de Acuario, bajo sus Manús, el Gran Director Divino y su complemento divino.

Los Manús son los amados padrinos Divinos que responden instantáneamente al llamado de sus niños. La consoladora presencia de su luz está dotada de un poder/sabiduría/amor tan grande que hace que los éteres se estremezcan y que cada uno de los pequeños se sienta como en casa en los brazos de Dios, aun en la hora más oscura.

Manvantara. (Sánscrito, de *maver* «hombre» y *antara* «intervalo»: período de tiempo). En el hinduismo, uno de los catorce intervalos que constituyen un kalpa: duración de tiempo desde el origen hasta la destrucción de un sistema de mundos (un ciclo cósmico). En la cosmología hindú, el universo evoluciona continuamente pasando por ciclos periódicos de creación y disolución. Se dice que la creación se produce durante la exhalación del Dios, la Creación de Brahman; la disolución ocurre durante su inhalación.

Materia. La polaridad femenina (negativa) del *Espíritu* masculino (positivo). La Materia actúa como cáliz del reino de Dios y es la morada de las almas en evolución que se identifican con su Señor, su Santo *Ser Crístico*. La Materia se distingue de la materia (con minúscula), que es la sustancia de la tierra, terrenal, de los reinos de *maya*, que bloquea en vez de irradiar luz divina y el Espíritu del YO SOY EL QUE YO SOY. Véase *Madre*.

Maya. (Sánscrito, «ilusión», «engaño», «apariencia»). Algo creado o inventado que, finalmente, no es real; el mundo fenoménico no permanente visto como realidad; el principio de la relatividad y dualidad por el cual la realidad única aparece como el universo variado. Los *Maestros Ascendidos* enseñan que maya es el velo de energía mal cualificada que el hombre impone a la *Materia* con su abuso del *fuego sagrado.*

Mensajero. Evangelista; alguien que precede a los ángeles llevando a la gente de la Tierra las buenas nuevas del evangelio de Jesucristo y, en el momento designado, el Evangelio Eterno. Los Mensajeros de la *Gran Hermandad Blanca* están ungidos por la *jerarquía* como apóstoles suyos («alguien enviado en misión»). Ellos dan a través de los *dictados* (profecías) de los *Maestros Ascendidos* el testimonio y las enseñanzas perdidas de Jesucristo con el poder del Espíritu Santo a la progenie de Cristo, las ovejas perdidas de la casa de Israel y a todas las naciones. Un Mensajero ha recibido la preparación de un Maestro Ascendido para poder recibir, mediante varios métodos, las palabras, los conceptos, las enseñanzas y los mensajes de la Gran Hermandad Blanca. Los mensajeros transmiten la *Ley*, las profecías y las dispensaciones de Dios para un pueblo y una época (Apocalipsis 14:6; Mateo 10:6; 15:24).

Microcosmos. (Griego, «mundo pequeño»). 1. El mundo del individuo, sus *cuatro cuerpos inferiores,* su aura y el campo energético de su karma. 2. El planeta. Véase también *Macrocosmos.*

Mónada divina. *Véase* Presencia YO SOY.

Mónada humana. Todo el campo energético del yo, las esferas de influencia conectadas entre sí (hereditarias, del entorno, kármicas) que componen esa autopercepción que se identifica a sí misma como humana. El punto de referencia de percepción inferior o percepción nula a partir del cual ha de evolucionar toda la humanidad hacia la realización del Yo Real como el *Ser Crístico.*

Morador del umbral. El antiyo, el yo irreal, el yo sintético, antítesis del *Yo Real,* el conglomerado del ego creado a sí mismo, concebido con el uso indebido del don del libre albedrío. Se compone de la mente carnal y una constelación de energías mal cualificadas, campos energéticos, focos y magnetismo animal que forman la mente subconsciente. El contacto del hombre con este yo reptiliano y antimagnético —que es enemigo de Dios y su Cristo y contrario a la reunión del alma con ese Cristo— se produce a través del cuerpo emocional (el cuerpo emocional o astral) y a través del chakra del plexo solar.

El morador del umbral es el núcleo del vórtice de energía que forma el *cinturón electrónico.* A veces se ve la cabeza serpentina del morador emergiendo del estanque negro del inconsciente. Cuando la serpiente dormida del morador se despierta debido a la presencia del Cristo, el alma debe de usar su libre albedrío para tomar la decisión de matar lo anticristo que tiene voluntad propia y, mediante el poder de la *Presencia YO SOY,* convertirse en la defensora del Yo Real hasta que el alma esté totalmente reunida con ese Yo Real.

El morador se aparece al alma en el umbral de la percepción consciente, donde llama a la puerta para conseguir entrada al reino «legítimo» de la individualidad autoreconocida. El morador quiere entrar para convertirse en el dueño de la casa. Pero tú debes responder sólo a la llamada de puerta de Cristo y solo a Cristo, solo a él has de dar entrada.

La iniciación más seria del sendero del discípulo de Cristo es la confrontación con el yo irreal. Porque si el alma no lo mata (unida a la Mente Crística), aquel emergerá para devorar al alma con toda la ira de su odio a la luz. La necesidad de tener al instructor en el *Sendero* y al Gurú *Sanat Kumara* con nosotros, manifestado físicamente en la *Mensajera* de Maitreya, es para mantener el equilibrio en la octava física por cada persona a medida que ésta se acerca a la iniciación del encuentro, cara a cara, con el morador del umbral.

Omega. Véase *Alfa y Omega.*

Oleada de vida. Véase *Manú.*

Palabra. La Palabra es el *Logos:* el poder de Dios y la realización de ese poder encarnado en el Cristo y como el Cristo. Las energías de la Palabra son liberadas por los devotos del Logos en el ritual de la ciencia de la *Palabra hablada.* Es a través de la Palabra que el *Dios Padre-Madre* se comunica con la humanidad. El Cristo es la personificación de la Palabra. Véase también *Cristo, decreto.*

Plano astral. Frecuencia del tiempo y espacio más allá del plano físico, pero por debajo del mental, correspondiente al cuerpo emocional del hombre y al inconsciente colectivo de la raza. Es el depósito de los patrones colectivos de pensamiento/sentimiento, conscientes e inconscientes, de la humanidad. El propósito prístino de este plano es la amplificación de los pensamientos y sentimientos puros de Dios en el hombre. En cambio, ha sido contaminado con registros y vibraciones impuras de la memoria de la raza. Véase *cuatro cuerpos inferiores.*

Plano etérico. El plano más alto en la dimensión de la *Materia;* un plano que es tan concreto y real como el físico (y aún más) pero que se experimenta a través de los sentidos del alma en una dimensión y conciencia más allá de la percepción física. El plano en el que los *registros akáshicos* de toda la evolución de la humanidad constan individual y colectivamente. Es el mundo de los *Maestros Ascendidos* y de sus *retiros,* de las ciudades etéricas de luz donde las almas de un orden superior evolutivo residen entre encarnaciones. Es el plano de la realidad.

Ahí es donde está en progreso la era de oro, donde el amor es la plenitud de la presencia de Dios por doquier y los ángeles y elementales, junto con los niños de Dios, sirven en armonía para manifestar el reino de Cristo en la era universal, por los siglos de los siglos. Como tal, es el plano de transición entre los reinos tierra/cielo y el reino de Dios, *Espíritu,* o lo Absoluto. El plano etérico inferior se superpone con los cinturones astral/mental/físico. Está contaminado por esos mundos inferiores, ocupados por la *falsa jerarquía* y la conciencia de las masas a la que controlan, incluyendo sus matrices y emociones.

Presencia electrónica. Véase *Presencia YO SOY* .

Presencia YO SOY. El YO SOY EL QUE YO SOY; la Presencia individualizada de Dios focalizada para cada alma individualizada. La identidad Divina del individuo. La Mónada Divina. La Fuente individual. El origen del alma focalizado en los planos del *Espíritu* justamente por encima de la forma física, la personificación de la Llama Divina para el individuo (Éxodo 3:13-15). Véase *Gráfica de tu Yo Divino,* pág. 95.

Rayo femenino. La emanación luminosa que sale del aspecto de Dios *Madre.*

Rayo masculino. La emanación luminosa que sale del aspecto de Dios Padre.

Raza raíz. Véase *Manú.*

Reencarnación. Renacimiento en un nuevo cuerpo, el alma vuelve al escenario de la vida en la Tierra en un cuerpo humano nuevo. El alma continúa regresando al plano físico en un nuevo templo corporal hasta que ha saldado su karma, hasta que ha logrado maestría sobre sí misma, venciendo los ciclos del tiempo y el espacio y, finalmente, se reúne con la *Presencia YO SOY* mediante el ritual de la *ascensión.*

Registros akáshicos. Todo lo que acontece en el mundo de un individuo se registra en una sustancia y dimensión conocida como *akasha* (sánscrito, de la raíz *kās,* «ser visible», «aparecer», «alumbrar brillantemente», «ver claramente»). Akasha es la sustancia primordial, la esencia más sutil y etérea que llena todo el espacio; energía etérica que vibra en cierta frecuencia como para absorber o registrar todas las impresiones de la vida. Estos registros pueden ser leídos por los adeptos o por quienes poseen unas facultades del alma (psíquicas) desarrolladas.

Reloj Cósmico. La ciencia de delinear los ciclos del karma y las iniciaciones del alma bajo las doce *jerarquías del sol.* Enseñanza impartida por la Virgen María a Mark y Elizabeth Prophet para los hijos y las hijas de Dios que están regresando a la *Ley del Uno* y a su punto de origen más allá de los mundos de la forma y la causación inferior. También el diagrama que representa los ciclos de karma bajo las doce jerarquías solares. Véase también pág. 120.

Retiros. Véase *Templos etéricos.*

Retiros etéricos. Véase *Templos etéricos.*

Rezagados. Véase *Maldek.*

Sanat Kumara. El Anciano de Días, que se ofreció a venir a la Tierra hace miles de años procedente de Venus. En aquel momento, los consejos cósmicos habían decretado la disolución de la Tierra, tanto se había desviado la humanidad de la *Ley Cósmica*. Los Señores Solares habían decidido que no se le concediera más oportunidad a los hombres quienes habían ignorado conscientemente y olvidado la Llama Divina dentro de su corazón. El requisito de la *Ley* para salvar a Terra era que alguien que estuviera cualificado para ser el Cordero encarnado estuviera presente en la octava física para mantener el equilibrio y guardar la *llama trina* de la vida por todas las almas vivientes. Sanat Kumara se ofreció a ser ese ser.

En su dictado del 8 de abril de 1979, *Perla de Sabiduría,* Sanat Kumara contó la historia de cómo los devotos venusianos se ofrecieron a acompañarlo y encarnar entre la humanidad para ayudarlo a guardar la llama:

La alegría de la oportunidad se mezcló con la tristeza que trae el sentimiento de separación. Había elegido un exilio voluntario en una estrella oscura, y aunque estaba destinada a ser la Estrella de la Libertad, todos sabían que sería para mí una larga noche oscura del alma.

Entonces, súbitamente, de los valles y las montañas apareció una gran reunión de mis hijos. Eran las almas de los ciento cuarenta y cuatro mil acercándose a nuestro palacio de luz. Se acercaron más y más en espirales, como doce compañías, cantando la canción de libertad, de amor y de victoria. Su potente canto coral resonó en toda la vida elemental, y los coros angélicos rondaron cerca. Venus y yo, al mirar por el balcón, vimos la decimotercera compañía vestida de blanco. Era el real sacerdocio de la Orden de Melquisedec…

Cuando todos sus efectivos se hubieron reunido, anillo tras anillo tras anillo, rodeando nuestra casa, y su himno de alabanza y adoración hacia mí hubo concluido, su portavoz se puso ante el balcón para dirigirse a nosotros en nombre de la gran multitud. Era el alma de aquel a quien hoy conocéis y amáis como el Señor del Mundo, Gautama Buda.

Y se dirigió a nosotros, diciendo: «Oh, Anciano de Días, hemos sabido de la alianza que Dios ha hecho contigo hoy y de tu compromiso para guardar la llama de la vida hasta que algunos de entre las evoluciones de la Tierra sean acelerados y renueven una vez más su voto de ser portadores de la llama. Oh, Anciano de Días, para nosotros eres nuestro Gurú, nuestra vida, nuestro Dios. No te dejaremos sin consuelo. Iremos contigo».

Así, vinieron a la Tierra con Sanat Kumara y legiones de ángeles, precedidos de otra comitiva de portadores de luz que prepararon el camino y establecieron el retiro de Shamballa —«Ciudad de Blanco»— en una isla del mar de Gobi (ahora del desierto de Gobi).

Allí Sanat Kumara afianzó el foco de la llama trina, estableciendo el hilo de contacto inicial con todo el mundo en la Tierra extendiendo rayos de luz desde su corazón al de ellos. Y ahí encarnaron los voluntarios de Venus en densos velos de carne para ayudar a las evoluciones de la Tierra hasta la victoria de su promesa.

De entre estos portadores de luz no ascendidos, el primero en responder desde la octava física a la llamada de Sanat Kumara fue Gautama, y con él estaba Maitreya. Ambos siguieron el sendero del Bodisatva hasta la Budeidad, con Gautama terminando el curso primero y Maitreya segundo. Así, los dos se convirtieron en los discípulos principales de Sanat Kumara. El primero terminó sucediéndolo en el cargo de Señor del Mundo, el segundo como *Cristo Cósmico* y Buda Planetario. Véase también *Maestra Ascendida Venus*.

Segunda muerte. La total anulación de la identidad que tiene lugar en la Corte del fuego sagrado en la Estrella Divina Sirio. Ésta es la suerte de las almas que han convertido totalmente en oscuridad la luz que Dios ha invertido en ellas. En la segunda muerte, todo lo que era del individuo (causa, efecto, registro y memoria tanto del alma como de sus creaciones, incluyendo el *morador del umbral*) se disuelve en el fuego blanco de *Alfa y Omega*. El alma se autoanula debido a su negación del ser en Dios (Apocalipsis 2:11; 20:6, 11-15; 21:7-8).

Sendero. La entrada angosta y la estrecha senda que conduce a la vida. El sendero de iniciación por el cual el discípulo que busca la conciencia Crística supera, paso a paso, las limitaciones de la individualidad en el tiempo y el espacio, y logra la reunión con la realidad mediante el ritual de la ascensión (Mateo 7:14).

Señores del Karma. Los Seres Ascendidos que componen el Consejo Kármico. Sus nombres y los rayos que representan en el consejo son los siguientes: primer rayo, el Gran Director Divino; segundo rayo, Diosa de la Libertad; tercer rayo, Maestra Ascendida Nada; cuarto rayo, Elohim Ciclopea; quinto rayo, Palas Atenea, Diosa de la Verdad; sexto rayo, Porcia, Diosa de la Justicia; séptimo rayo, Kuan Yin, Diosa de la Misericordia. Vairóchana también tiene un asiento en el Consejo Kármico.

Los Señores del Karma dispensan justicia en este sistema de mundos, adjudicando karma, misericordia y juicio para cada *corriente de vida*. Todas las almas deben pasar ante el Consejo Kármico antes y después de cada encarnación en la Tierra, para recibir su tarea y asignación kármica correspondiente a cada vida antes y para hacer una revisión de su rendimiento a su término.

Mediante el Guardián de los Pergaminos y los ángeles registradores, los Señores del Karma tienen acceso a los registros completos de todas las encarnaciones de las corrientes de vida de la Tierra. Ellos deciden quién encarnará, así como cuándo y dónde; y asignan a las almas a familias y comunidades, midiendo los pesos kármicos que han de ser equilibrados como la «jota y tilde» de la *Ley*. El Consejo Kármico, actuando en consonancia con la *Presencia YO SOY* y el *Ser Crístico* individual, decide cuándo el alma se ha ganado el derecho a ser libre de la rueda del karma y la ronda de renacimientos. Los Señores del Karma se reúnen en el Retiro Royal Teton dos veces al año, en el solsticio de invierno y de verano, para revisar las peticiones de los hombres no ascendidos y para conceder dispensaciones por su ayuda.

Ser Cósmico. 1. *Maestro Ascendido* que ha logrado la conciencia cósmica y que anima la luz/energía/conciencia de muchos mundos y sistemas de mundos por las galaxias hasta el Sol detrás del *Gran Sol Central*. 2. Ser de Dios que nunca ha descendido más bajo que el nivel del Cristo, que nunca ha encarnado físicamente, incurrido en karma humano ni en pecado, sino que ha permanecido como parte de la Virgen Cósmica y mantiene un equilibrio cósmico para el regreso de las almas del valle (velo) de las aflicciones al Corazón Inmaculado de la Bendita Madre.

Ser Crístico. El foco individualizado del «unigénito del Padre, lleno de gracia y verdad». El *Cristo Universal* individualizado como la verdadera identidad del alma; el Yo Real de todo hombre, mujer y niño al cual ellos han de elevarse. El Ser Crístico es el mediador entre el hombre y su Dios. Es el instructor personal del hombre, Maestro y profeta, que oficia como sumo sacerdote ante el altar del Sanctasanctórum *(Presencia YO SOY)* del templo del hombre hecho sin manos.

Los profetas predijeron el advenimiento de la conciencia universal del Ser Crístico en el pueblo de Dios en la Tierra como el descenso de El Señor, Justicia Nuestra, también denominado La Rama, en la era universal que está cerca. Cuando alcanza la plenitud de la identificación del alma con el Ser Crístico, tal persona es llamada un «ser Crístico» (ungido), y el Hijo de Dios se ve brillando a través del Hijo del hombre (Juan 1:14; Isaías 11:1; Jeremías 23:5-6; 33:15-16; Zacarías 3:8; 6:12). Véase también Gráfica de tu Yo Divino, pág. 95.

Servicio Secreto Cósmico. Véase *K-17*.

Siete rayos. Las emanaciones luminosas de la Deidad. Los siete rayos de luz blanca que emergen del prisma de la conciencia Crística y que concentran particulares dones, gracias y principios de autopercepción en el *Logos* que pueden desarrollarse a través de la vocación en la vida. Cada rayo concentra una frecuencia o color y cualidades específicas:

Rayo azul: fe, voluntad, poder, perfección y protección. Rayo amarillo: sabiduría, entendimiento, iluminación, inteligencia e iluminación. Rayo rosa: compasión, amabilidad, caridad, amor y belleza. Rayo blanco: pureza, disciplina, orden y alegría. Rayo verde: verdad, ciencia, curación, música, abundancia y visión. Rayo morado y oro: asistencia, servicio, paz y hermandad. Rayo violeta: libertad, misericordia, justicia, transmutación y perdón.

Los *Maestros Ascendidos* enseñan que cada uno de los siete rayos de Dios se engrandece un día de la semana: lunes, rayo rosa; martes: rayo azul; miércoles: rayo verde; jueves: rayo morado y oro; viernes: rayo blanco; sábado: rayo violeta; domingo: rayo amarillo.

Los siete rayos de los Elohim, constructores de la forma, están enclaustrados en el Retiro Royal Teton, un antiguo foco de luz congruente con la montaña Gran Teton, en el estado de Wyoming de los Estados Unidos. Los rayos están concentrados y afianzados en una gran imagen del Ojo Omnividente de Dios que se encuentra en una sala de consejos del retiro.

Templos etéricos. Retiros de los *Maestros Ascendidos* focalizados en el *plano etérico* o en el plano de la tierra; puntos de anclaje de las energías cósmicas y las llamas de Dios; sitios donde los Maestros Ascendidos preparan a sus *chelas* y a los cuales viajan cuando están fuera de su cuerpo físico.

Vestidura sin costuras. Sustancia de luz del Hijo (sol) de Dios tejida como túnica de conciencia y vestida por un ser Crístico. El Espíritu Santo, como un gran coordinador unificador, teje la vestidura sin costuras a partir de hilos de la luz y el amor de Dios. El Maha Chohán enseña: «La atención de Dios sobre el hombre, como una lanzadera, impulsa radiantes haces de luz descendente, centelleantes fragmentos de pureza y felicidad, hacia la Tierra y el corazón de sus hijos, mientras esperanzas, aspiraciones, invocaciones y llamados de ayuda de los hombres se elevan tiernamente buscando a la Deidad en su gran refugio de pureza cósmica».

Jesús compara el tejer de la vestidura sin costuras con la preparación para el matrimonio: «A cada hombre y cada mujer se ofrece la oportunidad de que se prepare para la *ascensión*. Y a nadie se le priva del privilegio de prepararse. Tal como una novia se prepara para el día de la boda, llenando el baúl de esperanza con los más preciados linos y bordados, el alma se prepara para su reunión acumulando virtudes florales, cualidades flamígeras con las que hace apliques sobre la vestidura sin costuras. Y nadie puede participar en la fiesta de bodas sin la vestidura sin costuras».

De esta vestidura, Serapis Bey dice: «Cuando el hombre opera bajo dirección y actividad divinas ya sea dentro como fuera del cuerpo, toma la energía que se le dispensó y que, en ignorancia, pudiera haber usado mal y crea, en su lugar, un gran cuerpo de luz llamado la "inmaculada vestidura sin costuras del Cristo vivo", que algún día se convertirá en el gran esférico cuerpo solar imperecedero».

Yo Real. Véase *Ser Crístico*.

Yod. Véase *Yod llameante*.

Yod llameante. Un centro solar, un foco de perfección de conciencia Divina. La Yod llameante es la capacidad de la divinidad dentro de ti de transformar tu ser en una avanzada de tu Poderosa *Presencia YO SOY*.

MARK L. PROPHET y ELIZABETH CLARE PROPHET son escritores reconocidos mundialmente, instructores espirituales y pioneros en la espiritualidad práctica. Entre sus libros más vendidos se encuentran los siguientes títulos: *Las enseñanzas perdidas de Jesús, El aura humana, Saint Germain sobre alquimia, Los ángeles caídos y los orígenes del mal;* y la serie de libros de bolsillo para la espiritualidad práctica, que incluye *Cómo trabajar con los ángeles, Tus siete centros de energía* y *Almas compañeras y llamas gemelas.* Sus libros se han publicado en más de treinta idiomas y están disponibles en más de treinta países.

The Summit Lighthouse®
63 Summit Way
Gardiner, Montana 59030 USA
1-800-245-5445 / 406-848-9500
Se habla español.
TSLinfo@TSL.org
SummitLighthouse.org

CPSIA information can be obtained
at www.ICGtesting.com
Printed in the USA
LVHW031400140223
739387LV00014B/1199